A Voyage Long and Strange

【美】托尼·霍维茨————著
巢骏至　丁宇岚————译

险路漫漫
早期美洲征服史

On the Trail of Vikings,
Conquistadors,
Lost Colonists,
and Other Adventurers in Early America

上海人民出版社

本书写给艾丽卡与乔许，
他们是我童年旅行时，放在后座上的夹心面包。

失误是发现之门。

——詹姆斯·乔伊斯,《尤利西斯》

"您且看仔细了，先生，"桑乔说道，
"远处的那些可不是巨人，不过是风车罢了。"

——塞万提斯,《堂吉诃德》

译者序

初读《险路漫漫》一书，是在一堂高中历史课上。作为一位历史爱好者，这部作品既填补了认知的空缺，也让我感到身临其境，一时间手不释卷。

作为许多美国高中生的推荐书目，《险路漫漫：早期美洲征服史》既具有其学术严谨性，也有着文学作品的独特魅力，贴合当代读者的阅读习惯。书中记叙了作者在公路旅行中的许多见闻，以此将零散的历史事件有机地串联起来；同时，作者也通过生动的叙事，使得读者能够将发生几个世纪前的战争、航行及探索，与现代的美洲场景自然地结合在一起。

这样的写作手法与本书作者——托尼·霍维茨在报界的工作经历有关。在大学毕业后，他曾为《华尔街日报》以及《纽约客》杂志撰文，并荣获 1995 年度的普利策新闻奖。除了新闻写作之外，他还将自己对历史研究与旅行的热爱结合起来，创作了一系列"在路上"形式的非虚构文学作品，将旅途中"偶遇"的故事和人物与真实历史联系起来。除本书之外，还有《阁楼上的邦联军》(*Confederates in the Attic*) 以及《蓝色纬度》(*Blue Latitudes*) 两本类似风格的作品，都值得读者一读。作为一名学者，他曾在拉德克利夫高等研究院 (Radcliffe Institute for Advanced Study) 任职，曾担任美国历史学家协会 (Society of American Historians) 会长，并在肯塔基州的菲尔森历史学会 (Filson Historical Society) 开设讲座。令人惋惜的是，在 2019 年 5 月，霍维茨在为新书宣传途中突发心脏病，不幸离世，享年六十岁。他的遗孀，杰拉尔丁·布鲁克斯 (Geraldine Brooks)，也是一位知名的记者，作家，亦是

2006 年的普利策奖得主。

　　我们所熟知的美洲历史通常是由一连串诸如哥伦布、乔治·华盛顿、詹姆斯敦这些在纵向时序上并不完全相连的人物与地点所组成的，而《险路漫漫》一书则填补了这些时间节点之间，甚至之前的空白。维京船长、普韦布洛城寨、西班牙骑士……这些熟悉而又陌生的名词组合在一起，构成了多样而纷繁、风险与机遇并存的早期美洲大陆。除此之外，本书还会带领读者领略当代美洲隐秘的另一面——我们熟知纽约的百老汇剧院与摩天大楼，却很少对隐藏于寒冷地带的文兰小镇，或是散布美洲大陆各处的部落保留地有所了解。我们常常读到美洲的自然风光，却不曾领略过那些充满"魔幻现实主义"的人类"遗迹"，乃至隐藏在上述事物背后的社会弊病。在光怪陆离的现代美洲背后，又是否存在着数个世纪前不为人知的探险者们所留下的影响呢？

　　重走历史的险路，漫漫而不知其终矣。

　　值此付梓之际，我要感谢本书合作译者丁宇岚老师的翻译工作以及上海人民出版社的编辑团队作出的努力。虽经反复审阅，本书翻译不免存有值得商榷之处，恳请学界专家与广大读者批评指正。

　　是为序。

巢骏至

2020 年 10 月

CONTENTS | 目 录

序章
失落的世纪

在朝圣者（Pilgrims①）眼里，科德角算不上什么风水宝地。"一片可怖、闭塞的荒野，"威廉·布拉德福德（William Bradford）描绘道，"尽是些野兽和蛮人。"五月花号上的一小队人马决定不在此处久留，而是向前航行，寻找冬日里的避风港。到了 1620 年的 12 月，他们到达了普利茅斯，一个"宜居的地方，"布拉德福德写道，"至少这是他们所能找到的最佳居所。"

几年前的夏天，在一次环绕新英格兰地区的公路旅行中，我也曾在普利茅斯停车，稍作休整。在波士顿附近的高速公路中，我本可以选择在戴德姆、布伦特里，或是其他地方进站停车。可是，红袜队的一场比赛在广播中突然响起，所以我继续开了下去，直到普利茅斯的出口才停下来。在一家唤做"迈尔斯·斯坦迪什"（Myles Standish）的酒品店喝上一杯之后，我被带到了威·布拉德福德汽车旅馆，据说这是旅游旺季里我能订到的最好的一处旅店了。

第二天一早，我沿着海滨散步，经过了一家经营杂烩浓汤的饭店、一处卖咸水太妃糖的店铺、一间蜡像馆，以及一座停泊在海湾中的五月花号复制品。靠海的地方屹立着一块灰色的历史标牌——即便以新英格兰的朴素标准，都算得上是十分简陋。

---

① "朝圣者"通常指定居在普利茅斯（Plymouth）殖民地（今美国马萨诸塞州普利茅斯）的早期欧洲移民。与清教徒（Puritans）类似，朝圣者亦信仰新教加尔文宗（Calvinists）。然而，由于认为英国教会无法满足其标准，朝圣者因而选择远渡重洋，来到北美大陆组成新的教会。通常认为，朝圣者属于清教徒中的分离主义者。

普利茅斯岩——1620年，朝圣者在此登陆

我环顾四周，除了大片的沥青和小到足以忽略的几块石头之外，看不到什么值得留意的景色。就在这时，我注意到了一位落单的健走者，正在人行道上全速前进。"打扰您了，"我紧紧地跟在他身后，喊道，"请问普利茅斯岩在哪里？"

他毫不犹豫地大步向前走，将一根拇指摆在肩膀上。"你刚才走过头了。"

身后二十码①，在人行道与海岸线之间，有一圈柱形的围栏。我走进去，来到了一处俯瞰着一座浅坑的铁轨前，坑底部有一块花岗岩，周围的湿沙上布满了烟蒂和蜡像馆的票根。这块巨石，大约五平方英尺②大小，中间有一道歪歪扭扭的裂痕，看上去就像是一块风化了的土豆。

几分钟后，有一家子人也来到了这里。就在他们穿过门廊时，其中的父亲对他的孩子们说道："这便是一切开始的地方。"他们的目光移向铁轨的方向。

"就这而已？"

"我想是吧。"

"这，什么都算不上吧？"

"我们家后院里的石头都比这来得大！"

没过多久，门廊中便挤满了各色人等：坐巴士来的旅游团、外国观光客，还有些夏季的露营者。看到眼前的景象，他们的反应可谓是大同小异，先是严肃敬仰，而后震惊，最后捧腹大笑起来。话虽这么讲，普利茅斯岩总归算得上美国历史的瑰宝。于是，旅客们还是尽职尽责地将手中的相机镜头对准了那块静止的花岗岩。

---

① 1码（yard）约合0.91米。
② 1平方英尺约合0.093平方米。

"这将会是部一等一的家庭影片！"

"是啊，名字我都想好了，就叫作《普利茅斯小石块游记》。"

"依我看来，那些朝圣者的脚一定小得很。"

我走上前去，和一位穿着绿色短裤和棕褐色衬衫的女士攀谈起来。她正站在围栏外侧，拿着一个手动计数器清点着访客的人数。克莱尔·奥尔森（Claire Olsen）是普利茅斯这儿一位资深的公园管理员，她早就听惯了游客们对普利茅斯岩的失望与亵渎。"很多人来到这里，指望能够看到直布罗陀巨岩，"她笑道，"估计他们上次旅行去了那里吧。"

对于访客们提出的各种古怪问题，克莱尔也早已司空见惯了。五月花号真的撞上了普利茅斯岩吗？朝圣者们是否曾在这岩石之上欢度第一个感恩节？远处山坡上，俯瞰着普利茅斯岩的那座十英尺① 高、青铜制成的印第安人雕像——那可是真人大小的吗？

不过，最频繁出现的一个问题是关于琢刻在岩石表面上的一串日期。游客们常常问起，为什么上面刻着 1620 年，而不是 1492 年？哥伦布难道不是在那一年到达了美洲吗？

"有的时候，他们则问，'这里就是那三条船停泊靠岸的地方吗？'"克莱尔告诉我，"他们指的是尼娜号（Niña），平塔号（Pinta），以及圣玛利亚号（Santa María）。人们还以为哥伦布航行到了这里，把朝圣者放下船，然后便转向回程了。"

遇到这些问题，她就不得不耐心地向满脸疑惑的游客们解释，哥伦布比朝圣者早了整整 128 年到达美洲，他登陆的地点距离这儿有上千英里那么远。"美国人在上学时记住了两个重要的年份，1492 年和 1620 年。等到他们长大成人了，这便成了他们唯一所能记住的知识点，"她说道，"其他的都变成了一片空白。"

---

① 1 英尺约合 0.3 米。

过了一会儿，克莱尔得回去招待那些恼人的旅客了，我便决定朝旅店的方向往回走去，一边想着游客们千奇百怪的问题，不由得暗自笑了起来。美国，好一个伟大却又无知到了极点的国度啊！这时，克莱尔在离别前所说的话突然打断了我的思绪。回到路上，穿过一片遍布着蔓越莓的沼泽地，我不断地回想着脑中无数繁杂的，关于欧洲人是如何发现美洲的各种信息。1492 年，哥伦布航过碧蓝的海洋……约翰·史密斯与詹姆斯敦……《五月花号公约》……戴着滑稽帽子的朝圣者……至于那些与英国人最先接触的原住民，我自然熟知宝嘉康蒂（Pocahontas）的故事，也听说过斯匡托（Squanto）的鼎鼎大名，至于别的人物……也许，海厄瓦萨酋长（Hiawatha）？

哪怕绞尽脑汁，我也只能想出这么多了。不过是一些小学课堂里或是感恩节餐桌上听来的零零碎碎的信息罢了，还有些图画书上模模糊糊、难以辨认的黑袍修道士或是全副武装的西班牙征服者的形象。至于年份，我整整记岔了一个世纪，哥伦布在 1492 年到达美洲，而朝圣者则是在 1600 年前后才在这里定居下来。也许这百年之中并未发生多少惊世骇俗的大事，可是，我还是无法原谅自己竟然如此"无知"。在许多年昂贵的私立学校和大学教育之后，具有讽刺意义的是，历史专业出身的我，居然沦落到了如此田地，对本国历史的了解和三年级国小生相差无几。

回到弗吉尼亚的家中后，我下定决心重温那些早已抛诸脑后的历史知识。一开始，一切似乎都进展得十分顺利，在附近的图书馆里，我可以轻而易举地找到大部分需要知道的内容。在草草扫过几本历史书后，我决定更深一步，阅读早期冒险家们的信件和日记。对我来说，这只是小事一桩罢了，不过我这才发现，在哥伦布发现美洲到朝圣者在普利茅斯登陆之间的这些年头里，发生了太多光怪陆离的历史事件，有着许多精彩纷呈而不为人所知的故事。我所受的历史教育中不单单有这么一段空白，更存在着一条难以跨越的鸿沟，而却少有人知晓。

当第一个英格兰人在美洲定居时，来自欧洲其他国家的探险家和殖民者早已踏遍了美洲大陆，造访了如今美国本土 48 个州中的一半之多。其中享有盛名的一位便是乔瓦尼·达·维拉扎诺（Giovanni da Verrazzano）。1524 年，他便造访了美国东海岸，比朝圣者们要早上近一个世纪。维拉扎诺，一位指挥着法国船队的意大利人，远远地就闻到了美洲的气息。他写道，"一种甜美的香味"，从卡罗来纳那浓密的雪松林一路飘到大海上。

靠近海岸线时，维拉扎诺便派出一个水性好的手下，让他游到岸上，和聚集在沙丘上的一小群人打个照面。即刻，这些土著人把那个法国人带到了沙滩上的一个火堆，剥光了他的衣物。还好，他们并没有将这位水手烤熟食用，而是帮他烧火取暖，一边"上下打量着他那白色的皮肤"，一边"将他从头到脚打量了一番"，这让他留在船上的同伴们好歹松了一口气。

继续向北航行，维拉扎诺来到了一处宽阔的海湾，他不禁赞美这里优越的地理条件，将它命名为圣玛格丽塔（Santa Margarita），也就是现如今的纽约港。"一个令人心旷神怡的地方"，他具有前瞻性地观察道，这儿人口众多的海岸线"想必有不少价值"。到了他东海岸航行的终点站，维拉扎诺却十分失望。那里的原住民嘲弄似地向他的船队展示裸露的臀部，又把贸易商品故意放在"水流最为湍急的"礁石上。心中不快的探险家于是将这里取名为"恶人之地"，许多年后才被改名为缅因。

到了 1528 年，在一次返回美洲的旅途中，维拉扎诺选择在加勒比海上一座看似荒无人烟的小岛上登陆。可是，当地的土著人很快便将他捉住，"切成碎片，且吃得连骨头都不剩下"。这些只言片语便是他这次惨剧现存于世的唯一记录了，其中记载道，"对维拉扎诺这样伟大的发现者来说，落得个如此的结局实在是凄惨无情。"

历史对维拉扎诺也是异常地残酷。他活着的时候可谓是威名远扬，在早期的地球仪上还能找到他那镌刻在北美东海岸的名字。而如今，他的事迹，除了纽约市那座以他命名的、横跨他曾驾船驶过的狭长水道的大桥，早已被人彻底忘却。

至于那些指挥着西班牙船队在北美大陆东西海岸同时游弋的葡萄牙航海家们，就更是无人知晓了。在16世纪，他们的足迹曾遍布东及缅因州的班戈市，西至俄勒冈的广阔地域。在1542年的一次航程中，一位日记作者是如此描绘加利福尼亚的景象，"这地方看起来富饶极了，"可是住在这里的原住民却"过着走兽般的生活。"就在同一年，西班牙征服者已经完成了北美洲内陆地带的勘察：他们丈量过阿巴拉契亚山脉的高度，在密西西比河上泛舟，沿着科罗拉多大峡谷宛转而下，也曾纵马穿越堪萨斯中部的大平原；这可吓坏了平原上的印第安人部落，因为他们从来没有见过马匹，自然不知这些低声嘶鸣的野兽到底是何物。

西班牙人不仅仅只是在美洲四处探险，他们也尝试在这片土地扎根定居，他们设立的据点从里奥格兰德（Rio Grande）一直延伸到大西洋海岸。在建立现今美国领土上第一个永久的欧洲城市——圣奥古斯丁（St. Augustine①）之后，西班牙人为了表达感谢，曾邀请当地的印第安部落一起用餐，把酒言欢，比朝圣者的第一次感恩节早了整整56年。西班牙人还在弗吉尼亚建立了耶稣会的传道部，距离后来的詹姆斯敦殖民地只有几英里。比英格兰人早到的不只有西班牙殖民者，还有许多法国新教徒。早在1564年，他们为了躲避国内的迫害，航行到佛罗里达，并在那里建立了一处定居点。而这时，绝大多数登上五月花号的朝圣者尚未出世。

我读到的关于五月花号之前的美洲历史越多，就愈发疑惑自己为什

---

① 佛罗里达州东北部港口城市，美国最古老的城市。

么从来没有学到过这些知识。这可不是那一团冷僻而又拗口，令我在高中历史课上昏昏欲睡的名字和日期（诸如哈布斯堡王室继承问题，或是詹金斯之耳战争① 此类）。这可是欧洲人在美国殖民的序章，却莫名其妙地从我上学时用的教科书和我们国家的集体记忆中消失不见了。

所谓的"盎格鲁偏见"（Anglo bias）经常被认为是导致这一切的罪魁祸首，可这一概念也无法完全解释当代美国人的健忘。詹姆斯敦殖民地，这片土地上第一个永久的英格兰殖民地，比普利茅斯的建立要早上十三年。可是，和绝大多数的美国人一样，我对詹姆斯敦的故事却全然不知——尽管我大半辈子都待在弗吉尼亚州。几乎所有人都知道五月花号，哪怕那些新移民也对此耳熟能详，这艘船以及朝圣者们的远航在公民入籍考试中一直被考到。可是，又有多少美国人知道那三艘载着先民们从英格兰驶向詹姆斯敦的帆船叫作什么名字？或是能回忆起关于那个殖民地的任何细节，除了宝嘉康蒂和约翰·史密斯？

其实，普利茅斯都算不上新英格兰地区的第一个英国殖民地。这一名号事实上属于圣乔治堡（Fort St. George），位于现今缅因州波帕姆（Popham）——而我却对这个地方毫无印象。朝圣者们也不是马萨诸塞州最早的定居者；早在 1602 年，一队英格兰人就在卡蒂航克岛（Cuttyhunk）上建起了一座要塞。他们前往那里也不是为了什么宗教自由，而是寄希望于靠开采美洲檫木（这种植物据说可以治疗淋病，所以在欧洲便成了抢手货）发上一笔横财。

历史不是一场体育比赛。有时，最早到达的人反而落得个两手空空。波帕姆和卡蒂航克两地的据点很快就被遗弃了，大多数早期的西班牙和法国定居点也是如此。而普利茅斯一直坚持了下去，英国人也在争夺北美洲的竞赛中成了最后赢家，而盎格鲁-美利坚新教徒——尤其是

---

① 1739 到 1748 年间英国与西班牙因贸易纠纷爆发的武装冲突。

新英格兰人——则塑造了现如今的美国记忆。从此，关于朝圣者先民们如何克服万难，用他们的虔诚和勤奋在这片土地扎根定居的故事便一传十，十传百，成了许多人耳熟能详的历史故事。历史总是由胜利者来谱写的。

但是，那些失败者的故事与经历同样重要，尤其对于早期美洲历史来说，是西班牙、法国、葡萄牙人的航行和发现推动了英国人漂洋过海，来到这里并最终定居下来。早先的欧洲探险家也带来了马匹、猪、烟草、刀剑、枪炮等等——当然，最致命的还是各种疾病：印第安部落对这些旧大陆带来的流行病菌毫无抵抗能力。

之所以普利茅斯像布拉德福德所说的那样"宜居"，是因为"一场异乎寻常的大瘟疫"彻底消灭了原先居住于海滨的原住民们。正因为如此，海岸线才会变得无人防御，这里的土地则都宜于耕种。在南部地区以及密西西比河谷，瘟疫留下的痕迹则更加恐怖。16世纪西班牙征服者的铁蹄横扫了这儿曾经强大到足以与印加帝国或是阿兹特克人比肩的古代文明。朝圣者，以及之后的美国定居者，所发现的并不是一片无人的原始荒野。事实上，他们登上的是一片早已受到欧洲影响的土地。

这故事还有着同样充满戏剧性，却不那么令人沮丧的另外一面。对于早先来到这里的欧洲人来说，美洲实在算得上是一片"新大陆"，到处充满了陌生感和探索冒险的乐趣。那些在夜里看上去犹如火焰一般的发光昆虫到底是什么生物？那些在平原上游荡着，长着山羊胡的"驼背牛"又是什么？就连密西西比河沿岸，现在常常被人揶揄为"飞越之地"（flyover country）的无尽草原，也令那些最先骑马穿过这里的探险者们啧啧称奇。"如果一个人在此地躺下休息，他就会彻底忘却大地的存在。"一位西班牙骑手如此称赞这片土地的广袤与平整。

最有异国情调的非那些美洲原住民莫属。哥伦布管他们叫作印度人

（los Indios），维拉扎诺则称他们为大地子民（la genta de la terra），而早期的英国人将他们命名为天生之人（Naturals）。对于那些肮脏，营养不良，而又穿得太多的欧洲人来说，这些原住民显得十分魁梧，重视清洁，且总是赤身裸体。看到欧洲探险家的相貌形态，原住民们一般也都异常惊讶，忍耐不住好奇心，他们会伸出手指抚摸欧洲人的胡须，轻轻拍打衣物上的皱褶（他们一定把这些衣服当成了皮肤），或是仔细端详那些从大洋彼岸带来的贸易商品。当原住民拿起手镜时，维拉扎诺写道："他们通常会快速看上一眼，然后大笑着把物品退还回来。"食物的交换也经常令人意外。"他们只喜爱我们带来的芥末，"一位英国人如此描述他在 1602 年所遇见的卡蒂航克岛民，"吃了之后，他们便摆出一副病恹恹的表情。"

当 18 年后，朝圣者们到达马萨诸塞时，他们所遇到的印第安人则与前面描写到的大相径庭。萨默塞特（Samoset），他们在普利茅斯遇见的第一个原住民，开口就问他们要啤酒喝。

如果说朝圣者与原住民的接触毫无戏剧性可言，今天的旅行者就更难感受到这样的经历了。抛开科幻作品不论，现如今的人们再也体验不到那种与陌生文明狭路相逢的新鲜感了。只需要登录搜索引擎，你便能找到关于另一个半球的一切信息。

翻阅着关于早期美洲的诸多记录，我发现了一个对我来说全新而又陌生的世界。如果能够亲身实地探索这片新世界，将会是一次怎么样的体验？如果我们不再把旅途的起点定在普利茅斯岩，而是将那里视为终点，又将会发生些什么？何不在第一批欧洲人到达的地方登陆，去会一会那些记载中的天生之人，在过去的历史中求索挖掘，并将那失落的记忆镌刻下来，展现给当今的世人？何不重新发现我生长的土地，这片广袤无垠的美洲大陆？

一开始的时候，我全然不知这次旅途会将我带到什么地方，或者会为我带来些什么收获。但先前所做的阅读使我相信自己一定会游离在现代划定的疆界以及教科书中记载的时间表之外。首先，可以确定的一点就是在 1492 年到达这里的哥伦布，并不是第一个造访美洲大陆的探索者。和你我一样，这位航海家也是步他人的后尘，辗转而来。为了找到真正的起点，我必须将目光转向更古老的年代，以寻找史上第一位航过碧蓝的海洋，在此登陆的欧洲人，比 1492 年还要早上许多，许多。

Part
第一部
探索之旅

一幅创作于 1493 年的木刻版画，它描绘了哥伦布在之前一年（1492）登上美洲大陆时的情景。该版画据信是欧洲最早体现对于"印度"（the Indies）及其人民的想象的艺术品。

第一章
文兰：第一次接触

现如今，寻觅新土的呼声变得越来越高。

——《格陵兰人萨迦》

说到欧洲人对美洲大陆的诸多探索，我们就不得不从一个逃犯开始讲起。红胡子埃里克（Eirik the Red），据萨迦所说，他犯下了谋杀的罪行，只好离开世代居住的挪威，前往冰岛定居。在那里，他从事耕种，并和一位邻舍，"肮脏的"埃尤夫（Filth-Ejyolf）起了冲突。随后，他便下手谋害了埃尤夫，以及"决斗者"哈拉夫那（Hrafn the dueller）。因为这些罪行，他被驱逐出境，搬到了冰岛海岸附近的一个小岛居住，并将住处租给一位名叫索尔葛斯特（Thorgest）的客人。因为租约发生纠纷后，埃里克便杀害了索尔葛斯特的儿子们以及其他数人。

一个宗教裁判会下令再次驱逐了埃里克，将他流放到化外之地。于是，他决意，与一千年后的许多法外之徒一样，向西边航行，寻找新的落脚点。他从冰岛一路行船，到达了一处冰川纵横的荒野，将那里命名为格陵兰（Greenland），字面上的意思就是"绿岛"。"他认为，如果起一个富庶好听的名字，就可以吸引更多的人前来定居。"

今天我们所熟知的格陵兰没有一寸可以耕种的土地，岛上四分之三的地域都覆盖着一层厚厚的冰壳。不过，埃里克十分幸运：他登陆的时候正值北大西洋逐渐变暖的时期。公元985年的格陵兰岛算不上一座富饶的花园，但也比维京人占据的冰岛或者是毫无植被的法罗群岛（Faroe Islands）来得强一些，气候也没有那些地带来得极端。埃里克和他的追随者们在格陵兰岛相对宜居的海滨地带畜养牲口，建立起定居点，渐渐地吸引了数千名维京人前来居住，并与欧洲本土建立起一条活跃的商业航道，售卖一些诸如北极熊或是海象皮毛之类的奢侈品。

到了格陵兰，埃里克的脾气似乎变得温和了一些，至少据我们所知，没有再次动手杀人。唯一令他不满的便是他那改信了基督教并拒绝与异教徒丈夫共枕的妻子。到了那时，这对夫妻已经有了好几个成年的儿子，其中一位名叫莱夫（Leif），长得异常高大强壮，且"十分聪颖，与人为善"。红胡子埃里克还生养了一个私生女，名叫芙蕾迪丝（Freydis），常常得为她那脾气暴躁、嗜好杀戮的父亲收拾残局。她的故事在萨迦中还会再次提到。

对于接下来发生的事，史书上有两种不同的记载，它们都与那些在北大西洋上落难的海员有关（原文所用到的词是hafvalla，在北欧语系中意为"在大海中迷失方向"）。《红胡子埃里克萨迦》（Eirik the Red's Saga，许多美国人都曾读过此书的缩简本）一书中记载道，莱夫·埃里克森偏离了从挪威前往格陵兰的正确航线，"在机缘巧合下找到了一片未曾有人发现过的土地"。在那里，他采集了许多奇妙非凡的植物，并在返程的路上营救了一个遭遇海难的不幸水手，"从此之后被世人誉为'好运的'莱夫（Leif the Lucky）"。

不过，《格陵兰人萨迦》则讲述了另一个更加完整，而不那么英雄主义的故事。在这个版本中，一位名叫比雅尼·何尔约夫森（Bjarni Herjólfson）的船东在去格陵兰的路上遇上了暴风雨，不经意间发现一片维京人从未踏足的大陆。接下来的五天，他驾船沿海岸线而下，却拒绝了手下水手的殷切请求，严令不准他们登岸。"不行，"他冷冷地回应道，"这片土地依我看来，简直是一文不值。"

哪怕没有后见之明，人们还是不禁怀疑比雅尼为何做出这样的决定。"很多人都觉得他毫无好奇心，"萨迦如此记载比雅尼对新大陆冷漠的态度，"因为他对那片土地什么都说不上来。"更具有冒险精神的莱夫，在听到这一消息之后，决定买下比雅尼的船只，带上 35 名追随者，去寻找那神秘而未知的地界。他先是到达了一片多山的海岸，那儿的悬崖由一整块巨石组成，从山顶上的冰川一直延伸到大海中。莱夫显然没学到父亲的推销能力，将此地漫不经心地命名为"石板岛"（Helluland）。

莱夫停靠的第二站是一处树林繁茂的海滨，他将此地称做为"森林之地"（Markland）。在那里，维京人找到了一座无主的岛屿，那里的草地上有"一种奇特的露水，他们于是用手捧着，饮了一些，感叹道一辈子都没有尝到过如此香甜的饮品"。在那附近有一座岬角和一条游弋着无数鲑鱼的河流。于是，这些维京人在此落脚下来，建起一座座"大型的房屋"。在他们眼中，这里实在"太好不过了，哪怕是冬天，牲口也可以随意放养，温度从不会降到冰点以下，草地和植被也不会枯黄"。这一切对于他们来说，简直就是一处人间天堂。

往内陆进发，迎接他们的便是更多惊喜。莱夫的部众中有一位名叫图基尔（Trykir）的，这人并非北欧出生，而是来自某个"南方国度"。有一次，他与队伍走散了，独自一人在森林中游荡，等他回到营地时，却"显得异常兴奋"。他一边用德语嘟囔着些什么，一边做着鬼脸。图基尔告诉同伴，他在树林里找到了些葡萄，从他那言语行径中不难看出，他一定是吃到发酵的葡萄，醉倒了。

"你确定吗？"莱夫开始时还不太相信，因为虽然他对这种果品相当喜爱，偏好温和气候的葡萄在北欧却是相当稀罕的东西。"我很肯定，"图基尔打着包票，"因为我长大的地方，到处都有葡萄藤。"

得到肯定的答案之后，莱夫派出手下，命令他们去各处采割葡萄，砍下藤蔓，并收集起可利用的木材，统统装上船去。随后，他便驶回了格陵兰岛。"据说他的船后拖拽着的舟艇里，塞满了采来的葡萄。"莱夫的历险也为那片土地带来了一个美丽而动人的名字，文兰（Vinland），即是"葡萄酒之地"的意思。

当大雾终于消散，我在距离机场 15 分钟车程的地方，第一次看到了纽芬兰岛的景象。一抬头，便能看到写着"加拿大横贯公路"的路牌，上面画着一只长着犄角的巨兽，两脚踏在一辆破损的轿车之上。"小心：麋鹿穿行！"标牌提醒道。开了没多久，道路便延伸到了两座大湖中间的一片沼泽地，湖畔的浓雾再一次笼罩在车身周围。那是凌晨四点半，仲夏日出的微光静谧地洒在纽芬兰的大地上，对于麋鹿来说，这便是早高峰了。接下来 50 英里的路程中，唯一一部与我擦肩而过的是一辆鸣着笛、呼啸而过的救护车。在红眼航班上度过漫长的不眠夜后，我开始胡思乱想起来：救护车中躺着的，会不会恰巧是一位不幸撞上麋鹿的摩托车手？

我看到的第二块路牌便是"迪尔多：住宿 + 早餐"，紧靠着另一座道路标记，上面写着这里与下一个小镇的距离：170 公里。真是难以想象，欧洲人在北美发现的第一片土地，到了今天，竟然成了整块大陆最为人烟稀少的地带。为了防止我那耷拉下来的眼皮彻底合上，我决定打开汽车上的电台，听一听加拿大广播公司的晨间节目。通常，在这一时段，他们都会播报世界各地的英语广播。电台恰巧正播着瑞典广播关于北欧饮食的一段节目。

节目以一段北欧民歌开场，然后场景就切换到了一场采访。其中，主持人对着一位瑞典犹太人发问，"请问你吃麋鹿吗？"

"我不太确定这算不算犹太洁食（kosher），"那人回答道，"但我相信绝大多数犹太人都不会介意尝上一口。"

接下来轮到一位萨米族人（Saami）① 上场了，他开始介绍驯鹿发出

---

① 居住于斯堪的纳维亚半岛的一个原住民族群。

的各种声音。然后广播切换到了捷克电台，随后又到了英国广播公司（BBC），这些节目帮助我熬过了早餐的时段。过了一会儿，我终于看到了一家小餐馆和商铺。这文明的曙光啊，我决定靠近探个究竟。餐馆门口有一块标牌，上面写着三行字：

活蠕虫

霜淇淋

鳕鱼舌

正如我从未问过自己麋鹿是不是犹太洁食那样，我也从来没有把鳕鱼舌当做一种食物。还是去喝杯咖啡好了，我一边想着，一边加速驶过了那家可怖的餐厅。过了一会儿，汽车开过了另一块路牌，上面记录着去年发生的种种"麋鹿／交通事故"。远方那披着厚厚积雪的山脉在视野中愈来愈近。终于，看到了我此次旅程的目的地：路边竖立着一块标志，上面雕刻着一艘长船的图案和一行字，"维京古径"（Viking Trails）。沿着山路行进，我朝着这片大陆车能抵达的最东端开去，那里便是兰塞奥兹牧草地（L'anse aux meadows），美洲大陆上的第一个欧洲定居点。

"萨迦"（Saga）一词来源于古斯堪的纳维亚语系中表达"说"的词汇，主要描绘维京时代的各类逸事，这些故事先是被口述记载下来，然后由中世纪的教士誊抄下来，编辑成书。萨迦讲述的都是真实存在的人物、地点和历史事件，通常描绘各种世仇与纷争，用的词句也都是以记叙事实为主，少有华丽的辞藻。不过，萨迦，也被译为传奇，通常会将真实的历史与超自然现象混杂在一起讨论，奇幻和事实常常交织成一片模糊的灰色地带。

在《红胡子埃里克萨迦》一书中，曾写到过一个妇人，在去茅厕的路上，遇见了一群挡路的鬼魂。在文兰，曾有一位维京人被一种仅长着一条腿，手持弓箭的半人半兽所袭杀。"从前有一个男人唤做乌尔夫（Ulf），"书中写道，"他是比雅尔夫（Bjarlfi）与豪尔贝拉（Hallbera）的儿子。豪尔贝拉又是'无畏的'乌尔夫（Ulf the fearless）的女儿，也是来自哈拉夫尼斯塔（Hrafnista）的'半食人妖'豪尔比约恩（Hallbjorn Half-Troll）的姐姐。"

这本"萨迦"中所记载的这些段落不禁让人质疑它作为史料的价值。它那流传下来的方式也让其中内容的可信度打了折扣。在这些故事发生了几个世纪之后，基督教会的抄写员才将口述的历史故事第一次誊抄下来。在这之后，形形色色的编辑与翻译员在这些书籍中加上了些许个人色彩，调整了叙事的顺序，并对古斯堪的纳维亚语有着不同的见解。总而言之，经过好几代人的改写与编译，我们今天所看到读到的萨迦与一千多年前在北欧流传讲述的故事早已大相径庭。

萨迦也常常成为浪漫主义小说的灵感来源。1830年前后，关于文兰的传奇故事被译成英语并传入美国，在新英格兰地区顿时掀起了一股"维京人热"，许多地方都号称发现了古斯堪的纳维亚人登陆定居的痕迹。一些古文物研究者声称，一座位于罗德岛纽波特地区的神秘石塔便是维京人所修建的，附近的一处古墓中还埋葬着一位古代勇士的遗骨以及他使用过的铁器。诗人朗费罗（Henry Wadsworth Longfellow）在《铠甲骷髅》（The Skeleton in Armor）一诗中提及了这座墓穴；他写道，"我，上古的维京海盗！ ①"

到了19世纪末，这股维京热潮渐渐地迁移到了美国中西部地区，那里来自斯堪的纳维亚的新移民十分推崇这一理论，热衷于将自己的祖先标榜为开拓这片土地的先行者之一（1874年的时候，一位来自威斯康星州的丹麦裔学者写了一本畅销的历史书，名字就叫作《美洲不是

---

① 原文为"I was a Viking Old！"

哥伦布发现的》）。其中最著名的发现便是在明尼苏达出土的肯辛顿符石（Kensington Runestone），其上雕刻的文字记载了一支由哥特人和北欧人组成的队伍从文兰跋涉至此。除此之外，美国中部还有许多所谓的维京遗址或是文物出土，地点远至俄克拉荷马州的黑芬纳（Heavener，Oklahoma）。可是，却没有人能够解释维京人，一个航海民族，是如何跨越数千里的平原和山脉，最终来到美洲内陆的。

在考古学家和学者们进行仔细的研究后，这些"维京人遗物"便愈发站不住脚了。那座纽波特石塔其实是一座17世纪建造的风车，那位朗费罗笔下"上古的维京海盗"则是当地的一位万帕诺亚格族（Wampanoag）印第安人，而他的青铜陪葬品也不过是一个殖民地时期的英国茶壶罢了。至于那块肯辛顿符石，后来被证实是一场彻彻底底的骗局：1898年，一位瑞典石匠打造了这块石头，刻上文字，然后号称他在自家农场挖出了这一"古文物"。至于其他地方发现的那些神秘符号，则都是些印第安岩画，冰川擦痕，或者是农具留下的划痕。

正因为诸多的造假事件，到了1961年，当古斯堪的纳维亚文物再次出土时，专家学者们大多持有怀疑的态度。发现这些遗迹的是一位名叫黑尔格·英斯塔（Helge Ingstad）的挪威律师和业余探险家，在他60岁的时候，开启了一次堂吉诃德式的探索之旅。根据萨迦中模糊不清的描述，以及一些教会文献和绘有文兰的古地图，黑尔格决定勘探美洲东北海岸全境，地毯式地搜索一千多年前维京人留下的蛛丝马迹。黑尔格的探险最终将他带到了纽芬兰。那是北美大陆的最东端，与格陵兰几乎共享同一个时区。如果正如萨迦所说，莱夫·埃里克森先是在北大西洋航行了许久，然后又向南前进，最终靠岸的话，那他很有可能撞见纽芬兰的北端，并在那里登陆。

英斯塔先是搭乘小艇，在当地人口中，他得知兰塞奥兹牧草地附近有一个偏僻的小渔村，那里有一些古屋遗址。上岸后，一位渔民带着他

维京人在北大西洋的迁徙

来到了一片长草的平地，那里依稀可见一些已经消失的古村落留下的痕迹。当地人管这里叫作"印第安人营地"，而英斯塔却觉得这里的景象与他在格陵兰见到过的斯堪的纳维亚村舍十分相近。

第二年夏天，英斯塔和他的考古学家妻子，安妮·斯泰恩（Anne Stine），一同开始了采掘行动。接下来的 8 年中，他们两人与一支国际考古团队在这里陆续发现了许多维京式样的房屋遗迹与各种器皿。利用放射性碳定年法，这些器物被证实是在公元 1000 年左右制造的。所以，联合国教科文组织在 1978 年将兰塞奥兹牧草地命名为第一个"世界遗产"，这也是目前为止北美唯一一处被证实的古斯堪的纳维亚人聚居地。文兰不再仅仅是萨迦中记载的一个传奇故事，而是从此作为一段真实存在的历史，流传下去。

维京古径在裸露的海滨平地上无止境地延伸下去，开了几个小时都没有看到尽头。一路上经过的只有几个零星的小村落，简朴而又毫无美感。一栋栋整齐划一，不加修饰的房屋，单色的教堂，以及一些以苏联式粗犷风格装潢的杂货店，挂着大大的招牌，上面写着"食品店"。这儿唯一能接收到的广播就是一台关于拉布拉多省渔业的节目。连那些有趣的麋鹿警示牌都彻底消失不见了。

开了一整天的车，我实在是精疲力竭，又感到无聊至极，终于明白了比雅尼·何尔约夫森当时的苦衷。如果他当时看到的海岸是这幅情景，那他说这儿"毫无价值"自然是情有可原。后人也大多同意他的看法——当法国探险家雅克·卡蒂埃在 1562 年到达纽芬兰时，他将这里称做"上帝流放该隐①之地"。

到了纽芬兰岛的北端，道路向东延伸，穿过一片片碎石地，泥泞的

---

① 圣经故事中，该隐因为杀害兄弟亚伯，遭受上帝惩罚，被逐出人类聚居地。

沼泽，以及冰川融水汇集成的湖泊。接着，维京古径来到了一个分岔口，而我沿着其中一条支路开了下去，直到道路的终点——一处海滨悬崖，才停下来。一下车，迎接我的便是一阵刺骨般寒冷的海风，映入眼帘的则是一片被巨石包围的狭小水域：一处峡湾（fjord，词源来自古挪威语）。海湾中央的物体看起来就像一艘倾覆下沉的邮船，庞大、通体白色、晶莹剔透，散发着光芒。"冰山！"我赞叹道，除了在 IMAX 电影中，我还从未看到过如此景象。

维京古径的另外一条支路则通往兰塞奥兹牧草地（L'anse aux meadows），好一个浪漫、充满异国情调、又极具欺骗性的名字啊！就如同"佛兰德斯战场①"（Flanders Fields）一样，其实只不过是一个错误翻译的产物。在法语中，这里原来叫作美狄亚海湾（Anse à la Médée）；美狄亚即为希腊神话中的人物，以弑杀出名。车开过了又一座冰山和几片零星的雪堆，当路边那几棵低矮的树木消失不见后，视野一下子开阔起来，眼前是一整片亚北极的荒原，从这儿一直延伸到海边。这儿的景色十分美丽，却又苍凉萧索。天气也冷极了，尽管是夏天，当我下车时，呼出的空气也起了雾。

到了路的尽头便是一座码头，还有十来栋零零星星的屋子，依水而建。一个小时前，加油站的人告诉我这里有个叫汤姆的人，他的游艇就停泊在这里的码头上。这听起来像是个开启旅程的好方式，像那些维京人一样，从水上观览这里的海岸线。找了半天，整个码头附近只有一个人，他戴着一顶帽子，帽檐拉低到额头前，慵懒地坐在一辆车里。我敲了下他合上的车窗，礼貌地问他怎样才能够找到汤姆以及他的那艘游船。

"这儿没有冰川。"那人答道，只是把车窗降低了一点。

---

① 约翰·麦克雷（John McCrae）关于第一次世界大战的诗作。佛兰德斯以风景优美著称，但在"一战"中饱经战火摧残。

"我不是来观赏冰川的。"我对他说。

"那你是来这里看什么的?"

"啊,我来看维京人登陆的地方。"

"这儿没有维京人,从来没有过。"他不耐烦地说道,"对不起,先生。那都是瞎说八道。他们要是想找个地方落脚,也不会是这里,这边的冬天简直没法活!"他关上窗,驾车离开了。

不远处,我看到一个老人正从一间小屋里走出,去给他养的山羊喂食。他的院子里竖着一块牌子,上面写着:"售卖:羊毛袜子"。羊毛袜?这我倒是用得着几双。一边想着,我便走了过去,和那老头攀谈起来。

讲到这寒冷的天气,他却说,"今天热极了",将他的羊毛衫拉上去,露出里面穿着的一件棉织运动衫,一件绒布球衣,还有一件T恤衫,"简直想要赤身裸体"。

那老人名叫雅各布·安德森,曾参加英斯塔夫妇1960年的开采行动。"这边能找到的活儿不多,所以我就去了。"他回忆道。他还提到他的祖父来自挪威,出于好奇,我便问他这相近的血缘是不是使他对这儿出土的维京遗址有一种归属感。

"那是太久以前了,"安德森回答道,"说实话,我又没有亲眼见过这些人。我的确年纪大了,但也没那么老。"然后,他便哼起歌来,"在那晨间醒来/两点十五清早/双手插着口袋/身上披着夹袄"。看见我一脸疑惑,他便解释道,歌里的"夹袄"就是大衣的意思。

雅各布轻轻拍了拍身旁的山羊,说道,"这只我打算留着,不宰它了。"我点了点头,花钱买了一双袜子,然后回到车里去,实在是搞不懂这些怪异的纽芬兰岛民。他们是在故意捉弄我吗?还是他们的精神都不太正常?我不得而知。

在萨迦中，关于莱夫·埃里克森从文兰返航之后的记载就寥寥无几了。但是他的兄弟姐妹们继承了他的航海事业，在此之后又指挥了好几次前往"葡萄酒之地"的探索行动。他的一位兄弟，名叫索尔瓦德（Thorvald），带领一队人向西航行，并在莱夫留下的营地里过冬。到了夏季，他又勘探了周围的水域，并发现了一座峡湾，那里有森林茂密的岬角和一处隐蔽的海港。"这看起来是个好地方，"他对他的人宣布，"我们就在这儿安营扎寨，经营种植。"

这时，他们发现在沙滩上有三座小丘，"靠近后，才发现是三艘隐藏起来的舟艇，每一艘下面都躲着三个人"。讲到这里，萨迦的作者们并没有多费笔墨，寥寥几句话就不再提及了。这可是决定性的一刻啊！这是有史以来美洲原住民和欧洲人，人类那被大海隔开的两个分支，数千年里的第一次会面。正因为分离了如此之久，两队人马都有些吃惊，不敢相信对方和自己同源同种。

至于这些原住民是如何到达美洲大陆的，学术界长久以来都没能推出使人信服的公论，而最新发现的古文物以及语言学和基因学的证据使得真相愈加扑朔迷离。一般来说，人们认为大约五万年前，先民们走出非洲，一支抵达东北亚，在那里定居下来，另一支则向北行进，直到抵达欧洲的东北角，并在当地繁衍生息。距今一万两千年前，冰河世纪进入末尾时，一些以狩猎为生的人类跨过连接亚洲与美洲的大陆桥，迁徙到现今的阿拉斯加地区，他们的后裔继续前进探索，足迹最终布满了整个美洲大陆。而在一万一千年后，他们终于得以与失散已久的另一个分支在加拿大东部，北大西洋沿岸的沙滩上团聚——更准确地说，狭路相逢。

萨迦的作者们把这些土人叫作斯卡林人（Skraeling），这个词语在古斯堪的纳维亚语中意思是"讨厌的人""丑陋""嚎叫者"，或者是三者皆而有之。在记载中，这些土人又黑又矮，有着宽阔的颧骨和一头粗糙的长发，"看起来十分邪恶"。当然，这只是一面之词罢了，对于原住民来说，那些肤色苍白，毛发浓密，脸长如马，发出奇怪噪音的维京人想必也看上去像一群"丑陋"且"嚎叫着的""坏人"吧。

在发现了那些斯卡林人后，维京战士们"兵分两路，发起进攻"，对面除了一个"侥幸驾船逃跑"的，剩下"所有的人都很快被捉住处决了"。史书中并没有记载这场杀戮为何发生，但我们所知道的是，就在这时，"一大群隐蔽起来的船只突然袭击，朝峡湾的方向驶来，一场激战在所难免"。维京人击退了来犯的敌人，但首领索尔瓦德的手臂中了一箭。知道自己受了致命伤，撑不过返程的路途，索尔瓦德命令手下将自己埋葬在原本选定落脚的地点。

对于现代的读者来说，萨迦中关于文兰的下一个章节就显得格外艰涩难懂了，因为其中提及的人名大多相似，容易弄混。莱夫·埃里克森的另外一个兄弟，索尔斯泰恩（Thorstein），决定从格陵兰起航，去寻找索尔瓦德的遗体。可是，没过多久，他便染上了疾病，在一个也叫索尔斯泰恩的农夫家中过世了。而他的遗孀，古德里德（Gudrid），又撞见了一个鬼魂，而这幽灵的名字恰好也叫古德里德。这样混乱，难以厘清的故事，在萨迦里，还有许多。

最终，古德里德与一位富有的船长，索尔芬·卡尔瑟芬尼（Thorfinn Karlsefni），成婚了。两人带着 60 名随从，6 位妇女，以及"各种各样的牲口"前往文兰，"打算到那里定居"。到达莱夫的老营地之后，他们过上了舒适惬意的生活，采摘水果，架网捕鱼，以狩猎与捕鲸为乐。

等到了夏天，那些斯卡林人又出现了。一开始，土人们被那低吼咆哮着的公牛吓破了胆，毕竟他们从未见过这种野兽。过了一会儿，他们带来了黑貂与诸多动物的毛皮，与营地中的北欧人进行交易，以换取外来客手中上乘的武器。这样的贸易为几个世纪后欧洲人和美洲原住民的商业交流打下了基础。尽管两方语言不通，最初都暗自提防着对方，他们还是形成了良好的贸易网络。很快，原住民们就发现了欧洲人手上最具价值的交易品，那便是锐利的钢质长剑，以及许多年后的——火枪与大炮。

卡尔瑟芬尼禁止部下向土著人兜售武器和刀剑，而是让随行的妇女们献上"牛奶以及各种乳制品"。与数百年后一样，原住民似乎在交易中吃了大亏：斯卡林人吃得好不痛快，捧着肚皮打道回府，而卡尔瑟芬尼则收获了价值连城的各色皮草。至少，在欧洲人的眼里，这听起来像一场不平等的贸易。

第二年春天，当卡尔瑟芬尼和他的部众回到格陵兰岛时，他们的船只满载着昂贵的动物毛皮和葡萄酒。他此次文兰之行还留下了另一个珍贵的遗产：在美洲过冬时，他的妻子古德里德诞下了一名男婴，比在新大陆的第一位英国婴孩要早出世近六个世纪。弗吉尼亚·戴尔（Virginia Dare），无数的诗歌、小说、戏剧与纪念碑将她的故事赞颂。而六百多年前古德里德生下的那位男婴却籍籍无名，除去萨迦中的记载之外，便少有人知晓了。而这有史以来，北美洲上出世的第一位欧洲婴儿，名字就叫作斯诺里·索尔芬森（Snorri Thorfinnson）。

在文兰旅馆稍作休整后，我便再次动身出发。听说兰塞奥兹牧草地附近有一座小型国家公园，环绕着维京人遗址，我决定去一探究竟。在此之前，我先拜访了当地的一处旅客导览中心，那里正在播出一段黑尔格·英斯塔的采访视频。不幸的是，这位负有盛名的探险家与遗迹的发现者最近以 101 岁的高龄过世了[①]。这位高大帅气的挪威人常说起他对维京祖先们的敬仰之情，在采访中，他说自己格外钦佩这些"渴望冒险"的勇士驾驭着简易，毫无遮盖的船只，乘风破浪来到这里，建立起一个"崭新的国度"。

---

① 2001 年 3 月，黑尔格·英斯塔在挪威奥斯陆与世长辞，享年 101 岁。此文应是在 2001 年前后写就的。

英斯塔口中具有浪漫色彩的场景和导览中心展出的那些简陋粗糙的北欧器具形成了鲜明的反差：出土的文物中有一枚生锈了的铁钉，一根用来"支撑屋顶上铺设的草皮"的木梁，一枚用来系斗篷的环形铜针，还有一只北欧妇女用于织布的纺轮，又小又圆，由一块滑石雕刻而成，看起来像是一块碾平了的面团。

在游客中心内还能看到将古斯堪的纳维亚人在大西洋两岸生活还原的场景，这更加动摇了我心目中维京人那残酷，喜好劫掠的狂战士形象。事实上，"维京人"一词最初只指那些以外出烧杀抢掠为生的战士，而绝大多数北欧人则留在他们位于斯堪的纳维亚半岛的家中，以耕种畜牧为生。最初来到格陵兰和文兰两地的定居者与他们那些在西欧大肆杀伐、攻城略地的族人也不尽相同，他们不会搭乘那些尖利，令人生畏的"龙船"，而是多使用一种叫作"克纳尔"（Knarr）（主要用于搭载商品、牲口与乘客）的平底货船。

最后的一处展览则彻底打碎了我对维京人日常娱乐的丰富想象；与我脑海中那些为芙蕾雅女神举办的，放纵乱情的祭祀仪式不同，大部分维京人定居者都皈依了天主教，成了虔诚的信徒。一群敬仰上帝的先行者，靠织布，伐木，捕鱼维持生计，过着朴实无华的简单生活。从这个角度看，文兰的北欧先民们和普利茅斯的朝圣者倒有几分相像。

离开导览中心，我沿着一条宽阔的道路前进，走下一处缓坡，在泥浆与苔藓密布的沼泽地中穿行，最终来到了 1960 年那次考古发掘的地点。我的第一站便是一个铁匠铺的遗址，那儿有一座锅炉，古时候的维京人就是用它将附近采集到的铁矿石锻造成粗糙的铁片，这便是北美大陆的第一座工业设施。不过，这一切留存至今的只剩下地面上隐约可见的几个浅坑，和地鼠洞差不多大小，一点都不起眼。

向前走了几步路，我来到了一片高地之前，那里零星点缀着诸多长满青草的浅坑。这便是维京定居点的中心了，从远处观察，可以看到七座会堂和棚屋的大致轮廓。到小腿肚那么高的矮墙上可以看到几个缺口，那便是门廊所处的位置。地上散落着的小洞，则是古代火坑留下的痕迹。沿着高地的四周，我一边漫步，一边在脑海中勾勒莱夫和他的同伴们在此登陆的情形。遗址就伫立在一座岬角之上，紧靠着一片浅浅的海湾，一条小溪在这里与大海交汇，与萨迦中的描述毫无差别。而眼前的这些就是书中提到的，维京人用以度过冬天的"一座座大型房舍"。这里的一切都和萨迦里记录的大抵相同——除了气候之外，当天的气温只有 41 华氏度①，和书中那气候温和，葡萄满藤的人间天堂相差甚远。

我低头看了一眼腕上的手表，才过去十分钟，这次维京遗址之旅就草草收场了。可是，这几道浅坑和痕迹背后那曲折的传奇故事，十天十夜都讲不完。

在这里，加拿大公园管理局按照公元 1000 年的原式原样修复了一些维京古建筑，尽管历史原教旨主义者可能对这些复制品嗤之以鼻，但这对长途跋涉而来却又意犹未尽的我来说再好不过了。这些按原貌重修的仿品与古迹出土地点遥遥相望，从远处看去，就像在平原上兀自树立起了几个低矮的浅绿色土堆。走近一些，我便看到面前坐落着一栋栋形如托尔金笔下霍比特人居所的小屋；有着布满绿色植被的墙体以及铺设着草皮的屋顶，枝丫一直垂到地面上；而顶部则长着一团团的野草以及各色的野花。我俯身步入一条通往屋内的低矮走廊，感觉就像是一头扎进了指向地心的狭长隧道。

一进门，扑面而来的便是室内湿热的空气和暗淡的光线。好不容易睁开双眼，映入眼帘的是积满灰尘的地面、裸露在外的木质结构，以及一座由木材打造的、铺设着皮草的平台。一口铁锅正悬挂在火堆之上。一位年轻女子正屈着膝坐在炉边，腰间系着她那粗糙的棕色斗篷；她留

---

① 相当于 5 摄氏度。

着一头长长的金发，在火光的映照下显得格外美丽。

"哥森迪昂（Gothen Dyen），"她对我说，"我没看到你的克纳尔（Knarr）归港。"

"抱歉，你在说什么？"我一脸诧异。

"啊，我方才在向您问好，顺便问问您的长船怎么样，它有多大？"

"别提了，超小只。"我答道，"你的呢？什么时候到这儿的？"

"尊贵的先生，我已经在这里待上了一千年有余，一直做着服侍别人的下等活。"她轻轻摆弄了一下烧着的铁锅，"您要来点儿鲸油吗？"

一个粗暴的声音从长屋的另外一侧传来。那人喊叫道："贝拉，你这懒惰的奴婢，快点给我端上些蜂蜜酒来！"

贝拉叹了一口气，对我解释道，"那是比约恩，我的主人。真是又残暴又愚蠢。"就在这时，一位壮汉走了过来，头发编成杂乱及肩长的发辫，留着浓密的胡须。他身穿灰色的无袖长袍，下身穿着一条羊毛裤，脚上则踏着一双山羊毛皮制成的靴子。"这是什么东西？"他低吼了一声，瞟了一眼煮沸的铁锅，"又是剩饭剩菜！"

比约恩转过身来，直勾勾地盯着我看，上下打量着我手中的纸笔。"一个真正的吟游诗人是不需要这些东西的。"他说道，朗诵起了一首名叫《哈维默》（Hávámal）的北欧史诗；这首诗也被称做"高人的箴言"，主要记录维京男子的处世信条。"牲畜有日而亡 / 血亲终归尘土 / 吾等皆难逃一死，"他用低沉而富有穿透力的嗓音吟诵着，"唯声誉一事 / 代代相传 / 得留千古 / 生生不息 / 永无止日。"

在 15 分钟的朗诵后，比约恩和贝拉的表演也宣告结束，回到了 21 世纪的现实世界中。真实生活中，比约恩名叫麦克，早先是位渔民，已经在这儿的公园工作了 6 年多。20 世纪 90 年代，纽芬兰北部的鳕鱼捕捞业陷入停滞，导致上千名当地人失去了工作，而扮演维京人则成为失业者的出路之一。为了解决就业问题，政府出资培训了许多历史重演演员，寄希望于公元 2000 年，也就是在纪念莱夫起航 1000 周年的活动时为当地带来大批游客。尽管如此，还是没有多少旅客愿意造访这偏僻的苦寒之地，这儿的旅游业也未能迎来计划中井喷的客流。于是，那些待业的渔民便大多成了待业的"维京人"。

而贝拉以前则是一位教师，对古斯堪的纳维亚人的生活方式格外感兴趣。在这儿，她从早到晚都待在长屋里编织、纺布或是烹饪。铁锅里炖着的不是什么鲸油，而是豆子、卷心菜、大头菜、胡萝卜，以及洋葱——都是些适合在北欧寒冷地带种植的蔬菜。

"我们以前就吃这些炖菜，"比约恩补充道，"不过这些菜吃了很容易胀气，像我们一天到晚都待在封闭的室内，这样的饮食恐怕不太好。"

接下来，他带着我参观了这栋长屋的全貌，它全长 72 英尺，宽大约 9 英尺，是按遗址中留下的房屋痕迹等比建造的。内部的装潢则是按照冰岛留存的一处维京古屋修复的，那房子因为被火山灰掩埋，得以原式原样保存下来。墙上则悬挂着一副带有金属鼻甲的尖顶头盔，这也是依据史料记载打造的，和卡通片中人物或是明尼苏达维京人队 [1] 球迷所戴的那种两边镶有犄角的头盔大相径庭。与许多关于维京人的民间传说一样，镶有犄角的头盔只在浪漫主义小说中存在，它最初是 19 世纪的道具师为了瓦格纳 [2] 的歌剧而打造的。

长屋内的各种装饰品都是按博物馆的规格打造的，而真正难以呈现的便是维京人日常生活的样子。"在我们的想象中，他们的生活十分原始，"比约恩说道，"但越是那些基本的事情，我们就越是做不来。"就拿生火来说吧，当比约恩刚开始重演历史的时候，他们两个根本不知道怎么去除弥漫的烟雾，很快，雾气便淤积在封闭的房间里，把他们呛得

---

[1] 英文名是 Minnesota Vikings，一支美国国家橄榄球联盟的球队，吉祥物是一位戴着头盔的维京人。

[2] 理查德·瓦格纳（Richard Wagner），德国作曲家，以后浪漫主义歌剧著称。

咳个不停，只好每过一段时间就出去透透气。

于是，公园的管理方在屋顶上打开了通气的天窗，可是这也意味着燃烧着的火苗越蹿越高，差点把木质的天花板引燃了。他们也尝试在地板或是门廊上打开气孔，不过都失败了。最终，公园方面彻底放弃了，将原来的柴木和火堆换成了丙烷点火器与假木头。不过，没了火焰，低矮的半地下式房屋变得十分潮湿，湿透的羊毛睡袋很快就长满了虫子，臭不可闻。

尽管有种种困难，长屋里的生活也并非一无是处。每每有游客造访时，便会沿着火堆坐成一圈聊聊天，以驱赶屋子里的昏暗湿冷。没有任何窗户，只有通过狭隘的走道才能隐约看见一点光线，与世隔绝的长屋以泥土为地，零星点缀着动物毛皮，人们静谧地坐在里面，就像是胎儿在母亲腹中一般安逸。裹着皮草席地而坐，我侧耳倾听着比约恩口中讲述的北欧神话：矮人工匠在地下打制着兵器，女武神们（Valkyrie）收集着阵亡战士的魂灵，强大无比的雷神正挥舞着战锤与巨人们殊死搏杀，难怪北欧人创造写就了如此之多的民间传说以及神话故事。一个漫长黑暗的冬夜，火光照亮了人们的面庞，还有什么地方比这更有意境、更容易激发创作灵感吗？

也许，这就是为什么维京人比其他欧洲民族更为抗拒基督教会，而是在耶稣诞生一千年后，仍然执迷于他们古老而强大的北欧神明的原因。当然，位于欧洲最北端，与世隔绝的地理位置是原因之一。想必，在那个寒冷、昏暗、四处是惊涛骇浪与连绵战火的世界，雷电之神与食人巨妖被美丽的侍女们簇拥着，在英灵殿中一起痛快地大口喝酒、大块吃肉的场景要比遥远的中东沙漠 ① 吸引人得多。

比约恩本人就从未皈依基督教。"我就和那些基督徒不对付，"他有

---

① 据圣经记载，耶稣基督诞生于现属于以色列的拿撒勒城，此处"中东沙漠"指的便是基督教的起源地。

些生气地对着坐在火边的一家人抱怨道，"他们过完了一生，就匆匆地进入下一个轮回，什么都带不走。而我们这些信仰北欧众神的，平时痛痛快快，死后也能享福。"

说着，他便拿来一支长矛和一把宽刃的战斧。"如果你照这样给那些基督徒的头上敲一下，"他说道，一边举起斧头，假装朝一个瞪大了眼睛的男孩抡过去，"他就不用受苦了。不过，一旦杀戮开始，我也不会在乎。"随后，他又向观众们演示了维京人如何使用那柄长矛，他们一般用尖利的矛头刺穿敌人的甲胄，狠狠地转上一圈，再拔出来，"内脏和血浆飞溅出来，那血腥的味道弥漫在晨间清朗的空气中，真是令人难以忘却"。

等到游客们都离开了，比约恩和贝拉玩起了桌游——一项维京人嗜好的室内娱乐。他们最喜欢的游戏叫作板棋（Hnefatafl，也被叫作翻国王棋），这是一种类似于国际象棋的攻城游戏。游戏规定，一个玩家需要将他的"国王"放在棋盘中央，而其他的玩家则要发起进攻。比约恩算得上是一位板棋高手，不过，说起维京男子的另一项必备技能，他还只是个彻头彻尾的新手。连续几周，他都忙着将一座船头雕刻成龙首的形状。

"看起来像只鸭子。"贝拉评论道。

"胡说八道，明明看上去很威猛。"他指向那生物的利齿，"瞧它野兽般的嘶吼。"贝拉停下手中的编织活，瞥了一眼，"是啊，好一只凶猛可怖的鸭子啊！"

我在那长屋又待了一会儿，直到公园关门，才依依不舍地离开。比约恩将他的武器收了起来，拿来一块毛皮，盖住了他那似龙似鸭的雕塑。"我去关煤气。"贝拉将手伸到一块石板之下，关掉了那"火堆"的丙烷开关。

傍晚时分，我们走出长屋，纽芬兰的夜色低垂，灯光暗淡。尽管如此，在这铺满草皮的围场中，这世界还是亮堂堂的，令人好不意外！我有些不知所措，头晕晕乎乎的，心里却快乐极了，好似看完了一场晚间电影后，刚出门时的感觉。

比约恩对我笑了笑，他对游客的这种反应早就习以为常了。"我们这算是回到未来①了？"他说道，"没想象中的那么好，对吧？"一边扣上外套纽扣，我们一边穿过泥泞的沼泽地，回到停车场，去寻找我们的"克纳尔"。

《格陵兰人萨迦》中还讲述了维京人第四次也是最后一次前往文兰的故事。前三次由莱夫、索尔瓦德，以及卡尔瑟芬尼领导的探索行动都以成功告终，不仅为冒险者们带来了"丰厚的财富"，也为他们"赢得了声誉"。正因为如此，红胡子埃里克的私生女，那位与她父亲一样脾气火爆的芙蕾迪丝，决定赌一把运气。她联系了来自冰岛的一对兄弟，将他们招入麾下，并许诺平分此行的收益。他们约定每条船只都带上"30名维京战士"，不过芙蕾迪丝很快就"打破了协定"，比约定的数目多带了5名勇士。

到达了莱夫建立的营地之后，芙蕾迪丝的人马占据了现有的房屋，而冰岛人只好在附近建起独立的房舍，供他们的手下居住。到了冬天，两边的战士"聚在一起寻欢作乐"，却不知什么原因发生了冲突，弄得不欢而散，各自"打道回府，不相来往"。

有一天早上，芙蕾迪丝赤着脚，踏过积满露水的草地，到对面的营地去找那对兄弟中的一人，并提议交换船只。她说自己打算回格陵兰去，而冰岛人的船要来得大些，那人欣然同意了她的请求。当她回到自己的营帐时，她冰冷的双脚弄醒了丈夫索尔瓦德②，看到浑身湿透的妻

---

① 原文是"back to the future"，一语双关，也可指美国科幻喜剧电影《回到未来》系列。
② 与前文中提到的在此战死的冒险家索尔瓦德不是同一人。

子，索尔瓦德便询问她到底发生了什么。芙蕾迪丝声称她去对方的营地询问船只的事，却被冰岛人拒绝了，还挨了打。"但我知道你这懦夫是不会为了你我的声誉伸张正义的，"她对索尔瓦德说，"你要么为我报仇雪恨，要么我们现在就离婚！"

被妻子说得羞愧难当，索尔瓦德只好集结起他的部众，到冰岛人的营地去，将那一对兄弟以及他们的手下通通捉住。他们先是把被捆绑住的俘虏押到一片空地上，芙蕾迪丝随即下达命令，要将捕获的人全数处死。可是，索尔瓦德麾下的士兵说什么也不肯对俘虏中的 5 名妇女动手，这让她大为不悦。

"给我一把斧头！"她冷冷地命令道，随后亲自动手，将她们尽数杀害。她还严令队伍中的所有人不准走漏风声，还威胁要将泄露秘密的人一道杀死。

在接下来的战斗中，芙蕾迪丝的做派也好似女武神一般。在一次内陆探险中，维京人的队伍受到了一大群斯卡林人的袭击。他们乘坐着独木舟蜂拥而至，一边操作着一种奇形怪状、类似投石器般的武器。从高杆之上，他们朝着北欧人发射着一种"又大又圆的物体，和山羊的肚肠差不多大小，通体黑色"，落地的时候，"还会发出令人生畏的声响"。不知为何，这些古怪的箭石竟然吓坏了那些身经百战的维京战士，这时的他们"无心恋战，什么都顾不上了，只想着求生"。

看到部下胆小怕死，四散逃去，芙蕾迪丝沉住气，说道，"如果给我一把武器，我一定比你们这些鼠辈强上几倍。"尽管身怀六甲，她也顾不了那么多了，从倒下的同伴手中接过一把剑，加入了战斗。萨迦记载道，"当斯卡林人从各个方向涌来，她撕开紧身胸衣，挥剑砍去了她的一侧乳房；看到此情此景，那些斯卡林人顿时吓破了胆，逃回了独木舟上，头也不回地逃离了战场。"

尽管芙蕾迪丝成功击退了敌人，定居者们还是一致决定，不能在文兰久留。"尽管这片土地十分富饶，应有尽有，但留在这里也就意味着原住民时不时的骚扰与袭击。正因如此，他们最终决定离开文兰，乘船回到家乡。"

维京勇士曾经征服过欧洲诸多民族，盎格鲁-撒克逊人、法兰克人、凯尔特人、斯拉夫人都倒在了他们的龙船与战斧之下，不得不俯首称臣，可他们却在美洲碰上了硬骨头，败在了划着动物毛皮制成的独木舟，颇为原始的斯卡林人手里。文献中的只言片语曾提起，直到 14 世纪中叶，维京人还曾派出一些探险队，前往马克兰（Markland），也就是今天加拿大拉布拉多省（Labrador）沿岸地区砍伐木材。不过，在芙蕾迪丝的远航之后，再没有北欧人回到莱夫所发现的那片"葡萄酒之地"探险或是定居了。

我在兰塞奥兹牧草地附近待了五天，想要结识一些生活在维京故土之上的现代居民。当地人大多是渔民的后代，19 世纪来到这里，在海滨定居。"我在这一带出生长大，从来没有想过搬离这里。"当我遇到克莱顿·科尔伯恩时，他正一边给船底上漆，一边说道，"我母亲和我兄弟一家就住在隔壁的房子里。"

科尔伯恩家族世居于鸟嘴岩（Beak Point），紧邻着一片浅湾，正是一千年前维京人登陆的地方。往远方望去，30 英里外拉布拉多地区的海岸线依稀可见。克莱顿今年已经 55 岁了，长得十分瘦削，相貌俊朗，却又不修边幅，留着发灰的红胡子；他有十个兄弟姐妹，从小就都帮着父亲经营捕鱼的事业。1960 年，也就是英斯塔夫妇到达的时候，这里尚未修筑道路，只有一条羊肠小径通往附近的村庄，要去镇上得要坐上半天的船，还只有气候最温暖、水面没有浮冰的个把月才可以通航。

"你可以想象那样的场景：一群来自大洋彼岸的陌生人，就如同维京人一般，不请自来，并开始四处挖掘起来。"克莱顿形容道，"我们还以为他们发疯了，要么就是一群蠢人。"尽管如此，他还是加入了英斯塔的考古团队，之后还成了国家公园的一名导游，在那里工作了好几十载。"维京人现在成了我人生的一部分，我真正热爱的一件事。"他对我说，"我打心眼里敬佩他们的勇敢无畏，坚定不移，驾着简易的船只在大海的狂风巨浪中自如地穿梭，那需要多大的魄力与勇气啊！"

维京人独有的特质以及他们在恶劣环境下的足智多谋令居住于此的捕鱼人深有同感。"他们总能依靠手头上有限的资源生活，和我们这群人一样。"克莱顿说道，"我自己伐木，自己造船，什么都一个人干。想要在这里生存，就必须要吃得起苦，自给自足。"说着，他便指向他的木堆：整整一百根原木，都是他放到雪橇上，开着雪地车从森林深处拉到这里的。"没有哪个人会为了这儿的破天气搬过来住"，他冷淡地说道。上个冬天，气温骤降到零下 30 度，一场暴风雪把人们困在屋中整整 3 天。

克莱顿领着我走到海湾的边缘，那儿的水深大约只有 6 英尺 ①，非常适合维京人以及后来的鳕鱼捕捞者那吃水浅的船只停泊。海岸线上有充裕的草地以供放养牲口。直到最近，当地居民还在一千年前维京人走过的牧草地上养殖绵羊、山羊，以及奶牛。克莱顿小时候，维京遗址附近的海湾中还巡游着许多鱼群，用手便能抓住几条。

"所有维京人所熟悉或是需要的东西都在这里了，"他说道，"我父亲总是爱说：'再聪明的狗也不谙人事。'要是莱夫和他的人在更南些的地方登陆，估计他们会手足无措吧。"

尽管如此，这儿仍然谈不上是一个宜居的地方。英斯塔夫妇到达的时候，这里零零散散住着一百来人，和公元 1000 年时维京聚集点的人口相差无几。"我估计这儿的环境也只能承载这么多人了"，克莱顿对

---

① 约合公制 1.83 米。

我说。

时至今日，常住在这里的人便更少了。英斯塔那了不起的发现为这里带来了一条通车的柏油路以及一处规模不大的旅游产业。可是，在有了便捷的交通之后，年轻人向往着电视中缤纷多彩的外部世界，纷纷逃离了这里，只有 31 位居民留了下来，大多都是上了年纪的。兰塞奥兹牧草地的萨迦终将收场。"再过上 20 年，我们家族在这里辛苦建起的一切也会逐渐废弃，没有人打理，就像那些维京人的长屋一样，有一天不复存在。"克莱顿有些感伤地预言道。

说完这些，他又拿起油漆桶，给小船上起了漆，并指引我到劳埃德·德克尔那间棕黄色的小屋去。劳埃德的父亲乔治，便是最先带领黑尔格前往维京遗迹的向导。我走了过去，正撞见劳埃德在院子里工作，他告诉我自己正忙，没空谈话。第二天，我再次造访，他正要到卡车上去，对我说："对不起，我太忙了，要去给我的船买些钉子。"我询问能否搭个便车，顺便看看这一路的风景。他耸了耸肩，为我打开了副驾驶座的车门。

劳埃德 64 岁了，相貌粗犷，身材高大，从袖口伸出两只黑棕色的大手，这便是纽芬兰版本的"卡车司机黑①"。我们先是开到海滨，然后原路返回，一路上都一言不发。等我们回到出发地的时候，我已经彻底放弃了，想着此行是听不到劳埃德的家族历史了。可就在这时，他耸耸肩，打破了沉默，问我，"嘿，你，要不要进屋喝点茶？"

在德克尔家那整洁的小屋中坐下，劳埃德的妻子麦吉为我们端上了一壶茶，还准备了些芝士和薄片饼干作为点心。夫妇俩在国家公园工作的女儿洛蕾塔，正坐在一旁，发出削着桦树皮的声音，她正在为公园的一项维京技艺表演做着准备。劳埃德也曾在公园工作过，而在那之前，

———————————
① 原文为 "trucker tan"，指的是货车司机因为长期在驾驶舱内工作而晒黑的情形。

他参与过黑尔格组织的考古行动。

"我记得那时有人警告我，对我说，'不要跟着那帮人挖东挖西，他们说不好是俄国派来的间谍哩！'"劳埃德笑了起来，"如果真是这样，那些人在这荒郊野岭也找不到什么可刺探的情报。"

而洛蕾塔的经历则稍许不同些。她长大时，维京遗址早已成为了自然景观的一部分。现如今，她已经33岁了，与她父亲一般高大，有着一头长长的黑发。她回忆起童年的夏天，在沙滩上翻找着古文物，或是用袜子演绎萨迦中的人偶戏。"我常常疑惑维京人为什么要对那些隐藏在独木舟之下的原住民痛下杀手，"她对我说，"也许，这就好比一场试炼，和女巫审判中把涉嫌巫术的被告浸入水中的做法差不多，他们说不定想要弄清楚面前的这些生物到底是人是鬼。人们总是对未知的事物充满恐惧。"

小时候，每到夏天，洛蕾塔总是和考古学家们的孩子一起玩耍，这也拓宽了她自己小小的世界。"我记得有个小孩告诉我他的父母'离婚'了。我不知道这个词语是什么意思，还以为是个地方呢。我还问，'离婚到底在哪里？'等我知道离婚的真实意义后，我便担心起来，生怕如果这儿的男人知道有离婚这么一回事，都会争先恐后离开这里。"说到这里，她停顿了一下。"有意思的是，我从未想过这里的女人有一天会离开。她们要负责家务，忙前忙后，所以我还以为她们和这些屋子是绑定一体的。只要房子还在，就不能搬走。"

麦吉又为我们端上一些自制的面包，还有一些醋栗酱以供佐餐。劳埃德则往椅子后面靠了靠，跟我讲起了鬼故事。从前，每到晚上，他父亲便会坐在火堆边，讲这些光怪陆离的故事给他听。19世纪来到这里的定居者大多是爱尔兰或德国移民，而老人们口中的童谣故事充斥着各种超自然现象与吓人的生物。其中一个故事讲的是一个老人，他在草窝棚里被人谋杀，可每每到了夜里，他总会在附近的湖泊上再次出现，身上穿着一件棕色的外套。如果有人靠近，向他打招呼，他便会消失不见，或者变成一头狼的形象。村民们都把他叫作"棕衣人"。

"当我第一次读到萨迦故事时，"洛蕾塔说道，"对我来说，那些传说中的变形者和半人半兽听上去很熟悉。"她十分怀念小时候的夜晚，坐在星空下，静静地听着这些故事，相比之下，要打鱼的白天就没有那么吸引人了。"我记得自己扛着一大桶鱼内脏，然后将污物都倒在花园里，溅得我满身都是。男人们的袖子上都沾着海盐，一定要用开水煮泡才能祛除。我甚至不能去想'鱼'这词，一想起来就恨得牙痒痒。"

不过，当鳕鱼捕捞业真的渐渐式微，这里生活着的小社群也难以为继了。33 岁的洛蕾塔已经是村庄里最年轻的成年人了。其他那些二三十岁的人都已离开这海岛，去大陆上寻觅工作机会。"维京遗址大概是这地方依然存在的唯一理由吧。"她猜测道。

两个小时来，我们的谈话第一次戛然而止。我留意到小屋中的电视正嗡嗡作响，这大概便是现代文明的呼唤吧。在感谢完德克尔一家的热情招待后，我在昏黄的光线中朝着附近的湖泊走去，打算去那里散散步。劳埃德陪我一起走到门口，向我道别。"嘿，小心那个'棕衣人'，伙计！"他对我说道。

我在兰塞奥兹牧的一周快要结束了，而我也结识了这小村子的大部分居民，脑海里慢慢勾勒出一千年前维京人来到这偏僻的半岛，并最终定居的情形。不过，在我的潜意识里，那些萨迦作者笔下的"斯卡林人"的形象依然模糊不清，就如同那徘徊在村落四周，缥缈不定的"棕衣人"一样。

在维京遗址周围，考古学家发现了箭头以及各式的原住民工艺品。不过，这些器具与维京人定居的时代并不相符。公元 1000 年，莱夫定居于此的主要原因便是这里无人居住，人烟稀少。而在几百年后，欧洲人再次回到纽芬兰岛时，他们遇见的土著人是一小群与外界隔绝的狩猎

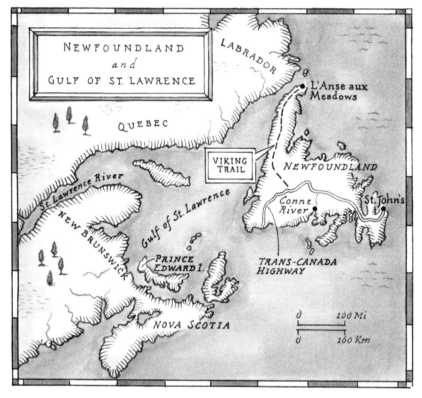

纽芬兰岛与圣劳伦斯湾

采集者，和传说中的斯卡林人不尽相符。

那么，那些乘着兽皮舟艇蜂拥而来，用投石器攻打维京战士们的斯卡林人到底从何而来呢？

萨迦中的记载提供了几项线索。所有维京人与原住民的接触都发生在夏季的探险行动中，远离莱夫的那座定居点。尽管书中的描写不尽详细，但在维京遗址的发掘中，出土的便有不少胡桃木的碎片，而这种植物在纽芬兰岛上不曾被发现。文兰名字的由来——葡萄——也不是纽芬兰当地的土产。不过，在距此数百英里位于加拿大本土的新布朗斯维克地区，胡桃木和葡萄都是些常见品。

　　将这些线索整合起来看，大多数当代的学者都认为纽芬兰岛上的维京营地只不过是北欧探险者们的一座前进基地。他们从这里出发，前往内陆，去探寻那里广袤的地域。只有在内陆地区，关于斯卡林人的故事才站得住脚。尽管在兰塞奥兹牧附近不曾出现，善于航海的原住民的足迹遍布圣劳伦斯湾较为平缓的海岸线，而到了夏季，维京人便可以轻而易举地航行到这些地区，并与当地的居民狭路相逢。

　　在萨迦中，这些沿海而居的土人都不曾讲话，而只是发出"刺耳的尖叫"。不过，到了今天，他们的后裔终于拥有了话语权。行程的最后一天，我听说加拿大公园管理局授意他们的员工不要再使用"斯卡林人"一词。附近的一个原住民团体曾向园方抗议，声称这个词具有歧视性。"所以，我们现在都说维京人在这里遇见了'土著人'或是'第一民族'。"洛蕾塔向我解释道。

　　我有些好奇，便问她这些投诉到底从何而来。她摊开我那为了在北部半岛导航而叠成方块状的纽芬兰地图，指向了科恩河的方向，那里位于纽芬兰岛偏远的南岸，距离我所在的位置大约五百英里车程。"去科恩河，那得花上至少两天。"洛蕾塔提醒我，"你可千万开小心点，路上注意麋鹿。"

　　我提前打了个电话，听说科恩河附近的社区将在周末举办一场帕瓦仪式（powwow）；这将会是个了解当地部落的好机会。这样一来，我的行程变得更加宽裕些，不用在清晨或黄昏时分赶路，也就不需要担心外出活动的麋鹿了，通常，它们喜欢在这些时段到路边游荡觅食，或是舔舐道路上为了除雪而撒的盐巴。

　　一离开那大风凛冽的海岸线，我就遇上了另一桩恼人的麻烦事。每次在高速公路边的树林解手时，我刚拉下牛仔裤拉链，那一小寸裸露在外的皮肤便受到了无数小虫的袭击。安妮·普鲁克斯（Annie Proulx），

《航运新闻》① 一书的作者，在一次采访中曾说纽芬兰那凶猛的黑蝇可以在"二三分钟吸干一个成年男子的血"。我被咬了好几十个包才得以脱身，手、脖子、脸和腹股沟上全沾满了血。

成群的嗜血昆虫大概就是纽芬兰潮湿、植被繁盛的内陆地区一直人烟稀少的原因之一吧。另外一个原因便是食物的短缺。除了丰富的鱼类之外，纽芬兰没有多少野生动物以供狩猎，只有些河狸和鹿（这还都是19 世纪才引进的物种）。这种短缺制约了当地的原住民人口，也使得短期内的环境变化变得尤其致命，其中一次便与比维京人晚几个世纪到来的欧洲探险家们有关。

最先造访纽芬兰的多是渔民，有英国人、法国人、巴斯克人，以及葡萄牙人。随后接踵而至的则是一些捕手，他们深入内陆地带，寻找昂贵的动物皮毛。迎接他们的是一群群高大的原住民，扎着辫子的头发上插着羽毛，身上裹着鹿的毛皮。不过，这些土人最显著的特点便是涂抹在他们面孔、身体、衣服以及个人物品上的红赭石粉。于是，英国人管他们叫作"红印第安人"，后来成了对北美原住民的统称。有意思的是，萨迦中也曾提到，与维京人进行贸易的土人也对红色的布料情有独钟，喜欢将它系在头上。

这些原住民管自己叫作"贝奥图克"（Beothuk），在他们的语言中意为"人类"或是"人民"。北美洲各地的土著人大多使用部族语言中意思是"人类"的词汇来称呼自己，且对所属的民族国家或部落不加区分。贝奥图克人的结局在北美印第安人中也相当典型。一开始到来的欧洲人以渔猎为生，只在特定的季节拜访格陵兰，并为当地人留下了铁钉，鱼钩之类的物品。原住民则为这些物件找到了新的用处，比如拿废弃的船帆遮挡他们锥形的桦木小屋。不过，渐渐地，英国商人和定居者

---

① 书名为 The Shipping News，也译做《真情快递》，2001 年改编为由凯文·史派西与朱利安·摩尔主演的同名电影。

成群地来到纽芬兰，他们的足迹很快就布满了岛的全境。这些外来者开始大规模地捕鱼、狩猎、寻获动物毛皮，而这些都是贝奥图克人依赖的自然资源。很快，英国人便借口原住民小偷小摸的行径，动辄将他们射杀，或是烧毁他们的房屋。到了 19 世纪早期，贝奥图克人的数量锐减，只剩下了几个小型部落，他们的生存空间也被殖民者们挤压到了贫瘠的内陆地区。

1823 年的时候，皮草商人捕获了三个正忍饥挨饿的贝奥图克人并将他们带到了纽芬兰的首府——圣约翰斯（St. John's）。三人中唯一存活下来的是一位二十来岁的女子，她有六英尺高，名叫沙娜瓦迪希（Shanawdihit）。在圣约翰斯，她学会了一些英语并受到了一位名叫威廉·科马克（William Epps Cormack）的苏格兰人照料。这位科马克先生曾成立过一个组织，以保护和研究贝奥图克人——纽芬兰岛"受到粗暴虐待的先民"为宗旨。他记录了超过一百个贝奥图克语中的词汇，比如说"海狸""蚊子""小狗""打嗝""亲吻"，以及"哭泣"。

沙娜瓦迪希也曾作画，而且总是将贝奥图克族的人物画成红色的形象。不过，她从未解释过，也或许是科马克没理解她的意思，为什么她的族人如此崇拜这种颜色。诚然，混入油脂的红赭石粉能够产生一种祛除蚊虫的气味，也有时作为秋天捕猎时的伪装。但是贝奥图克人把他们的物品也涂成红色，还将一包包的红赭石放进自己的坟墓中，这意味着这种颜色可能带有心灵上的力量，作为鲜血与生命的象征被代代崇拜着。

至于那些非贝奥图克族的人物，沙娜瓦迪希则用黑色来描绘，这其中就包括了一位蓄着络腮胡的男子形象，那人被叫作"艾克-穆德-伊姆"，意为恶魔。沙娜瓦迪希声称贝奥图克人"惧怕一种无比强大的怪兽，常常从海里窜出，惩罚作奸犯科之人"。沙娜瓦迪希还说在死后，贝奥图克人都会进入一个名叫"快乐之岛"的天堂，不过，与白人成婚的则会被排除在外。

被俘获六年之后，沙娜瓦迪希染上了结核病，并最终死去，她为科马克留下了几块石英以及一绺头发。"这便是贝奥图克族所留下的一切记忆了，每当我们讲起关于她部族的故事，她总是泪流不止。"科马克回忆道。在此之后，便再也没有关于贝奥图克人的记载了。

贝奥图克人为数不多，得以留存至今的文物包括一位男孩的陪葬品，用树皮制造的小独木舟，玩具弓箭，红赭石，以及其他为了他前往"快乐之岛"的旅途所准备的器物。"我们所了解、所寻获关于贝奥图克人的蛛丝马迹只会徒增我们的伤悲，感叹缘何这样一个独特、优秀的民族会像一道阴影，如此之快地衰败、消亡。"科马克如此写道，并为他们感到惋惜，"他们就这样无可挽回地从世界上消失不见了"。

靠近纽芬兰的中心地带，我离开了加拿大横贯公路，并开上了一条不平整的小路。路旁立着一块警告牌，上面写着，"请检查汽油：服务站位于前方 127 公里处"。开了大约一个半小时，我看到了第二块路牌，上面画着印第安棚屋的形象，欢迎我来到米克马克（Micmac）[1]部落领地：一处 14 平方英里大小的印第安保留地，位于德斯帕尔海湾（Bay d'espoir）附近林木繁茂的丘陵地带。

和贝奥图克人不同，米克马克人则据传是在欧洲人到达之后，才从加拿大本土的新布朗斯维克和新斯科舍（Nova Scotia）两省迁移至此的；他们族群中的大部分人如今依旧居住于本土地区。几个世纪前，米克马克人的先祖曾遍布圣劳伦斯湾，而那里正是维京人夏季寻找葡萄，砍伐木材的必经之路。如此来说，米克马克人极有可能就是萨迦中提到的"斯卡林人"的直系后裔。

---

[1] 亦作"Mi'kmaq"，加拿大东部沿海最大的原住民族群。

与那些对外来者处处提防，与世隔绝的贝奥图克人不同，米克马克族人积极地与在 17 世纪早期定居于此的法国人进行贸易，并很早就皈依了基督教。1610 年的时候，一位米克马克族酋长便开始信仰上帝，并带头走入了"耶稣的棚屋"（Wigwam of Jesus）。"他们常常说，在最初相见的时候，认为我们（欧洲人）长得异常丑陋，嘴巴上和头顶上都有毛发，十分奇特，"一位 1611 年造访部落的西方传教士形容道，"不过渐渐地，他们就习惯我的长相了，变得没有那么畸形怪异了。"另外一位教士则回忆道，米克马克人"觉得欧洲人使用手帕是一种可笑的行为，他们嘲笑我们，认为这就好比将污物装在口袋里"。

对于法国人而言，米克马克人对猎取的动物呈现出的敬意尤其令他们诧异。他们在狩猎之后，经常会将河狸的骨骸送还。"生物都有灵性，与人类相近，"米克马克人常说，"到这些动物栖居的河流中去，这样它们就能永远有处安居。"米克马克部落想象中的天堂便是一个"动物心甘情愿以供人类猎取"的地方，而那里的人们总有"充足的肉品、油脂，以及骨髓以食用，他们尽情享受，以至于下巴上一直滴着油。"

尽管法国人和米克马克部落的贸易大多是和平无害的，与他们的接触却为原住民带来了致命的欧洲流行病，而当地人对此毫无抵抗力，这些恐怖的病菌很快就席卷了整片美洲大陆上的印第安部族。"他们对此十分惊讶，并常常抱怨，说自从法国人来到这里，与他们从事交易，"一位传教士于 1612 年写道，"族人便开始成群结队地死去。"有一座爆发瘟疫而死亡极其惨痛的营地被后来的米克马克人称做"麻疹之地（the place of measles）"。

与许多其他的原住民部落一样，米克马克人很快就被迫卷入欧洲殖民者为了控制这片大陆而展开的漫长战事。法国当局出钱武装了米克马克部落，并教唆他们去攻打袭扰英国人。而英国殖民方，作为回应，命令本国的定居者进行反击，"骚扰、抓捕或摧毁那些野蛮人"，为每块印第安人的头皮开出 10 个几内亚金币 ① 的悬赏价目。"时至今日，我们的民族就像夏日烈阳中，一片逐渐枯萎的树叶。"在 1849 年的一次会议上，几位部落酋长发起联合声明，向纽芬兰当局请求援助。

所以，我刚来到科恩河时，不禁有些诧异，眼前的这个社区看上去人丁兴旺，到处都是新建的房屋，院子里与车道上停满了崭新的摩托艇和水上摩托车。帕瓦仪式正在一座俯瞰整个海湾的公园中举行，我加入了正在狂欢的人群。他们有数百人之多，正围绕着三座棚屋行进着，附近还有许多正兜售着手工艺品的摊贩，展示着中国制造的捕梦网、莫卡辛鞋、印第安玩偶以及各种串珠饰品。大多数参加仪式的人都有着橄榄般的肤色，长着黑发，体态较胖，与早期欧洲记录中原住民那瘦削，运动员般的身材相差甚远。

"我们现在都长壮实了。"一位叫作迈克尔·乔的老人评论道。我们正在一间货铺前排队，那里卖着炸鳕鱼舌、炸鸡块、炸扇贝以及薯条，简直就是米克马克人那"肥得流油的天堂"的现代版本。店里售卖的唯一一种非煎炸食物便是麋鹿肉汉堡。我便问迈克尔这汉堡尝起来到底是什么味道。"麋鹿的味道呗！"他回答道。

迈克尔又把我介绍给其他几个人认识，巧的是，他们都姓乔。这些姓氏大多是 17 世纪的遗留品。当米克马克人皈依基督教时，他们也放弃了传统的部落名，就比如"半路出生"，或者"梦我先"这种如同绰号一般的名字，而是开始使用法语中的人名称呼自己。他们的后裔则将父辈的名字当作姓氏，在英语化后，就变成了诸如"约翰""乔""保罗""路易"这些，流传至今。

迈克尔·乔的外甥米塞尔·乔便是科恩河部落的"萨卡莫"（saqamaw②），也就是酋长，他管理着将近两千名部落民。他胸围宽阔，

---

① 一种名为 Guinea、由英国发行的金币，因其位于西非的原产地而得名。
② 英语中作 sachem。

戴着椭圆形的太阳眼镜，身披一件串着珠子的驯鹿皮夹克，曾经带领部落反对加拿大公园管理局使用"斯卡林人"一词。"'斯郭尔'（squaw①）具有冒犯性，"米塞尔说道，"就好比'黑鬼'是个歧视性用词，那么'斯卡林人'也是一个道理。"他与当局官员就此事进行了沟通，很快，这一词汇就被禁止使用了。"我们原住民终于对白人赢得了胜利，这罕见极了！"他说着，莞尔一笑。

米塞尔还告诉我一个米克马克部落的传说，记录的便是他们的先祖与欧洲探险家们最早接触的情形。"我们的族人认为欧洲人的肤色就如同礁石上干枯的海盐一般，有些像米白色。他们还以为欧洲人脸上长着海草——我们的先民没有胡须。"他笑着说道，"很可惜我们并不知道先民们是怎么形容维京人的，大概比'斯卡林人'还要更丑恶些。"

这时，卡尔文·怀特加入了我们，他是一位长期以来为印第安人争取权利的活动家。他告诉我们，政府提供的援助以及部落设立的项目为米克马克人的生活带来了改善。不过，对他们的偏见与歧视依旧随处可见。"白人都喜欢贝奥图克人，觉得他们的生活很浪漫，"他说，"你知道为什么吗？因为他们早就灭亡了，就和你在找的那些维京人一样。一个灭绝的民族自然好对付，他们不可能去起诉你，也不会问些令你尴尬的问题。"

到了日落时分，乐队开始了演奏，暗示着帕瓦仪式马上将要开始。第一首歌叫作"用力拉着"（Heave Away）。这是一首纽芬兰传统民歌（shanty），讲述的是一位被无情拒绝的求婚者的故事。第二个上台表演的则是一位敲着鼓的女孩。"感谢您，最伟大的神灵啊！"她歌咏道，随后开始了一段米克马克族向雄鹰致敬的颂词。在此之后，她又唱起了

---

① 　该词多指美洲印第安人的妻子，并被认为具有歧视意味。

一首流行歌，叫作"无法抗拒的月光"（Can't Fight the Moonlight）。当夜幕降临，一位司仪宣布道："接下来我们进入卡拉 OK 的环节——当然是传统的那种。在那之后，我们将会在圣火边举行汗舍仪式（sweat lodge）。"

我穿过田间，去看那司仪口中的圣火，那儿有一大堆木柴，几个瘫坐在草坪躺椅上的男人正守着火堆边，时不时添上几根木头。我有些好奇到底什么赋予了这火堆神奇的力量。于是，我便问其中一个人，"你们是不是用了一种特殊的木柴？"

"不，"他回答道，"就是些寻常的。"他咕哝了一声，不大情愿地站了起来，往火里又扔了一块木头。

"那你们在仪式前，是不是要说一种特殊的祈祷词？"

听到这里，他大笑起来。"祈祷天不下雨，大概吧。"其他的人一起笑了起来，然后再次陷入沉默。

在附近，一团比这里大得多的火焰熊熊升起，而却只有一个叫唐（Don）的人在边上孤零零地添着柴火。他长着一张长长的脸，有着高高的颧骨，宽阔的鼻梁，以及一头垂到胸前，又黑又直的长发。唐看起来像是刚从电影试镜走出来的印第安人角色一般，他也的确曾在诸如《最后的莫希干人》之类的影片里扮演过原住民勇士。说完这些，唐转过头来，意味深长地看了我一眼，他的眼神太过庄严尖锐，以至于我都无法直视他的双目。

"好莱坞就喜欢我们这样的形象。"他苦笑着说。"你还以为我们印第安人从来不笑吧。"他说着，一边把又一根木杆拖到火堆上方，如今已有五英尺高，不停地向夜空中喷射着火星。当我问他这火焰有什么寓意时，他指向了附近一处穹隆形的木结构，由弯曲的树枝组成，上边盖着一层毛毯和篷布。一块块石头被放置在油布的边缘上，使得空气除了通过一个盖口之外，无法从其他方向侵入棚屋内部。

"你要来试试汗舍仪式吗?"唐问我。

"嗯，好吧。我是说，如果你允许的话。"

"只要你四天之内没喝过酒，也没吸过毒的话就可以。前提是你愿意洗涤你的魂灵。"

我已经好几天没喝过啤酒了，所以算是符合唐所说的要求。至于洗涤我的魂灵，这我还暂时拿不定主意。到了深夜，与来到纽芬兰后的大多数夜晚一样，天气变得愈发清冷起来，还下起了小雨。在这样的环境下，一次舒适、热腾腾的桑拿听起来再诱人不过了。况且，我还能顺带体验一下真正意义上的米克马克传统文化，而不是唱卡拉 OK。

"我们什么时候能开始汗蒸?"我问道。

"火已经烧得够热了，现在就差我们的身子了。"

第一位出场的是乔伊·保罗，仪式的首领，也被称做"汗舍保管人"（sweat keeper）。他身材高大，有着宽阔的肩膀，以及蓝色的眼睛，头上一顶洋基队的棒球帽遮住了他那及腰长的马尾辫。"我的部落名字叫作'像白水牛一样说话的彩虹男孩'，"乔伊告诉我，"这是魂灵在梦中告诉我的。"

乔伊在新布朗斯维克的一处印第安保留地上长大，6 岁就被送到了寄宿学校，那是加拿大政府为了同化原住民儿童而资助的项目之一。"我12 岁的时候回到了保留地。那时我已经完全不会说自己的母语了，同龄的孩子都把我当成了白人，"他说道，"于是，他们总是避开我，或者有时痛打我一顿。鸟儿与昆虫成了我唯一的朋友。"说到这里，他停顿了一下，"我能从动物身上学到许多东西。而人们总是搪塞我"。

之后，乔伊到了阿尔伯塔（Alberta），在一位克里族（Cree）的药师那里当学徒。米克马克人，就如同加拿大与美国东部的许多原住民族群一样，经常向中部的大平原印第安人（Plain Indians）拜师学艺。"我们部落的许多民歌与仪式都已经被遗忘了，"乔伊说道，"所以我们得向西边的同胞学习，去借用他们较好地留存下来的那些传统。'什么地方有卵石我都会捡起来，什么地方有智慧我就会去学习了解。'"

我们聊着天的时候，约莫 15 个人已经聚集了起来，已经超过了举行仪式的棚屋能承载的数量。他们看起来焦躁不安，自顾自地绕着火堆走，大口地喝着塑料瓶中的水，就像一场大赛前紧张不安的网球选手。大火已经将木棚屋的四周烧到碳化，熊熊火光中只能隐约看到金字塔形的轮廓，木屋底部则铺设着一堆大石块。

乔伊走开了一会儿，再次出现的时候，他袒露着胸，浑身上下只穿了一条简陋的短裙。在场其他的人也开始脱去身上的衣物。"嘿，你也最好脱掉你的裤子和鞋子，"乔伊告诉我，"对了，还有你的眼镜——如果你不想让镜片在脸上化掉的话。"

他的警告预示着"汗舍仪式"可不像更衣室里的桑拿房那么简单。待在一旁观望的人群也逐渐散去，令我感到有些不安。那些跃跃欲试，想要加入仪式的人现在纷纷消失在了夜色中，其中就包括最初撺掇我参加的唐。火堆前只剩下了乔伊和他的女友，一位高高瘦瘦、身穿背心和棉制短裙的法国女人，三位只穿着平脚短裤的米克马克人，以及穿着"盖璞"牌紧身裤的我。

乔伊在火堆边跪下，将香茅的根茎与烟叶放进火中引燃，手呈碗状，将烟气导向身体的方向。他管这叫作"烟熏仪式"（smudging），认为这能帮助他净化自己，更好地为"汗舍"做准备。随后，他带着我们走进了那间小屋。

我们在地上匍匐前进，打开一个低矮入口上沉重的盖布，爬了进去。里边，草皮铺设的地面与树枝组成的屋顶之间只有大约 4 英尺的高度，内部的空间只够我们几个人围成一圈，肩并肩地蹲坐在地上。就在这时，盖口打开了，一支杈子伸了进来，放下几块闪闪发光的石头，一位指定的"看门人"接过这些宝石，堆放在棚屋中间的一座浅坑里。唯一的出入口随即被关上，浓烟很快就灌满了整座小屋。屋内的所有人都开始咳嗽起来，一边捏着鼻子。

坐在我右侧的乔伊开始了一长段米克马克语的演说，语调十分抑扬顿挫，在我耳中隐约听起来像某种亚洲语言。然后他说起了英语，开始介绍仪式所需的器具：烟斗、拨浪鼓、小手鼓、雄鹰的羽毛、一只装满了蓝莓的桦树皮碗。他告诉我们，每一样物件都具有特殊的意义，并会在仪式展开时一一向我们解释。

这时，他喊道，"我们需要更多'祖父石'！"盖口再次打开，杈子又带来了一些与之前一样的宝石，倒在浅坑中。乔伊跟我说，这些石头之所以被称为"祖父"们，是因为他们既古老又具有智慧，还能帮助我们"敞开心房"。他将那根雄鹰羽毛在水桶中蘸了蘸，然后平放在坑中的石头上。小屋中再次充斥着干咳的声音，紧接着便是更多的水，更多的烟雾，更多的咳嗽声此起彼伏，直到这地方听起来像座养老院似的。

乔伊咏诵着，他那嘹亮的声音盖过了我们的咳嗽声。"棚屋的门朝向东方，"他说道，"我们在这里开始祷词，雄鹰、春天、神灵，皆在此保佑我们。我们祈祷雄鹰为我们带来礼物，让我们看得更远，寻获启迪。"

其他人则回答道："得霍。"（Te-ho）这在米克马克语中表达赞同或是"阿门"的意思。我不停地干咳着，以至于一段时间后，才意识到我的皮肤正被火焰炙烤着。高温正烧灼着我的脸；不仅如此，我每次尝试呼吸的时候，热流便灌入我的身体，折磨着我的喉咙与鼻子。正当我以为我快要坚持不下去的时候，我听到了水流泼洒在石头上发出的嗞嗞声，这顿时让我的呼吸顺畅多了，但是依然无法缓解四周那无法忍受的热气。

"我们为亲友而祈祷，"乔伊继续说着，"在米克马克语中，我们说'乌姆萨德诺加马奇'（umsed nogamuch），意为神的一切创造。火焰是地球上最古老的生命力。他是一种有着生命的灵气，和我们一样，需要空气才能存活下去。"

"得霍"，我在脑海中重复着，嘴上却说不出一句话来。乔伊向石头上又洒了一些水。屋中此起彼伏的咳嗽声开始夹杂着痛苦的呻吟声，其中就包括我的。高温和浓烟使我有些神志不清，而之前吃下肚的两个麋鹿肉汉堡则使我更加痛苦了。它们在我的肠道中翻滚着，几乎要了我的命。

乔伊拿起了一支烟斗，说道，"烟斗寓意着关联。神灵先要穿过这个象征人类的斗钵，才能通过烟气进入我们的身体。烟叶是为先祖准备的祭品，将他们召唤到你我身旁。"他吟咏完了一段颂词，拿起烟斗猛吸上一口，然后递给了我。这正是我需要的，给我的肺再多来点滚烫的烟气。那烟草叶既浓烈又香醇，让我一时间感到有些放松，或许只是让我稍许分神罢了。当烟斗第二次以及第三次递到我手中时，小屋中的烟雾已经厚重得令我睁不开眼了。乔伊又往石头上洒了点水。我的鼻子就像着了火一样，浑身上下感觉快要被引燃了一般。

正当我实在受不了，打算逃离这里时，乔伊突然大喊了一声，"本塔德加威！"（Bentadegawi）这便是米克马克语中打开的意思。那位指定的"看门人"拉开了棚屋的盖口，外头的氧气顿时涌了进来。我大口地呼吸着新鲜的空气，喜悦无比，身体也放松下来，直到我意识到仪式才刚刚正式开始。通过打开的盖口，我可以看到外面熊熊燃烧的篝火，这场景如同地狱一般，即将来临。

乔伊端起一罐水，传递给大家喝，说我们可以休息几分钟，到外面放放风，并让女士先行。他女友平静地摇了摇头，克制着自己。"如果是这样的话，你们这些娘们想出去就出去吧。"大家都纹丝不动，面面相觑，呆在那里。过了一会儿，坐在离出口最近的男人匍匐着爬了出去，其他两个人紧跟其后，我则排在最后面，我们已经在那棚屋里待了

45 分钟了。

小屋外头下着毛毛雨，有些阴冷。我忍不住在湿漉漉的草坪上翻滚起来，像只小狗一般。"这仪式后劲好足。"一个自称格雷格的人主动靠了上来，向我问好。我点了点头，向他坦诚乔伊的做法有些太过严厉了。"别抗拒热流与高温，"格雷格建议道，"就让它去好了，试着去接受吧。"

我跟随着他的脚步，回到了那间小屋。"更多的'祖父石'！"乔伊又喊了起来。盖口再次打开，更多的石头被放了进来，就像那些被一铲铲投进锅炉的煤块一样。"我们的祷词按顺时针顺序进行，下一扇门面朝南方，那是雷鸟的方向。"乔伊开始了朗读："季节到了夏天，天气炎热，人们变得脾气火暴，焦躁不安。我们在此为他们祈祷。"

我尝试着，却只想得出一段祷词。我很爱我的祖父们，但是两个"祖父"对我来说就够了，别再来更多了。我祈祷，让这一切快点结束吧……

我的乞求很快就被打破了。乔伊又开始洒起了水，滚烫的蒸汽波随即向我袭来，几乎要将我的脑袋炸裂。我只好换种语言祈祷："快点停吧，我受够了，简直要发疯了！①"

人们又开始传递起了烟斗。猛吸上一口后，我反而觉得愈加地晕晕乎乎了。这时，我想起了格雷格对我说的话，不要抗拒，随它去。我突然感到，或只是想象，自己的魂灵方才离开了身体。我的毛孔不只是略微张开，它们变得像管道一样大。汗从我的额头、脖颈，以及体侧不停地淌下，流到大腿上。我的脑袋像是在潜泳一样，猛地扎进了水下。

"本塔德加威！"乔伊又一次大喊道。

这一次，所有的人都爬了出去。乔伊走了过来，对我说，"你表现

---

① 原文为"*No más. Ça suffit. Chalas!*"，分别是西班牙语和法语。

得已经很好了，大多数第一次参加仪式的人连一轮祈祷都撑不下来。"他说采用短促的呼吸会让我舒服一些，就不会感觉那么炎热了。"你也可以躺下来，拥抱大地。"他提议道。

我问有没有人曾经在仪式中昏倒过，因为我感觉自己快要倒下了。

"哦，当然了。"他回答道，"那就意味着神灵正在和那人对话，我们通常不会把他弄醒。"

我们回到棚屋，进行仪式的第三轮。祈祷词换成了秋天的主题：西方，熊族的神灵，以及治愈的能力。这是最滚烫炎热的一轮了，乔伊说道。他拿来装满蓝莓的碗，让我们传递下去：这是供奉给熊族的祭品，象征着草药与治疗。随后，他打起了拨浪鼓，而一旁的格雷格轻轻地吹奏起了一支骨笛，一边用羽毛扇着风，将更多的热气吹到我们的身上。

我试了试乔伊推荐的短促呼吸法，这让我喘不过气来。最终，我放弃了挣扎，像格雷格所说的那样，随它去吧。我很快便进入了一种昏睡般的状态，这倒不是因为我逐渐增强的意识，而是我那逐渐失效的身体机能所导致的。我倒没有感受内在魂灵的升起；相反的是，它已经被这仪式彻底摧毁了。

第三轮结束之后，我已经虚弱到无法走出棚屋了。之前的那几次休息不但没能使我放松，反而使我愈加痛苦起来，因为每次短暂的停顿就意味着更多折磨的到来。闭上眼睛，我隐约能听见场地另一侧卡拉OK的声音。不知道什么人在唱着歌："敲，敲，敲着那天堂的门。①"

第四轮祭祀的则是北方、冬天，以及白色水牛。坐在通体滚烫，堆成小山似的白石头旁，着实难以在脑海中勾勒出这些属于寒冷冬天的景象。"汗舍仪式"的烈度是由热石的数量来衡量的。我们已经达到了四十二，而这还远远没有达到"熊汗"级别——也就是仪式中最痛苦

---

① 原文为 "Knock, knock, knockin' on heaven's door"，选自鲍勃·迪伦歌曲中的歌词。

难熬的一级，要求参与者撑到五十六块石头并且只能休息一次。不过，四十二也不错了，正如格雷格所说的，也算得上"后劲十足"了。

乔伊讲起了水牛的灵性。我试着想象一群满身是雪的野牛穿过冬日平原的样子。但那些怪异的图像总是不合时宜地侵入我的脑海：葬礼的柴堆、融化的岩浆，还有圣女贞德的形象。随后，乔伊让我们回想各自的祖先以及他们曾遭受的苦难。格雷格用米克马克语嘟囔着些什么。坐在他左侧的男人则哭了起来。他们正与他们的先祖进行着灵魂的交流，而我也想起了我的祖先——那些丧生于奥斯维辛集中营，被投入焚化炉的可怜人们。

当坑中的石头慢慢失去了光泽，而房间中的我们也看不见彼此时，我采纳了乔伊告诉我的第二个建议。我曲起身子，屋内的空间勉强能够让我躺下。到了离地面相近的位置，空气变得不再那么灼热了。当我身子的一侧感到热流时，我就转过身来，将另一面暴露在滚烫的热流下，就像烧烤时被反复翻面的牛肉饼一样。我并不像乔伊所说的那样"拥抱着大地"，更多的只是在地上翻来覆去，不停地扭动而已。

"最后的一段祷词是为了我们自己而说的，但可不是为了更多的金钱或是物质。"乔伊宣布道。我之前一次祈求的愿望还没有兑现，这仪式到现在还没有结束的迹象。又一支烟斗被传递了起来，随之而来的便是更多颂词。接下来，乔伊叫我们轮流讲讲自己的想法。一个人讲起了他与糖尿病的长期战斗，并说道："我每天早晨醒来，第一件事便是感谢造物主，让自己得以活下去。"格雷格则感谢了自己的祖先，正因为他们顽强地生存下去，部落才得以维系到今天，自己的生命才能够诞生。乔伊则讲起了他在一次"熊汗"之后，与一位老人一起禁食了五天。那位老人已经一百岁了，却说自己的心灵旅途"才刚刚开始"。

和这些故事比起来，我方才四个小时的自我挣扎也算不上什么了。终于轮到我了，我讲起了自己是多么的羞愧，因为在整场仪式中，除了时时刻刻想着如何撑下去，我并没有多加思索。随后，我们的仪式就宣告收场了。跟在乔伊身后，我们拍打着胸脯，说着保佑自己的祷词，鱼贯爬出那间木屋，再一次回到篝火映射的亮光中。我们的脸像那些"祖父石"闪闪发光。我浑身都汗涔涔的，沾满了灰，头发凝结在一起，被汗水浸湿，肮脏不堪的紧身裤黏在身上。我感觉此时的自己就像维京人在北大西洋岛屿上撞见的爱尔兰隐士一般，好似一位失去了灵力的疯僧侣。

在黑暗的夜色中，乔伊将我拉到了一边。他想要和我谈谈仪式最后我做的坦白。"如果你的魂灵是干净敞亮的，"他对我说，"你就没有多少罪恶需要洗涤，也就不会吃那么多苦了。"他拍了拍我汗津津的肩膀，安慰我道："下次会简单许多的。"

第二天早上，我在帕瓦仪式附近一家没有评星级的汽车旅馆里醒了过来。昨晚草地与煤尘的味道依然在我的肺中弥散着，身上也长满了红疹——不知道是因为昨晚的热浪，还是棚屋地上铺设的毒漆树叶的缘故。昨天仪式中吸入的灰尘依然灼烧着我的喉咙，感到疼痛无比。我踉跄地走到洗手台的镜子前，映入眼帘的形象就如同贝奥图克先民一般：红通通的面孔，血红色的眼睛，胸前是一道道红色的印纹，浑身上下布满了蚊虫叮咬的疤痕。

"昨夜一定很难熬吧，"一个男人问道，当时我正在酒店的早餐厅里，大口喝着瓶中的柳橙汁。

"第一次做'汗舍'。"我嘟囔着。

他有些同情地点了点头，"啊，我有次见到一个人拄着拐进了那棚屋，过一会儿便飞奔似的跑了出来，腿伤都'治好'了。那人拼了命都想逃出来。"

这番话，佐上柳橙汁，顿时让我好受了些。昨天晚上的仪式中，我一度缺水到巴望着血液能够从我的皮肤毛孔中喷涌出来，以解我燃眉之急。

帕瓦仪式还要持续上几天，不过我只待到那天傍晚便离开了。当麋鹿肉汉堡再次被端上餐桌，台上的司仪宣布即将举行连续第二晚的卡拉OK以及汗舍仪式时，我决定离开这里，回到我熟悉的家乡，就如同维京人一千年前所做的一样。

在漫长的返乡旅途中，以及之后瘙痒难耐的一周里，我终于读完了维京人萨迦的最后一个章节。在离开文兰之后，维京人在格陵兰的定居点又持续了几个世纪之久，不过也逐渐地与欧洲大陆断了联络。这片殖民地所留下的最后记载大约发生在 15 世纪早期，记录了一个当地人因巫术而被判处火刑的故事，以及一对男女——分别叫作西格丽德与索尔斯坦——的婚事。在此之后，格陵兰岛上的聚居点便销声匿迹了。

到了 1721 年，一位路德派的传教士从挪威航行到格陵兰岛，打算劝说当地人皈依新教（按时间推算，格陵兰上的维京人错过了 16 世纪马丁·路德的宗教改革）。让他失望的是，当他最终到达那里，眼前所见的尽是些断壁残垣。从因纽特人的口述历史中，他得知这里的确生活过一群白人，不过早在许多年前，就消失得无影无踪了。三个世纪之后，考古学家在格陵兰岛发现了上百座维京人的墓穴，被屠杀的家犬遗骨，以及许许多多饥荒的迹象。一位丹麦的解剖学家声称，"高大的斯堪的纳维亚人种"在格陵兰岛上"逐渐退化"，最终变得瘦小而羸弱。其他理论则将这片殖民地的神秘消亡与中世纪末小冰期的到来、瘟疫、海盗的劫掠，或是因纽特人的袭扰联系在一起。

当代的历史学家则普遍认为这一切都是殖民者们咎由自取。在他 2005 年的畅销书《崩溃：社会如何选择成败兴亡》（*Collapse：How Societies Choose to Fail or Succeed*）中，科学家贾雷德·戴蒙德（Jared Diamond）将格陵兰的维京聚居地作为第一个案例来进行分析。戴蒙德认为，格陵兰岛的殖民者长期以来维系着欧洲大陆上高耗能的生活方式，很快便耗尽了当地有限的自然资源，导致族群无法适应气候与环境的变化，并最终消亡。

就连北欧人在文兰的探险也被人们视为一大失败。丹尼尔·布尔斯廷（Daniel J. Boorstein），美国最著名的历史学家之一，在《发现者》①一书中也曾提到类似的观点。"史上可曾有过这样的一次探险，既是如此的漫长艰险，"他写道，"又是如此的一无是处，颗粒无收？"关于维京人在美洲的历险，他只用了短短一章的篇幅，名字就叫作"无功而返"。②

如果只就对后世的影响来说，那维京人的文兰之旅的确有些令人失望。北欧人没有取得什么重大的成就，而他们对美洲的记载也大多被历史的河流所冲淡，被世人忘却。也没有任何证据表明数个世纪的欧洲探险者曾听说过关于文兰的只言片语。

在访问纽芬兰，并亲身体验公元 1000 年的生活方式后，我意识到维京人的远航绝不仅仅是一次失败的尝试。红胡子埃里克发现格陵兰之时，绝大多数的欧洲人从未探索过目之所及以外的地方。等到了 15 世纪，有了灵活高速、装备着船舵的卡拉维尔帆船（caravel），有六分仪与指南针指引方向，欧洲的航海家们才得以第一次驶向远海，取得能够比肩红胡子埃里克的成就。而维京人手上并没有这些复杂的仪器与工具，却可以毫不费力地无数次往返于风暴肆虐的北大西洋两岸，足见他们的绝顶智慧。

说起北欧人在文兰的短暂停留，其中的意义就更加非凡了。莱夫与他的手足扬帆起航时，位于格陵兰岛的殖民地仅存在了短短十五个年

---

① 全名为 *The Discoverers：A History of Man's search to Know his World and himself*，中文译为《发现者：人类探索世界和自我的历史》。
② 原文为 "Dead End in Vinland"。

头，人口则只有五百多。早期的维京远航就相当于中世纪的太空漫步一样。探索者们的母舰——格陵兰，已经位于欧洲社会与文化所能影响到的最远端，更不用提文兰了。欧洲人再一次驾船跨越大西洋，已经是莱夫首航的近五百年后了。这样看来，维京人在文兰的失败尝试并不会令人诧异。他们能够不远万里，跨越深海，来到大洋彼岸的美洲，并安全归来，已经算得上人类文明史的奇迹了。

文兰惨淡收尾的结局也并非个例。1492 年后来到美洲的殖民者们拥有马匹、枪炮，以及其他维京人不曾拥有的革新技术。即便是这样，建立并维系一处定居点依然是一件极具挑战性的事，哪怕他们选择的落脚点，往往比位于亚北极地带的纽芬兰，自然条件要优越得多。移民们成批地死去，定居点被彻底遗弃，对于早期的殖民地来说，失败可谓是家常便饭，而文兰的遭遇也绝对算不上个案。

在美国人眼里，英格兰定居者之所以最终成功，是因为他们坚韧不拔、心怀理想，并且有着创业精神。而托马斯·麦戈文（Thomas Mcgovern），一位研究维京定居史的专家，则对此不以为然。借助生物地理学的手段，他声称找到了英格兰人成功背后不甚光彩的真正原因。不仅仅是人类，所有侵略性物种在新环境中都难以生存。由外来者组成的小型社区很难在此扎根，而成功与失败的几率则与新物种到来的频率和强度密切相关。

比如说，詹姆斯敦早期殖民者的死亡率达到了将近百分之八十。在普利茅斯，五月花号的一半乘客在下船后的六个月之内便死去了。尽管如此，一批批的定居者不断地抵达马萨诸塞与弗吉尼亚，壮大着人口的基数。"压倒性的数量优势，以及实力强劲的商业国家在背后的支持"，麦戈文总结道，才是成功的关键。

当然，另外的一个重要原因便是英格兰殖民者快速降服、摧毁和取代原住民人口的能力。维京人则做不到这一点，至少在美洲是这样的。

他们手中的刀剑、斧头，以及视死如归的勇气在近身作战时无人能敌，却难以战胜一支划着独木舟，使用着弓箭与投石器，来去自如的军队。寡不敌众、唯一的补给线有 1500 多英里长、身处敌人腹地的维京战士最终屈服了。在有史以来，欧洲人与北美原住民的第一次搏斗中，主队获得了最终的胜利，而客队则不幸败北。

五个世纪后，当第二次冲突爆发时，时间、地点、人物都已经大相径庭："斯卡林人"变成了南方的原住民，而新布朗斯维克的密林也被换成了北回归线附近温热多沙的海滩。尽管两次接触时隔五百余年，某种程度来说，他们的本质依然是相同的。不经意间，比雅尼·何尔约夫森到达了美洲海岸。而在五百年后，这片大陆将被另外一位探险家重新发现。同比雅尼一样，这位航海家并不知道自己所处何地，也不知道自己的发现到底将会产生什么样的影响。

第二章
1492：地球隐去的另一半

> 许多年后，一个新的时代将会到来，
>
> 惊涛骇浪再阻挡不住我们的脚步，
>
> 一片无垠的大陆在前方等待着我们。
>
> ——塞内加，《美狄亚》

　　克里斯托弗·哥伦布（Christopher Columbus），"世界洋的海军上将"，在历史中留下的笔墨几乎比任何人都要来得多。关于他的书籍远超过了描写亚历山大大帝、达芬奇，或是希特勒的读物。弥尔顿的《失乐园》，亚当·斯密的《国富论》，以及劳伦斯·弗林盖蒂（Lawrence Ferlinghetti）创作的"垮掉一代"（Beat Generation）诗歌中，都提到了他的事迹。安东宁·德沃夏克（Antonín Dvořák）为他谱写了一首交响曲。连尼采都曾为他写下一首青春洋溢的诗歌，名字就叫作"哥伦布"（Colombo）；在诗中，这位航海家被描写为信奉存在主义的探寻者，厉声喊道，"我的心志正与疑虑搏斗！①"

　　尽管声名远扬，家喻户晓——也许正因为如此，哥伦布的真实形象一直以来都十分模糊，令人难以捉摸。没有一幅与他同时代的肖像得以存世。历史学者至今无法对他的基本信息，比如他出生、结婚，与落葬的具体时间和地点，作出定论。我扫了一眼研究哥伦布的著作（大约有1500本之多，由许多种语言写就）的标题，其中就有《哥伦布的神秘

———————————

① 原诗为"My mind is wrestling with doubts！"

61

历史》《史海谜云》《哥伦布之谜》[①] 以及两本都叫《寻找哥伦布》的书。

围绕着哥伦布的谜团，从某种意义上，其实是他自己造成的。讲起自己的故事，他常常故弄玄虚，连签名的时候都使用一连串到现在还未被完全破译的三角形符号。"哥伦布就像乌贼一样，"西班牙历史学家萨尔瓦多·德·马达里亚加（Salvador de Madariaga）如此描述道，"他喷出一团墨云，将他毕生的所有关键信息全部隐藏起来。"

而这些谜团逐渐地演变成了神话故事。哥伦布逝世数百年之后，在刚刚建立的美利坚合众国，民族主义者们再次打起了他的招牌。由于急于与旧主英格兰进行切割，他们便将这位热那亚的航海家当成了最早、最为纯正的美国英雄——草根出身、个人英雄主义、引路人、朝圣者般的基督使徒……在此之后，意大利人与其他天主教移民则将哥伦布视作他们的民族骄傲。罗马天主教会甚至曾将他列为圣徒的候选人。

对这位航海家的造神运动在他美洲之旅的四百年纪念日上达到了巅峰。这场盛会由芝加哥哥伦布纪念博览会（World's Columbian Exposition）拉开序幕，纽约的哥伦布圆环竖立起一座恢宏的雕像，全国各地都举行了盛大的游行活动。"在他的时代，哥伦布称得上是进步与启蒙运动的先行者，"时任美国总统的本杰明·哈里森（Benjamin Harrison）致词道。

到了 1992 年，当哥伦布发现美洲的五百周年纪念日来临，人们对他的态度已经发生了极大的变化。"进步"一词不再被使用，取而代之的则是"后殖民主义"。哥伦布的事迹再次被人提及，这次则作为历史上第一位残酷剥削、镇压并灭绝原住民的欧洲人。1992 年纪念活动开场时，印第安活动家拉塞尔·米恩斯（Russell Means）就曾向哥伦布的雕像泼洒血浆，并声称与这位航海家的恶行相比，"希特勒也只算得上

[①] 原文书名为 *El Enigma de Colón*，西班牙语。

一个小偷小摸的少年犯而已"。

关于哥伦布的各种神话故事与累累罪行使得后世的我们勾勒出一个自相矛盾的形象：虔诚的基督徒、隐藏身份的犹太人、中世纪的唯灵论者、现代的唯物主义者、意大利人的民族英雄、帝国主义的恶棍。大概，这些繁多的史料所能达成一致的只有一件事，那就是哥伦布在 1492 年的远航永远地改变了我们所处的世界。

从纽芬兰回国之后，我便开始阅读与哥伦布有关的各种材料。本以为几周就能完成的任务却花了我好几个月时间。于是，我从第一本记载哥伦布事迹的传记入手，而这本书正是出自他的儿子费迪南德（Ferdinand Columbus）之手。不过，就连费迪南德都无法理清他父亲的全貌，全靠在黑暗中摸索。在这本传记的第一页上，他便写道，父亲"执意地选择掩饰"早年经历的一切细节。

在翻阅完其他几本鸿篇巨制后，我将注意力转移到了哥伦布自己写下的种种记录。这也成了一桩难差事。事实上，没有哪两种版本或是英文译本能给出一致的信息，而哥伦布笔下的一些内容，对于平常的读者来说，根本就无法理解，也无从下手。"塔希斯王国位于东方的尽头，"他在一本地理书的页边潦草地写道，"塔希斯的国王曾前往耶路撒冷朝圣，路途上一共花了一年又十三天。"还有这段，"我眼见三个塞壬从海面高高跃起，他们并没有图画中描绘的那么妖娆美丽，从某个角度看，甚至长着一副男人的面孔"。过了没多久，我就意识到自己需要一本圣经、一本动物寓言故事集，还有一本中世纪版本的世界地图才能拨开哥伦布头顶上的云雾。

渐渐地，一个更加丰满的人物在我的脑海中慢慢成形。而让我诧异的是，当我独断地决定终止对他的传记研究时，历史记载中的哥伦布与我儿时课本中读到的，那位发现美洲的伟大"探索者"实在相差甚远。

这位航海家有血有肉的真实一面不仅仅要比传奇故事中的人物来得复杂许多，事实上，现实生活中的他与书中描绘的形象恰恰相反。

大多数学者认为哥伦布生于 1451 年，来自一个以织羊毛为生的热那亚家庭。在从事了一段时间的羊毛贸易之后，他决定出海航行。在一次旅途中，他所乘坐的船只遭到了法国人的袭击，死里逃生后，被冲到葡萄牙的海岸上。他曾结过婚，但很快就成了鳏夫，独自抚养年幼的儿子。先是在葡萄牙，其后在西班牙，哥伦布不停地向人推销他的航海计划，声称向西行进就能开辟前往亚洲的贸易航路。等到他终于得到伊莎贝拉女王与费尔南多 ① 国王夫妇的支持时，这位高大，面色红润的热那亚人已经四十岁了，而他的红发也早已变白。

从出生到 1492 年的远航之前，哥伦布的人生经历与美国英雄的特质大体相符：一位出身贫困的奋斗者，就如同 "伐木小屋的亚伯"（log-cabin Abe② ）或是千千万万跨越大西洋，身无分文来到这里的移民一样。不过，哥伦布本人并不想世人知晓他的这一面。他极力地想要掩盖自己平庸的出身，他还曾与一位平民的女儿生下了孩子，却因为她低贱的地位，拒绝和她成婚。除此之外，哥伦布还总是提出过分的要求，梦想成为 "世界洋的海军上将" 以及他发现所有领地的总督。这也许就是他长期以来难以寻获赞助人的原因吧。唐·克里斯托巴尔·科隆 ③（西班牙人对他的称呼）是封建时代再典型不过的人物，对他而言，荣耀与地位便是人生的全部，至于平民百姓，他自然不屑一顾，丝毫没有将他们放在眼里。

哥伦布也谈不上是一位逆着风浪前行，克服一切困难的孤胆英雄。他的出生地热那亚，本就是一座繁荣的国际港口，因当地的贸易者与投

---

① 阿拉贡国王费尔南多二世与伊莎贝拉的婚姻联合了阿拉贡和卡斯蒂利亚两大王国，为西班牙王国的诞生奠基。

② 此指美国总统亚伯拉罕·林肯，他虽出身穷苦，却成为美国历史上最伟大的总统之一。

③ 原文为 Don Cristobál Colón，意为哥伦布阁下。

资家而闻名。哥伦布与热那亚资产雄厚的大商业家们交往颇深，又结交了许多在海外具有影响力的热那亚人，并获得了西班牙宫廷中一些朝臣与教士的支持。同时，他还和一位贵族小姐成了婚。新婚妻子所属的家族声名显赫，拥有贵族的头衔与世袭的特权，家族成员还担任着亚速尔群岛的总督。在发展人脉方面，哥伦布绝对算得上是位好手。

关于哥伦布最著名、也是最具有误导性的一项传言，将他描述成一位颇具远见的先驱者，时时刻刻与中世纪的黑暗落后进行着斗争。故事中常说，当时的有识之士多认同地平说，以为向西航行的船只会到达地球的边缘，像从桌面洒下去的一杯水，无可救药地坠入深渊，所以对这位航海家的建议嗤之以鼻。华盛顿·欧文（Washington Irving）于 1828年所著的《哥伦布传记》（这本书也是后世许多夸大其词的传言的来源）中描写道，这位"心地纯正的航海家"在旧世界顽固迂腐的权威面前"为新世界的事业而苦苦哀求"。最后，他不畏艰难险阻，无畏地穿越大洋，发现了新大陆，并证明了那些批评者的错误。

西班牙与葡萄牙的专家们的确拒绝过哥伦布的宏伟蓝图，但他们此举的理由与守旧观念或是地平说的迷信没有半点关系。早在两千多年前，古希腊人就曾提出地圆说的理论，15 世纪的欧洲人也大多接受这一学说。就连中世纪的天主教会，一个以保守落后著称的机构，也很早地承认了地圆说，比哥伦布的诞辰要早上七百多年，那时的欧洲还处于"黑暗时代"。同时期的伊斯兰学者也赞同这一理论。

到了 15 世纪末，困扰学者与制图人的一大问题早已不再是地球的形状，而是它的具体大小。尚不知晓美洲大陆的欧洲人想象着一片广阔无垠的"世界洋"的存在，从大西洋海岸一直延伸到亚洲。但这海洋到底有多宽阔，能否通航？为了解答这一疑问，欧洲学者将目光转向了托勒密（Ptolemy）的相关研究，以及马可波罗和其他旅行者对于亚洲疆域的记录。这样的结论是基于错误数据的一系列计算与猜测所得出的，自然与现实相差甚远。哥伦布的确特立独行，在所有的猜测中，他对地球的构想中错得最为离谱。

所有人都知道哥伦布在最初登陆美洲时，以为自己来到了"印度"（在当时，这是对印度河以东的地域的统称）。不过，这一举世闻名的误解其实来自一个更加基本的认知差错。在计算所需航程时，哥伦布采用了过去理论家所得出的有瑕疵的数据，他的算法更是错上加错。"西班牙的尽头与印度的起点相距很近，"他在一本书的边沿上写道，"如果正巧遇到顺风，只需要几天的航行就足以到达了。"

为了支撑自己的理论，哥伦布引用了许多文字记载，其中一篇文章声称陆地占了世界总面积的"六分之七"。往后的日子里，这位航海家还曾撰写过一份名为《预言之书》的手稿，将自己视作上帝的信使，而他大获成功的远航则算是完成了一次神圣使命。"所有的科学研究，"他写道，"对我来说都毫无用处。"在他眼里，真正推动他远渡重洋的是"主对他的启示，托梦告诉他走海路到达印度完全可行。"除此之外，他还认为此次"亚洲"之旅能够推动基督教的环球传播，并最终使其在耶路撒冷重新占据主导地位。

总而言之，哥伦布并非我们想象中那座连接黑暗中世纪与现代的桥梁。他更像一位带有神秘色彩的游侠骑士（knight-errant），沉浸在他的幻想世界中，无法自拔。哥伦布起航时以为亚洲在西班牙以西三千英里的位置，事实上，这一数字应当是一万一千英里左右，与欧洲之间还隔了一整片广袤无际的大陆。长期背负恶名的西班牙与葡萄牙专家们终于得以扬眉吐气了，他们对哥伦布的质疑完全有据可依。不过，航海家并没有把这些人的话放在眼里，并在阴差阳错间发现了美洲大陆。所以说，哥伦布能够改变世界并非因为他的理论站得住脚，倒是他对自己错得离谱的结论的笃信在偶然间促使了他的成功。因为坚信着地球比实际小得多，他大费周章地试图证明自己理论的正确性，却在这过程中，不经意间将一片新世界加入了地球的版图。

　　上述的一切，充其量也只是故事中的一小部分。与其他的历史人物相比，每每讲起哥伦布，人们更容易落入一种"伟人历史"的陷阱。这种老套的做法将过去简单地切割为一系列的伟人传记，认定这些人物推动了历史的走向，而不是历史成就了他们。和哥伦布的仰慕者一样，这位航海家的批评者也常常犯下这样的错误，将美洲大陆与原住民遭受的苦难与剥削统统算在他头上。哥伦布到底是位英雄还是恶棍，我们已不得而知。不过，这位热那亚人之所以能够为他特立独行的计划找到支持者，并付诸行动，是因为他起航时，恰逢一个极其有利的时机，这在整个西方历史上都非常罕见。

一幅创作于 16 世纪的版画描绘了哥伦布离开费尔南多和伊莎贝拉开始航行的情景

1453 年，也就是哥伦布出生两年前，奥斯曼土耳其人占领了君士坦丁堡。此举彻底切断了欧亚之间香料与其他货物的传统贸易路线，也促使欧洲人出发寻找另一条可行的航路，并搜刮沿途的财富。在"航海家"亨利王子（Prince Henry "the Navigator"）的带领下，葡萄牙人率先行动起来，开始探索非洲大陆。不过，亨利王子的这一称号颇具误导性，因为大多数时间，他的船队都沿着海岸航行，少有的几次远海航行中，这位王子都得了晕船病，上吐下泻起来。尽管如此，亨利的名字仍然值得铭记，要不是他那扩张主义的野心以及对海外探索的大力支持，葡萄牙也不可能从一个边缘小国跃升为欧洲重要的海上力量。

葡萄牙的探索行动还带来了一系列革新的发明创造，其中就有一种多用途、低吃水、名叫"卡拉维尔帆船"的船只，正是这些先进技术成全了哥伦布 1492 年的远航。葡萄牙人还将耗资巨大的远航转变为有利可图的商业活动，通过在西非海岸上建立贸易据点，并派兵镇守，他们得以售卖成本低廉的制造品，以换取价值连城的黄金、香料与奴隶。当二十多岁的哥伦布被冲上葡萄牙的沙滩，他恰巧来到了一处完美的地点，以接受航海家与殖民者的训练，获取经验，为后来的航行打下基础。

不过，哥伦布选择在葡萄牙推销他的宏伟蓝图并不明智。那时的葡萄牙人正在测算准备途经非洲通往印度的航行，自然对他兜售的亚洲航路不感兴趣。1488 年，迪亚士（Bartholomew Dias）的航船绕过了好望角，而那时的哥伦布已经对葡萄牙心灰意冷，收拾铺盖前往比邻的西班牙。哥伦布又遇上了一个好时机，阿拉贡国王费尔南多与卡斯蒂利亚女王伊莎贝拉的联合使得 15 世纪末的西班牙愈发强大起来，急于挑战邻国葡萄牙的海上地位，并开辟本国垄断的新航道。与此同时，西班牙人对伊斯兰势力的军事行动也大获成功。至此，从公元 8 世纪开始，长达七百多年的"收复失地运动"（Reconquista）终于落下帷幕。1492 年 4

月，费尔南多与伊莎贝拉最终决定资助哥伦布的远航计划。就在几个月前，穆斯林在伊比利亚半岛上的最后一处据点——格拉纳达，落入了西班牙军队的手中。随之而来的便是时任大裁判官（Grand Inquisitor）的托马斯·德·托尔克马达（Tomás de Torquemada）起草的一条法令，规定西班牙境内所有的犹太人即刻改变信仰，否则将被限期驱逐。哥伦布与伊莎贝拉女王年龄相仿，她被这位航海家对主的虔诚所深深打动。他不仅承诺，此次亚洲之行将会为因战争而日渐亏空的西班牙国库带来大量的财富，还主张用这些收益组织一场声势浩大的圣战，彻底摧毁异教徒，并从他们的手中重新夺回圣地。

两位君主同意派遣哥伦布的另外一个原因则是这样做几乎没有风险。不少传说都声称伊莎贝拉为了赞助此次航行，不得不出售了她的部分珠宝。事实上，她根本不需要这么做。哥伦布的远航大约需要两百万西班牙金币（maravedis）；尽管这笔钱难以换算成现代的币价，但据记载这仅仅抵得上费尔南多与伊莎贝拉女儿婚礼开销的十三分之一。购买船只对于他们来说也只是举手之劳，南方的帕洛斯港因为犯下了某项罪行，将两艘卡拉维尔帆船交给王室使用以抵偿债务。这两艘船叫作尼娜号和平塔号，西班牙语中的意思分别是"小女孩"和"彩绘女士"。哥伦布又借钱购置了第三条船——"圣玛丽亚号"，作为他的旗舰。

这些船只的绘像未能流传至今，历史学家对她们也相知甚少。萨缪尔·艾略特·莫里森 [①]（Samuel Eliot Morison），享誉盛名的哥伦布传记作者，相信平塔号大约有 70 英尺长，尼娜号则稍小一些，而圣玛丽亚号体量最大，但不甚灵活。尼娜号与平塔号的船长是帕洛斯港出身的一对亲兄弟，三艘船上的海员也大多来自那里。船员中还有四名死囚，其中一人犯下了杀人罪，另外三人则是因为试图营救那人被一同判刑。他

[①] 美国著名的海军历史学家，曾出版多部关于哥伦布的传记与著作。

们主动加入了哥伦布的队伍，以换取赦免。

在参加远航的 86 个人中，有两名船员的身份令我眼前一亮。路易·德·托雷斯（Luis de Torres）是其中之一，他是一位改信者（converso），也就是皈依基督教的犹太人，会说希伯来语、阿拉伯语以及阿拉米语（Aramaic）。另外一位叫作罗德里戈·德·杰瑞兹（Rodrigo de Xeres），很可能也是位改信者，曾航行到几内亚并受到一位非洲国王的接见。当时的人以为这两名"环游世界者"可以作为西班牙的使节，赢取东方君主的信任，在大洋的另一边派上用场。除此之外，王室还将一份通关文牒与一封用拉丁文书写的介绍信交到哥伦布手中，让他转交给统御东方的大汗。

1492 年 8 月，就在最后一艘满载着被驱逐犹太人的船只离港的一天之后，哥伦布的船队正式起锚。在一周的航行之后，他先到达了大西洋上的加那利群岛（Canaries）——一处新征服的西班牙殖民地，并在那里休整了一个月，为接下来的航行准备补给。哥伦布估算从这里到亚洲大约需要 21 天的航程。保险起见，他还是装载了充足的补给品，其中包括橄榄油、葡萄酒、风干的肉和鱼以及硬饼干。做完这些，他正式启航，驶入了一望无际的大西洋。

到了开放水域，哥伦布就像换了一个人似的。在陆地上常受蛊惑的他一下子变得机敏起来。"只要看一眼云层，或是晚上看一眼星星，他便能预测接下来会发生什么，以及会不会有恶劣的天气。"一位船员观察道。仅凭借一些简陋的工具——象限、罗盘以及记录半小时的沙漏，哥伦布便设定了一条向西的航线。他也许不清楚自己前方到底是什么，但却知道到达那里最快捷的航路，那便是沿着特定的纬线笔直行进，使得盛行风向处于船队的背后，从而能借助风的力量推动船只快速航行。如今，这样的风被叫作信风，它盘旋于大西洋中部，不停地逆时针移动着，在哥伦布日后返航时，信风还会起到重要的作用。

自从离开西班牙后，哥伦布便开始写日记，这也让我们获知他内心的想法。日记的手稿早已遗失，留存至今的只有缩略的版本，即后人或誊抄、或概括而来的产物。这样的简写本到底多大程度上改动或是略去了哥伦布的原意，我们已不得而知。不过，这本日记的基调与内容与哥伦布的其他作品大体相同。最重要的是，它对哥伦布思想与行为的记录听上去相当可靠，写作时间也大体吻合。书中有些内容看得出是这位航海家的真情流露，一部分甚至有损他的"光辉"形象，证明这日记绝不是后世写就的谄媚或是溢美之词。其中的一篇写于当年 9 月 9 日，也就是哥伦布刚离开加那利群岛的时候。"今天，我们已经无法望见远处的陆地了。许多人叹着气，流着泪，以为自己这辈子再也看不到这样的景象，回不到故土了。"他写道，"我决定把已经航行的里格（古代距离单位）故意记少些。这样一来，他们就不会认为自己离西班牙本土那么远了。"第二天，他的船只航行了约 180 英里，但他"决定按照 144 英里来记录，水手们就不会知晓真正的航程，也就不会发愁了"。

在接下来的几周里，这次旅途可以称得上平平无奇。唯一令人称奇的景观便是马尾藻海（Sargasso Sea），那里辽阔的海面上布满了厚厚的一层海草，这虽是一处水手们从没有见过的奇观，对航行却没什么影响。作为一位敏锐的观察者，哥伦布很快便注意到这片海域的顺畅无阻、奇特的颜色，以及空气中一种"甜蜜芳香"的味道，连闻到的人都觉得神清气爽，愉悦无比。日子一天天过去，在他眼中，陆地的迹象也出现得越来越频繁：鲸鱼、海草、鸟群，这些景象都成了他眼中"前方有陆地的征兆"，这样的话在记录中反复出现。

至于他的船员，就没有那么乐观了。航行到信风所能到达的最北端，船队的速度也慢了下来，从最初的每天 165 英里降到了 75 英里，最后变成了 24 英里。在风向变化，风速减弱后，水手们的士气也变得十分低落。"船员们大多都焦躁不安，认为这里的风没法将他们带回西

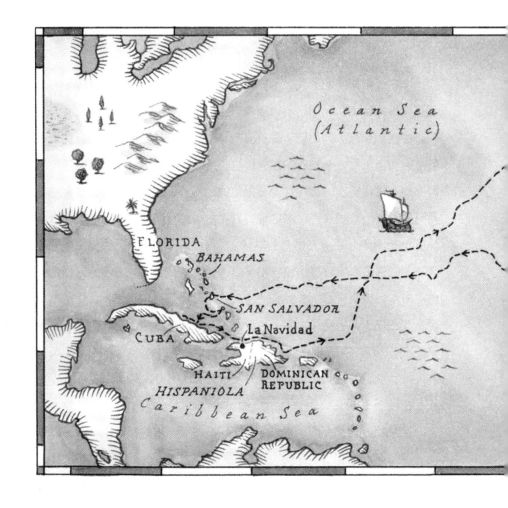

班牙本土。"哥伦布于 9 月 22 日写道。"我现在碰上了大麻烦，"他在两天后的日记中记录道，"船员们觉得如果不立刻停止，接下来的旅途将会是疯狂的，甚至自杀式的。他们都不想冒着生命，继续跟随一位着火入魔的外国人航行。"

除此之外，哥伦布还意识到自己"不能信任"平塔号的船长：马丁·阿隆索·平松（Martín Alonso Pinzón）。平塔号正航行在队伍的最前头，而哥伦布怀疑平松想要与他争功，成为第一个发现陆地的人，并

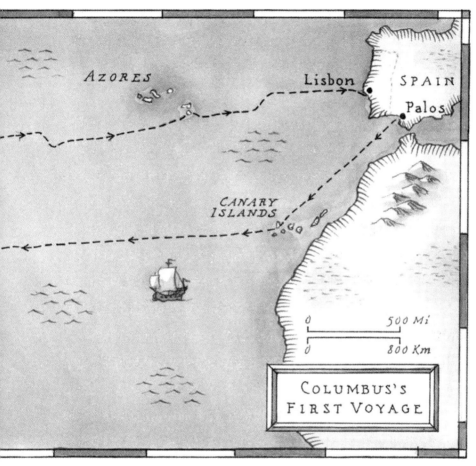

哥伦布首航美洲

"夺走本属于自己的奖赏与荣耀"。

　　到了 9 月 25 日日落时分，平松突然在平塔号上大叫起来，说自己看到了陆地的轮廓。尼娜号上的水手纷纷爬上桅杆，证实了这一说法。到了早上，哥伦布才发觉并没有什么陆地，只不过是一团飑云。11 天后，尼娜号鸣响了大炮，并挂出一面旗帜，声称前方有陆地。同样的，这也只是水手们的"臆想"罢了。哥伦布调整航向，跟随着一个鸟群驶向西南，寄希望于鸟儿能够为他指引陆地的方向。

这时，离上一次看见陆地已经过去了整整四周。据萨缪尔·艾略特·莫里森说，这已经是"航海史上最长纪录"的两倍了。若是哥伦布声称亚洲所在的位置准确无误，他们早就应该抵达了。船员们的耐心正一点点地流逝。

"他们无法再忍受了，"哥伦布于 10 月 10 日写道。他斥责了麾下的水手，批评他们精神萎靡，并警告他们，抱怨是没有用的。"我此次出航就是为了找到印度，"他告诉部下，"在完成使命之前，我是绝对不会停止的。主将保佑我们。"

第二天早上，他看到水中有绿色的海草，以及一根"看上去是人造的"木杆。他下令将瞭望员的数量增加一倍，并提醒他们，第一个发现陆地的人会受到王室提供的一大笔现金奖励以及他个人赠予的一件丝绸上衣。那天晚些的时候，哥伦布说他看到西边有一道光射来，"好像一根小蜡烛上下摆动的样子"。他叫来了两个人，一个说他看到了，另一个则说没有。"那道光束看上去如此飘渺不定，以至于我无法断定前方是否有陆地存在。"

四个小时后，平塔号发射了船上的一座大炮，一个叫作罗德里戈·德·特里亚纳（Rodrigo de Triana）的瞭望员看见了陆地，大约在往西 6 英里的位置。哥伦布想起了昨晚看到的那束光。"现在我意识到前些时候看到的光线便是上帝的旨意。那也是航行到现在，第一个切切实实存在的陆地的迹象。"

后世的学者与海军军官断定哥伦布是不可能看到岸上的火堆或任何光线的，毕竟当晚他的船队距海岸线还有 35 英里的航程，远远地超过了肉眼所及的距离。精疲力尽的他很有可能产生了幻觉，才会认为自己看到了陆地上传来的一束光亮。不管怎么说，哥伦布独自认领了发现美洲大陆的功劳，以及丰厚的奖赏。至于那位瞭望员，罗德里戈·德·特里亚纳，日记中便再也没有提及了。

到了 10 月 12 日早上，哥伦布终于得以一览海岸的全貌。"日出的时候，我们看见岸上站着浑身赤裸的人。我乘坐船上搭载的小艇，在海滩上登陆。"哥伦布回忆道。他在海岸上竖立起镶有绿色十字和西班牙君主姓名首字母的旗帜，象征着这片土地归费尔南多与伊莎贝拉两人所有。哥伦布将这里命名为圣萨尔瓦多①（San Salvador），西班牙语中意为"神圣的救世主"。根据记载，他和他的手下随后单膝下跪，亲吻脚下的这片沙滩，"在走完这漫漫险路后，感谢主赐予他们如此丰厚的犒赏"。

第一次读到哥伦布对自己登陆的记述时，我正坐在我的写作工作室中，那里距离我的家乡华盛顿哥伦比亚特区（哥伦比亚正是哥伦布的阴性写法）大约四十英里。除此之外，在美国境内，还有两座州府以及四十多个城、镇、郡，许多的学术机构（包括我的母校，享誉盛名的哥伦比亚大学）都以哥伦布命名。而他登陆的日子现在成为了国定假日。

与大多数美国人一样，我对于上述的现象从来没有多加思索，直到我将目光转移至钉在办公室墙上的航海图，开始追踪哥伦布的航海路线。到了那时，我才发现这个国家的首都以及大大小小无数城镇竟以一个从未踏足过美国本土的人命名。

为了确认这一说法，我翻阅了他前后四次远航的全部记录。1492 年到 1504 年之间，哥伦布游历了美洲南北的许多地方，对于一系列的现代美洲国家来说，他的确算得上是第一位造访其领土的欧洲人。不过，这份名单当不包括美利坚合众国，终其一生，哥伦布从未到访过现属于美国的任何领地。

我将目光转回哥伦布最初登陆的地点，那个他称之为圣萨尔瓦多的岛屿，关于这段历史的各种文学故事足以填满整个书架。一幅描绘

———————————

① 今属于巴哈马群岛，而不是萨尔瓦多共和国的首都圣萨尔瓦多城。

这一场景的画作正悬挂在国会山的圆顶大厅中。不过，就如同哥伦布本人的故事一般，他登陆的具体位置至今依然扑朔迷离，颇受争议。他在1492年的第一次远航中发现的美洲海岸，到底位于何处？

后世的航海家与学者们倾其所能，也只能判定哥伦布的登陆点位于巴哈马群岛的东部边缘，距离佛罗里达半岛大约400英里。但是，巴哈马群岛由超过700余座大小岛屿组成，其间还点缀着数以千计的沙洲与礁岩。至少有九座岛屿与沙礁争夺着哥伦布最先到达的这一"殊荣"，其中一座叫作华特林的小岛在1926年最终摘得桂冠，改名为圣萨尔瓦多岛。不过，关于哥伦布的巴哈马之行，至今还未能发现决定性的证据。

围绕哥伦布登陆地点的疑云一大部分来自他日记中纷乱无章的叙述。在圣萨尔瓦多岛附近的一周里，哥伦布日记中的描写就好像从度假胜地寄出的明信片一样完美无瑕。"这里的海水十分清澈，日光充足时能够见底……这儿的鱼类与欧洲本土的大相径庭，我们都诧异无比……有成百上千种不同的颜色，晶莹剔透，实在是令人啧啧称奇。"而至于当地奇异的花草，他赞叹道："当你靠近这片海岸，远远就能闻到花朵扑鼻的香气，这世界上最芬香沁人的气息。"尽管岛上没有多少动物，哥伦布与他的手下抓住了当地特有的美味，一条六英尺长的"怪蛇"，可能是一只美洲鬣蜥。"尝起来像鸡肉。"他评论道。

在沙滩上迎接他，赤身裸体的岛民们也令他感到惊奇。据他的描述，这些人长得高大，"身材匀称"，"皮肤与欧洲的平民一般晒得黝黑"，还有着"漂亮的眼睛"以及前短后长的一头直发。哥伦布以为自己来到了亚洲海岸线附近的一座小岛，管原住民叫作"印地欧人"（Los Indios），英文中即为印第安人。从某种意义上来说，哥伦布并没有说错，他此行确实没能到达亚洲，但面前的这些土人的确属于亚洲人种。圣萨尔瓦多的岛民们，与维京人数百年前遭遇的"斯卡林人"一样，都是数千年前跨过白令海峡，迁徙到美洲的亚洲移民留下的后代。

哥伦布的视角也常常受到他在旧世界游历所见所闻的影响。在圣萨尔瓦多，土人们居住在高大、通风的建筑物中，就像"摩尔人的帐篷"一般。当地人出行则依赖一种"用一整块树干制成的舟艇"，他将这种交通工具称为"阿美迪亚斯"（almadias）——葡萄牙语中形容非洲人使用的木船。之后，他才学会了土著人对这种小舟的称谓："卡努阿"（canoa）。他还留意到一种棉质的吊床，岛民们都称之为"哈马卡"（hamaca）。与独木舟一样，吊床很快成为欧洲人所熟知的词汇，并被水手们广为使用。

一名印第安人划动"卡努阿"（canoa）

在当时，欧洲人与原住民的交流只能靠肢体语言与手势，所以很难得知哥伦布是如何知晓土著人对圣萨尔瓦多的称谓是瓜纳哈尼（Guanahani，有可能是鬣蜥 iguana 一词的变体）的。更令人怀疑的则是他对原住民的夸张叙述。"从他们的手势来看，一定是以为我们来自天堂吧，"哥伦布写道，同时还添油加醋般加上了岛民间的对话，"快来看天堂来的人啊！"关于其他岛屿的记录中，哥伦布重复了类似的描写，以至于在他以后来到美洲的探险家，大多以为那些满脸诧异的"印第安人"把自己当成了天外来客。

　　除此之外，哥伦布还极力地营造出原住民"如孩童一般天真幼稚"的形象。"我无法忘却面前的这些人是多么温顺无害。"他写道，并将岛民们形容为"听话"的。当哥伦布最初到达圣萨尔瓦多岛时，他带来了一些在非洲颇受欢迎的小物件：红色的帽子、玻璃弹珠、叮当作响的小铜铃。当地人对这些物品"十分喜爱"，拿出了所拥有的一切做交换，包括他们珍爱的鹦鹉与棉花球。哥伦布的人，就和初来乍到的维京人一样，无法相信自己的运气如此之好，用手中的碎玻璃和餐具交换土著人手中镶嵌着鱼齿的长矛。

　　根据哥伦布的日记，岛民用尽各种方式热情地款待这些远道而来的欧洲人。"有的给我们水喝，还有的给我们东西吃，"他记录道，"有些原住民看我们不打算登岸，纷纷跳进水中，朝我们的船游了过来。"在另一座岛屿上，当地的土著人主动指引哥伦布一行人到有淡水的地方，并帮他们将一桶桶的水搬运到欧洲人的小船上。

　　到底是本能驱使的热情好客，还是惧怕西班牙人手中的锐利刀剑，抑或是想要换取更多的铜铃和弹珠，我们对原住民为何如此殷勤无从而知。不过，哥伦布对此的反应却很好地说明了他内心的真实想法，也预示着此次远航对美洲土著人的深远影响。登岸几个小时后，他便评论道："他们（当地岛民）可以成为优秀、熟练的侍从与仆人。"两天后，他带领队伍离开了圣萨尔瓦多岛，还顺道绑走了七个当地人，准备进献给西班牙的国王和女王。"等到他们学会我们的语言，我就会把他们送回去，除非陛下想要把这里的岛民都抓到卡斯蒂利亚，或者就地关押起来。只需要派遣五十名士兵，就可以征服这片土地的全部人口，让他们做什么就做什么。"他写道。

　　尽管这一提议听上去冷酷无情，这个主意并不是哥伦布凭空想象出来的。他曾航行到非洲的贩奴港口。他去过大西洋上的马德拉群岛，见识过葡萄牙人购置奴隶，并迫使他们在岛上的蔗糖种植园劳作的情形。

他也曾拜访加那利群岛，目睹西班牙人镇压并奴役当地的土著——关切人（Guanches）。欧洲人曾奴役被俘的穆斯林，以及更早些时候的斯拉夫人，其实，欧洲语言中奴隶一词（slave）就是从斯拉夫（slav）演变而来的。而哥伦布的一大"贡献"就是使欧洲人意识到在新世界发展种植园奴隶制的巨大潜力。

哥伦布与美洲原住民看似无害的第一次接触，还给后世留下了另一个深远的影响。据记载，当地人的交易品中有"一种他们十分推崇的干叶片"。在附近的其他岛屿上，同样生长着这种奇特的植物，也让哥伦布终于明白了它的用途。他记录道，当地的男男女女手上都拿着几片被烧过的叶子，他们常常将烧制这种草药产生的烟雾吸入口中。土著人会用叶片把草药卷起来，捏成管状，称之为"塔巴可"（tabacos①）。用不了多久，欧洲人便对这种烟草上了瘾，很快就成为美洲大陆利润最为巨大的出口货物之一。

不过，在 1492 年，哥伦布更加执着于寻找一种广为人知的商品——黄金。他注意到一个岛民的鼻梁上悬挂着一小块金子，这些征兆使他断定如果继续向南方航行，便能遇到一位有着"无数黄金"的土著人国王。回到了海上，被俘虏的原住民指引他来到了一座小岛，据说这里的人都戴着黄金打制的项链。哥伦布怀疑俘虏们"编造出这个故事，想要诱骗他上岸，并借机逃跑"。尽管如此，他还是登上这座岛屿，四处搜寻，结果一无所获。于是，他出发前往附近的另一座岛屿，据说更加富庶。自此，一场淘金热正式拉开序幕，它驱使着西班牙征服者在接下来的半个世纪中走遍了美洲大陆南北，寻找这昂贵的金属。

在巴哈马群岛上没有寻获黄金后，哥伦布再度起航，前往一座原住民称为"古巴"（Cuba）的大型岛屿，这也是加勒比海地区少有的，得

①　英文写作 tobacco，意为烟草。

印第安人将草药卷成管状吸食

以留存至今的土著地名之一。印第安人告诉他，古巴"以商贸著称，有许多的黄金、香料、船只，以及商人"。对照着他手上的世界地图，这样的描述使得哥伦布坚信古巴与记载中的日本"即是同一个地方"。

航行到古巴的北岸，哥伦布说这座岛屿"是他亲眼所见最美丽的地方"，地势起伏，物产丰富，气候温和。不过，他怎么也找不到土著人所说繁荣的商业或是巨大的财富。这座岛屿也不符合马可波罗书中记载的"七番国"（Cipango），也就是日本的风土人情。讲到日本，这位来自威尼斯的旅行者描绘过金箔装饰的宫殿与奇特的粉色珍珠。而哥伦布找到的不过是寥寥几座棕榈木搭建的小屋，吃的也是"索然无味的蜗牛肉"。

哥伦布并没有因为眼前的情形而丧失希望；他的奇思妙想终于有了

用武之地。如果古巴不是日本，他想到，那这里就是亚洲本土了，统治中国的大汗一定就在不远处。

为了找到这位不存在的大汗，哥伦布派出了他手下的两位"改信者"，路易·德·托雷斯和罗德里戈·德·杰瑞兹，作为他的使节。他还让两人带上贸易用的弹珠、以王室的名义起草的那封拉丁文信件，以及肉桂与胡椒的样品，使得"在沿途看见这些商品时，方便辨认"。交代完这些，哥伦布便回到了船上，整趟旅途中，他很少亲自带领队伍，深入内陆探险。

几天后，两位外交代表和他们的印第安向导结束了旅程，回到了海岸。他们向内陆行进了大约 36 英里，到达了一处大型聚居点。在那里，土人们将两人安置在木屋里，好吃好喝招待，将他们扛在肩上，并让他们坐在一种奇特的椅子上，造型好似"一种短腿的动物"，椅子后面还伸出一条尾巴似的东西。当地的女人们则将两人团团围住，"亲吻着他们的手脚，来确认他们到底是不是有血有肉的人类"。

这样的场景听起来像是典型的，两种文化之间"第一次接触"的情形。不过，哥伦布并没有记下太多的细节，只说印第安人在仔细检验了肉桂与胡椒的样品后，表示他们的部落没有这些。为了不让两人失望，原住民便让他们"沿东南方向走"，那里附近"有无数的香料"，至少两位外交家是这么理解的。托雷斯的希伯来语、阿拉伯语与阿拉米语技能都没有派上用场。"发现四周并没有富庶的城镇后，"哥伦布简短地写道，"我的人便离开了。"

几次失败的探索之后，航海家仍然不愿放弃。在派出使者后，他也听说了东南方向有大量香料以及黄金的传言。于是，他沿着古巴的海岸航行，到达了岛屿的东端，并在那里发现了一座叫作"波伊奥"（Bohio）的小岛。船上的印第安人似乎十分惧怕波伊奥岛民；据他们说，岛上的人都长着狗头，额头中间还有一只眼睛。事实上，这些怪物

的形象出自中世纪作家约翰·曼德维尔笔下，他那怪诞不经，标榜为
"旅行日志"的作品在哥伦布的时代广为流传，颇受欢迎。印第安人显
然注意到了水手们对这些生物的恐惧，还警告说波伊奥岛上的勇士们嗜
好食人（这也是曼德维尔书中的情节）。土著人管这些食人族叫作"卡
尼伯人"（Canibales），而这个印第安词汇在欧洲语言中沿用至今。

　　与往常一样，哥伦布对这份报告保持着乐观的态度。他猜想卡尼伯
人经常劫掠捕捉古巴附近的岛民，所以一定比他一路上遇见的原住民
"更加机敏、聪慧"。对他来说，这只有一种解释：那就是更为强大的卡
尼伯人属于"大汗的血脉"。于是他再次起航，前往波伊奥岛一探究竟。

长着狗头的卡尼伯人准备食用人类的情景
（来自一本出版于 1525 年的描绘哥伦布远航的德国书籍）

　　波伊奥岛似乎比古巴更加风景秀丽，有着宽阔，和卡斯蒂利亚类似
的平原地带。他把这里叫作伊斯帕尼奥拉岛（La Isla Española），意为

"西班牙岛"。不过，他并没有发现传说中的卡尼伯人，他们也被叫作加勒比人（Caribs），这便是加勒比海名称的由来。取而代之的则是一群海滨土著人，"十分害羞，给起东西很大方，甚至把浑身上下的物件掏空，全部送给你"。哥伦布声称，上千当地人一度划着独木舟前来迎接西班牙的战舰，手中举着各种礼品，嘴里喊道，"拿去，拿去!"

更为吸引人的是，这些土著人告诉哥伦布，在伊斯帕尼奥拉岛的内陆地带，一个叫作希巴欧（Cibao）的地方，有着大量的黄金矿产。对哥伦布来说，"希巴欧"一词听上去与马可波罗书中日本的称谓七番国（Cipango）很是相似。于是，他便深信自己终于到达了日本列岛。他还以为自己可以带走希巴欧当地的所有黄金。在与一位卡西克（cacique），也就是原住民的酋长见面后，哥伦布在日记中坦承，两人都没有理解对方所说的话。"尽管如此，我认为他告诉我，无论想要什么，都可以拿走，整座岛都听我的指令。"哥伦布写道。

不过，大海与沙洲可并不听这位航海家的使唤。平安夜当晚，圣玛丽亚号上只留下了一个"打杂的男孩"掌舵，大概是因为其余的船员在欢庆节日时喝得烂醉，都早早睡下了。湍急的水流推动着船只撞上了一处礁石，圣玛丽亚号卡在了礁岩上，动弹不得，船身还进了水。哥伦布与他的水手不得不弃船，全体转移到尼娜号上。附近友善的印第安人纷纷划着独木舟，来到事发地点，他们将船上的货物全部卸了下来，挽救了哥伦布的补给。

哥伦布失去了船队的旗舰。不过，他认为这不幸的事件也是"神的旨意"的一部分。"主再次显灵。他将圣玛丽亚号留在此处，因为这是全岛最适宜定居的位置，离金矿不远。"他用圣玛丽亚号上的木料建造了一座小型堡垒，并留下了39名船员、足够一年生活的面包与葡萄酒，以及一些农作物的种子。哥伦布将这处据点命名为纳维达德堡（Villa de la Navidad），"纳维达德"即为诞生的意思，因为堡垒是在圣诞节期间修造的。

　　航海家告诫西班牙定居者们，要尊重岛上的印第安酋长，不要伤害或是侮辱原住民（尤其是对当地妇女），最好待在纳维达德堡附近，除非是在当地向导的指引下去寻找金矿。嘱咐完这些，他便踏上了返回西班牙的航程。哥伦布深信，当自己再次回到这里时，他的部下一定已经找到了无尽的财宝，"多得足以资助欧洲的君主在三年内发动又一次十字军东征，从穆斯林手中一举夺回基督教的圣地"。

　　为一代代的美国学童所熟知的哥伦布光辉事迹只不过是故事全貌的一小部分罢了。学校教师总是着重渲染远航前哥伦布所遇上的种种困难，故事的高潮部分则是他 1492 年那趟充满戏剧性的"探索之旅"，而对他接下来的三次航行以及担任殖民总督的经历只字不提。哥伦布的现代批评者颠覆了这种传统的叙事。他们将目光转向了他后期颇具争议的几次远航和这期间发生的恐怖事件，将这位热那亚人描写成一个十恶不赦、实行种族灭绝的人物。他们认为，哥伦布并没有发现美洲，而是彻底地摧毁了这片土地。

　　不过，当我深入研读这位航海家的故事时，我便愈发感到哥伦布并不符合这两种形象之一。在纳维达德堡留下 39 名船员之后，他沿着伊斯帕尼奥拉岛的海岸航行，来到了岛屿的东部，并在那里遇到了与之前的原住民截然不同的族群。那里的人脸上抹着黑炭，戴着鹦鹉羽毛制成的头饰，手持弓箭或是沉重的木棍。试图与之交易的水手因为心里害怕，便发动了进攻。他们砍中了其中一人的臀部，又捅伤了另外一人的胸脯，看到这样的情形，其余的印第安人纷纷逃离了战场。

　　与往常一样，在战斗爆发时，哥伦布正待在船上。不过，在听到下属的报告后，他写道："这里的人十分邪恶，我认为他们就是传说的加勒比人，以食人为乐。"对于方才发生的暴力冲突，他评论道："从某种意义来说，这件事困扰着我，换一个角度想，这也没什么大不了的，至少这些人会开始畏惧我们吧。"

这场发生在哥伦布称之为箭湾（Gulf of Arrows）的遭遇战称得上这次远航中唯一的一场有史可证的流血冲突。这有可能是因为他遇到的大部分岛民都爱好和平、天性温和；也有可能是因为原住民武器弱，无力与他对抗。不管怎样，哥伦布此次少有冲突与屠杀的航行都是前所未闻的。维京人没有受到挑衅便动手杀死了他们遇见的第一批原住民，而步哥伦布后尘来到美国的探险家，从登陆的第一刻开始，便大肆杀伐，毫不留情。

在哥伦布的第一次航行中，他至少没有随意动用武力，也没有将土著人当作非人类的"斯卡林人"。相反的是，他将原住民看作是天真无邪的孩童一般，是基督教的潜在皈依者，对欧洲人来说能派上用场。只有那些据传食人的加勒比人至邪至恶，没有可能被主救赎。即使这样，他还是因为部下伤害这些人而感到困扰，这在那个崇仰十字军战士，动不动就要杀尽异教徒的年代着实难能可贵。

哥伦布还想要继续航行，去寻找这些卡尼伯人所居住的岛屿。不过，等他离开箭湾时，他所乘坐的卡拉维尔帆船已经开始漏水，水手们也懒散起来，丧失了斗志。除此之外，他还担心平塔号上那位令人讨厌的船长，马丁·阿隆索·平松，会率先返航，夺走属于自己的奖赏与美名。于是，当一股"恰合时宜的顺风刮来"，哥伦布放弃了原先的探索计划，起航返回卡斯蒂利亚。

他差一点就没能活着抵达。在亚速尔群岛附近，哥伦布的船队遇上了强劲的风暴，巨浪从两侧拍打着船舷，猛烈地冲击着尼娜号，而平塔号则"从视野中彻底消失了"。就连哥伦布那习惯性的自信心也开始动摇了。"现在我们只能听天由命了。"他写道。惧怕自己的伟大发现无法为世人所知晓，他将用蜡密封的，详细描述此次远航的手稿放进一个木桶中，扔下了船。除此之外，他和部下们还抽签，其实是从帽子里抽取鹰嘴豆，决定如果船员们得以幸存，谁会代表大家前往圣地朝圣。

到了第二天，天空开始放晴，尼娜号随即进入亚速尔的港口避难。当哥伦布再度起航时，他遇上了第二股强大的风暴，撕碎了尼娜号的船帆，船员们又拿出了鹰嘴豆。大风慢慢减弱后，哥伦布发现自己正在里斯本附近，便指挥麾下那艘半报废的帆船先行靠岸。在短暂的停留期间，先前拒绝提供赞助的葡萄牙国王以"至高荣誉"接见了哥伦布。对于这位舟车劳顿的航海家来说，这样的正名便是最好的奖赏吧。

终于，1493 年 3 月 15 日，尼娜号在西班牙的帕洛斯港下锚停靠，哥伦布历时 32 周的环球旅行也正式告终。他的日记也在当天戛然而止，结尾则是由一种"事后诸葛亮"的口吻写就的。"这次旅途中发生的种种非凡的奇迹"，哥伦布在给国王和女王的汇报中写道——最终得以发生，尽管"陛下宫廷中的许多人士竭力反对我，对我的提议嗤之以鼻"。至于他的另一位死敌，平塔号的船长，哥伦布赶在他前头到达了帕洛斯港。在上岸没多久之后，平松便一命呜呼了，对哥伦布来说又是个好消息。

现在看来，再没有什么可以抵挡哥伦布获得他狂热般渴求的荣耀与头衔。航海家引领着一场胜利大游行，浩浩荡荡地穿过巴塞罗那，朝王宫行进，展示着准备进献给女王的印第安人、鹦鹉、红薯，以及各种美洲的新奇玩意儿。"永生的上帝，我们的主啊！"哥伦布写道，在一封很快传遍欧洲各地的信中，"他将慷慨地奖赏那些信奉他的旨意的人，使他们克服一切不可能逾越的险阻，获得最终的胜利！"

花了好几周泡在各种日志、信件与航海图中，一天下午，我偶然间发现今年的哥伦布纪念日即将到来。这听上去是重温他伟大发现的好时机。问题是，他探索过的地方实在太多，到底应该去哪里呢？

　　1492 年的第一次登陆，后世将这一天作为哥伦布纪念日似乎是个合理的选择。不过，就如我之前所说的那样，学界至今无法得出他登岸的确切位置，巴哈马群岛的不少地方都争抢着这一"殊荣"。况且，圣萨尔瓦多岛上，除了一处石质十字架以及一家地中海俱乐部（Club Med）经营的，叫作"哥伦布岛"的度假村之外，实在没有多少与这位航海家相关的遗迹。

　　鉴于美国与古巴——哥伦布远航的第二站的复杂关系以及繁琐的签证程序，我短期内无法前往那里旅行。除此之外，我猜想卡斯特罗治下的共和国大概不会庆祝哥伦布纪念日吧，除非是当作一次谴责帝国主义的大好机会。不管怎么样，哥伦布本人从未深入古巴岛的内陆，大多时间都沿着海岸线航行。

　　这就只剩下了邻近的伊斯帕尼奥拉岛可去。它如今被一分为二，东西两侧分别是多米尼加共和国以及海地共和国。正是在伊斯帕尼奥拉，哥伦布建造了继维京人发现文兰之后，美洲大陆上的第一座欧洲哨站。后来，西班牙人在岛上创建了西半球的第一座永久欧洲定居点，圣多明各（Santo Domingo）。这座城市日后成为了多米尼加共和国的首都，哥伦布的遗骨亦安放于此。

　　这就是我对多米尼加共和国的过去和现在所了解的一切了——除了那里层出不穷的棒球明星之外。事实上，我从来没有去过任何一个拉丁美洲国家。不过，在这种情况下，无知是可以原谅的。哥伦布依赖简单的航位推算法（dead reckoning）跨越大洋，来到一片陌生又未知的土地。我订了一张去圣多明各的机票，心想自己也只好这样了，走一步看一步。

　　在离开前的几周里，我开始研究 1493 年哥伦布回到伊斯帕尼奥拉的第二次航行。此时的情形和一年前已经大相径庭。1492 年，哥伦布麾下只有三艘小船，九十名水手。而如今的他，拥有着西班牙贵族的头衔，被任命为海军上将（Capitán General de la Armada），统御着一支十七艘军舰组成的船队，船上载着一千两百名乘客，其中就包括了数百名渴望美洲财富与功勋的士绅。甲板上堆满了马匹、绵羊、奶牛、种猪，以及各种补给品。"从来没有哪个欧洲国家，"萨缪尔·艾略特·莫里森形容道，"曾进行过规模如此之大的海外探险与殖民行动。"

与卡斯蒂利亚王室协商之后，哥伦布这部大成本的航海续集将会有两条主线：一是夺取伊斯帕尼奥拉岛上的财富（八分之一将归海军上将所有）；二是促成当地人皈依基督教。黄金与上帝、征服与皈依——在接下来数个世纪中，西班牙对美洲的统治都围绕着这两大主题展开。

顺利地航行穿过大西洋后，哥伦布接连发现了许多岛屿，而他的命名大多沿用至今，为今日的热带度假者所熟知：多米尼克（Dominica）、瓜达卢普（Guadalupe）、维京群岛（Virigin Islands）等等。在维京群岛的圣克罗伊（St. Croix），西班牙人与当地的土著起了冲突，杀死了数人，又捕获了许多原住民。哥伦布将其中一位俘虏，"姿色甚好的加勒比女孩"，交给了他的好友，意大利贵族米凯莱·达·库内奥（Michele da Cuneo）。意大利人随即将"战利品"带回了自己的舱房。

"因为岛上的习俗，她身上一丝不挂，我便有了寻欢的想法，"库内奥写道，"我刚想要付诸行动，她却拒绝了，还用手指甲弄疼了我，让我一度后悔自己的决定。"不过，他并没有就此放弃，"我拿来一根绳子，狠狠地抽打了她，她尖叫起来，我一辈子都没有听到过如此凄惨的叫声。"最终，这位受害者屈服了。这便是欧洲人与美洲原住民之间第一次有记录的交媾。

这样的行径已经在伊斯帕尼奥拉岛上造成了麻烦。当哥伦布回到那里时，他发现自己一年前建立的纳维达德堡早已不复存在，只剩下一片断壁残垣，残破的尸体遍布海岸。从那些曾跟随他前往卡斯蒂利亚的印第安翻译那里，哥伦布得知纳维达德堡的定居者一人"抢夺了五个当地妇女，以供淫乐"，彻底地激怒了原本友好的原住民部落。当西班牙水手们前往内陆继续劫掠时，他们遇上了一位叫作卡奥纳沃（Caonabo）的酋长。在勇猛好斗的卡奥纳沃带领下，海滨的印第安人杀光了西班牙定居者，并一把火烧掉了纳维达德堡。得知此事后，哥伦布大为不悦，他认为这些原住民"是群十足的懦夫，不值得被救赎"。

沿着伊斯帕尼奥拉的海岸航行，哥伦布离开了今天海地共和国的属地，到达岛的东端，也就是多米尼加共和国的所在地。他在那里选定了一处新的定居地，将其命名为伊莎贝拉（La Isabela），为了纪念他的赞助者——卡斯蒂利亚的女王。这里的海岸线十分低矮，瘟疫与蚊虫横行，也没有充足的淡水。哥伦布选定这里是因为传说中黄金遍地的希巴欧地区就在附近。他没有耐心继续等待了，建立伊莎贝拉的四天后，他便派出一支侦察队，前往内陆勘探，去寻找所谓的金矿。

当几位队员回到伊莎贝拉时，他们带回了金块以及一些其他样品，都是从河床里挖掘出来的。"我们所有人都兴奋不已，"库内奥写道，"再也不管什么香料或是贸易品，一心想着那些闪闪发亮的金子。"哥伦布本打算将伊莎贝拉打造成一座贸易据点，就像葡萄牙人在西非海岸上建造的那样。现在，被黄金的巨大利益驱使的他放弃了原先的计划，带着大队人马进驻希巴欧，在那里建造堡垒，想要将当地"富有黄金"的山川与河谷牢牢地控制在手中。

不过，哥伦布谈不上是位出色的征服者与殖民管理者。他的众多短处之一便是不善用人。他任命阿隆索·德·奥赫达（Alonso de Ojeda）为自己的副手，负责前哨，此人以"热衷于在冲突或争吵中率先动用武力"而闻名。在奥赫达以小偷小摸的罪名逮捕了几位印第安人后，他当即砍下了其中一人的双耳，并下令将剩余的因犯砸上镣铐，押解到伊莎贝拉去。哥伦布随即下令将几人在镇中心的广场公开斩首处决。尽管身边的人说服他撤销了如此残酷的刑罚，他与印第安部落长期以来维系的良好关系自此彻底破裂。在此之后，原住民与欧洲人之间只剩下不信任与暴力冲突，再没有任何友好往来了。

作为一名殖民管理者，哥伦布失败的主要原因就是他根本不想要这个职位。他是个熟练的水手，在岸上却施展不了拳脚，上了岸的他就好比离开了水的鱼儿。由于不想处理伊斯帕尼奥拉的各种繁杂事务，他决定再次起航，去探索新的地界，将伊莎贝拉的管辖权交给一个由他那倒霉的兄弟贾科莫·哥伦布[①]（Giacomo Columbus）领导的委员会。五个月后，当哥伦布从古巴和牙买加返回时，这座初具雏形的殖民地已经几近崩溃了。伊莎贝拉附近种植的作物大多枯萎了；因为黄金的巨大诱惑近在咫尺，压根没有人愿意给鹰嘴豆浇水除虫。前往内陆的搜索队胡作非为起来，肆意杀死土著、强暴妇女、抢夺粮食。一部分西班牙人甚至发动了叛乱，夺走三艘船只，返航回到了卡斯蒂利亚。

压倒哥伦布的最后一根稻草便是希巴欧那无影无踪的黄金矿产。岛民拥有的黄金首饰误导了西班牙人，他们以为这只是一大笔财富的冰山一角，其实这些黄金制品不过是原住民代代相传的一小笔积蓄罢了。伊斯帕尼奥拉岛上仅有的黄金大多被掩埋在河床里，需要通过烦琐耗时的工序才能萃取出来。

为了篡夺这些财富，哥伦布建立起了残酷的"进贡系统"，规定每一个成年的印第安男子都要上交一定量的金粉。如果实在找不到，原住民就得用其他的物品补齐差额，比如吊床、短柄斧，以及棉衣裙。除此之外，哥伦布还将许多印第安人绑架起来，当成奴隶驱使。在此之前，他只奴役那些被抓捕的卡尼伯人或者是加勒比人，因为在他看来，这些传闻中的食人族是在一场"正义战争"中被俘虏的，自然可以被当作财

① 原文所用的是迭戈（Diego），是贾科莫的别名，而并非哥伦布的长子迭戈·哥伦布。

产，随意奴役贩卖。至少那个时代的人大多如此认为。

而如今，他却把伊斯帕尼奥拉岛上的数千名土著人统统圈禁起来，把其中550名"最为健壮的男女"装上军舰，运往西班牙。约有200人在漫长的旅途中不幸死去，遗体被丢进大海里。下船之后，这些人被集中展示拍卖，而其中的大多数在几周内就断气了。"买这些奴隶一点也不合算，"一位目睹当时拍卖的教士回忆道，"因为绝大多数都水土不服，很快就死了。"

在地球的另一端，西班牙定居者也大多水土不服。到了1495年底，一位途经伊莎贝拉的旅行者回忆道，那里的殖民者又饿又病，再也无法忍受当地的生活，嘴里念着同样的祷词，"主啊！带我回卡斯蒂利亚吧！"1496年，等到哥伦布返航时，幸存的殖民者抛下伊莎贝拉，迁移到伊斯帕尼奥拉南岸的一处港口定居。一开始，那里被叫作新伊莎贝拉（Isabela Nueva）。不过，当这处定居点日渐壮大，它也有了属于自己的名字：圣多明各，这也是新世界的第一座欧洲城市。

第三章
圣多明各：哥伦布的厄运

在哈瓦那的一间博物馆里有两个属于克里斯托弗·哥伦布的头骨，

一个是他少年时的，另一个是他成年时的。

——马克·吐温，《托马斯·杰斐逊·斯诺格拉斯历险记》

在多米尼加的美洲国际机场落地后，迎接我的便是纸杯装的朗姆酒与一次大停电。在昏暗的航站楼外，一群当地人将我团团围住，大喊着，"出租车！出租车！"其中一人从人群中杀出一条血路，搂着我的腰，把我架到了一部出租车前。他并不是司机，只是一位中间人。"欢迎来到多米尼加共和国，"他说道，同时伸出双手，"我收小费。"

距离机场几分钟车程的地方，我乘坐的出租车靠近了一处收费站。那里没有划分车道，摩托车手们飞快地在车群中穿梭着，而汽车司机正此起彼伏地按着喇叭。过了收费站，我们便跟着运送香蕉的货车缓缓前行，公路一侧是天蓝色的加勒比海，另一侧则布满了贫民窟的水泥房子。沿着奥萨马河（Rio Ozama）畔蜿蜒曲折的道路行进，我来到了圣多明各的旧城区（Zona Colonial），当年那座西班牙城市的核心地带。

与"受诅咒"的伊莎贝拉相比，圣多明各地理位置优越，一座优良的海港，四周环绕着富庶的农田。发达的蔗糖种植业推动这座城市成为西班牙人在加勒比地区的统治中心，将这里作为征服中南美洲的大本营。1496年建城之后的数十年里，圣多明各一跃成为有着四百多栋房屋，超过两千居民的大型市镇，配备着一名市政公告员，还建有一座大型水渠和一所大学。

五个世纪之后，圣多明各的旧城区依然保留着宜人的旧世界风貌。纵横十个街区，这座老城布满了棋盘般的街道与方块状的广场，彰显着16世纪西班牙人所钟爱的对称感。穿过高大、平顶的石质建筑，映入眼帘的便是宽阔的庭院，装点着喷泉与摩尔式的拱门。每条街上都至少有一栋标榜"美洲第一"的建筑物：第一座大教堂、第一座修道院、第一座医院、第一座堡垒、第一座法院，简直数不胜数。尽管其中的大多数都已经残破不全，圣多明各的老城时刻提醒着我们，早在英国人登陆弗吉尼亚与马萨诸塞的一百多年前，西班牙的文化与生活方式已经深深地影响了美洲地区。

圣多明各优雅宜人的旧城区也映衬出拉丁美洲的极速衰落。在这座安逸悠闲的老城之外，圣多明各与大多数发展中国家的首府极其相似：一个令人绝望、混乱不堪的烂摊子。多米尼加九百万人口中的四分之一都居住于这座拥挤的城市附近，大多栖身于狭小、生活条件恶劣的贫民窟中，就像我在机场外看到的那片水泥森林那样。手持霰弹枪的警卫站在每一家银行门口，虎视眈眈地注视着行人。对频繁停电与飞涨物价的愤怒常常演变为大规模的罢工和街头示威，人们用燃烧着的轮胎组成路障，阻挡交通。

这样近乎崩溃的境地让圣多明各的管理者们十分头疼。天气也是一样。尽管气温常年保持在 86 华氏度 ① 左右，这里的湿度却高得惊人，比起大溪地的雨季和路易斯安那热浪滚滚的湿地，有过之而无不及。像鸡汤一般滚烫潮湿的空气让人感觉随时都会落下倾盆大雨。我手中与口袋里装的水笔像融化了似的，就连我的腕表和眼镜都快要承受不住了。刚出门几分钟，我浑身上下便彻底湿透，难受万分。

在其他的热带地区，对抗这样恶劣天气的方法便是脱掉厚重的衣

---

① 大致相当于摄氏 30 度。

物，穿短袖 T 恤和短裤就可以了。不过，这样的穿着在圣多明各是不被接受的。这里没有人穿短裤，哪怕穿件短袖衬衫都属于禁忌。男人们都穿着正装衬衫和礼服裤子，女人们则穿着紧身的女式衬衫、下身搭配包着身子的铅笔裙和牛仔裤。不过，近乎奇迹的是，当地人不知是怎么打理这些衣物的，总是熨烫得一尘不染，十分干燥。对我来说，这一切实在大开眼界，好像是行为艺术一般，在肮脏无序的公共空间内保持着个人的整洁与尊严。一袋袋垃圾随意丢弃在地上，交通拥堵不堪，鸣笛声响彻街头，街上的多米尼加人却看起来一个个好极了。

让我感到更加自卑的是我的形象——一个走得太快、汗流得太多、皮肤太粉嫩、受不了毒辣阳光的异乡人。如果多米尼加人对自己的容貌如此关心的话，他们会怎么看我呢？头发散乱地贴在头皮上，廉价衬衫黏在身上，卡其裤上满是汗渍和污迹，眼镜起了雾，从鼻梁上滑落下来。只有那些受不了炎热、慵懒地趴在路旁的狗，才与我这喘着粗气、凄凄惨惨的美国佬相般配吧。

我也找不到任何可以交谈的人。最初，我计划联系一些当地的记者、教授以及博物馆讲解员，好了解一点哥伦布在多米尼加的探险故事，或是他留下遗迹的位置，便于我开始此次旅程。可是，在圣多明各，光是打电话对我来说都是件难事，我那伯利兹口音的西班牙语与接线员那贫乏的英语使得我们之间的沟通十分艰难。几乎没有人会接听办公室的固定电话，大概是因为他们从来不去那里吧。大部分的多米尼加人，我听说，会把更多的时间精力投入到自己收入更丰厚的副业中，而对自己的正式工作漠不关心。用手机联系也不太靠谱——频繁的大停电使得充电变成了一件难事。

就连我竭尽全力约到的几次会面也没能如期进行。我学会的第一个多米尼加俚语便是 *ahorita*，和 *mañana* 或者是阿拉伯语中的 *insha'allah* 意思相仿。在西班牙语中，*ahora* 一词大概是"马上""现在"的意思，

而它的变体 *ahorita*，在多米尼加口语中，指的大概是夹在"马上"和"永远不了"中间的一段时间。

所以，我在多米尼加的前几天过得并不如人意。我那位于老城的酒店房间正对着一条狭窄拥挤的街道，充斥着巴士的喇叭声与路边汽车的防盗警报声，大清早就把我吵醒。起床后，我会洗一个冷水澡，在发出嗞嗞声的空调前将身子吹干，浑身上下都喷涂些止汗剂，走下楼去、买一杯滚烫浓烈的白咖啡。随后，我就接上酒店老旧的电话线，开始给通讯录上的每个人拨电话。如果特别走运约到了一次访谈，我便飞也似的冲出去，跳上一辆出租车，捱过拥挤无序的车流，为了车费和司机讨价还价；好不容易到了约定的地点，才发现对方又爽约了。没有办法，我只好再找一辆的士，回到旧城区，喝上更多的白咖啡，漫无目的地在街道上游荡着，直到体内的咖啡因和汗液全部排空为止。到了上午 11 点，我已经基本放弃了，看来今天是采访不到任何人了，我懊恼地想着。而到了中午，我已经什么都不在乎了。第三天的时候，我终于意识到，如果没有超人般的毅力以及永远花不完的比索①，这趟旅行大概不会有任何收获了吧。

一家叫作"伯爵"（El Conde）的小餐馆成了我唯一的慰藉。每天傍晚，我都会点上几杯多米尼加特产的"总统啤酒"（presidente beer），再来上一道 *mangoo*（香蕉泥配上炒蛋和洋葱），或者是 *chivo guisado*（在菜单上被翻译成"小炖肉"）。这座餐馆十分幽静，让我远离了街上的乞丐、擦鞋人、换外币的、用扩音器放着的美瑞格音乐（Merengue），以及那个叫赫克托的导游——他总是用他那大烟嗓招揽生意，强拉着我去参观那些我已经去过的地方，还要我付给他十块钱，让人无比厌烦。为了避开这人，我便和邻座的一位苏格兰人攀谈起来。

---

① 多米尼加的法定货币，1 美元约合 58.5 比索。

"三个坏日子，你就抱怨个不停？"当我说起前几天的不快时，他有些惊讶，"我在这儿待了整整五个月，没有一天过得舒心。"

乔治·休斯顿是个工程师，接到了政府合同来到多米尼加，负责整修奥萨马河上的一座铁路桥。尽管那座桥眼看快要塌方了，他的公司还没有收到多米尼加方面的拨款，也没有接到开工的许可。

乔治认为这一切并不是针对他个人的。除了他本人之外，多米尼加政府还拖欠着外国债权人的钱、本国公务员的工资，甚至是发电厂的款项（也就是频繁大停电的由来）。在这个国家，年均通货膨胀率到达了惊人的50%，而比索与美元的汇率在过去的短短九个月中贬值了120%。除了 ahorita，我又学会了一句多米尼加俗语：estamos jodidos，意思是"我们玩完了"。"经济最近怎么样？""我们玩完了。""你怎么看这届政府？""我们玩完了。"

乔治现在唯一期盼的便是雇用他的那家格拉斯哥建筑公司能在那座铁路桥与这个国家"玩完了"之前，把他召回苏格兰。"往好处想，我有空读了不少书，"他说道，拿起手中那本厚重的小说，"当然了，前提是这儿不停电。"

1496 年，当殖民者在奥萨马河畔建起圣多明各城时，哥伦布正远在西班牙国内，四处求人赞助他重返西印度群岛的计划。失败透顶的第二次航行严重地损害了他的声誉，而他于 1498 年进行的第三次远航则于事无补。尽管他探索了许多之前没有到达过的地带，种种迹象表明他的领导力与航海能力逐渐衰退，更糟糕的是，他的精神似乎也出了问题。

在旅途中，一次错误的星象观测导致他认为自己的船正在"上坡"航行，使他怀疑起了地球的形状。因为这件事，他便设想地球好比一只带茎的梨子，有点像"女人的乳头"；在茎的顶端便是一座"人间天堂"。换言之，哥伦布认为自己当时正沿着"地球之茎"，蜿蜒而上，前往传说中的伊甸园。其实，他当时正在今天的委内瑞拉附近，在不经意间率先到达了南美大陆。

与此同时，哥伦布和他的兄弟们对伊斯帕尼奥拉的统治也每况愈下，印第安人的反抗与殖民者的叛乱已经成为家常便饭。当消息传到西班牙本土，王室决定派出一名法官，前往当地调查情况。到达新世界之后，这位法官当即下令逮捕了哥伦布，锁上镣铐，押解回卡斯蒂利亚，罗织了他"虐待迫害殖民者"的罪状。

在审讯之后，这位海军上将很快就被释放了。但是，西班牙国内再少有人愿意信任或是资助他了。他被认为是一位糟糕透顶、难堪大用的殖民总督，也未能在伊斯帕尼奥拉找到所谓的黄金财宝。至于他所鼓吹的奴隶贸易（他一度提出每年奴役、贩卖四万名土著人），西班牙君主也不太感兴趣。与哥伦布的残虐政策相反，王室认为应当"友善地统治"印第安人，促使他们皈依天主教。他们发布了一条禁令，不允许殖民者再奴役卡尼伯人，并将哥伦布带来且仍在西班牙劳作的原住民全部释放，送回家乡。

作为回应，西班牙王室开始逐渐剥夺并限制原先赐予哥伦布的种种特权。他们先解除了他"伊斯帕尼奥拉总督"的职务，并允许其他航海家自行前往美洲探险，由此打破了哥伦布对贸易和远洋探索的垄断。在谨慎考虑之后，他们准许哥伦布再进行一次远航，但只限于探索。除此之外，他还被禁止入境伊斯帕尼奥拉岛。

哥伦布 1500 年的第四次也是最后一次远航以惨败告终。在到达了中美洲（他误以为这里是所罗门王的藏宝地）之后，他那腐朽破烂的船只因为进水过多，无法继续航行，只好在今天的牙买加岛附近搁浅。这位航海家在岛上被困了将近一年，直到几名船员划着独木舟到达了伊斯帕尼奥拉，在那里找到了一艘舰船，才算得救。到了那时，这位"世界洋的海军上将"已经失去了他麾下全部四艘船，四分之一的水手，以及他仅存的一点声誉。

到了 1504 年，哥伦布得以回到西班牙，长期赞助他的伊莎贝拉女王在几周后便去世了。此时的他已年过半百，因为关节炎而瘸了腿，依然骑着骡马，不厌其烦地拜访各地的王室贵族，徒劳无功地乞求着他们所"亏欠"他的特权、头衔，以及财富。临终前的一封信中，他要求君主们"为他平反，并补偿他的损失"，哥伦布晚年自悲自怜的形象跃然纸上。"我这个人彻底毁了，"他写道，"孤独，绝望，重病，每天都在等待死亡的降临……那些善良的人，为我哭泣吧，我只恳求真相与正义！"

1506 年 6 月，还在四处游走、谋求平反的哥伦布去世了。"（我）十分感伤，"次子费迪南德记录道，"看到他曾身居高位，如今荣光不再，贫病交加。"哥伦布死后，他的后人很快失去了他曾拥有的大多数世袭头衔。

更令人惋惜的是，本属于哥伦布的至高荣誉——美洲大陆的命名，却最终归属于他的意大利同乡、同时也是晚年密友的另一位探险家。"他是个诚实的好人，常常讨我开心，"经常看错人的哥伦布如此评价道，"并愿意为我赴汤蹈火。"这人便是亚美利哥·韦斯普奇（Amerigo Vespucci）。

作为一个善于交际的佛罗伦萨商人以及美第奇家族的继承人，韦斯普奇搬到了塞维利亚居住，并组建了一支远洋舰队，前往美洲。1499年至 1502 年之间，他好几次在西班牙人或是葡萄牙人的资助下，航行到西印度群岛，由此号称自己是一位绝顶的航海家。不过，他真正的天赋却是炒作和推销自己的能力。

"我这次航行，就是为了名垂青史。"他在一份夸大其词的报告中写道。韦斯普奇编造了一些情节，又从哥伦布的日志中"借鉴"了不少内容。与那位不善营销的海军上将不同，他善于滔滔不绝地讲述各种关于美洲的奇闻逸事，来讨好那些欧洲贵族王公们。

原住民妇女，他声称，都是些巨人模样，"曲膝跪着都比我站着的时候高"，而且永不衰老，有着紧实的子宫和不会下垂的双乳。"天性放纵，总是欲求不满，"韦斯普奇写道，她们会用各种稀奇古怪的装置，甚至通过注射毒液为"丈夫们壮阳"。"最好不过的是，"他叙述道，"就是她们非常渴望与我们基督教徒交媾。"而且土著家长乐于将自己的女儿作为"友谊的象征"，赠给"我们这些基督徒"，"哪怕她只是个年轻的处女"。果不其然，韦斯普奇笔下声色犬马的美洲世界一下子就大受欢迎，人们争相阅读。

亚马逊丛林的女勇士
（来自约 1507 年出版的描述韦斯普奇远航南美的图书的荷兰文版本）

韦斯普奇还号称自己才是第一个发现南美洲的欧洲人——1497年他就到达那里，比哥伦布的第三次远航早了近一年。他将那里称之为"一个不为人所知的崭新的世界"。尽管细节早已遗失，现代的学者还是通过研究得出，韦斯普奇不可能在1499年之前到达南美，这下才为哥伦布正了名。也没有证据表明韦斯普奇曾将南美洲看作一个单独的大陆，而不是"亚洲的一部分"。哥伦布也曾将南美洲称作"另外一个世界"以及"一片广阔无垠、从未被探访过的陆地"——尽管如此，他还是认为自己位于远东，而不是离开了亚洲。

不过，当时的欧洲学者开始怀疑哥伦布所发现的土地不是亚洲的一部分，并从韦斯普奇的记述中找到了一些证据。到了1507年，也就是哥伦布逝世的一年后，德国地理学家马丁·瓦尔德泽米勒（Martin Waldseemüller）发表了著作以及一幅世界地图，其中注明了一片"第四大陆"，独立于已知的欧洲、非洲，与亚洲。"我认为如果把这片土地叫作亚美利志（Amerige），没有人会质疑，"瓦尔德泽米勒写道，"或者就叫亚美利加（America）好了，以它伟大的发现者，亚美利哥命名。"于是，他修改了这幅世界地图的稿样，在大约与今天的巴西差不多形状大小的"未知大陆"边上，郑重地刻上了"亚美利加"。

在地图的新版本中，瓦尔德泽米勒又改变了主意，换掉了这个名字。不过，到了1538年，负有盛名的佛兰德斯制图学家杰拉德·麦卡托（Gerard Mercator）再次启用了"亚美利加"，并在他所绘制的世界地图中，将南北两块大陆都如此命名。

"真是奇怪，"爱默生（Ralph Waldo Emerson）这样写道，"这片广阔无垠的大陆竟然背负着一个窃贼的名字。亚美利哥·韦斯普奇，一个在塞维利亚卖酸黄瓜的庸人，居然……靠着三寸不烂之舌骗过了整个世界，篡夺了哥伦布的成就，并给半个地球都强加上了他那毫无诚信可言的名字。"

在圣多明各待了几天后，我遇到了一位叫卡洛斯的博物馆导览员。他也当英文老师赚外快，并同意接第三份活：那就是做我的翻译。瘦削、相貌出众，头发则剃得很短——卡洛斯总是紧绷着脸，看上去有些忧郁。当我告诉他那些石沉大海的电话以及被爽约的访谈，他第一次笑出了声。

"哥伦布的霉运啊！"他笑着说道。

"什么？"我一脸疑惑。

"霉运，就是坏运气嘛。"他解释道，大多数的多米尼加人认为哥伦布给他们带来了霉运，哪怕提到他的名字都有可能带来不幸。很少有商家或是公司以这位航海家命名，那些不信邪的也大多关门歇业了。"当然了，我们多米尼加人本身运气就不太好，"卡洛斯说道，"但是，哥伦布使得这一切更加糟糕了。"

"所以，这就是为什么没人愿意见我的原因？"

"那倒不是。想要见一个人，你必须要有人脉才行。不然，你就得花钱。"

卡洛斯没什么人脉，除了旧城区那些像他一样，老是被欠薪的导览员。但他愿意，为了不高的薪水，冒着要倒霉运的风险，帮助我寻找关于哥伦布的蛛丝马迹。

我们搜寻的起点便是这位航海家的人生终点，传说中他遗骨的归宿——哥伦布灯塔（El Faro a Colón）。哥伦布灯塔位于与圣多明各旧城隔奥萨马河相望的一座公园内。无比巨大的规模以及场地的布局，一片广阔、朝南北向延伸的庭园，交织点缀着旗帜、建筑以及人工湖，不由得使我想起了位于华盛顿特区的国家广场。只不过整个哥伦布灯塔都为了中心的神社而建——那是一座水泥打造、宏伟的十字形建筑物，平放在宽阔的庭园中央。

"纪念碑"一词已经不足以形容这座气势恢宏的陵园了。哥伦布灯塔长约 700 英尺 ①，外侧呈梯形，顶部有十层楼高，建筑物四周装备有150 座强光探照灯，还安设了投影装置，将一幅巨型耶稣受难像映射在夜空中，在两百多英里外的波多黎各都能看到。这是在我参观完萨达姆·侯赛因治下的伊拉克后，第一次看到如此宏伟，却又与周围环境格格不入的纪念碑。

不过，就连这庞大雄伟的灯塔也逃不过哥伦布霉运的怪圈。建造纪念陵园的计划最初始于 1923 年的一次泛美国家会议，不过长期以来因为缺少资金而没能动工。到了 1980 年末，统治多米尼加的强人总统华金·巴拉格尔（Joaquín Balaguer），为了赶上数年后的哥伦布远航五百周年纪念日，在仓促间决定修造这座灯塔。他首先下令摧毁原先盘踞于此的贫民窟，强迫数千名当地居民离开他们的家园，耗尽了这个小国的全部水泥仓储，并从紧巴巴的国库里挤出一亿美金用于修筑这座纪念碑。

随后，坏运气如期而至。投影装置的试运行导致全城范围内的大停电，并引发了多米尼加人的示威游行。巴拉格尔的妹妹在访问纪念碑的几个小时后便去世了。本打算为哥伦布灯塔开幕致辞的教皇被确诊得了癌症。很快，在公众的一片质疑声中，巴拉格尔本人被迫下台，而这座宏伟的建筑物则象征着他治下那个独裁、腐败、寡头政治横行的多米尼加。没过多久，强光探照灯和投影装置就被不定期关停了，耗能 30 万瓦特的照明系统对于成千上万名没有充足稳定供电的圣多明各人来说便是莫大的讽刺与侮辱。

到了今天，纪念碑便成了一座没有灯光的灯塔。事实上，哥伦布灯塔的每一个细节都名不符实。它并不是一座高耸入云的高塔，而是蹲伏在地上，笨重、暗淡无光、积满灰尘，如同被废弃的公共住宅项目 ② 一

———————————

① 约合 210 米。
② 20 世纪 70 年代起，美国开始在城市中心地带大规模建设公共住房（public housing project），由于过度集中贫困人口、加深种族隔离，以及低下的教育质量等问题而饱受批评，如今这些公共住房大多缺乏维护保养。

般。卡洛斯带着我走到环绕着巨型十字架的公园边缘，指向了一座大约6英尺高、由水泥筑成的屏障，上方架着铁丝网。"我们管这叫作耻辱之墙（el muro de la vergüenza），"他介绍道。为了不让慕名而来的各国游客看到真实贫穷的多米尼加，扫兴而归，当局便建起这座高墙，将哥伦布灯塔附近的贫民窟遮掩住。

随后，我们回到了公园中央，步入一扇小门，穿过巨大的墙体，进入灯塔的内部。整座建筑冷冷清清的，十字架的造型切割出许多纵横交错的狭窄走廊。灯塔的设计师故意创造出这些幽闭恐惧的"峡谷"，他写道，这是为了营造出"哥伦布时代的迷信、灰暗，与禁锢"。而灯塔顶部的投影装置则是为了与昏暗的内部产生鲜明的对比，营造出一种强烈的反差感，以凸显多米尼加的现代化。

这样的设计在图纸上看相当振奋人心。不过，在现实中，投影装置早就被关停了，所剩下的只有内部结构的"灰暗与禁锢"了。这样的设计也未能突出哥伦布的陵墓——它坐落于十字架双臂相遇的位置。用卡拉拉（Carrara）出产的大理石的雕刻，和长长的阶梯一起通往一座拱门，埋藏哥伦布遗骨的墓穴倒看起来像是一座放置在监狱牢房中的迷你教堂。在陵墓前，一名持枪的警卫正悠闲地站在那里，除此之外，这附近就没有别的活人了。

在他身后，墓穴之中，便安放着这位伟大发现者的遗骨，抑或不是。哥伦布是个极其难以捉摸的人，去世后亦然。在1506年的一场冷清葬礼后，他先被埋葬在西班牙的巴拉多利德（Valladolid），三年之后，又被迁移至塞维利亚的一座修道院。到了1526年，他的儿子，迭戈·哥伦布的遗体也被埋葬在修道院中。1541年的时候，迭戈的遗孀遵循哥伦布在临终前的心愿，安排将父子两的遗骨迁移到伊斯帕尼奥拉岛上。克里斯托弗和迭戈都被安葬在圣多明各大教堂的祭坛一侧。不过，标记他们墓穴的碑石和记录都被隐藏了起来，这是为了防止前来劫掠的海盗破坏哥伦布的安身之处。

到了 1795 年，西班牙将伊斯帕尼奥拉割让给统治法国的拿破仑。为了不让这位航海家在死后落入背信弃义的法国人手中，一个据称装有他遗体的木箱被运到了西班牙治下的哈瓦那。19 世纪末，古巴再次沦陷，而哥伦布那命运多舛的遗骨在海上漂流，再一次跨越大西洋，并最终回到了塞维利亚那高耸壮伟的哥特式大教堂。

不过，在 1877 年，圣多明各大教堂的工人发掘出一具铅制的棺木，内有一些遗骨，并刻着一段铭文："卓越、有名望的绅士，唐·克里斯托巴尔·科隆。"人们便怀疑 18 世纪送往古巴的棺木实际上弄错了，那其实是迭戈的，而真正的哥伦布遗骨仍留在了伊斯帕尼奥拉。至少多米尼加人是这么认为的，所以他们才耗费巨资修建了这座恢弘的陵园，作为这位航海家的归宿。

西班牙学者长期以来驳斥多米尼加人的主张，对铭文与其他证据产生了怀疑。我出发前不久，西班牙的法医与遗传学家再次引燃了这一纷争，号称要对塞维利亚教堂内的遗骨进行一次 DNA 测试。尽管呼声越来越大，多米尼加政府断然拒绝对灯塔内的骨骸进行任何检测。当局对科学检验的竭力反对也不禁让人怀疑陵墓中哥伦布遗骨的真伪，这座昂贵而不实用的灯塔已经成为了多米尼加人心中的累赘。要是检测结果显示遗骨不属于这位航海家，那后果不堪设想。

"这就是哥伦布，毋庸置疑，"那个叫作利奥波多的警卫告诉我，他从一片昏暗中走出，加入了我们的对话，"那些西班牙人就是想要夺走我们的旅游业。"

如果真如他所说，那西班牙人这么做可得不偿失。当时，卡洛斯和我是整座灯塔中唯二的游客。"跟我来，"利奥波多说道，"我带你们参观博物馆。"

他领着我们穿过一条长长的走道，脚步的回声在空无一人的水泥峡谷中穿梭着。随后，我们步入了一间巨大的展厅，里面陈列着一幅哥伦布的画像、他阅读过的书籍的复制品、费尔南多国王与伊莎贝拉女王的结婚证书，以及其他各种文物。我还没来得及深入研究其中的展品，利奥波多便拉住我，"快，快，我们还有64个这么大的展厅要看呢！"

"博物馆"一词显然无法形容这座建筑物的内部，就像灯塔的名称与它的外表完全不符。悬挂展示在纪念碑墙体上的各种物品，用一整个街区都摆不下。哥伦布灯塔不仅陈列这位海军上将的探索与经历，也致力于勾勒出因哥伦布远航而诞生的全球贸易与交流体系的全貌：一座见证世界和平的丰碑，至少设计师是如此认为的。通过一种经典的世界博览会的形式，多米尼加人为世界各国节省了大量空间，无需再建造宣扬本国历史文化的博览馆——在这里便能找到你想要了解的一切。

我们先参观了西班牙厅。接下来是日本厅，陈列着武士的铠甲以及描绘着金色宝塔的图像。大多数国家的展厅都是这个套路，展示着最具有民族代表性的物件。中国厅里摆放着书法作品和明代花瓶。俄罗斯厅则陈列着一个俄式铜壶与一组套娃。接下来，我们便来到了展览的美洲部分：代表危地马拉的是一个玛雅彩瓶；厄瓜多尔的则是有两千五百多年历史的陶碗，据利奥波多说价值连城。穿过一间间展厅，我有些好奇美国，我的祖国，在这"模拟联合国"中到底是什么形象呢？

走进又一扇门，我们便来到了美国厅，占据了整整两面墙。其中一面贴着几张独立日庆祝活动的照片，描绘了烟火表演和星条旗在空中挥舞的景象。另一面墙看起来更加突出一些，张贴着许多海报大小的报纸封面。所有的日期都定格在了同一天，2001年9月12日，照片上描绘的是之前一天针对纽约双子塔的恐怖袭击。

"恐怖之日"，这是新罕布什尔州《康科德观察者报》的标题，字体加粗加大。

"有多少人丧生？"——《阿肯色州民主党人公报》

"我们的国家目睹邪恶"——《罗利新闻观察报》

"家园战争"——《达拉斯晨报》

没有别的展示品了。看到我一脸惊讶，利奥波多同情地摇了摇头。"我很抱歉，"他说，"你每天都会想到这事吧。"

在那一瞬间，最先涌上心头的并不是对袭击遇难者的同情或是感伤，而是一种屈辱感。小小的厄瓜多尔有精美的陶器作为国家传统的象征。而我的祖国，西半球最富裕强大的国家，唯一的展示品居然是我们的恐惧与痛苦。在一个推广全球友好与交流的展会上，美国的展览却选择强调民族以及国家之间的冲突与隔阂。这不是什么大事，不过是一个几乎没有人参观的多米尼加博物馆中的小小展品罢了。尽管如此，眼前的景象依然激怒了我，这是属于我自己的羞耻之墙。

"接下来的展厅，你们就自己参观吧。"利奥波多说道，接过小费，转身回到了灰暗的阴影中。余下的展厅还有几层楼之多，主要介绍多米尼加本国的历史：生锈的大炮、古钱币、一具肋部中弹的士兵遗骨。楼层越高，灯光变得暗淡，而展品也愈加稀少起来。我们不停地向上走，直到什么陈列品都没有了，只剩下几位打着瞌睡的警卫。哥伦布灯塔着实是我这辈子到访过最宏大，也最古怪的博物馆了。

回到底层，我们在一片黑压压的办公室隔间中彻底迷了路。不经意地闯入一间，里面正端坐着一位穿西装的男子，桌上则摆着哥伦布灯塔的微缩模型。那人便是灯塔纪念馆的馆长，特奥杜洛·梅赛德斯（Teódulo Mercedes）。我之前也好几次尝试给他打电话，结果以失败告终。看到我们，他似乎很惊讶。一个政府官员居然待在自己的岗位上，而不是经营副业，这在多米尼加绝对算得上奇怪。

生怕他再次溜走，我便直接切入了此行的目的，问道："哥伦布陵墓中埋葬的到底是谁？"

特奥杜洛笑了笑。"就是哥伦布呗，这是肯定的，"他回答道，却没有说明到底是克里斯托弗还是迭戈，"我们还是换个话题吧。"

于是，他讲起了建造灯塔所需要 45840 立方英尺的混凝土，一会儿又提到纪念馆内部有 125 个卫生间。他又说道，实际上，在最初的设计图中，灯塔要比如今修造的还要大上三分之一。工程师出身的特奥杜洛滔滔不绝地讲了半个小时，描述着哥伦布灯塔空前绝后的规模。"就像法国的埃菲尔铁塔，"他比喻道，"这是我们国家的象征。"

从某种意义上，这话没有错。如今的多米尼加共和国麻烦缠身，而这座纪念碑亦是如此。除了学校组织的游览团，特奥杜洛承认，少有游客前来参观。当然了，那些探照灯也始终无法开启，因为电费高得惊人，多米尼加当局根本付不起。

被他的坦诚所打动，我又提起了哥伦布遗骨的问题。特奥杜洛叹了口气："西班牙人搞错了，带走了错误的骨骸。他们现在执意坚持这主张，我也可以理解。"

如果西班牙人真的弄错了，为什么不让科学家做检测呢？

"啊，他们用的测试方法不准确，"他回答道，"再说了，为什么一定要惊扰安息的亡灵呢？我们肯定没错，一切周日见分晓。"

这周日就是 10 月 12 日——哥伦布登陆的日子，每一年都会在灯塔举行盛大的仪式，邀请多米尼加各界的贵宾参加。特奥杜洛说仪式当天，会有一位教士打开棺木，让所有参加仪式的人都能看个究竟。我的心跳加速起来，就像哥伦布听说有黄金时一样。很少有外人看到过哥伦布的遗骨，如今，这位扑朔迷离的航海家近在眼前，自然让我兴奋不已。

我问特奥杜洛，像我这样的美国作家、伟大的哥伦布的仰慕者以及多米尼加共和国的外国友人，能不能一起参加并记录下这光荣的仪式？

"当然了，你可以来，"他说道，"如果我记得准确，那天将会有一个惊喜等待着你。"

10月12日之前的几天里，我想要深入了解哥伦布称之为印第欧人（los Indios）的原住民。在多米尼加，他们被称之为泰诺人（Taino），这个词汇在土著语言中指的是"好人"，从而将他们与那些"邪恶"的卡尼伯人区分开来。大约在两千多年前，泰诺人的先祖从南美洲迁移至此，尽管语言和习俗略有不同，哥伦布在加勒比各地遇见的岛民都属于同一语族，文化也大致相似。

对于1492年哥伦布到达之时伊斯帕尼奥拉的人口，有着诸多不同估计，最高者达到数百万，而现代的学者大多赞同五十万这一数字。西班牙人建立定居点之后的十年中，原住民人口锐减，三分之一的印第安人都因为战争、瘟疫、强迫劳动，以及欧洲牲口对当地耕地的破坏而不幸死去。"每天，人们就像得了疫病的牲畜一样，不断倒下。"一位西班牙编年史家如此形容15世纪末的一场大饥荒。许多泰诺人选择集体自杀，宁死也不愿生活在西班牙人的高压统治之下。

在圣多明各的"多米尼加人博物馆"中，我注视着眼前的立体模型——一个泰诺人正悠闲地躺在吊床上，旁边则展示着一些"泽米"（zemi）——一种木刻或石雕的小型人偶，一般描绘远古神灵的形象。这些"泽米"都有着巨大且凹陷的眼窝，张开的嘴巴，以及大得夸张的生殖器，头顶上则雕刻着一个碗。这些碗是用来承载"柯何巴"（cohoba）的，这是一种用磨碎的种子制成的致幻性药粉。泰诺人会将木制压舌板伸进喉咙中催吐，然后用分岔的小木棍吸食"柯何巴"粉末，在梦呓中与"泽米"对话。

我们今天对泰诺文化的了解大多数出自西班牙殖民者的文字记载。参加过哥伦布第二次远航的教士——拉蒙·佩恩神父（Father Ramon

印第安人（泰诺人）在溪流中挖掘黄金
（来自 1535 年一本西班牙史书对印第安人的记载）

Pane），曾在泰诺部落中生活了几年，并学会了他们的一部分语言。他对泰诺人的简短记述成为了新世界的第一份人类学记录。

据佩恩神父说，泰诺人认为亡魂会在夜晚复生。不过，这些起死回生的人没有肚脐，所以相当容易辨别。他还提到了"泽米"们曾托梦给一位酋长，讲述了一个恐怖的预言。佩恩记录到：预言说不管谁成为下一任酋长，都不会统治长久。因为"一群身上披着布的人会来到我们的国度，四处征服杀戮我们的同胞。"佩恩说，一开始的时候，泰诺人还以为这则预言指的是那些可怖的卡尼伯人。"如今，他们相信预言中提到的就是海军上将以及跟随他前来的西班牙人。"

尽管佩恩与他的记录早就在历史长河中销声匿迹，另一位伊斯帕尼奥拉的西班牙修士至今仍然享有盛誉，被尊称为"印第安人的守护者"。巴托洛梅·德拉斯·卡萨斯（Bartolomé de las Casas）于 1502 年来到圣多明各，通过殖民当局设立的监护征赋制（encomienda），当时年仅 18 岁的他很快致富。"监护征赋制"这一系统任命西班牙定居者为生活在卡斯蒂利亚王室属地原住民的"监护人"，通过压榨印第安人并强征他们的部分劳动所得篡夺利益。理论上来说，这是一种封建制度，部落民成为西班牙王室的封臣，上交工作所得，以换取殖民者的保护以及"基督教"的开化。事实上，这样的体系很快就变成了奴隶制。

在 1511 年，一位教士在圣多明各的教堂前公开谴责了这一"残忍恐怖"的奴役行径，震惊了台下的听众。"难道他们不是人吗？"他提到那些被残暴对待的印第安人，"难道上帝没有教诲你要如同爱戴自己般爱戴他人吗？"这次布道彻底地触动了卡萨斯，推动他反对监护征赋制并成为了一名多米尼加教会修士。他耗尽余生记录印第安人的故事，向王室请愿要求善待原住民，并尝试在美洲建立一座平等、符合基督教义的新定居点。

在一本言辞尖锐、取名为《西印度毁灭述略》（*A Short Account of the Destruction of the Indies*）的书中，卡萨斯致力于改变大多数欧洲人对殖民当局残酷统治的"无声合谋"与纵容。《西印度毁灭述略》一书讲述了加勒比海诸岛上发生的种种酷刑虐待与种族屠杀。卡萨斯写道，在伊斯帕尼奥拉，他曾目睹殖民者将泰诺人架在文火上炙烤，或是互相打赌"他们能不能一下子将一个原住民切成两半。"那些侥幸逃过屠杀的泰诺人被迫忍受饥饿，为他们的主人日夜劳作，挖金矿、采甘蔗、肩负重担走上数百英里的路程。

同时，卡萨斯也着手修改哥伦布的日志。他希望为这位海军上将开脱罪责，将这一切暴行怪在"残酷、霸道、邪恶"的定居者头上。卡萨斯认为这些人违背了哥伦布的旨意，败坏了航海家的名声。卡萨斯对美洲原住民的理想化比起哥伦布有过之而无不及。他常常将印第安人当成稚童一般，说他们"天真烂漫、心地纯真"，"像温驯的绵羊一样"，"从来没有奸诈或恶意"。总之，他们就如同创世记中堕落之前的人类，一直过着幸福、无忧无虑、伊甸园式的生活。这样的描绘为美洲原住民营造出"高贵野蛮人"的形象，接下来的几个世纪中，这样的神话在西方世界广为流传，深入人心。

卡萨斯对原住民的无比爱戴却间接导致了另一种悲剧，为后世带来了无穷的苦痛。为了更好地保护印第安人，他认为，有必要废除强迫劳作，并用非洲的黑人奴隶替代这些工作，没想到一语成谶。到了 16 世纪 20 年代，成千上万的黑奴被运送到了伊斯帕尼奥拉岛上，以取代人数锐减的泰诺劳工以及其他加勒比岛民，成为种植园的劳动力。

在美洲各地，这样的戏码不断重复着。当印第安劳工患病死去，或是逃到殖民地之外，当局便引进大量的非洲奴工来补上缺额。第一艘贩奴船于 1518 年抵达伊斯帕尼奥拉，在这之后的三个世纪中，有整整 1200 万非洲人遭到奴役，坐上拥挤不堪的船只，被运送到大西洋彼岸的种植园，五倍于同时期移民美洲的欧洲人口。

与卡萨斯设想的不同，引进黑奴并没有为泰诺人的生存条件带来改善。到了 1514 年，当西班牙王室为了统计岛上的劳动力，对原住民进行人口普查时，伊斯帕尼奥拉只剩下 22726 名处于工作年龄的印第安人。许多村庄连"一个年幼的孩子都没有"。短短的几十年中，伊斯帕尼奥拉的泰诺人从全盛时期的数十万人，到如今濒临灭绝。在邻近的几个岛屿，其他的印第安族群也遭受了类似的灭顶之灾。

泰诺人是新世界第一个因为殖民活动而沦亡的原住民部族，却也是第一个对欧洲文明产生深远影响的部落，在西方世界的思想、预言以及生活方式都留下了浓墨重彩的一笔。如今的欧洲语言中，许多词汇都脱胎于泰诺语系，除了我们熟知的"吊床"（hamaca）和"独木舟"（canoa）外，还有"飓风"（huracán）、"烧烤"（barbacoa）、"草原"（savanna）等等。除了烟草之外，诸多泰诺作物都在欧洲和非洲广为种植，一些甚至成为了当地人的主食：玉米（maize）、木薯（casabe）、红薯（batata）、辣椒、花生，以及芒果等都原产于伊斯帕尼奥拉。当后来的探险者翻山越岭，走遍整个美洲时，他们对印第安人的认知大多源于哥伦布与泰诺人的遭遇。

对那些残暴的征服者，不幸的泰诺人也最终得以"报仇雪恨"。在哥伦布的第二次远航后，船上的水手或是印第安俘囚将一种致命的病菌带到了欧洲。1495 年时，神秘的瘟疫在一支正向那不勒斯王国行军的法国部队中暴发。患病的士兵们发着高烧，皮肤发疹，死亡率极高。意大利人将这种怪病称为"法国病"，而法国人则将之称作"那不勒斯症"。西班牙也暴发了同样的瘟疫，其中就包括了部分从西印度归来的水手。一位西班牙历史学家认为这种疾病应该被叫作"西印度病"。

最终，一位意大利外科医生——吉罗拉莫·弗拉卡斯托罗（Girolamo Fracastoro），敲定了这一疾病的命名。1530 年，他发表了一首诗歌，讲述一位"英雄"从西班牙出发，向西航行，并发现了一片未知的土地，那里的原住民都病恹恹的。他们说自己因为异端邪说，受到了牧羊人西菲力士（Syphilus）的惩罚，被太阳神诅咒，染上了这种疫病。由此，这种疾病便被冠上了西菲力士 ① 的名字。

10 月 12 日终于到来，天气热得令人难以忍受，比我来到多米尼加后的任何一天都要难熬上许多。在此之前，我又去了哥伦布灯塔两次，以确认仪式会在上午 11 点准时举行，并顺便捐赠了一小笔钱用于纪念碑的维护。每次去的时候，灯塔的馆长特奥杜洛都会反复强调周日那天的仪式上将会有"一个惊喜"。我安排卡洛斯和利奥波多两人前来为我翻译，以防其中一人爽约，又特地带上了一个录音机，作为两个人都爽约的后备计划。我还准备好了相机以及一个装满比索的钱包，生怕到时候又要打点众人。只有外头的热流才可能阻挡我记录这一"惊喜"，不管它到底是什么。

打好领带，穿上一身西服，我来到了哥伦布灯塔，浑身早已被汗浸透。通常寂静无人的纪念陵园如今人头攒动：着白裙的女郎正为即将开

---

① 中文译为"梅毒"（Syphilis）。

始的仪式摆放着水晶杯子；海军学员穿着笔挺的白色制服列队排练；穿着亮色戏服的年轻女孩沿着纪念碑游行。"这些你今天都能看到。"特奥杜洛拍了拍我，笑着说道。

一个小时过去了，还没有看到卡洛斯和利奥波多的人影，计划中的仪式也未开始。不过，越来越多的人坐上了观众席，有白色裙装的优雅女士，也有身着黑色西服或是军队制服的男宾客。天气越来越热，我不得不好几次去哥伦布灯塔 125 个盥洗室其中之一，往脸上洒水降温，并用纸巾吸干身上的汗。为了掩饰那湿透的衬衫，我只好扣起西服的纽扣，这让我感觉更热了。仪式还没开始，我就快要晕倒过去。

在人群中穿梭，我遇到了一位身上披着彩带的老人。他叫塞萨尔·拉旺迪耶，是一个叫作海军联盟的团体的主席，也是一位"二战"老兵，曾参加过多次海战。"哥伦布的远航，完全不依赖任何先进的现代仪器，这是今天的我们根本无法想象的，着实鼓舞人心。"他说道。"当然了，现在很多人都憎恨他。他们需要一个替罪羊，好将问题都怪在他头上，碰巧我们多米尼加有很多问题。"他看了一眼腕表，仪式应该在 11 点时就开始了，现在已经晚了两个小时。"也许他们指的是格林威治时间，"他苦笑道。

我又去了一次盥洗室，不过一阵鼓声突然响起，害得我不得不赶紧回到观众席。一支仪仗队环绕着纪念碑，步枪放在肩上，笔挺地站着。我终于看到了卡洛斯和利奥波多的身影，他们比约定好的时间晚到了两小时，倒也没有错过什么。两人轮流为我翻译着主持人的话，正在挨个介绍到场的军队将领、政府官员、西班牙大使等众多贵宾。随后，多米尼加枢机主教的助理沿着纪念碑的阶梯而上，将一把巨大的钥匙插进了封住墓穴的锁中。

讽刺的是，这把锁却打不开了。那位教士反复摆弄、拉扯、用手掌敲击着那把大锁。"哥伦布，勿要这样对我们啊。"他咕哝着，惹得台下的观众笑了起来。哥伦布的霉运再次不期而至，真是防不胜防。

在五分钟的徒劳尝试后，又有一个人走上台去，与教士合力拉扯敲打着那把卡住的锁。终于，插锁在一阵挣扎之后弹开了，观众们也松了一口气，看台上随即响起一片掌声。乐队开始演奏，聚集的名流贵宾纷纷拿起花束，朝着哥伦布的陵墓走去。我紧紧跟在后面，想要一睹墓穴内部的情形，踮起脚望去，所能看到的只有放置在铅制棺木上的一层玻璃。我挣扎着从无数花束花圈中举起相机，按下了快门，什么都没有发生，我的相机突然死机了，可能是因为极度的潮湿和高温，电池出了问题吧。

"你会亲眼见到哥伦布的遗骨的，"利奥波多向我保证，"在演讲结束之后。"就在这时，多米尼加的国家文化遗产部长走上演讲台，开始了一大段辞藻华丽的演说。"我们今天在此庆祝的，女士们和先生们，是一次伟大的旅行，与新大陆未知的土地前那片海洋一样变幻莫测……海军上将开启了一段永恒的航程，至今仍在继续……一次探索之旅。"

等到他结束演讲，台下鼓起掌来时，我已经没有在用心听了。少女们穿着代表美洲各国的民族服装，在纪念碑前翩翩起舞。宾客们纷纷站起身来，排好队伍，等待见证海军上将的遗骨。我也不例外，排在一个尽量靠前但又不显眼的位置。我们朝着通往陵墓的阶梯走去。

"托尼先生！"特奥杜洛喊道，一边抓住我的衣袖，"文化遗产部长想和你聊聊。"

"那太好了，我也想和他谈谈。在仪式之后？"

"不，现在，等会他就得走了。请吧，他在我的办公室，里面有空调。"

接受部长的邀请听起来是最礼貌的做法，况且，与一位多米尼加的高级官员一对一交流是多么难能可贵的机会啊。再说了，特奥杜洛前一天的时候告诉我整个下午，哥伦布的墓穴都会开放。于是，我便离开了队伍，跟着他走向纪念馆的办公区域。

部长先生对我特别热情。我问了他一个简单的、关于哥伦布的重要性的问题，他便开始了他那与之前的演讲一般冗长的回答，"哥伦布代表了冒险的精神，他的远航同时也是属于我们民族与文化的一次伟大旅程……"

在他终于说完后，我一边感谢他在百忙之中抽空与我见面，一边起身打算离开。我很想看一眼哥伦布的墓穴与遗骨，当然也想尝一尝外面为贵宾准备的瓶装柠檬水。就在这时，特奥杜洛和一个穿灰色西装的人走了进来，后面还跟着一个摄制组。"很荣幸向大家介绍圣多明各的市长，今天来到现场的电视台也是他名下的。"他说道。

再一次回到特奥杜洛的办公室，我想了半天，才挤出一个新问题：对于今天的圣多明各来说，哥伦布的形象到底有着什么样的意义？

"正因为他的存在，世界各地的人才能够理解圣多明各这座城市的价值。"市长回答道，随即开始了一段二十分钟长的演说，解释旅游业对圣多明各经济的卓越贡献。听完这些，我便不作声了，把准备好的后续问题咽回了肚子里。当市长离开时，我松了一口气，跟着他的脚步向办公室的门口走去。

"坐，坐，"特奥杜洛坚持让我留下，"我还没有给你看那个'惊喜'呢！"

说罢，他便充满戏剧性地在抽屉里翻找起来。我有些好奇，猜想着"惊喜"到底会是什么。证明灯塔内的遗骨属于哥伦布的DNA检测结果？一份消失已久的历史文件？

最后，他找出一张纸并简单地叙述了上面的内容：这座纪念碑落成于1992年；在那之后，西班牙大使只在十年前的10月12日来过一次。说完，他便满脸骄傲看着我。

"所以……你说的惊喜是什么？"

"西班牙大使今年居然来了！没有上级的批准，她是不会出席的。这也就是说，西班牙人承认了真相！他们这是在用外交礼节告诉我们，圣多明各的遗骨属于哥伦布！"

"仅此而已？"

"对，仅此而已。"

我看了眼手表。现在已经是仪式结束后一个小时了，也许外头还有一两滴柠檬水吧。我急匆匆地穿过走廊，却撞见几个工作人员，正在收拾仪式现场的桌椅。所有的贵宾，穿着鲜艳戏服的女孩，以及身着军服的士兵都消失不见了，走道里空无一人。我急忙赶到了哥伦布的陵墓，冲上台阶，却发现墓穴已经被人锁上了。

我跑回特奥杜洛的办公室，抗议道，"你不是说墓穴整天都会开放吗？"

"一定是出了点差错吧，"他回答道。我们四处寻找墓穴的管理员，一连检查了十几个废弃的办公室才找到他。管理员看了看特奥杜洛，耸耸肩，陵墓已经被锁上了，唯一的钥匙保管在枢机主教的办公室，说什么都无济于事了。

"这不可能！"我大喊大叫起来，再也无法控制自己的情绪，"我专门从弗吉尼亚飞来，就是为了看一眼这些骨头！"

我的脸像着火了一样滚烫，汗不停地流下，打在我已经浸湿的衬衫上。多米尼加人也控制不住了，他们面面相觑，暗笑起来，可怜的美国佬彻底发疯了！

"真是对不起，"特奥杜洛向我道歉，"有没有可能明年再来一趟？"

我转身离开了哥伦布灯塔，垂头丧气，心情和我那湿漉漉的西服一样沉重。我感觉自己就像哥伦布，由岛民引着路四处奔波，徒劳地寻找着金矿。哪怕有那么一丁点消息，原住民们也不肯告诉哥伦布。多米尼加出了名的无能反倒令我这蛮横无理、大笔撒着美钞的扬基佬闹出了笑话。

那天晚上，就着"伯爵酒吧"的一杯"总统啤酒"，我向一个同样郁郁寡欢的荷兰人讲述了自己的遭遇。他已经在多米尼加生活了十几年，对我的经历报以同情，但却一点也不惊讶。"这就是多米尼加人的办事方法，"他说道，"我们这些外国'列强'欺负了他们太久。所以，他们便想方设法要我们偿还之前的累累恶行。"

由于听说节目里会播放仪式的画面，第二天一大早，我便起来看七点钟的晨间新闻。也许，如果运气特别好的话，我还能从电视录像中一瞥哥伦布遗骨的模样。不过，七点还没到，酒店就又停电了。不想放弃的我叫了一辆的士，火速赶到圣多明各的电视台。我拿出昨天采访的圣多明各市长的电视台老板的名片，随即就由工作人员指引着见到了一位制片人。他告诉我电视台还没有开始播放影片，但我可以看一下摄制组昨天采集的视频素材。

于是，我坐在摄影棚中，看了一个小时的录像带，回放着开锁时的混乱、部长的长篇大论，以及官员们排好队伍依次向海军上将致敬的画面。我焦急地等待着一直期盼的画面——哥伦布遗骨的清晰影像，可是，镜头唐突地转到了特奥杜洛那间昏暗的办公室中。录像带播放着市长与一个汗流浃背、心急如焚的人交谈的熟悉画面，那便是我了。直到视频切断，接下来的二十分钟都是我们访谈的画面了。

尽管有些令人沮丧，录像带中的一幕还是提供了些许线索。那位西班牙大使在镜头前提到了哥伦布，具体说了什么我没搞懂。特奥杜洛讲的是不是事实？大使的捧场真的意味着西班牙承认了多米尼加人的主张？这些问题我得弄明白。

拦下一部的士，我来到了圣多明各的西班牙大使馆，在苦苦哀求一位秘书并等待了许久之后，我终于被允许与大使会面。西班牙大使叫作玛丽亚·热苏斯·菲加·洛佩斯-帕洛普，一位优雅端庄的女士，有着棕色的眼睛，以及一头亚麻色的长发。由于不想浪费她的时间，我直接切入主题，询问她在电视镜头前到底说了些什么。

"他们当然想要知道，我出席典礼是否意味着西班牙方面已经承认陵墓中的遗骨属于哥伦布。"她回答道。"我告诉了他们事情的真相。一般来说，大使馆会在 10 月 12 日当天庆祝西班牙国庆日，组织一场大型派对，所以平时没法去多米尼加的纪念活动。但是今年的 12 日凑巧是个周末，不适宜举办派对，所以我们把国庆日的活动安排在了周六。这样一来，我周日就有空了，因为礼节的缘故，就参加了。就是这样。"

她笑道："谁会关心那些骨头啊？有些事情没必要争出个对错，就把它当成一个谜题好了。如果我们把西班牙的那些国王和女王统统开棺验尸，天知道会发现什么呢！"

我告诉她有些多米尼加人担心检测的结果会影响旅游业。她又笑了起来："有多少游客会去那座纪念馆？建筑物没有什么美感，也没有真实的历史故事；我估计哪怕是旺季，每天参观的人数都少得可怜。反正，没有任何一个来见我的人曾推荐我到那里游玩。至于在塞维利亚的另一座哥伦布墓穴，也是冷冷清清，没有多少旅客。"

尽管对两国间关于航海家遗骨的争斗嗤之以鼻，这位西班牙大使相信每年 10 月 12 日的哥伦布纪念日还是非常有价值的。"哥伦布纪念日是西班牙与美洲之间深厚联系的见证，我们对这段历史十分自豪。"她承认殖民者曾对原住民造成过伤害，但同时认为对西班牙的指责有些矫枉过正。"我要为我们的殖民当局辩护。我们并没有那么差。事实上，西班牙人并没有彻底摧毁美洲文化，而是与之渐渐相融。我们的定居者留在了这里，传播着我们的语言、文化，以及宗教。"

从某种意义上，这段话并没有说错。其他国家的殖民者比起西班牙人来有过之而无不及，建立美国的英格兰人根本不想和原住民居住在一起，或是将他们纳入殖民地社会的一部分。不过，当我和这位货真价实的伊比利亚人（她的名片上印着西班牙那顶着硕大皇冠的国徽以及一句格言"plus ultra"——永无止境，指的便是西班牙曾经跨越五大洲的殖民帝国）深入交谈时，我还是被她言语中流露出的殖民主义色彩所震惊。"哥伦布代表了西班牙的过去与现在，"她说道，"象征着我们的环球影响力。"

好几天都执迷于哥伦布遗骨背后的真相的我，竟然忽视了这位航海家在圣多明各留下最为深远的影响。他的远航为一个庞大的帝国奠定了基础，从这座城市开始，逐步染指整座美洲大陆，向北达到加拿大，向南征服智利最南端。我正站在人类历史上最宏大的殖民运动之一的起始点，而它产生的影响直到今天也没有消散。

"你知道吗？美国说西语的人口已经比西班牙还多了，"大使一边说道，一边将我送到门口，"西班牙是整个美洲的过去，也是未来，而这一切都始于1492年。这不仅仅是多米尼加的故事，也是你的故事。"

第四章
多米尼加共和国：印第安人在哪里？

土著人（名词）：没有什么价值的人类，

霸占着一个新发现国度的土地。

过了一会儿，他们便不再阻碍我们的发展，

他们成为了肥料。

——安布罗斯·比尔斯，《魔鬼辞典》

在哥伦布灯塔的闹剧之后，我的霉运终于到了头。从大使馆回酒店的路上，我停下来买了一份报纸，想看看当地的媒体有没有报道哥伦布纪念庆典的。哪怕没有，用我的口袋装西班牙语词典解读这份报纸的时间也够我等到热气消散了。当我用西语问店主多少钱时，他看了一眼那堆报纸，说道："兄弟，别浪费时间看那个。全是胡说八道！"

店主地道的美式英语以及穿着打扮让我有些吃惊。一个瘦而结实、巧克力肤色的中年男子，他留着短而卷的头发，穿着一条松松垮垮的牛仔裤以及一件宽松的 T 恤衫，与多米尼加人的雅致打扮格格不入，倒是更像美国街头的穿衣风格。我伸出手，询问他的名字。

"卡奥纳沃。"他回答道。这正是那位伟大的泰诺酋长的名字，曾带领部落民发动起义，杀死了纳维达德堡中的第一批西班牙定居者。我以为他在和我开玩笑。

"那我还是克里斯托弗·哥伦布呢。"我说道。

那位店主笑了起来，拍了拍我的肩膀。"兄弟，你的大限将至。我可等了整整五百年，今天就是要出这口恶气，拿你祭旗。"

卡奥纳沃解释道，他的父亲是一位"波希米亚人"（Bohemio），西班牙语中常指那些放荡不羁、过着吉卜赛人般生活的艺术家、社会的反叛者、爵士音乐家，并把所有孩子都用泰诺酋长的名字命名。卡奥纳沃心里很认同这个名字。"我感觉自己和这个名字很有缘分，"他说道，"也许这只是我排斥西班牙血统的方式。"

卡奥纳沃读的是建筑专业，曾在纽约和迈阿密工作过多年，锻炼了出色的口语能力。如今，他搬回多米尼加，除了卖报纸之外，还设计印有泰诺风格花纹的手包，造型与圣多明各博物馆中展出的相似。在他店铺后面的房间里，女人们正缝制着手袋。

店铺二层的阁楼则是卡奥纳沃的绘画工作室。通过一节陡峭的梯子向上攀爬，我走进狭小的工作室，映入眼帘的便是一张庞大、色彩斑斓的画布，上面描绘着西班牙船只在伊斯帕尼奥拉登陆的情形。前景则是像是耶稣的人影被钉在棕榈树上。

"这幅画代表着泰诺人的殉难，"卡奥纳沃解释道，画作的灵感则来自聂鲁达（Pablo Neruda）的一首诗歌，"大致的意思是原住民在1492年是神的子民，但是西班牙人却假借十字的名义残害印第安人，将他们杀害。"

就在这时，我们的对话被一个收账的人打断了。卡奥纳沃之前的业主留下了一大笔水费账单没有付清。每个月，他都得贿赂收账的一百比索，打发那人走。他还得支付高昂的电费，就在最近又上涨了25%。"我找了一个电工来'修理'我的电表，好让我钻些空子，"卡奥纳沃说道，"自由企业嘛，你懂的，兄弟。"

我跟卡奥纳沃讲了这趟寻找哥伦布之旅，以及在探访圣多明各以及一些历史遗迹后，我大致的想法。

"啊，你得去看看'Hoyo Santo'。"

"那是什么？"

"神圣之洞的意思。正好星期三我会关店，我陪你走一遭吧。"

那天晚上，我重读了西班牙文献中对卡奥纳沃（15 世纪末的酋长，而不是我的那位新朋友）的描述。关于他的第一次记录发生在 1493 年，也就是当哥伦布第二次返回伊斯帕尼奥拉，发现所有留下的定居者都被杀死的那一年。据西班牙人记载，这位酋长手下有五万名善战的勇士，统治着遍地黄金的希巴欧，他只派出了一小支先遣部队，就消灭了岛上的西班牙水手。在文献中，他被称为"群山的领主"，是一位"比其他领主都要强大、举止威严、最具礼数"的伟大酋长。

到了 1495 年，在发生了许多次针对殖民者的攻击袭扰后，哥伦布再也坐不住了。于是，他率领两百名西班牙士兵离开了位于伊莎贝拉的大本营，前去降服希巴欧的泰诺部族。在五个世纪前欧洲人与原住民的第一次交战中，印第安人用手中的兵器成功击退了寡不敌众的维京战士。而在 15 世纪的伊斯帕尼奥拉，原住民亦然拥有人数上的优势，但是欧洲士兵装备的先进武器彻底打破了均势。

泰诺战士用手中的木棍与弓箭对抗着手持十字弩、利剑和长矛的西班牙武士。除此之外，殖民者们还装备着一种新型火器——火绳枪。尽管这些枪支十分笨重，操作不易，而且精准度很低，火药的爆炸与巨响还是吓坏了原住民，打乱了他们的进攻队形。接下来，西班牙指挥官派出手下的骑兵，这对于印第安人来说是一种陌生而又恐怖的兵种，因为"他们认为骑手和马匹连为一体，是一种半人马似的生物"。除此之外，西班牙士兵还使用大型犬只作为武器。泰诺人不曾见过这样的战术，因为他们饲养的犬类大多温驯，毫无攻击性。没有任何悬念，西班牙人大获全胜，大肆屠杀溃退的原住民，这也是殖民者在美洲赢得的第一场不对称战争的胜利。

尽管在交战中失利，卡奥纳沃继续派出队伍袭击骚扰西班牙定居者。哥伦布便派遣他残酷暴虐的副指挥官——阿隆索·德·奥赫达，前去捉拿这位酋长。奥赫达使出诡计，诱骗卡奥纳沃到伊莎贝拉来，声称要将一个青铜的教堂大钟赠予他。在路上，奥赫达给酋长戴上了手铐脚镣，并欺骗他说西班牙国王经常佩戴这种"手镯"。于是，卡奥纳沃就这样被手脚束缚住，糊里糊涂地押解到了伊莎贝拉。

哥伦布于 1496 年返回西班牙时，顺道带上了 30 名印第安俘虏，其中就包括成为阶下囚的卡奥纳沃。在漫长的航行中，这位酋长不幸死去了。有人说他死于哀痛，有人说他上吊自杀了。他的一个兄弟活过了航程，被戴上黄金制成的颈圈，被西班牙人游街示众。

卡奥纳沃的遗孀，阿娜卡奥纳（Anacaona），后来成为了伊萨帕尼奥拉的大酋长。她想要和西班牙人友好相处，又以美貌著称，曾经赤身裸体，只戴着一圈花环与殖民者会面。到了 1503 年，阿娜卡奥纳叫上80 名有名望的部落成员，去取悦伊斯帕尼奥拉的殖民总督。在三天的舞会、狂欢与盛宴后，总督突然命令手下的士兵将原住民们所在的楼房包围起来。他接到一份线报，声称印第安人正在策划一场叛乱，为了将泰诺人的反抗力量斩草除根，他便下令放火引燃那间房屋，将里面的人统统烧死。

至于美貌的阿娜卡奥纳，总督免除了这样的酷刑折磨。"作为对她高贵身份的尊重，"巴托洛梅·德拉斯·卡萨斯记录道，"总督下令将阿娜卡奥纳女王处以绞刑。"

虽然伊斯帕尼奥拉岛上的泰诺部落在 16 世纪就宣告灭亡了，但长久以来，他们依旧存在于多米尼加人的想象与民族记忆中。因为殖民当局大量引进黑奴补充劳动力，岛上的非洲裔人口很快便超过了欧洲定居者的数量。在适宜发展大型种植业的伊斯帕尼奥拉西部，殖民者与非洲奴隶的比例尤其悬殊。到了 1804 年，当地的黑奴发动起义，推翻了法国的统治，并建立了以黑人为主的海地共和国。而到了19世纪60年代，伊斯帕尼奥拉的东部，在海地人以及西班牙殖民政府的夹击中抗争了数十年后，他们终于得以独立建国，成为今天的多米尼加共和国。

尽管多米尼加人大多属于穆拉托人（mulatto），也就是黑白混血儿，但是对海地的敌视以及根深蒂固的种族等级制度导致不少多米尼加人十分排斥自己的非洲血统。大约百分之十、肤色较白的多米尼加人将自己归为"西班牙裔"，而肤色较深的则将自己纳入美洲原住民的范畴。尽管印第安人早在数百年前便销声匿迹，而他们的血统也只占到现代多米尼加人基因池中的一小部分。

对多米尼加人种族构成的"重新定义"在拉斐尔·特鲁希略（Rafael Trujillo）统治时期达到高峰。特鲁希略是一位不折不扣的大独裁者，曾高压统治多米尼加长达数十年之久。他称呼自己为"大元帅"以及"新祖国之父"，并将国家首都圣多明各市重新命名为特鲁希略市，还被吉尼斯世界纪录认证为"为自己竖立纪念碑最多的国家领袖"。20世纪30年代，他曾发动种族清洗计划，命令军队屠杀了数以万计生活在多米尼加境内的海地人。

肤色较深的特鲁希略，他的祖父实际上就是海地黑人，经常用化妆品为自己"漂白"。他同时试图将多米尼加的非洲血统从教科书以及民族记忆中彻底抹去，将自己视为一个西班牙裔、天主教徒的伊斯帕尼奥拉救世主。在这样的政策下，他大力提升哥伦布为多米尼加输入欧洲文化与宗教的先驱的地位，便再自然不过了。

1961年，当特鲁希略的车在一条沿海的道路上行进时，数名隐藏在路边的刺客将他乱枪击杀。特鲁希略遇刺的地点如今已经被改为一座缅怀他高压统治下的遇难者纪念碑，这位大独裁者以及众多党羽也被今天的多米尼加人所憎恨、鄙视。不过，他所鼓吹的种族主义和反海地主义（antihaitianismo）却没有随着时间的流逝而消散，在多米尼加社会中还能看到这些思想的许多遗毒。

　　有一天晚上，在伯爵酒吧，那位苏格兰工程师乔治·休斯顿向我介绍了一位年轻的多米尼加女人，她叫阿尔巴·埃尔南德斯，在乔治手下工作。她告诉我，多米尼加人通常将白人的直发叫作"好发型"（pelo bueno），而把黑人特有的卷发叫作"坏发型"（pelo malo）。如果一个人有体味，就会被形容为"闻起来像海地人"。阿尔巴将她的身份证拿给我看，上面种族一栏有三个选项："B"指的是白人（Blanco），"N"指的是黑人（Negro），而"I"指的则是印第安人（Indio）。眼前棕色皮肤的阿尔巴填选的是"I"，印第安人。

　　"除非这个人皮肤比黑夜还要深，大多数多米尼加人绝对不会勾选黑人这一栏，"她告诉我。在形容对方的肤色时，多米尼加人发明了许多不同的分类，比如"褐色人"（moreno）、"淡色印第安人"（Indios claro），或者是"肉桂色印第安人"（Indio canela）。"如果你真的关心在乎一个人，"阿尔巴说道，"怎么描绘他的肤色都可以，就是不要叫他黑人。"

　　卡奥纳沃的小车经不起长途旅行，所以我在附近的租车行定了一辆车，约定早上七点来取，可以早点出发，有备无患。我已经在多米尼加待了十天，应该避免这种低级错误。我们花了一个小时填写各种复杂的表格，还得为那辆看起来刚刚参加过达喀尔拉力赛的丰田车做"车损报告"。到了九点，我们终于办好了繁琐的手续，卡奥纳沃坐进了驾驶室，转动钥匙，引擎没有启动的迹象，车里的空调轰鸣了一声，然后很快陷入沉寂。

　　"欢迎来到多米尼加，兄弟。"他叹了一口气。"在这里，你唯一能有的态度就是'无所谓'，"他重重地倒坐在驾驶座上，"当然了，空调还是一定要有的。这个天气如果开不了的话，我们就彻底完了。"

　　租车行声称他们会换一部车，让我们耐心等待，又得填一遍讨厌的文件了。一个半小时过去了，答应的车还没有到来。我们等得实在不耐烦了，卡奥纳沃便问那位租车中介，说好的车到底什么时候会来。

"Ahorita，"那中介说道，意思是介于"马上到了"和"不会来了"之间的任何一点。

"Estamos jodidos。"卡奥纳沃回答道。我们完蛋了。

现在已经是十点多了，熟悉的烈阳与懈怠感再次席卷而来。卡奥纳沃建议我们明天再来，可我不想再放弃了。于是，我便问中介附近有什么别的地方可以租车。按照他指引的方向，我们走到了一处极小的铺位，悬挂着一块模仿停车指示牌的八边形店招，上面写着，"停下来，租辆车"，不禁让人有些起疑。

又花了一个小时办理各种手续后，我们终于提到了一辆非常紧凑的日本产大发牌汽车。"看看这部车能不能发动吧。"卡奥纳沃说着，转动了手中的钥匙。还好，引擎和车载空调都启动了，至于其他的功能，我们也管不了那么多了。我签好了最后几张表格，开出停车场，却遇上了塞车。现在已经是正午时分了，我们又饿又累，汗流浃背，可我们的长途旅行才刚刚开始。

"相信我，"卡奥纳沃对我说，"很快就会到的。"

我们的小车蹒跚着开出圣多明各市区，驾驶座上的卡奥纳沃跟我讲起了多米尼加的行车规矩。"第一条，永远记得'防御性'驾驶，"他一边说着，一边踩着油门加速，穿过一个繁忙的十字路口，"遇到红灯，千万不要停车，因为后面的人是绝对不会停的，如果你减速停下，肯定就会追尾。"

"那另一个方向来的车怎么办呢？"我有些疑惑。

"很简单，他们那边显示的是绿灯，自然会停下来，小心观察。黄灯最容易了，油门踩到底就行了，"他停顿了一下，"当然了，多数时候交通信号灯都罢工了，自然也没有什么行车规矩了。"

卡奥纳沃一边按着喇叭，一边加速在车道间挪移，飞行似的穿过圣多明各郊外无数贫民窟组成的"苦难之环"。居住于此的大多数人都是从乡间迁移而来的新移民，开着无牌照的三轮摩托车（当地人叫作"motoconchos"）拉客，使得本就拥挤不堪的圣多明各交通更加混乱。"他们根本就不在乎开车的规矩。"卡奥纳沃抱怨道，猛转方向盘避开一辆飞快驶来的三轮摩托，冲过一个亮着红灯的十字路口，开在错误的车道上：我们进入了一条岔道，开上了连接圣多明各与伊斯帕尼奥拉岛腹地的高速公路。

离开城市，进入多米尼加崎岖多山的乡间，我们遇上了又一大麻烦。小摊贩聚集在道路的两侧，兜售着烤红薯和活野兔，孩子们用绳子吊着螃蟹叫卖着，女人们举着牌子推销山羊，死的活的都有。在这样的环境下，卡奥纳沃很难专心致志开车，况且还有不少司机突然间刹车停下，去购买摊位上的商品。正因为这里混乱的交通，我注意到有不少被车撞倒、碾过的小狗横尸街边。

过不了多久，我们就得去加油了，租车行给我们留下的刚好只够开出圣多明各。等我们离开加油站后，小车突然发出噼啪的响声。卡奥纳沃解释，这是因为多米尼加的汽油通常混入了比较便宜的燃料油来压缩成本。说到这里，他便提起了多米尼加的第二条"行车规矩"。

"看到那个条子了吗，"他说道，一边指向了一位正倚靠在巡逻车上、用手中的雷达测速器对准来往车辆的警官。"这就意味着你得加速了，"卡奥纳沃踩下油门踏板，将小车提到时速 70 英里的最高速度，左右车道上的汽车也纷纷效法。

"你疯了吗?"我叫道，一边转过头去，等待红色警灯开始闪烁，巡逻车的警笛响起。在伯爵酒吧时，一些长居多米尼加的外国人曾警告我，千万不要和多米尼加警察发生冲突，因为这些人极其腐败。这也就是卡奥纳沃要加速驶离的原因。

"这里的警察收入很低，"他说道，"他们的车里只有一加仑的油，因为如果给的汽油多，他们一定会将多余的卖掉。只要我们先起步，警察就不会耗费他仅有的燃料追车。就算他跟上来，我们的油箱刚刚加满，他大概率是追不上的。"

过了测速点几英里后，卡奥纳沃放松了下来，稍稍减速到每小时55英里左右。"如果你开得很慢，他们就反而会追上你"，他们不会说你违法，也很少开罚单，标准的一百比索贿赂就可以了。"在那以后，他们会表现得非常礼貌，并说，'一路顺风，博士！'在拿到'小费'之后，他们总给你贴上些好听的头衔。"

多米尼加简图

我不再紧紧盯着卡奥纳沃手中的方向盘，而是朝窗外望去，观察着远处朦胧的田野以及东倒西歪的建筑物和村镇。在每个聚居点的边缘，你都能看到一块显眼的招牌，上面用英文写着"迪斯科洗车行"，让人有些好奇。卡奥纳沃告诉我这个名字来自20世纪70年代住在纽约市的多米尼加人，他们中的许多人回到家乡，并开办了这些所谓的洗车行。慢慢地，这些小生意就演变成了一些路边的旅店，提供冰镇啤酒、体育直播，和一些租住在附近汽车旅馆中的女郎。"这些店唯一能'洗干净'的东西就是你的荷包了。"他说道。

随意的性交——有偿或是两相情愿的——在多米尼加十分普遍。来到这个国家之后，我常常为当地女人们过于暴露惹火的着装以及两性之间频繁的调情而感到诧异。每家药店都兜售着"伟哥"，而市场里则展示推销着一种叫作"Mama Juana"，混入植物根茎、咖啡豆以及乌龟生殖器的草药酒，据说壮阳功效极好。

"大多数多米尼加人过一天算一天，"卡奥纳沃说道，"未来没什么希望，于是你就不再相信任何事情，什么都不在乎。他们的态度就是'享受当下，想做爱就做爱'。"

至少，大多是男人都过着这样的生活，单身汉和已婚人士皆是如此。而如果结婚了的妇女在外拈花惹草，那就是另外一回事了。"这就是大男子主义，男人们可以在外面随心所欲，而女人们只能待在家里，"卡奥纳沃说道，"这不公平，但从小到大，这就是我们所受到的教育。"后来我才知道，艾滋病是生育年龄的多米尼加女性占比最高的致死原因。

我们到达了距离圣多明各两小时车程的拉维加（La Vega）——一处充斥着横冲直撞的三轮摩托、弥漫着呛人尾烟的水稻种植中心。卡奥纳沃靠着小镇边缘行进，沿一条陡峭、蜿蜒曲折、两侧点缀着各式圣像的土路开着。在道路的尽头是一座叫圣切罗（Santo Cerro）的村庄，意思就是"神圣之山"。"接下来，你将听到一个关于'处女'的故事，这在多米尼加可不多见。"卡奥纳沃说道。

他将车停在了山上一座淡黄色的教堂旁。从山顶俯瞰，宽阔、富庶的希巴欧河谷尽收眼底，哥伦布曾将这里命名为"皇家平原"（Vega

Real）。在一家售卖宗教饰品的商店里，我们买了一本关于圣切罗的小册子，卡奥纳沃为我翻译里面的内容。我们在树荫里坐下休息，大口咀嚼着"罗克塔"（Roqueta），这是一种圆环状、玉米和木薯做成的零食，口感就像加了盐的锯末。

这本小册子讲述了 1495 年发生在这里的一次战役。我昨晚就读过了相关的文献。不过，这个版本却没有怎么提到西班牙人大炮和骑兵的威力。宣传册里提到，哥伦布将他军队的一部列阵于山丘之上，并在军阵中竖立了一座十字架，印第安人的军队很快填满了希巴欧的河谷，数以万计，一眼都望不到队伍尽头。"西班牙军队人数实在太少，只有奇迹降临，才可能打败如此强大的来犯之敌。"

印第安人发动了冲锋，将西班牙士兵击退，并试图烧毁那座十字架，因为他们认为这一标志"有着神力，也是对手勇气的源泉。"可是，不管他们用什么样的方法，十字架就是无法引燃。于是，土著人便用藤蔓编成绳子，想要将十字架拉拽下来。当这个法子也宣告失败时，他们便拿起石斧劈砍，可是，一碰到十字架，手中的斧头便纷纷折断了。

就在这时，又一个奇迹发生了。圣母玛利亚（Virgin Mary[①]）怀抱着婴儿，在十字架之上显灵。印第安人用手中的弓箭射击，箭矢纷纷弹了回来，击中他们自己。当西班牙军队发动反击，印第安军队魂飞魄散，数以千计的战士丧了命，剩下的人则溃逃到河谷各处。

发生在圣切罗的这一奇迹使得这座山丘成为了一处朝圣地，也是美洲大陆上的第一座基督教神社。我们头上有着不少宽大、繁茂的枇杷树（nispero），据说哥伦布就是用这种热带树木来制作十字架的。而当年那座十字架的碎片则被当成了圣物，供奉在伊斯帕尼奥拉岛各座大教堂中。

---

① 根据圣经记载，玛利亚怀耶稣时还是处女，这也就是卡奥纳沃前文的话的缘由。

不过，关于这场奇迹最为神圣的证物都保存在圣切罗山顶的教堂中。卡奥纳沃带着我穿过铺着瓷砖的教堂大殿，走到一座昏暗的壁龛前，地上则安装了一座金属格栅。壁龛下方就是"神圣之洞"了。"据传，在这个位置，"格栅上方的一块标牌写着，"哥伦布于 1495 年 3 月 25 日建起了一座十字架。"

与我到访过的其他圣地相比，圣切罗的"神圣之洞"着实看起来有些寒酸。蹲伏下来，我们瞪大眼睛，透过格栅下方的一个小洞观察神社中的情形：地上满是灰尘，摆着一块石头以及一个开槽的箱子，上面写着"祭品与许愿"，旁边立着一座圣母玛利亚的雕像，四周摆放着不少蜡烛。

在教堂的办公室，我们遇见了一位矮胖的教士，手里抓着一串念珠。那人叫作安东尼奥·卡米洛（Antonio Camilo），是当地教区的主教。他介绍道，每年有八万多名信徒前来这座教堂朝圣，一般都是病愈或是伤愈后感谢神迹。"曾经有犯人在刑满释放后来到这里，"主教讲道，"前来感谢圣母玛利亚赐予他自由。"五十多年前，因人们经常带走神圣之洞中的土壤，有的时候甚至将尘土吃下肚，他们才在洞口安装了金属格栅。"出于健康和安全的考虑，我们这才将洞口封住。"他说道。

我问那位主教，那些蜂拥而至、前来瞻仰神迹的人们有没有想到过泰诺人的悲惨命运。"对我来说，哥伦布是一位仁慈、富有同情心的人物，"他回答道，"有远见的人，哪怕他是个糟糕的管理者。他从未想要彻底消灭原住民，疾病才是真正的罪魁祸首。但是现在的人都把责任推到他头上，对一切与西班牙有关的事物都充满憎恶。"主教耸耸肩："就算哥伦布没有来到这里，别的欧洲人也会。"

主教要先行离开，去主持一场宗教仪式。在此之前，他指引我们前去山脚下的另一处哥伦布遗迹。1495 年那场大战的时候，他曾在那里建造过一座设防的聚居点——康塞普西翁·德拉维加（Concepción de la

Vega），以及伊斯帕尼奥拉岛上的第一处修道院。根据主教指示的方向，我们在山间绕着圈开了半个多小时，才发现了一块残破不堪、难以辨认的路牌，上面写着"国家历史公园"。沿着标牌往下开，我们随即来到了一座空无一人的公园。已经破损的售票处，从外面看上去好像被霰弹击中了似的。

我们从围栏上的一个破洞钻入古城镇的遗址。在 16 世纪前半叶，这里曾因希巴欧的淘金热吸引了不少定居者，依靠附近的矿产一跃成为美洲大陆上最为繁荣的新兴城市。考古学家曾在此发掘出一座水渠的残片以及诸如威尼斯玻璃此类的昂贵商品。不幸的是，1562 年的一场地震摧毁了这座城镇，如今这里只剩下一些断壁残垣以及几块生锈了的标牌。

至于那座修道院，位于几英里外一条坑洼不平的土路边，就更加无迹可寻了。没有任何标牌，只有几堆石块，摆放在棕榈树间的一块平地上。我们正要爬过围栏，凑近看一眼，就被两个年轻人拦下了。他们说门票要 70 比索，这包括了导览的费用。

卡奥纳沃扫了一眼这片乱石遍布的荒地，不禁发笑。"导览？这里有什么可看的，"他问道。

"没什么，就是死人。"其中一个小伙回答道。

我和卡奥纳沃掏了钱，跟在他身后穿行于一堆堆石块中间，听他描绘着礼拜堂、学校、回廊、图书馆的轮廓。在烈阳的炙烤下，我们来到了一片平地，那里散落着大块的波纹状金属。在伙伴的帮助下，我们的导游抬起了一块金属板。

板下面是一处裸露的墓穴。"这个是西班牙人。"他指着说道。那具遗骸平放在墓穴底部，双臂交叉放于胸前。他掀开另一块金属板，里面的骨骸像胎儿一样呈现蜷曲的姿态。这就是泰诺人通常的落葬方式。另外一大不同便是陪葬品，泰诺人的身旁摆放着木板、贝壳以及其他小物件，都是为了来世的生活而准备的。拉蒙·佩恩，那位曾与泰诺人一同生活的西班牙修士，曾说泰诺人认为死者会在夜间复生，吃着番石榴，并与活着的人一同"寻欢作乐"，甚至是做爱。

向导又掀开了一块金属板。"那个是爸爸，还有妈妈，这个是孩子。"他指着这几具埋葬在一块儿的遗骸说道。剩下的墓穴也大多是如此：平躺着的西班牙人，蜷缩着的印第安人。导游显然想让我们的 70 比索花得物超所值。

实在受不了眼前沉闷的场景与炙热的高温，我们缩短了行程，到树荫下闲聊起来。那位导游，胡安·卡洛斯，告诉我们他就住在附近的农场上。他和家人住在那里，用马匹来拉犁，以种植丝兰和红薯为生。当地政府每年付给他一笔小钱来看护这里的堡垒和修道院遗址。我们两个是几个月来他见到的第一批旅客。

我问胡安·卡洛斯，他做这份工作以来，对哥伦布的印象有什么改观。他大笑着用一个我从来没听到过的多米尼加谚语回答道，卡奥纳沃告诉我这句话直译过来就是"你觉得现在还有印第安人吗？"卡洛斯指的是印第安人的天真淳朴，被西班牙人手中的铜铃和小玩意儿给骗走了自己的财富和自由。在现代的语境中，这句话的意思便是"你是把我当成了傻子吗？"

卡洛斯继续讲道，哥伦布就是个"狗娘养的"。这里曾经是个富裕的国度，他拿走了所有的黄金和财富，从此，多米尼加人就陷入了贫困中。五百年后，他说道，"西班牙人还在跟我们对着干"。这回他指的是那些大型跨国企业，就包括一家广受抨击的电力公司。"什么都没有变。当然了，我们现在可以不付电费账单来抗议，"他往满是尘土的地上吐了一口唾沫，"这片土地上的人可不再愿意被当成傻子耍了，不能再被他们骗了。"

卡奥纳沃和我爬上了山顶，回到停好的小车，开到高速公路上。我累极了，士气低落，一想到要回到拥挤嘈杂的圣多明各，就提不起劲头来。拿出一张地图，我的眼睛锁定了伊莎贝拉——哥伦布在伊斯帕尼奥拉北岸建立的一座据点，也是一次相当失败的尝试。从图上的标示来看，伊莎贝拉的遗迹距我们大约 60 英里，只是今天已经开过行程的一半。至少当时的我以为，在日落前我们有充足的时间到达那里。

半个小时后，我们来到了多米尼加共和国的第二大城市，圣地亚哥（Santiago）的郊外。高速公路的车流慢慢放缓，几乎是在龟速前进。"行车规矩第三条，"卡奥纳沃告诉我，"不管什么时候，朝着日光的方向开。"他转动方向盘，将车开到紧贴路肩的一边；当那根道也挤满了汽车，他便将小车的一侧轮胎抬起，沿着人行道前行，巧妙地避开拥挤混乱的交通。我们这一侧车道上的摩托车手穿过路中央的隔离带，逆向行驶起来。往前开，便发现对面车道上的车也纷纷效法，插进我们一边的车流中；就这样，左右四根车道，以及路肩和人行道上，全部都挤满了纵横交错的车流，交织缠绕在一起。

当小车的前保险杠撞上另一辆突然开下人行道的汽车，我们彻底停了下来。所有的司机都疯狂地按着喇叭，却毫无用处。大约一个小时后，大雨倾盆而下，黑暗笼罩着停滞不前的车流。卡奥纳沃关掉了引擎，点上一根香烟。

"我们完蛋了。"他说道。叹了一口气，他告诉我今天最后一条行车规矩："如果所有人都按照这些规矩来，那最后肯定是一片混乱。"

那天晚些时候，我们来到了普拉塔港（Puerto Plata①），因为哥伦布将附近的一座山峰命名为普拉塔山（Monte de Plata），或者叫银山，而

---

① 也被译为"银港"，因为西语中 plata 意为银子。

得名。想必，当他找不到价值连城的黄金时，可能觉得白银也不赖吧。

我们在夜里遇上了大停电，所以路前方什么都看不清。小心翼翼地沿着海滨行进，我们终于找到了一处有发电机的地方，外面的招牌上写着"普拉塔港沙滩度假村 & 赌场"。卡奥纳沃建议我们在这里开个房间，待上一晚。

"我不知道。这地方听起来挺贵的。"

卡奥纳沃笑了起来："不再是了。"几年前，这里就宣告倒闭了，最近又转型为度假酒店重新开业。不过，这里鲜有旅客光顾，使得这家"度假村"有些名不副实。在昏暗的大堂中，我们摇醒了一个年轻的职员，他告诉我们一间房只要 17 美金，大约是原来价格的十分之一。我们经过早已关闭的游泳池，久未维护的水面上漂浮着不少死虫子，来到了一间宽阔的客房，里面除了两张床便什么都没有了。

我已经准备上床睡觉了，可卡奥纳沃并不打算这么早就躺下休息。他在附近的城里有个旧情人，已经很久没有见面了。"走吧，你得见识见识我们多米尼加的夜生活，"他说道。于是我们便再次出发去接菲尔比娅，一个棕色眼睛的女人，脖颈上戴着一个十字架。随后，卡奥纳沃带着我们来到了"黄金海滩"——一座围篱式度假社区，有着一座十八洞的高尔夫球场、一处开满时装商店的购物中心，以及一家叫作"海明威"的高档酒吧。这里完全不见当地人的踪影，除了一些年轻的多米尼加女人，正亲昵地搂抱着比她们年龄大上许多的美国或是欧洲男士。

当我们被困在圣地亚哥郊外的车流中时，卡奥纳沃曾告诉我，他从 18 年前便滴酒不沾了。那一次，他在彻夜狂饮之后从大街上醒来，听朋友说醉酒的自己在垃圾箱里跳了一整晚舞，从此下定决心戒酒。不过，我们一到那家酒吧，他就点了一大杯朗姆酒。卡奥纳沃几口就喝完了杯中的酒，又点了另一种叫作 Bruga Viejo 的多米尼加产朗姆酒。"年份很陈，非常醇厚，后劲十足，"他评论道，"有种说法，'如果你喝了

Bruga，你不是要打架，就是要找人做爱'，或者两者皆有。"

我可不想看到他又跑到垃圾箱跳舞，或者是要我开车带他回酒店，独自一人在普拉托港那昏暗陌生的城区摸索方向。再说了，待在他和菲尔比娅中间，我感觉自己就是个"电灯泡"。所以，赶在卡奥纳沃点上第三杯酒之前，我便提议他将我送到酒店附近，这样我就可以找家餐厅吃个饭，然后走回去。他们载我到一家闪着霓虹灯的夜店门口，"菲尔比娅说你应该会喜欢这里的。"卡奥纳沃说道，不一会儿就消失在夜色中。

我凑近看了一下，夜店门口的招牌写着"色情卡拉OK"。当然了，里面并没有什么卡拉OK，只有一桌桌喝醉的德国人，一边盯着那些祖胸露乳、跳着钢管舞的女人看，一边号叫着。夜店保镖告诉我楼上有"私人舞蹈"，一小时75美元。看来，色情旅游业已经取代了黄金，吸引欧洲男人穿越大西洋，来到伊斯帕尼奥拉。

摆手离开这家夜店，我走到马路对面的一家户外餐厅，却被一群嘴里喊着"puta"（西班牙语中意为"性工作者""贱人""荡妇"）的年轻女孩团团围住。好不容易摆脱了她们，我继续往前走，直到看见一个男人正坐在人行道上，用切肉刀切着些什么，并将成品装到纸盘子上。一整天都没怎么吃东西的我有些饿了，就点了一份不知来历的肉菜。夜色中，我盘子里的那份食物看起来就像一只烧焦了的耳朵。我尝了一小口，肉是烟熏的，难以咀嚼，而且特别油腻。乍一看有些令人作呕，却又出了奇地好吃。于是，我在回酒店之前又点了一份。

第二天早晨，床突然摇晃起来，将我惊醒。一开始，我还以为是卡奥纳沃把我摇醒了。直到被掀翻在地，我才意识到自己毕生第一次遇上了地震。震动很快就停止了，外面的停车场里已经站着十几个紧张不安的人了。其中一位告诉我在几周前，一场大地震摧毁了普拉托港的数百栋房屋，这次的应该就是余震了。

卡奥纳沃走出他的房间，看起来睡眼惺忪，头发也十分凌乱。我问他昨晚过得怎么样。"不记得了，"他抬起头来，回答道，"你呢？"

"啊，吃了些街头小吃，或许不是个好主意。"

听到这里，卡奥纳沃显得有些慌张。"什么小吃？"

"我也不知道，Chimichanga① 之类的。"

"你指 Chicharrones？"

"对的，就是这个。油腻，有嚼劲。"

卡奥纳沃摇起头来。"大事不妙了。"他解释道，Chicharrones 这道菜，是用带着肥肉的猪皮重油煎炸，大多被街上的尾气熏制，被飞舞的苍蝇光顾过。尽管多米尼加人非常喜爱这道菜，对外国人来说，却出了名地致命。"吃了一口，你下半辈子都会后悔的，"卡奥纳沃说道，"你也许时日无多了。"

"我吃了两盘。"

卡奥纳沃瞥了一眼手表。"在症状发作之前，我们还有几个小时。快点出发吧！"

伊莎贝拉离这里大约一个小时车程。我们沿着山脉和海洋之间的一条小路行进，天空是深蓝色的，没有雾霾，与我在多米尼加已经习惯的潮湿气候截然不同。道路两侧的甘蔗蹿得老高，像是阔叶的杂草一般。我们经过不少用棕榈叶铺设屋顶的小木屋，与数百年前西班牙人的描述极其相似。哥伦布曾写道，伊斯帕尼奥拉海岸线附近的山川与田野是"世界上最美丽宜人的地方"。在亲眼见证了这座热带岛屿的自然风光后，我觉得此言不假。

靠近伊莎贝拉的地方，一群奶牛将公路堵得水泄不通。"又塞'车'了。"卡奥纳沃叹道，按着喇叭，小心翼翼地在牛群中穿梭。之后，我

---

① 一种炸玉米卷，是墨西哥和美国的流行食品。

们到达了一处国家公园，最早的西班牙定居点遗址就在其中。与昨天游览的康塞普西翁·德拉维加不同，这处公园维护得很不错，配备着不少工作人员，还设有一座关于泰诺人和西班牙殖民者生活的博物馆。

1494 年，哥伦布建立了伊莎贝拉——一处由两百多座茅草房和木屋组成的聚居地。不过，从创建伊始，伊莎贝拉这座城镇就命运多舛。很快，哥伦布手下三分之一的人就染疾倒下了。瘟疫究竟缘何而起，现代的我们已经不得而知了。不过，据推测，发霉的军粮、寄生虫、蚊虫散播的传染病，或是梅毒都有可能是罪魁祸首。更令哥伦布苦恼的就是队伍中的那些没落贵族们："在他们眼里，用双手干活就等于要了他们的命，更别提填不饱肚子的时候。"哥伦布不得不把带头的几人处以绞刑，才算平息了这场叛乱。

靠着西班牙本土派来的补给舰队，伊莎贝拉才勉强得以存续。1495年的报告中写道，殖民者们不得不依靠每天"一丁点小麦、馊了的培根，以及腐烂发臭的奶酪"的配给过活。很快，幸存下来的定居者集体迁移到了圣多明各，而被遗弃的伊莎贝拉便成了一座鬼城。据 16 世纪来访这里的冒险者所说，这里游荡着一些幽灵骑士 ①，这些亡灵在摘下帽子致意时，脑袋也会跟着掉下来。

接下来的几个世纪，鲜有人拜访伊莎贝拉的遗址。到了 19 世纪，一股"哥伦布热"席卷而来，不少宝藏猎人慕名而来，抢夺有价值的文物，并整块地挖走石质建筑的断壁残垣。到了 1945 年，那位臭名昭著的独裁者特鲁希略，命令当地官员"清理"一下遗址，为前来挖掘的国际考古团队以及来访的外国政治家们行个方便。当宾客们到达伊莎贝拉时，他们惊讶地发现地面上什么都没有了。原来，误解了特鲁希

---

① 西语中作"caballeros fantasmas"。

略指令的官员们害怕受罚，便叫来工人和挖掘机，摧毁了伊莎贝拉的古迹。

"他们推倒了所有的树木和房屋的遗迹，将一切夷为平地。"一个叫作贝纳迪诺的导游告诉我们。后来，反抗特鲁希略统治的游击队占据了伊斯帕尼奥拉北岸，长期在附近活动。恼羞成怒的独裁者再次派遣重型机械，将这里彻底推平，改作军事演练的场地。

尽管如此，1980 至 1990 年代来到这里的考古学家仍然在伊莎贝拉发掘出大量的文物以及五座建筑物的遗址，其中就包括哥伦布防卫森严的府邸，是一栋灰泥墙筑成、设有瞭望塔拱卫的两层楼房。哥伦布的住所立于高地之上，视野开阔，碧绿色的海湾净收眼底。海上吹来的微风使得这里成为了整座城镇最舒适的地方。

一位曾参加哥伦布第二次远航的贵族于 1494 年写道，"海军上将的宅邸也被叫作'王宫'"，因为人们大多以为有朝一日，西班牙的君主也会访问"这片宜人的土地"并居住于此。另外一份文件则记录了为海军上将准备的家居用品，其中包括"上好布列塔尼亚麻"制作的床垫，丝绸衣服，"绘有树木图案的挂毯"，黄铜烛台，以及"十二箱木犁以供贮藏"。

五个世纪后，这座奢华的宫殿只剩下几道破碎的矮墙，还没有我的大腿高。落石仿佛谱写成一段碑文，祭奠热那亚航海家那未竟的梦想。就在哥伦布府邸的附近，伫立着不少石堆和小小的白色十字架。数百位西班牙殖民者，以及不计其数的泰诺印第安人，在伊莎贝拉存在的短短几年中，丧命于此。

"太多死人了。"贝纳迪诺说着，带我们来到一片平地前。地上有不少大坑，边缘用铁丝网围着。坑底是许多裸露在外的骨骸：双臂交叉的西班牙人、蜷缩成一团的泰诺人。在圣多明各的时候，我都不敢瞥一眼面前的遗骨，而如今，我早就对此习以为常了。

对于"第一个……"这种说法，我也有些审美疲劳了。毕竟，在多米尼加，这种称号太容易获得了。贝纳迪诺指向另一堆排成长方形的石块，介绍这里是"美洲大陆第一座城市中建造的第一座教堂，同时也是第一次弥撒的地点"。我这才意识到圣多明各和拉维加的几处遗址也给自己冠上类似的名号。对这样的说法有些不满，我便问起了纳维达德堡，哥伦布用圣玛利亚号的木料搭建的据点，严格说来也是美洲大陆上的第一座西班牙定居点。

"你说的那个在海地，"贝纳迪诺回答道，听上去好像"海地"是个不折不扣的贬义词，而那里的一切都没有历史价值似的，"还有了，那只是个堡垒而已。"

至少这是卡奥纳沃转达给我的翻译。一半是因为那受不了的高温，一半是昨夜的宿醉，他脱去了身上的 T 恤衫，将它系在头上，来对抗头顶毒辣的阳光。在贝纳迪诺围绕一处出土的仓库讲上一大段后，不胜其烦的卡奥纳沃简略地翻译道，"总之，他刚才的意思是，'哥伦布带来了动物，种子，还有一些我不记得了的东西。'"

我们付给贝纳迪诺一笔小费，在纪念品商店买了一座"泽米"雕像的复刻品，然后便回到了车上。我再次研究起地图，画出了一条回程的路径，决定沿着乡间小道，重走哥伦布当年翻山越岭到达希巴欧河谷的旅途。从图上看起来，我们可以欣赏沿途美妙绝伦的风景，还能绕过圣地亚哥，也就是昨天来时撞上大塞车的地方。

卡奥纳沃有些疑虑，"行车规矩第五条，永远不要相信多米尼加的地图"，但他已经没有力气和我争辩了，只好依了我。于是，我们便朝着亚盖河（Yaque River）上的一座大桥驶去，那里也是通往希巴欧的门户。

过不了多久，我们便迷了路，在蜿蜒的山路上来回绕着圈，绝望地迷失在偏僻的乡野中。打着赤膊、赤着脚的孩子坐在驮着茅草的骡马上，微笑着向我们挥手。男人们都挎着弯刀，头顶着一大袋香蕉。每当我们停下来，问亚盖河上的桥怎么走时，路人们总是面面相觑，七嘴八舌地讨论起来，指着不同的方向，最后热情地喊上一句，"一路顺风！"

在漫无目的地行进了一个小时后，我们发现前方的路变得越来越窄，沙砾路现在变成了土路，在长满了西班牙苔藓（Spanish moss①）的树林中穿梭。道路在一处断崖前戛然而止，前方便是一条宽阔、浑浊的河流。我们误打误撞地来到了亚盖河。

我跟在卡奥纳沃身后，穿过茂密的草丛，下到河边去，急不可耐地想要脱掉被汗浸湿的衣物，跳到水里，洗个痛快澡。没想到的是，河岸已然成了垃圾填埋场，断崖下的水面铺满了各种废弃物。腐烂的垃圾还引来了不少蚊虫，一股臭气扑面而来。朝河的东西方向眺望，我们看不到任何桥梁的踪影。离开这里的唯一路径就是调转车头，沿着来路往回开，再走一遍迷宫般复杂混乱的多米尼加公路网。

"听说哥伦布是个导航的好手啊，"卡奥纳沃说道，一边用手拍打驱赶着讨人厌的苍蝇，"要是他今天来到这里，我打赌，他也肯定找不着北。"他瘫坐在河滩上，抬起他那因为长时间驾驶而酸痛的头来，"我放弃。那些西班牙人，我算是原谅了。你，你就太过分了，把我拖进这要人命的公路旅行，饶不了你！"

卡奥纳沃彻底撑不住了，将头隐藏在阴凉的灌木丛中，身子躺在河沙滩上，打起盹来。我走到河边，将一只脚伸进散发着臭味的河水中。1493 年，正是在这条河的岸边，西班牙人找到了自美洲大陆探险以来，第一块未加工的黄金。哥伦布如此写道，"像扁豆种子一般大小"的金粒在河沙中闪烁着，西班牙殖民者则用木桶上的圆孔将这些颗粒收集起

---

① 别名松萝凤梨，一般附生缠绕在树上。

来。于是，他将这条河命名为"黄金之河"（El Río del Oro）。尽管这个名字并没有沿用至今，但是这次哥伦布总算说对了，正因为这条河的源头在希巴欧的高山之上，所以河床上确实埋藏着不少冲刷下来的金矿石颗粒。

不过，波光粼粼的亚盖河，作为来到西印度群岛以来，众多关于黄金宝藏的传言中最接近现实的一条，却间接导致了哥伦布的不知进取。这位"世界洋的海军上将"在自吹自擂、夸大其词方面从来都是顶尖高手。在写给伊莎贝拉一世和费尔南多的信中，他宣称西班牙人在伊斯帕尼奥拉岛上发现了"满河的黄金"，又一个他永远无法兑现的承诺。

依我来看，哥伦布最显著的特质便是他对各种奇思怪想的痴迷，并且总是幻想能够"点石成金"。他喜欢阅读，涉猎甚广，却对最新的科学发现不屑一顾，而是执意从各种奇闻逸事中寻找蛛丝马迹，来证明古籍中的"东方大陆"可以从海路到达，而且近在咫尺。正是这个梦想驱使他远渡重洋，历经艰险，并将所看到的一切都转化为他认知中的事物：塞壬、食人族、蒙古大汗的子民以及"亚马逊人"，就居住在伊斯帕尼奥拉附近的岛屿上。

与他同时代的不少人都有着更为清晰的认知。当哥伦布于 1493 年结束第一次远航，回到欧洲时，一位西班牙宫廷中的意大利历史学家，皮特·马特·德安吉拉（Peter Martyr d'Anghiera），曾写道："地球隐藏的另一半终见天日。"马特在 1494 年的著作中提出"新世界"这一说法，成为第一个使用该词来形容西印度群岛的欧洲人。

终其一生，哥伦布都没有看清到他发现的全貌以及重要性，也没有领会自己这几次远航的真正意义。他说得越多，理解得就越少。神秘主义的影响以及对东方的幻梦驱使着他的理智，即使面对如山铁证，也无法接受现实。1498 年，当他到达南美洲的边缘时，哥伦布意识到自己发现了一片未曾有欧洲人踏足过的广袤土地，可他并没有多加思索，就断定这里是"东方大陆的尽头"、阳光最先触及伊甸园的位置。五年后，在最后一次远航中，哥伦布依然孜孜不倦地追寻着亚洲的黄金财富，并认为哥斯达黎加距离恒河只有十天的路程。

"这世界很小，"哪怕接近生命的尽头，哥伦布还在重申着他那一套过时且错误的理论，"我的经历就是最好的证明。"临终的那一刻，这位固执的航海家依旧认为自己到达了传说中的东方。

在短短 12 年间，哥伦布拨开笼罩着美洲大陆的云雾，将西半球——这一占据着地球 28% 的陆地面积，养育着千百万人口的地方，第一次置于欧洲人眼底。不过，海军上将发现的只是他脑海中虚构出来的那个世界罢了。他从来没有真正发现过"美洲大陆"。

当卡奥纳沃和我历经万难，回到圣多明各时，天色已然渐沉。这时我们才发现，退还那辆日产小车比当初租车时还要难，需要填写更多乱七八糟的文件。好不容易填完这些文书后，那个租车中介却对我说，"有个问题"。原来，我的信用卡被拒付了。

"啊！估计是昨天有人复制了你的卡，正在疯狂盗刷呢！"卡奥纳沃告诉我。我们身上带的比索刚好够付租车的账单，没有余钱打车了，而租车行距离我所住的圣多明各老城还有好几英里。

疲惫不堪的我们一路上都没怎么说话，走了许久，最终在卡奥纳沃店铺附近停下。我们在一盏因为频繁停电而不亮的路灯下作别。第二天一早，我就要坐上飞机，离开伊斯帕尼奥拉岛，去哥伦布未曾踏足过的北美大陆，追随寻找其他西班牙征服者们的足迹。"你想跟我一起去吗？"我问道。

卡奥纳沃一脸狐疑地看着我，"你认为现在还有原住民吗？印第安人在哪里？"

　　说罢，他便点上一根香烟，并给了我最后一个建议："如果今天晚上，炸猪皮（Chicharrones）的后劲发作了，千万不要去多米尼加的医院。相信我，惨死在街头都比去那里看病好，还不如去找个会巫毒的神医。"他拍了拍我的肩，往回走去，身影消失在夜幕中，"祝你好运，兄弟！"他喊道："祝你好运！说真的！"

Part 2

第二部
美洲征伐

一本 16 世纪的"征服者手册"的卷首插画，画中的西班牙船长左手持圆规，右手握剑柄。下方的对句意为"用指南针与利剑 / 越来越多"。

第五章
墨西哥湾海岸：袒露于新世界

我们西班牙人得了一种心病，只有黄金才能将它治好。

——埃尔南·科尔特斯，墨西哥的征服者

哥伦布用圣玛利亚号上的木料搭建起第一座堡垒后的 15 年间，西班牙人对美洲的征服基本局限于伊斯帕尼奥拉岛。直到 1508 年，殖民者们才开始染指海军上将发现的比邻岛屿——波多黎各、牙买加、古巴，在那里，他们不断重复着伊斯帕尼奥拉的苦难循环，先是奴役印第安人，强迫他们劳作赋税，当原住民数量锐减时，又引进非洲黑奴，以填补劳动力的缺口。

从 1513 年开始，西班牙的殖民帝国突然迎来一波爆发性的增长，将势力范围延伸至加勒比海以外。瓦斯科·努涅斯·德·巴尔沃亚（Vasco Núñez de Balboa）到达了太平洋沿岸。斐迪南·麦哲伦（Ferdinand Magellan）的航队绕过南美洲，跨越太平洋，抵达了东南亚沿海。埃尔南·科尔特斯（Hernán Cortés）征服了墨西哥的阿兹特克帝国，而弗朗西斯科·皮萨罗（Francisco Pizarro）则征服了秘鲁的印加王国。到了 1542 年，哥伦布第一次远航的 50 周年，西班牙所占有，或者说所劫掠征伐的疆界已经超过了巅峰时期的罗马帝国。

在这不可思议的征服速度背后，西班牙人的一大驱动力便是他们如同十字军战士一般的狂热。在成功地将穆斯林势力逐出伊比利亚半岛后，他们将自信与宗教狂热带到了美洲大陆的各个角落。"作为基督徒，"在一场与阿兹特克人的激烈战役中，科尔特斯对麾下的士兵宣讲道，

"我们有着神圣的义务，向对抗上帝与我们信仰的异教徒发动战争。"这就是对基督教"好斗好战"一面的最好诠释。

在自身的优越感以及对征服正义性的笃信驱使下，西班牙人大多赞同烧杀抢掠的行径。西班牙的下层贵族们："伊达尔戈"（hidaolgo，直译过来就是"有头有脸的人的儿子们"）、骑士（caballero）、绅士便是劫掠搜刮美洲财富的先锋。与平头百姓不同，这些小贵族乡绅们有财力和资源前往美洲，去寻找在阶层分明的西班牙获取不了的财宝与头衔。

殖民者背后的推手则是逐渐崛起的西班牙王室，它急需新世界的黄金与财富来支持其在欧洲的军事行动以及宫廷奢靡生活的开销。尽管王室一直以来大力推动基督教在美洲的传播，并起草法令保护印第安人，他们最关心的还是黄金以及贵金属的开采，以补充日渐空虚的国库。1516 年，卡洛斯一世①（Carlos I）继承了去世的费尔南多，成为西班牙的君主。三年后，他又登基成为神圣罗马帝国皇帝，是为查理五世。在第一次公开提及西属美洲殖民地时，他将新大陆称为"产黄金的世界"（gold-bearing world）。

尽管前往加勒比海淘金的西班牙人大多无功而返，埃尔南·科尔特斯却在墨西哥发现了大量黄金，发了一笔横财。科尔特斯曾是一位拉丁文学生，也曾做过公证人，但最终弃笔从戎，怀揣着梦想来到美洲。1519 年，他带领四百名西班牙人登陆今天的墨西哥海岸，原本打算执行探险勘测的任务。不过，当他听闻墨西哥腹地有一个无比强大且富庶的帝国后，他便带领队伍来到特诺奇提特兰（Tenochtitlan）——一座有着超过十万居民的水上都市，可以与当时欧洲最宏伟的城市相比拟。

阿兹特克帝国的统治者——蒙特祖玛（Moctezuma），给来访的西班牙人送去了许多黄金，作为礼品。科尔特斯没有领情，反而绑架了蒙

---

① 哈布斯堡家族成员，西班牙人称为卡洛斯一世，在神圣罗马帝国被称为查理五世，治下的疆域跨越欧洲诸国，译者在下文统称为卡洛斯一世。

特祖玛，下令围攻特诺奇提特兰，并最终将这座岛屿城市彻底摧毁。统治着从今天的墨西哥到危地马拉的广阔疆界、以武力征服和好战而闻名的阿兹特克土崩瓦解，倒在了科尔特斯的手下。

历史学家常常将这一难以想象的征服行动写成两种文化的碰撞：理性、手持先进武器的欧洲殖民者对抗迷信太阳神祭祀、手持木制长矛的阿兹特克战士。直到最近，历史学家才开始关注科尔特斯的原住民盟友，以及他们起到的关键性作用。这些厌倦阿兹特克人残酷统治的其他部落大力支持科尔特斯的入侵计划，壮大了原本只有几百人的西班牙小分队，数以万计的印第安武士组成了科尔特斯麾下军队的主力。除此之外，流行病也起到了重要的战略作用。在科尔特斯攻城之前，一场大瘟疫席卷了特诺奇提特兰城，染病而死的阿兹特克人比死在西班牙人剑下的要多得多。

不过，与科尔特斯同时代的人大多没有意识到这一点。在他们眼里，科尔特斯的残酷征伐与抢掠和当时的流行小说《高卢的阿玛迪斯》

阿兹特克人相信，祭祀活人的心脏能使太阳神获得滋养

（*Amadís de Gaula*）不谋而合。《高卢的阿玛迪斯》是一本骑士小说，在16世纪广为流传，也是塞万提斯笔下的堂吉诃德最爱的一本书。主角阿玛迪斯是一名流浪骑士，常常与美人上床，降服各种妖魔鬼怪，在异域冒险，发现了宜居的岛屿，并仅靠一人一马斩杀了十万名敌军。比起虚构的阿玛迪斯，同样妻妾成群、风流成性的科尔特斯所建立的伟业有过之而无不及，他亲手终结了一个用活人祭祀的异教徒帝国，还获得了无计其数的黄金，成为新世界最富有的人之一。

科尔特斯以一人之力击垮阿兹特克帝国的传奇故事造就了西班牙人那勇敢无畏、不可战胜的基督教战士形象，成为后继的征服者与冒险家纷纷效仿的榜样。阿兹特克人所拥有的巨大财富远远超过了哥伦布登陆美洲以来的一切传言。如果科尔特斯的成功可以复刻，由一个个与他一样英勇的"伊达尔戈"担任指挥官，带领一支支少而精锐的队伍攻略美洲大陆南北，一定能给西班牙王室带来不计其数的黄金与财宝吧。

与大多数美国人一样，我在上小学的时候学过一些关于科尔特斯的皮毛，也曾读到过他的继任者，弗朗西斯科·皮萨罗的逸事：他原是个大字不识的养猪农民，却最终成为秘鲁的征服者。青少年时代，我听过尼尔·杨（Neil Young）的歌"杀人者科尔特斯"（Killer Cortez），也曾见证我的哥哥裹上缠腰布，扮演《太阳之战》[1]中的印加侍卫。不过，在我的印象里，"西班牙征服者"（conquistador）一词总是与墨西哥的千岛之城和秘鲁的群山联系在一起。直到我下定决心重学美洲历史，才意识到西班牙人在北美的势力范围之大，以及影响之深。

西班牙殖民者对北美洲的第一次探索发生在科尔特斯征服墨西哥六年之前，比朝圣者们要早一个世纪。1513年时，胡安·庞塞·德·莱昂

---

[1] 原文为"The Royal Hunt of the Sun"，1960年代描写皮萨罗的一部英国电影，也被译做《战士擒王》。

（Juan Ponce de León）——一位曾参加过哥伦布第二次远航的老兵，起航前往传说位于加勒比诸岛以北的未知地界探险。他从波多黎各出发，来到了一片郁郁葱葱、树木繁茂的海岸。胡安到达的时候，正逢那年的复活节庆，而西班牙人通常将这一季节称为"花儿的盛宴"。正因为时节和美景的缘故，他便将这片海岸命名为"佛罗里达"（La Florida），西班牙语中是花朵的意思。

庞塞·德·莱昂在今天的戴通纳海滩附近登陆，成为了有史以来第一位到达美国领土的欧洲人。他也是第一个发现墨西哥湾暖流的人，观察到"有一种比大风还强劲的水流"推动着他的船只。如果遵循传统，用欧洲探险者来命名美洲土地，今天我们的国家就不应该被称为"美利坚合众国"，而是叫作"胡安合众国"或是"庞塞·德·莱昂国"更恰当一些。

不过，德·莱昂的运气不算太好，后世的名声也相当糟糕。在之后的一次探险行动中，他回到佛罗里达，想要在那里建立一座殖民地，却被箭矢所伤，不久便死去了。一位西班牙历史学家声称德·莱昂1513年的航行就是为了寻找不老泉，想靠泉水的魔力治愈他的性无能，这样的无稽之谈彻底败坏了探险家的声誉。

庞塞·德·莱昂当时只有39岁，而且养育了四个孩子，更重要的是，王室签发给他的特许状里根本没有提到和"不老泉"相关的字眼，而是让他寻找一种更加常见的"圣杯"：黄金。尽管如此，关于他冒险之旅的不实之词依然广为流传，被世人熟知。正因如此，庞塞·德·莱昂在大众眼中成了一个留恋过去的灰胡子老头形象，追寻着长生不老、永葆青春的魔法之泉，与如今人们对佛罗里达人的刻板印象不谋而合。

在翻开史书之前，我对庞塞·德·莱昂这个名字至少还有些模糊的印象，至于那些追寻他的脚步，接踵来到北美的西班牙冒险家们，我就一概不知了。事实上，在翻阅了长长的名单之后，我发现自己只认识其中的两位，德·索托（Hernando de Soto）和科罗纳多（Francisco Vázquez de Coronado），这要拜两款同名的过时汽车型号所赐 ①。

随着研究的深入，我方才意识到自己是多么的无知。这些西班牙探险家历经千难万险，走过一段段不可思议的旅程，却被世人遗忘，在历史上籍籍无名。1528 年到 1536 年之间，阿尔瓦·努涅斯·卡韦萨·德·巴卡（Álvar Núñez Cabeza de Vaca）带领人马横穿北美大陆，使得三个世纪以后的刘易斯与克拉克远征 ②（Lewis and Clark Expedition）看起来像是童子军周末演练一般。绝望的漫长旅途慢慢地将他从全副武装的侵略者转化为救治原住民的医生，也打破了我心中对西班牙征服者暴虐无道、残害剥削美洲人民的刻板印象。

"我迷失了方向，衣不蔽体，独自游荡在陌生的异国。"卡韦萨·德·巴卡在记录他此次探险的回忆录——《历险记》（*La Relación*）中写道。讲起他的经历，德·巴卡回忆道，"我得救时一丝不挂，两手空空，这些故事便是我所拥有的一切了。"

十年之前，当德·巴卡第一次来到美洲时，他与那时大多数的西班牙人别无两样，迫切想要在新世界闯出一片天地。他出身军人世家，祖父曾参与西班牙对加那利群岛的残酷入侵，将当地的土著人全部变卖为奴。在加入前往佛罗里达的先遣队之前，德·巴卡曾在西班牙的军队服役，在欧洲参加过多次军事行动。"我宁可兵败身死，也不愿荣誉受到玷污，"谈及早年经历，他在书中如此写道，听起来颇有骑士风骨。

在庞塞·德·莱昂的登陆之后，"佛罗里达"一词便被西班牙人用来指代从大西洋海岸直到墨西哥的广袤地域。他们希望这片土地上也存

---

① 德·索托汽车是克莱斯勒旗下的一个品牌，20 世纪 60 年代停产。科罗纳多也曾被用作汽车型号的名称。

② 1804 年到 1806 年之间，根据时任美国总统杰斐逊的指令，刘易斯上尉和克拉克少尉历时三年，穿越今天美国的中西部，一路勘测地理环境，记录风土人情，最终到达太平洋沿岸。

在着如同阿兹特克一般富有强大的帝国，能够复刻科尔特斯在墨西哥取得的巨大成功。可是，指挥此次佛罗里达探险的潘菲洛·德·纳尔瓦埃斯（Pánfilo de Narváez）比科尔特斯可要差远了。1528 年春天，当他的船队在今天的坦帕（Tampa）附近登陆时，他的第一反应居然是分出五艘船只以及四分之一的人手，先行出发，去寻找一处避风良港。这一决定严重地削弱了纳尔瓦埃斯麾下 300 名士兵和 42 匹马的庞大队伍的补给以及运载能力。

厚重的衣物以及短缺的补给大大地拖慢了西班牙人的行军速度。一整个夏天，他们穿行于佛罗里达连绵不断的沼泽地与密林中，士气十分低落。在今天的塔拉哈西（Tallahassee①）附近，他们遇上了一大股印第安人，遭受猛烈攻击，不得不逃到海岸附近，寄希望于先前派遣的舰队能够前来援救。事实上，那些船只早已搜寻过纳尔瓦埃斯的军队了，在没有发现任何蛛丝马迹后，便返航回到了加勒比殖民地。

被遗弃在这"令人憎恶的国度"中，卡韦萨·德·巴卡写道，西班牙人开始建造船只，将马刺打制成钉子，马匹的鬃毛制成索具，衬衫编成风帆。然后，在宰杀吃掉最后一匹马后，幸存的 242 人登上五条木筏，驶向大海，"尽管队伍中没有人知道如何导航"。

沿着墨西哥湾海岸向西漂流，他们很快就耗尽了淡水储备，不得不饮用海里的盐水，大部分人很快便中毒了。随后，他们便来到了一条"无比巨大""水流湍急"的大河，也就是今天的密西西比河。在入海口附近，急流将船队逐渐打散，离海岸线越来越远。德·巴卡和他筋疲力尽的船员使出浑身力气划着，想要追赶上前方纳尔瓦埃斯的木筏，搭载着队伍中"最健康以及最强壮的成员"。德·巴卡朝指挥官纳尔瓦埃斯大喊，请求他扔一根绳子过来，好将两条木筏连在一起。

---

① 今天的佛罗里达州州府。

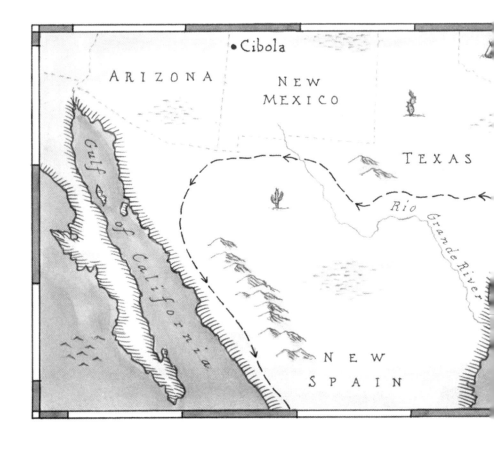

　　"他告诉我，现在已经轮不到他发号施令了。"卡韦萨·德·巴卡写道。"每个人都好自为之，设法求生吧。"说完这些，纳尔瓦埃斯"便和他的木筏一起漂走了"，从此销声匿迹，再也没有人看到过他了。

　　正逢飓风季节，在今天的新奥尔良附近，卡韦萨·德·巴卡的木筏被一团强大的风暴裹挟着推向海岸。"离陆地不远的地方，"他写道，"一片巨浪突然袭来，我们的木筏像一块马蹄铁一般被高高抛起，抬离了水面。"滨海部落的印第安人，嘴唇和乳头都穿着孔，用苇草装饰，靠近了被冲上岸的西班牙探险家。"我们怕得要死，乍一看，还以为他们都是些巨人的模样。"

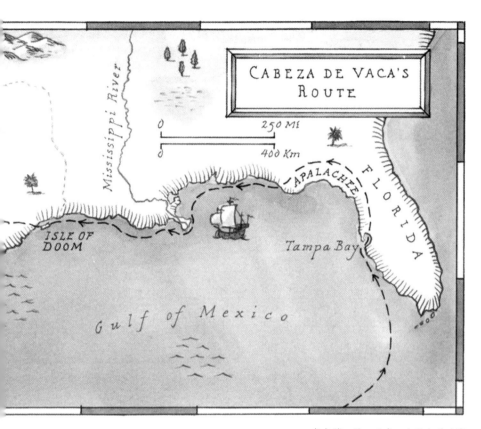

卡韦萨·德·巴卡一行的行进路线

　　西班牙人还不甘心，尝试乘木筏离开这里。这一次，木筏很快就倾覆了，被巨浪所吞没；就这样，德·巴卡损失了好几个手下以及所有的装备与补给。"活下来的人都一丝不挂，失去了一切，"卡韦萨·德·巴卡写道，"尽管我们还剩下的那些物品并没有多少价值，但对我们的精神意义却无比重大。"天气日渐转凉，而幸存者们自从两个月前登上木筏后，除了玉米干之外就没吃过什么东西。"我们每个人都处于半死不活的状态。"

　　从这一刻起，当他浑身赤裸、孤立无援地站在海滩上时，卡韦萨·德·巴卡的"变形记"终于开始了。原住民们"同我们一起坐下"，他写道，"看到我们个个生不如死，如此凄惨，印第安人十分可怜我们，以至于落下泪来。"土著人将这些落难者带到小木屋里，点起火堆为他们取暖，整夜跳着部落舞蹈。西班牙人害怕极了，以为自己要被献祭。不过，最担心的事情并没有发生，印第安人给他们充足的食物饱餐，照料也十分周到。

总共有几艘木筏上的大约 80 名西班牙人被巨浪冲上海滩，他们登陆的位置被卡韦萨·德·巴卡称作"厄运之岛"，也就是今天得克萨斯州的加尔维斯顿岛（Galveston Island）。这座贫瘠的小岛和居住于此的部落民无力维系这么多外来人所需的口粮。到了冬天，许多西班牙人在饥寒交迫中死去。一种"奇怪的胃病"随之而来，岛上的一半印第安人都染疾而死。愤怒的原住民认为被冲上岸的西班牙探险家们带来了这种致命的流行病（他们的猜想很可能是正确的，印第安人大多对欧洲人体内的病菌没有任何抵抗力），决定将最后的 15 名幸存者悉数杀死。

在行刑前的最后一刻，犯人们被赦免了。但是，印第安人告诉他们，如果治不好那些得病的族人，就不给他们东西吃。一般来说，土著人治病的方法就是"患者哪里疼痛"，就往哪里吹气。于是，这些缺医少药、也没有受过专业训练的西班牙人只好将天主教士的夸张表演和原住民的宗教仪式混合在一起，来"治疗"那些病重的印第安人。"我们的那一套医疗手段，"德·巴卡在书中描述道，"就是在病人面前比画十字，往他们身上吹气，最后念上一段祈祷词或是圣母经（Hail Mary）。"

那些得病的人奇迹般地痊愈了。感激不尽的印第安人为他们端上丰盛的食物，并拿来皮草作为他们的衣着。卡韦萨·德·巴卡对热情招待他们的印第安人也心生敬意。"这些人很爱他们的孩子，对待小孩子比世界上任何人都要好，"他写道。印第安人和西班牙人在岛上相依为命，吃穿用都没有你我之分。

可是与他们一样，这群土著人也一贫如洗。到了春天，他们便让幸存的西班牙人去采摘浆果，或者到水里拔除野草。卡韦萨·德·巴卡饿着肚子，浑身被草割伤，他再也受不了了，逃到附近大陆上的另一个印第安部落那里寻求庇护。作为一个足智多谋、善于变通的人，德·巴卡找到了一份新工作，为居住在海滨的印第安人与敌对内陆部落的贸易充当中间人，交易海螺、燧石，以及其他货品。他在当地待了整整四年，从事这一行当。

"我很喜欢这份差事，自由自在的，想跑到哪里，就可以去哪里，"他写道，"没有什么必须要完成的事情，我是自己的主人，不是任何人的奴隶。"这段文字以及《历险记》中的不少内容都预示着未来的"美国式"生活：自由自在，地域辽阔，每个人都得靠自己的才智和勤奋过活，打拼出一片天地。

尽管在美洲过得不错，卡韦萨·德·巴卡依然放不下远在天边的旧世界。每年，他都会回到"厄运之岛"，乞求那些选择留在那里的西班牙人跟着他走，前往"基督徒的国度"，也就是西面的墨西哥。他最终说服了两人一同前往，不过，当他们听说前往墨西哥要穿过一大片荒凉的无人区时，便动摇退却了。德·巴卡的伙伴们比他还要"印第安化"了，执意离他而去，选择回到他们的原住民家庭。

继续向前进发，德·巴卡遇到了纳尔瓦埃斯三百人队伍仅剩下的另几个幸存者：两个西班牙人，以及一个"黑皮肤阿拉伯人"，作为奴隶跟随着探险队来到佛罗里达。他们现在都成了一个印第安部落的奴仆，就连德·巴卡本人也被部落民捕获，卖为奴隶。这绝对是卡韦萨此行的最低点，每天仅有很少的食物，还有永远干不完的苦活。那些印第安人也没过得好到哪里去，饿得只能吃蜘蛛、蠕虫、泡过粉的鱼骨、尘土，甚至是鹿的粪便。最令人难以忍受的就是漫天的蚊子了，每个人都被咬得浑身是包，像麻风病人似的。"我敢打包票，世界上没有比这更痛苦的遭遇了。"

在《历险记》中，德·巴卡还记录了令他瞠目结舌的各种土著习俗。比如说，印第安人常常进入一种类似"醉酒"的状态，大概是吸食皮约特素（皮约特仙人掌有致幻效果，原住民通常通过烟熏或泡茶的方式服用）的缘故。除此之外，他们对女人和老人"最不尊重"，让他们干所有的苦活累活。父亲们常常依照"梦境中的启示"，将男婴活埋，或是为了不让敌对的部族在冲突中夺走年轻女孩，将她们直接喂狗。"他们的逻辑是，如果放任敌人娶了我们部落的女孩，就会生很多孩子，用数量优势击败我们，将我们贩卖为奴。"

卡韦萨·德·巴卡选择较为理性地看待这些印第安风俗，并在下一页里把他们称为"快活的人们"。在书中，德·巴卡很少对原住民的习俗评头论足，也没有像同时期的欧洲作家那样，刻意地浪漫化他们的生活方式。尽管现代的人大多以为当时的美洲是座风景宜人、物产丰富的人间天堂，德·巴卡却将那里描绘为一片贫穷、优胜劣汰的荒蛮大陆，每个人都要为了生存而奋力抗争，孤军作战。

在一年的牢狱生活后，德·巴卡和另外三位伙伴终于设法逃出了那个印第安部落，向西边行进，一路靠着仙人掌的汁液勉强维生，直到遇到了另一个原住民族群才算获救。当地土著听说这些胡子拉碴的陌生人拥有治愈病人的能力，便找到其中一位西班牙人，"说自己和族人头痛欲裂，乞求他医治他们的病症"。于是，西班牙人念了祈祷词，比画着十字，"然后那些印第安人立刻痊愈了，声称他们的病痛全部消失了"。感激不尽的印第安人赠予探险家们许多鹿肉作为奖赏，多得他们根本吃不完，也搬不动。

卡韦萨·德·巴卡是这群西班牙人中对医术最为精通的，也就成为了印第安部落的"首席医师"。他会做各种手术，曾用一把小刀，将箭头和腐肉从印第安人的胸口剜除，并用骨针和鹿筋缝合了那人的伤口。

更加神奇的是，他还救治过有一个已经没了脉搏、几近死亡的原住民，使那人起死回生，不久就痊愈了。

他将自己行医的成功归结为上天的怜悯。不过，对于疾病和治疗，原住民则有着自己的一套理论。在帮助那位"已经死去"的人"复活"后，德·巴卡记录了印第安人对他的恐惧与敬畏。他们很害怕一个叫作"厄运先生"的神话人物，身材矮小，胡子拉碴，在地下生活，从不吃喝。时不时地，他便钻出地洞，敲开小木屋的门，用尖锐的燧石切开受害者的身体，剖出他们的五脏六腑。有的时候，他会砍断受害人的手臂，再施展魔法，让伤口即刻愈合。德·巴卡猜测，印第安人一定是把蓄着胡子的他们当成了神出鬼没的"厄运先生"吧。

几位西班牙人继续前行，在不同的印第安部族落脚，帮助他们医治得病的族人，他们的高超医术也在原住民间广为流传。不过，《历险记》中的故事也变得越来越神秘灵异，披上了一层超现实主义的色彩。与印第安人一样衣不蔽体，几人被迫忍受着毒辣辣的阳光，穿行在炎热的沙漠中。"因为我们适应不了烈阳的照射，浑身都像蛇一样蜕皮，每年要换皮两次。"德·巴卡的皮肤日渐溃烂，忍受着荆棘的刺伤，他联想起了耶稣基督受难的经历，以此安慰自己。其他几位西班牙人也维持着苦行僧般的做派，使见过他们的原住民都感到惊异。"看到我们每天只吃一点东西，他们都十分惊讶。我们也从不躺下休息，因为我们经历过太多苦难，已经感受不到疲倦了。"

为了夸大他们的"神力"，西班牙人通常携带着萨满祭司赠予他们的葫芦串护身符，也很少和原住民交流，从而为自己增添神秘色彩。他们的黑皮肤奴仆——埃斯特瓦尼科（Estevanico），则成了他们的向导以及与当地人沟通的媒介。"他总是负责和印第安人交流，询问他们下一个村庄的位置或是前往那里的最快路径。我们想要知道的一切事情，都由他来询问，再将答案传达给我们。"

慢慢地，数以千计的印第安人便开始尾随这四人，虔诚地祈求他们向食物和饮品吹气，或是念祈祷词。这些"追随者"也有可能是在利用被蒙在鼓里的西班牙人。四人每到一处聚居点，那些跟随他们的土著就会悄悄地警告当地居民，说这些蓄着胡子的陌生人有着神力，可以主宰生死。靠着这样的恐吓，土著们便能够轻松地攻陷大小村镇，劫掠搜刮当地的财富。被抢劫的村民变得一无所有，只好加入这些人的队伍，等着搜刮途经的下一个村庄。他们还常常派出斥候，到前方的聚居点宣布这支狂热、烧杀抢掠的队伍即将到来。

我有些好奇，他们当时到底朝哪个方向行进，一路又经过了哪些地方。"我们依照着日落的位置前进。"卡韦萨·德·巴卡记录道，这便是书中少数几处对地理方位的描写之一了，对沿途的地形地貌以及不同印第安部落习俗的记录也侧面地提供了一些信息。不过，如今的我们已经无从知晓他们走过的具体路径了。目前，比较可信的猜测便是德·巴卡以及另外三人步行穿过得克萨斯，进入今天美国的西南诸州活动，再转道南下，进入墨西哥北部地区，最终到达加利福尼亚湾。

沿着海岸线向南前进，卡韦萨·德·巴卡看到了大片的耕地，并从当地人口中得知像他们一样蓄着胡子的人，骑着高头大马，手持长矛和利剑，曾来到这里，恐吓印第安人，并将许多族人锁上镣铐掳走。尽管一行人听到"有关基督徒的消息"又惊又喜，德·巴卡却被眼前的景象深深触动：夷为平地的村庄、被废弃的农田、靠吃树皮过活的土著人。

接下来的旅程中，卡韦萨派埃斯特瓦尼科和一小队印第安人在前方探路，最终撞见了"四个骑着马的基督徒"。这些骑手"看到我混在原住民中间，身穿奇装异服，十分困惑，"他写道，"他们盯着我看了许久，惊讶得话都说不出来，连开口提问都做不到。"

在印第安领地生活了整整八年，走过数千英里的漫漫长路之后，卡韦萨和同伴们的容貌穿着都变了样，以至于那几位骑手完全认不出他们是西班牙人了。就连那些原住民"也很难相信我们和其他基督徒属于同一种人"。

从某种意义上，他们的确不再是同一种人了。那些骑手都是些奴隶贩子，想要抓捕跟着德·巴卡的印第安人，将他们贩卖为奴。而卡韦萨则想方设法和那几个人达成协议，好让原住民安全地回到他们的村庄去。不过，他后来才得知，奴隶贩子们等到他们几个离开之后，立刻撕破了原先的约定，袭击了返程中的印第安人。"我们想要保全这些原住民的自由，可事情并不如我所愿，他们还是打破了我们之间的诺言。"

当卡韦萨·德·巴卡终于回到朝思暮想的文明世界时，他却感受到了一种"逆向文化冲击"。他有了衣服，却好几天都不愿穿上；有了床，还坚持躺在地上睡。在返回西班牙的航程中，他提起笔，为那些被征服的印第安人辩护。"所有的人，如果陛下想要让他们真心诚意皈依基督并臣服的话，就应当受到良好的对待，"他写道，"这是达成陛下心愿最有效、也是唯一的办法。"

德·巴卡的《历险记》是一本很有意思的书，可以从很多不同的角度来解读：冒险游记、落难日记、发自内心的宣言，或是对牢狱生活的回忆。同时，它也是作者在灵魂层面的一种思考，与《新约全书》中，保罗在大马士革路上的归信有异曲同工之妙。除此之外，《历险记》还称得上是所有经典美国冒险故事的鼻祖。与马克·吐温笔下的哈克·费恩和吉姆①一样，西班牙探险家和埃斯特瓦尼科游走在一片陌生而荒凉的大地上，文明的痕迹在那里荡然无存。和好莱坞西部片中那些独行侠式的英雄人物一样，卡韦萨·德·巴卡时常独自一人，在广袤无垠、渺无人烟的美国中西部行走着。《历险记》中的故事甚至与嬉皮士们在 1960 年

---

① 哈克是哈克贝利·费恩的昵称，吉姆是与他同行的逃跑黑奴，两人都是马克·吐温的《哈克贝利·费恩历险记》一书中的人物。

代醉生梦死式的公路旅行不约而同：四个一丝不挂、胡子拉碴的男人，游荡在一片到处是吸食致幻剂（皮约特素）的萨满祭司的沙漠中。

一位英国作家，理查德·格兰特（Richard Grant），曾在一本叫作《幽灵骑手》（*Ghost Riders*）的描写美国当代"游牧民族"①的旅行日志中提及这种看似偶然的联系。从本质上来说，《历险记》一书"蕴含着一种美国精神"，他写道，"因为这书的作者在写下这些文字时已经蜕变成了不折不扣的'美国人'。他所经历的'奥德赛'式旅行是不可能在欧洲本土发生的，只属于美洲大陆，到了最后，他的行为和思想逐渐'美国化'了，逐渐脱离了他欧洲人的外在身份。从某种意义上，他并没有征服美洲，而是美洲征服了他。"

如果这就是卡韦萨·德·巴卡的结局的话，那么这本书便是一段令人振奋、连接新旧两个世界的美好故事。它歌颂着文化之间的融合，而不是冲突与摩擦。可惜的是，真实的历史并不像我们憧憬的那样圆满，并为德·巴卡本人以及他对定居者与原住民和平共存的愿景蒙上了一层阴影。写完了这本回忆录，他便离开西班牙，启程前往南美洲，担任当地的殖民总督。在抵达巴西之后，他决定走陆路，开启了又一段史诗般的长途旅行。这次，卡韦萨的脚下不再是广袤的美洲沙漠，而是连绵不断、气候潮湿的热带雨林。

到达他的辖区（位于今天的巴拉圭）之后，卡韦萨立即着手推动一项改革，保护当地土著人和贫民阶层的权益。可是，习惯了奴役、剥削印第安人的殖民者们对此十分不满，发动了叛乱，并逮捕了新上任的总督。他们给卡韦萨罗织了许多罪名，例如"悬挂家族而不是王室的旗帜"，并给他锁上镣铐，扭送上返回本土的船只。西班牙当局下令将他

---

① 指的是放荡不羁、居无定所的嬉皮士式生活。

放逐到一处专门收容刑事犯的北非殖民地。尽管他不久后便被赦免了，卡韦萨的晚年仍然在穷困潦倒中度过，死时籍籍无名，连具体的时间与地点都无人知晓。

卡韦萨·德·巴卡生前善待原住民的努力也大多付诸东流。1536年，在他和另外三位幸存者到达墨西哥后，他们向当地的西班牙官员提供了一份详尽的报告，其中就包括了后来被卡韦萨写进《历险记》的诸多逸事。可是，官员们对报告中那些慷慨好客的印第安部落并不感兴趣，真正吸引他们的只有一件事，那便是几位探险家途经的广袤大陆上可能存在的黄金与财富。

比如说，在书中，原住民有时赠予西班牙人铜制铃铛之类的小玩意，这预示着佛罗里达北边很可能存在着一个富裕的国度，拥有融化锻造金属的先进工艺。印第安人还曾送给卡韦萨一种他称作"翡翠"的不知名宝石，据说来自一片多山的地区，"那里的村庄人口众多，房屋也宽阔宏大"。这些宝石很有可能是绿松石，而所谓的"宽阔房屋"指的应该就是美洲西南的普韦布洛人（Pueblos）聚居点，他们以在村庄四周建造高大坚固的石制围墙而著称。

这点模糊的信息已经足以引发新西班牙（New Spain）（也就是殖民者对墨西哥的称谓）定居者的探索兴致了。因为执行这一任务的最佳人选——卡韦萨·德·巴卡已经离开美洲大陆，新西班牙的总督便招募了他的一位落难伙伴，安德烈斯·多兰提斯（Andrés Dorantes），指示他再次出发，回到北方，"去刺探那些地域的更多信息"。两人之间的合作最终谈崩了。不过，总督花钱买下了多兰提斯的那位黑奴——埃斯特瓦尼科，作为替代。正是这名深皮肤的阿拉伯奴隶，而不是卡韦萨·德·巴卡，在美洲历史中留下了浓墨重彩的一笔。

在阅读《历险记》时，我会在每一段提到埃斯特瓦尼科的文字旁作一个记号，并在脚注中寻找有关他的蛛丝马迹。在关于早期美洲的文献中，将一位奴隶描写为一个有名有姓的人物算得上是非常罕见的做法。令我趋之若鹜的另一个原因便是埃斯特瓦尼科和约克（York）之间的相似之处，一位在刘易斯和克拉克远征中起到重要作用（却通常被世人忽略）的美国黑奴。

根据《历险记》中的描述，埃斯特瓦尼科生长在摩洛哥，原本是穆斯林，后来改信天主教（因为西班牙从不派异教徒前往美洲，至少官方的规定是这样的）。我们已经无从知晓他的本名了，埃斯特瓦尼科这个名字源自埃斯特万——"斯蒂芬"一名的西班牙语变体。有些文献管他叫作埃斯特瓦尼科·德·多兰提斯，意为"多兰提斯的小斯蒂芬"。其他的作者则用他的肤色来替代他的名字，称呼他为"黑人"（el negro）。

卡韦萨·德·巴卡在《历险记》中提到，埃斯特瓦尼科常常作为翻译和向导，为他们几人开路或是与当地人沟通。这说明他能够娴熟地掌握多种语言，并充当印第安人与西班牙人之间的媒介。和德·巴卡一样，他也必定有着超人般的意志与忍耐力，才能熬过八年的艰苦旅途，活着走到墨西哥。他的新主人，也就是新西班牙的总督，想必也认可他的这些特质与能力。1538 年，他指示埃斯特瓦尼科作为向导，加入一次对墨西哥以北未知地域（那里也被西班牙人称之为"新土"）的探险行动。

总督任命弗赖·马科斯·德·尼撒（Fray Marcos de Niza）为这支先遣队的队长。尼斯（Nice）在西班牙语中即是尼撒，弗赖便来自这座法国南部的城市。这名修士曾跟随皮萨罗的队伍前往秘鲁，亲眼见证过对印加帝国的军事征服。在总督眼中，这段经历使得弗赖成了一位专家，能为他找到"新土"之上的富裕国度，复刻皮萨罗的成功。

在总督写给马科斯的指示中，他向这位修士保证，黑奴埃斯特瓦尼科会像服从自己一样听命于他的队长的。不过，当探险队正式出发，向北方行进时，埃斯特瓦尼科便与一群土著人脱离了队伍，独自走在最前头。在一份交给总督的报告中，马科斯声称是他下的命令，让那个"黑人"担任先遣队的斥候。

别的西班牙文献则讲述了一个截然不同的故事。其中的一个版本记录道：埃斯特瓦尼科一路上"接受原住民献给他的女人，并收集了许多珍贵的绿松石"，而这些行径冒犯到了马科斯。文献还提到，印第安人"以前见过那个黑人，所以互相交流没什么障碍"。当他继续向北行进时，埃斯特瓦尼科身后已经聚集了三百多名原住民追随者；他也开始携带一串装饰着铜铃和羽毛的葫芦，重演着卡韦萨·德·巴卡几年前曾扮演过的角色。

不过，在离开马科斯的队伍之前，埃斯特瓦尼科还是答应他的队长，会时不时派遣带着十字架的信使，向探险队汇报情况。十字架的大小就代表着前方价值的多寡。在他离开后不久，就有一个信使举着"一人高的十字架"来到马科斯面前。报信人声称埃斯特瓦尼科听说了"世界上最伟大的事物"：前方有七座宏伟的城市，有好几层高的楼房，用珍贵的宝石装饰着。城市中的居民"衣着靓丽"，穿着棉布制成的长衫，身披皮草，系着腰带。这一信息十分重要，因为欧洲人经常用服装穿着衡量一个社会的发达程度，在他们眼中，一丝不挂的印第安人自然便成了落后的野蛮民族。

没多久，埃斯特瓦尼科又送来一个巨大的十字架。这回，他还带来了一则口信，说自己正快马加鞭，朝着那七座他称之为"锡沃拉"（Cibola）的城市进发。当马科斯跟随着埃斯特瓦尼科的脚步行进，他遇到了许多印第安人，也口口声声描述着锡沃拉的街道、广场以及高大的楼房。马科斯天真地询问，"那里的人是否都有翅膀，以飞到高楼之上"。听到这话，"土著人都大笑起来，向他比画着梯子的形状"。

马科斯收到的下一条消息不是十字架，而是埃斯特瓦尼科队伍中几个浑身是血的印第安人的到来。在距离锡沃拉的第一座城市一天路程的地方，他们回忆道，埃斯特瓦尼曾派出一位斥候探查情况，并带去他那屡试不爽的"问候方式"：他那具有"神力"的葫芦，以及一则讯息，"声称他的队伍会带来和平与治愈"。作为回应，锡沃拉的一位首领愤怒地将那串葫芦砸在地上，并宣称对一切来访者"格杀勿论"。

埃斯特瓦尼科无视了来自锡沃拉的警告，执意前往，随即就被士兵捉住，夺去了一路上收集的绿松石，被囚禁在城寨中。当他和追随者们企图逃跑时，遭到了锡沃拉人的猛烈攻击。其中一个侥幸逃出生天的印第安人说他再也没有看到过埃斯特瓦尼科的身影了。"我们相信锡沃拉人用弓箭射杀了他。"

尽管被原住民带来的报告吓得够呛，弗赖·马科斯还是下令朝锡沃拉进发，一探究竟——至少他声称如此。对于他的最后一段探险，文献中鲜有记录，也没有提供许多细节。马科斯说他来到了一座山丘之前，"锡沃拉城就在目所能及的不远处"，并看到了印第安人所描绘的景象：一座大型聚居地，有许多高大、平屋顶的楼房，规模比墨西哥城还要宏大。根据原住民向导的叙述，这还是七座城池中规模最小、最普通的一座。在确认了锡沃拉城的确存在之后，弗赖·马科斯没有继续前进，而是调转马头，"以最快的速度"带着队伍一路疾驰，回到了墨西哥。

就像所谓的不老泉一样，关于七座伟大城市的传言在欧洲流传已久。根据中世纪的民间故事，当摩尔人大举入侵时，公元 8 世纪的七位主教被迫逃离葡萄牙，向西航行，并建立了安提利亚（Antilia），也被叫作七城之岛。在往后的几个世纪中，水手时不时声称自己看到了安提利亚的踪影，而这座岛屿的具体位置在描写世界洋的地图上反复挪移着，令人琢磨不透。有些欧洲人深信哥伦布登陆的地方便是安提利亚及其周围岛屿，所以安的列斯（Antilles）成为了加勒比海上一个群岛的名称，并沿用至今。

而如今，这七座神秘的城市却再度出现，这次则是在"新土"。乍一看，这样的说法毫无逻辑性可言。传说中的安提利亚是一座岛屿，但是在一个充斥着如墨西哥或秘鲁般伟大发现的新世界，一切皆有可能。马科斯说得越多，描述得越详细，锡沃拉听起来便越神乎其神。作为一个情不自禁的讲故事人，弗赖告诉他的理发师，锡沃拉人所佩戴的项链和腰带都是纯金打造的——在之前的报告中，他从来没有提及这个细节，况且他只"远远瞥过"这座城市一眼，不可能看得到城中居民的穿着打扮。除此之外，马科斯还提到了生活在锡沃拉附近的各种动物，骆驼、大象，还有一种奇异的生物，头顶一只长角，一直延伸到脚的位置，只能侧卧着进食。

与此同时，新西班牙的总督在收到马科斯的报告之后，立刻开展了行动。他自掏腰包，抽出八万五千银比索的资金，组织了一次规模宏大的远征。1540 年初，马科斯回程的几个月后，这位修士便再度动身，向北行进，加入 1492 年以来美洲征服史中规模最为庞大的一支西班牙军队。

参加这次远征的人在之后的记录中曾简略地提到过埃斯特瓦尼科的名字。远征队的成员沿着他开辟的道路前行，并从印第安人口中得知，埃斯特瓦尼科向锡沃拉城的居民索要绿松石和女人，最终激怒了他们。除此之外，"锡沃拉人也无法理解，埃斯特瓦尼科，一个黑皮肤的人，却声称他来自一个到处是白人的国度。"于是，他们便得出结论，认为"他一定是个间谍或是向导，为想要前来征服锡沃拉的人刺探情报"。他们猜对了。

在翻阅好几份提及埃斯特瓦尼科的西班牙文献后，我没有看到任何一处对他的死表示哀怜，或是对他的服役表示感谢的内容。"他认为自己能够独占所有的声誉和荣耀，"一个西班牙人如此猜测埃斯特瓦尼科脱离马科斯的队伍，独自走在最前头的原因，"想让人们知晓他的勇敢无畏。"可是，欲望和贪婪导致了他的悲惨结局。土著人"认为他本性很坏，和其他基督徒不同。"一份西班牙文献如此写道。"他总是与当地女人鬼混胡搞，而印第安人将他们的女人看得比自己的命还重，觉得受到了莫大的侮辱，便动手杀了他。"

哪怕这些文献讲了实话，他们所描绘的不正是西班牙征服者典型的特质吗？冲在前头，勇敢无畏，渴望荣耀和战利品，也包括女人。科尔特斯因为这些特质而受人敬仰崇拜；而埃斯特瓦尼科，一位黑人奴隶却因此备受谴责，他的事迹也少有人知晓。

埃斯特瓦尼科与卡韦萨·德·巴卡一同走过的艰险旅途，以及他最先发现的锡沃拉城，开启了西班牙人对今天美国西南部地区的探索与征服。但这位具有传奇色彩的人物：皮肤黝黑、来自非洲、阿拉伯人、欧洲人的奴隶、美洲的灵疗者、跨越三大洲以及无数文化之间的多语者，直到今天却不为人所知。唯一一处以他命名的地方便是一处小公园，位于亚利桑那州图森市郊外的西班牙裔社区中。

第六章
西南地带：去往七座石头城

上天知晓我的心意，想要将好消息呈于殿下，

但我必须将真相告知于您。

——弗朗西斯科·巴斯克斯·德·科罗纳多 ①，

写给新西班牙的总督，1540 年

　　1893 年，在哥伦布远航四百周年庆典期间，弗雷德里克·杰克逊·特纳（Frederick Jackson Turner）发表了一篇名叫《边疆在美国历史上的重要性》的论文。特纳认为，美国的西进运动造就了一种国家精神与品格。"站在坎伯兰峡（Cumberland Gap）之上，凝望人类文明的进程。"他如此描述最早穿越阿巴拉契亚山脉的拓荒者们。不断地"战胜荒野"帮助定居者们摆脱了他们的欧洲根源，锻造出一种"属于美洲的新产物"。

　　现如今，特纳的"边疆"理论远没有当年——恰逢美国如火如荼的大发展时代，那么广受吹捧。不过，他对美国民族起源的地理划分却延续至今。美国民族与国家的叙述由东向西延伸：大西洋海岸、阿巴拉契亚山脉、大平原、落基山脉。朝圣者、探路人、先行者。向西走，年轻人，去到 66 号公路上找乐子 ②！当我还是个"垮掉一代"青年时，深

---

① 西班牙探险家、征服者。曾受新西班牙总督指派，指挥对今天美国西南部的探索行动，后担任新加利西亚（在今墨西哥境内）的总督。

② 《在 66 号公路上找乐子》[（ Get Your Kicks on) Route 66] 是一首美国流行乐曲，写于 20 世纪 40 年代，属于节奏蓝调，被许多音乐人翻唱过。

受凯鲁亚克（Jack Kerouac）① 的影响，曾经搭便车旅行，从马里兰州出发，来到加利福尼亚。如果反过来走同样的一段路途，一定是无法想象的，这就好比从尾到头倒叙地放一部电影。

所以，三十多载以后，当我踏上一段陌生的旅程时，有些百感交集。这段旅途与这座大陆的早期历史密切相关：特纳笔下通往"伟大西部"的门户是坎伯兰峡，而我脚下的则是一片干旱、尘土飞扬的边境地带，位于今天的亚利桑那州与墨西哥之间。

1540 年时，弗朗西斯科·巴斯克斯·德·科罗纳多（Francisco Vásquez de Coronado）穿行在这片土地之上，他带领的人马也成了历史上唯一一支走陆路入侵美国本土的欧洲军队。对西班牙征服者的刻板印象一般来说是一群铠甲闪闪发亮、全副武装的骑士，而科罗纳多以及他麾下的军官正符合这一形象。离开墨西哥的时候，他们每个人都带着好几匹坐骑，身穿胸甲和锁子甲，带着利剑、十字弩，以及火绳枪。科罗纳多本人佩戴着一顶羽毛装饰的头盔，穿着一身镀金的盔甲。

不过，他队伍的大多数成员就没有那么光鲜亮丽了。弗赖·马科斯·德·尼撒对锡沃拉的报告在墨西哥掀起了一阵狂热的浪潮，以至于当局开始担心太多人想要涌向"新土"，从而让殖民地流失大量劳动力。为了消除这些疑虑，新西班牙的总督召开了一场听证会，请来墨西哥城的乡绅富商，询问那些参加科罗纳多探险队的人的品格。证人们大多认为，这次远征对于墨西哥殖民地来说是一件十足的好事，因为大多数前往"新土"的移民都是些"肆无忌惮的单身汉"，在这里找不到工作，也没有任何希望。这些人走了，有百利而无一害。

总的来说，科罗纳多麾下的这支军团装备十分简陋粗糙。记录这次远征的卷轴中提到，绝大多数士兵只带了一匹坐骑，"装备着土著人的

---

① 指杰克·凯鲁亚克，美国作家，是"垮掉一代"的代表人物，代表作有《在路上》（On the Road）等。

盔甲和武器"，身上穿着棉甲，手持印第安木棒和弓箭。这些西班牙人也不是科罗纳多军队的主力，跟随他们的有 1300 名被称为"友好印第安人"（Los Indios Amigos）的同盟勇士，大多来自降服西班牙殖民者的墨西哥部落。他们的数量是军队中欧洲裔士兵的整整四倍。

从这个角度看，科罗纳多带领的不再是一支旧世界的军队，而是一队属于新世界的先行者：大多是印第安人和装备着印第安武器的殖民者，被一小群身披盔甲的贵族骑士指挥着。队伍中还有许多平民百姓、非洲奴隶、原住民侍从、士兵们的妻子家眷、五位修士（其中就包括弗赖·马科斯），甚至还有两名画家以及 550 匹马和无数的牲口。总共有大约两千名定居者以及差不多数目的牲畜与坐骑向北跋涉，穿过广袤干旱的边疆地区。他们的庞大队伍所到之处，扬起的尘土遮天蔽日。

科罗纳多在被新西班牙的总督遴选为队长，指挥这支混成部队前往内陆时，仅仅 28 岁。四年前，他迎娶了墨西哥前皇家财务总长的 12 岁女儿，她可观的嫁妆为这次行动提供了不少财力支持。除此之外，年轻、缺乏经验的科罗纳多似乎并不具备担任远征队领袖的资质。他对军事指挥相当陌生，唯一一次上战场的经历是几年前参与镇压墨西哥的矿工暴动，正是他下令将据传是叛军首脑的人大卸八块，残酷处死。大部分时间里，他都担任着殖民地行政官员的职位，遵从上级的指令做些杂活，并在写给总督的信里称呼自己为"殿下最忠实的封臣和侍从，永远亲吻着您最尊贵的手脚"。

当远征队离开墨西哥最北端的西班牙定居点，高悬着旗帜向未知的远方行进时，科罗纳多的不少部下依然怀疑总督手下这位不谙世事的亲信的能力，质疑他是否具备一位真正的征服者的特质。科罗纳多在启程时，一位骑士后来写道，留下了"丰厚的产业以及一位端庄的妻子，一位品格极好的贵族女士"。他评论道，对于一位西班牙征服者来说，这些优渥的条件对接下来的远征有百害而无一利。

距离科罗纳多远征起点数百英里的地方，也就是今天墨西哥的索诺拉州（Sonora）境内，我终于追赶上了他的步伐。与嘈杂混乱的圣多明各相比，索诺拉州的首府埃莫西约（Hermosillo）是座安逸有序的城市：市区是整齐划一的商业和行政中心，郊外则是一望无际的牧场。在一栋叫作"索诺拉塔"的混凝土楼房里，我找到了州立旅游办公室，并询问前台有没有人可以帮助我追踪科罗纳多远征的遗迹。

"啊，好的，"前台的女士回答道，"'纳粹哥'可以帮到你。"

"纳粹哥"实际上是个 350 磅的巨汉。他有一位德国教父，给他取名为"阿道夫奥"，从此便得了这个诨号。阿道夫奥曾在佛蒙特州的一间天主教学校受过教育，能讲一口流利的英语，对科罗纳多也了解甚多。他告诉我，可惜的是，没有几个墨西哥人关心这位征服者的故事。"我们已经有科尔特斯要憎恨了，他对墨西哥造成了无可比拟的伤害。至于科罗纳多，他的远征是你们国家的历史，和我们没什么关系。"

在阿道夫奥看来，科罗纳多对墨西哥实际上作了些许贡献：正因为他的远征，墨西哥得以占据边境以北的不少领土，后来作为谈判中的筹码，为国库换来了现金。1848 年美墨战争之后签订的协议中，美国向墨西哥政府支付了 1500 万美金作为吞并这些地区的经济补偿，不久后又补加了 1000 万美元，购买另一小块边疆领地。"就算我们当时没有卖，美国佬终有一天也会夺走这些土地的。"阿道夫奥说道。

临别之前，"纳粹哥"送给我一大袋旅行读物以及一张公路地图，指引我向北前行，重走科罗纳多远征的路线。当我开过城市尽头的一处牛仔竞技场后，前方的景观一下子变得十分干旱、空旷。埃莫西约市正位于索诺拉沙漠（绵延数百英里、从墨西哥北部一直延伸到亚利桑那州）的南部边缘。除了路边摊位上悬挂的红辣椒，这里环境的色调都是一片单调的卡其与橄榄色。一团团低矮粗壮的木馏油灌木以及多刺的牧豆树点缀着焦干的沙漠，为枯燥的景观添上一抹亮色。四周还散布着不少造型奇特的风琴管仙人掌以及高耸入云的巨柱仙人掌，枝干笔直向上生长，似乎是在祈祷一般。还没有长出枝桠的巨柱仙人掌看起来就像一根巨大的黄瓜，兀自树立在干涸枯黄的荒原之上。

当科罗纳多到达这里时，他的军队已经行进了整整两个月，走过数百英里的长途，在这一望无际的沙漠中苦苦挣扎着。过度劳累又缺乏经验的人们纷纷扔掉了手中沉重的装备。队伍的营地总管被一支箭矢射中眼睛，不久便死去了。愤怒的士兵吊死了几个印第安人，作为报复。马匹因为疲劳过度，经常轰然倒下，牲口的蹄子则被不平整的地面给磨破了。而那些饥饿、过度劳作的奴隶一找到机会，便脱离队伍，逃得无影无踪。

雪上加霜的是，探察情报的斥候向科罗纳多汇报，前方与弗赖·马科斯所承诺的不同，并没有"适宜耕种的平缓土地"，而是望不到尽头的崎岖荒原。"那个修士所声称的一切都与事实情形相反。"科罗纳多对此十分不满，在给总督的信件中如此写道。恐惧在士气低落的军队中如病毒一般传播着，每个人都开始担心修士所描述的纯粹是一派胡言。

就是在这附近，科罗纳多的队伍进入了克拉松峡谷，位于今天的埃莫西约市东北方向五十多英里。克拉松在西班牙语中是"心"的意思，这里因为卡韦萨·德·巴卡的历险而得名，当时，附近的印第安部落为了感谢他们，赠予他和伙伴们六百颗鹿的心脏。据说，克拉松峡谷位于今天的乌雷什附近，天气炎热，烈日当空，小镇的中心是一座白色塑料建造的教堂，以及教堂前一片树荫遮蔽的广场。我停了车，旁边便是一匹拴在路灯柱上的马儿，一个穿着牛仔裤、脚踩皮靴的"瓦奎罗"（vaquero，指墨西哥牛仔）正躺在长椅上，睡得正香。走进那座教堂，我遇到了一位叫作科罗纳多的神父，便问他对同名的那位探险家了解多少。他有些迷茫地看着我，说道，"不知道，反正不是我的亲戚。"

16世纪的西班牙探险家们在这里留下的唯一印记便是市场里兜售着"梨果"的摊贩。梨果是一种仙人掌的果实，卡韦萨·德·巴卡和同伴们就是靠它最终活着走出了荒漠，科罗纳多的部下也经常用梨果充饥。梨果的外层是黄绿色的，果肉多籽、白嫩、微微带甜，尝起来有点像白兰瓜的味道。唯一美中不足的就是梨果上生长着许多尖锐的小刺。在碰过之后，我的手指灼痛了整整一个小时，我的喉咙也是如此，是午饭那份辣肉酱惹的祸。

开出了几英里，我注意到通往北方的公路空荡荡的，一辆车都没有，除了一位胶合板制作的"交通警察"，正站得笔挺，拱卫着远处静谧的小镇。当我开到索诺拉州北部边境，距离埃莫西约一个小时车程的地方，空无一人的道路和四周沉闷的景色令我昏昏欲睡。还好，午餐那份辣椒肉酱的反胃感以及电台主持人声嘶力竭的怒吼将我唤醒，我已经可以接听到边境以北的电台了。节目叫作《枪械说》，主播正在讨论关于大威力枪支的立法问题，反复强调着一句话："只有一个人能够保护你的安全，那就是你自己！"

在一座名叫纳科（Naco）的边境小镇，另一种"自卫手段"清晰可见。我开在墨西哥一侧小镇的主街上，经过了一座汽车坟场，巨大的招牌上写着"美国废铁"，旁边则是一家兜售着各种打折药品的药房，最终来到了两国的边境线。美墨之间不存在任何天然的险阻，连一条小溪流都没有，只有一座无比庞大、有些突兀的人造疆界：一道15英尺高、波纹金属建造的边境墙，顶端装有监控摄像头与强光探照灯。道路经过一个急转，来到了一处美国的边境哨岗。在岗哨后方20码，道路又转回了那条主街，只不过这一次路牌告诉我这里是"纳科，亚利桑那州，海拔4615英尺"。标牌上并没有提及当地的人口。我扫了一眼，却一无所获，这里唯一的活物似乎就是一只瘫睡在一排废弃店面之前的流浪狗。

这里唯一开张的生意便是一家布道院风格的酒吧了。在里面，人们正用西班牙语互相交谈着，一边打着桌球，头顶上的吊扇正嗡嗡作响，与我在边境线另一侧刚刚拜访过的酒吧别无二致。我点上一扎啤酒，听旁人说起了"纳科"（Naco）这个镇名的由来。原来，如果取"亚利桑那"（ArizoNA）和"墨西哥"（MexiCO）两词的最后两个字母，拼接在一起，就组成了"纳科"。墨西哥一侧有大约 8000 居民，而亚利桑那一侧只有不到 800 人，他们大多从事非法越境的行当。这些被称作"土狼"（当地对蛇头的称呼）的人会在边境墙上打开一个洞，在地下挖掘隧道，或者走到还未来得及修建金属高墙的地方，徒手翻越顶部装有铁丝网的栅栏。

在亚利桑那这一侧，广袤、没有树木的平原上布满了蜂鸣着的动态感应器，盘旋着的直升机，以及架在行走式樱桃采摘机上的摄像头。每天夜幕降临后，装备着夜视仪的美国边境巡逻队探员们全员出动，逮捕数以百计的非法入境者，将他们扭送回边境线墨西哥的一侧。大多数被抓的人便等到第二天，再次翻越国境，试试他们的运气。

"全都疯了。"酒吧的主人莱昂内尔·乌尔卡迪兹，一位第二代墨西哥裔移民，如此告诉我。他是继"纳粹哥"之后，我遇见的第一个听说过科罗纳多大名的人。莱昂内尔领着我走出酒吧，指向了靠近边境墙的一座老旧石制界碑，那是在美墨战争之后建立起来的。从某种意义上说，正是科罗纳多的那次远征导致了两国之间漫长的边境冲突，直到今天，仍在纳科附近上演着。

"西班牙人再次入侵了，对吧？"莱昂内尔笑着说道，"那个时候，科罗纳多因为黄金而来。而如今，则是为了找工作。老实讲，都是一回事。印第安人不欢迎远道而来的西班牙征服者。现今，大多数美国人也不愿意接纳墨西哥移民。历史啊，就是在不断地重演着。"

美国与墨西哥气氛并不总是像现在这样紧张。1941 年，也就是科罗纳多远征的四百周年，美国国会通过了一项议案，建立一座横跨美墨边境线的纪念公园，以彰显两国的深厚友谊。不过，第二次世界大战的爆发以及诸多其他因素，包括墨西哥人对科罗纳多的复杂感情，阻挠了这一方案。墨西哥在经历了与西班牙殖民当局的血腥斗争后才得以独立，自然更情愿将印第安人而不是欧洲人留下的传统纳入民族精神的一部分。作为回应，国会便放弃了与墨西哥合作的打算，拨款在美国境内建造了"科罗纳多国家纪念地"（Coronado National Memorial）。

园址设在纳科以西的一座山坡上，俯瞰着四周广袤的平原以及远处的圣佩德罗河。开往纪念园的路上，除了边境巡逻队的特种车辆外，就只有我的一辆小车了。走进一座小型的游客中心，里面也是空无一人。"这可不是一座普普通通的公园，"赛恩·韦甘德，瘦削、留着平头的纪念地巡逻队长，向我解释道。平均来说，每天只有大约 20 名游客来到纪念公园参观。而到了晚上，纪念地与墨西哥接壤的 3 英里边界线便会吸引来许多偷渡客，比游客的数量多上整整 20 倍，借助山坡上茂密的林木，闯入美国境内。"大多都是些回头客，"赛恩打趣地说。

每年从这里涌入美国的 12 万名非法移民彻底地改变了这座公园的作用与意义。在落成后的几十年里，纪念地一直举办名为"边疆节庆"的活动，吸引美墨两国的年轻学生与艺术家前来交流。到了 1980 年代末，边境审查逐渐变得严格起来，公园便不再举办这一节日了。到如今，只有两名巡逻员仍在行使他们的原始职能，诸如维护纪念地、接待访客等等。其他五位公园巡逻员则转型成为了边境上的执法力量，负责阻止非法移民进入美国境内，有时还要追捕毒品走私客，甚至与这些罪犯交火。一座最初用以彰显边境南北和睦关系的纪念地却发挥了相反的作用，成为两国之间紧张关系的象征。

"我以前负责向游客介绍这里的历史故事与自然风光，"赛恩说道，

"现在，我每天都和'UDA'与'OTM'打交道。""UDA"指的就是无合法入境手续的外国人（undocumented alien），也就是非法移民，而"OTM"则指代一切"非墨西哥人士"（other than Mexican）。

赛恩给了我一份纪念公园的地图，并建议我爬到远处的山顶，那里叫作科罗纳多峰，有一座视野极好的观景平台。沿着陡峭的步道爬了半途，我不得不停下来缓口气，这里的海拔已经有 7000 英尺。一位身材矮小的跑者健步如飞，一下子便超越了我，似乎是在嘲笑我的速度。多刺的灌木丛与低矮的树木牢牢地扎根于干燥、多石的土地中。好不容易到达了山顶，映入眼帘的便是一片壮丽的景色，向南延伸上百英里，直到墨西哥的西马德雷山脉都尽收眼底。这大概是对我艰苦劳累的登山之路最好的奖赏吧。

站在 3000 英尺的高山之巅，向下望去，圣佩德罗河蜿蜒地在峡谷底部不断延伸着，河水浇灌着一条狭小的绿色植被带，在一片枯黄的大地上极其显眼。根据手头那份地图上的信息，我得以一览三十多英里蜿蜒曲折的河道，最初发源自墨西哥北部，流入美国境内，并终结于亚利桑那的群山之间。对于科罗纳多的远征队来说，通过我眼前的这一小段路途需要整整两天，而这还只是全程的不到百分之一而已。

前一天，当我飞驰驶过索诺拉沙漠时，四周的景象看起来十分荒凉，却毫无威胁，至少在温度从不超过华氏 90 度 [①] 的秋天里是如此。而当我翻开公园的手册时，才第一次意识到这座沙漠也可以变得如此惩罚人。科罗纳多和他的人马穿越这里时，不巧遇上了盛夏时分，这里的温度常常超过华氏 120 度 [②]。下雨天成了一种奢求，有的时候，整整两年都没有一滴雨水落下。最适应索诺拉沙漠环境的生物便是长鼻袋鼠了，哪怕滴水不进，也可以生存。这种有袋类动物的脏器可以从植物或

---

① 约 32.2 摄氏度。
② 约 48.9 摄氏度。

科罗纳多一行的行进路线（1）

种子，甚至是自己排出的粪便中萃取水分，以维系各项身体机能。

生活在这片沙漠的其他动物包括狼蛛、蝎子、响尾蛇、一种有毒液的巨型蜈蚣，还有吉拉毒蜥，这种蜥蜴会猛扑向猎物，咬合下颚，用尖锐细小的牙齿将毒液混合着唾液注入伤口。哪怕是那些造型美丽的植物也可能十分危险。那些可爱、毛茸茸的泰迪熊仙人掌（我曾为了给这种奇特的植物拍一张相片，好几次在沙漠中停车），遍体生长着尖刺，"可以轻而易举地穿透衣物与皮肤，扎进人的肉中"。

在西班牙人的文献中，我很少读到有关这里危险环境的记录。关于穿越索诺拉沙漠旅途的文章中充斥着科罗纳多惜字如金般的观察，"路途艰险漫长"。一个时常出现的话题便是饥饿。弗赖·马科斯的描述使西班牙人相信通往锡沃拉的路径靠近大海；这样的话，从墨西哥出发的船只可以轻而易举地送来粮草与补给。不过，在进入今天的美国境内之后，科罗纳多意识到他的队伍正不断地向内陆腹地深入。沿途的印第安人告诉他们，要想到达海岸的话，就得沿着反方向行进好几个星期。

得知此事之后，科罗纳多在写给总督的信中坦诚道，"我们都陷入了无比的苦楚与困惑中。"尽管如此，远征队并没有放弃，而是选择继续向前方行军，进入了一片崎岖的无人荒原，没有任何食物和草料可供补给。抛去西班牙征服者的残酷暴行不谈，他们着实算得上一群百折不挠、永不畏惧的好男儿。

到了今天国境线的北边，科罗纳多的远征队在亚利桑那东南部干旱的峡谷与崎岖的高山中艰难地跋涉着。弗赖·马科斯向科罗纳多承诺，他可以在一处叫作奇丘提卡（Chichilticale）的印第安要塞稍作休整，为人马补充给养。但当西班牙人抵达时，迎接他们的是一座废弃了的陶土堡垒，以及零星的几处原住民营地。看到这幅凄凉的景象，一位远征队的成员记录道，"每个人都黯然神伤"。

　　五个世纪后，就算开着车行驶在平坦的公路上，亚利桑那州的东南部仍然广袤空旷得令人有些不安，至少对我这个东部来的人是如此。我穿过一条条乡间小道，追踪着科罗纳多在亚利桑那的足迹，开了整整三天车，还未离开科奇斯县（Cochise County）的疆界——一座比整个康涅狄格州都要大的行政辖区。一天清晨，我在日出时出发，前往地图上标出的一个十字路口，心里估摸能够赶上早餐的饭点。两个小时后，我终于开到了"休息站"：一道防畜栏，一间叫作"边疆文物"、早已废弃了的店面，以及一道栅栏，每根柱子上都插着一个被烈阳晒得变了色的牛头骨，还有一个写着"小心！有狗"的警示牌。我并没有看到那条狗，或是任何其他活物。接下来的一个小时里，我连一辆车都没有看到，绝望得就快要到路边的灌木丛中寻找一株仙人掌，把它的汁液当早餐了。

　　根据西班牙人的描述，奇丘提卡曾是一座坚固强大的堡垒，镇守着一处隘口，一边是热得发烫的荒漠，另一边是高耸入云的崇山峻岭。尽管队伍中的马匹都快"精疲力竭"了，科罗纳多写道，他还是只在这里休整了两天：短缺的食物意味着他们不能在此久留。所以他们继续前行，进入了崎岖难走的无人之境，因为疲劳和短缺的草料补给，马匹纷纷轰然倒下，队伍中不少归顺的印第安战士也撑不住了，死在了这里。一个西班牙人以及两个摩尔人饥不择食，吃了一种带有剧毒的植物，不幸中毒身亡。

　　在荒野中行进了整整两周，西班牙人终于到达了一片较为温和宜人的地区，有许多溪流和树木。他们也第一次遇见了来自锡沃拉七座城池的印第安人，并得知"当地人欢迎他们"。科罗纳多给了那几位原住民一个十字架与一些念珠，告诉他们不要惧怕，因为"自己有总督大人的命令在身，只是前来保护和帮助大家的"。

　　两方都没有说实话。第二天晚上，科罗纳多派出的前哨发现印第安人正蛰伏在夜色中，准备袭击远征的队伍。尽管这些土著勇士很快就退却了，他们表现得十分有纪律性，吹着小号集结队伍，并向空中释放"烟云作为信号"。"远方很快就传来了回应，看来印第安人的协同作战能力比起我们来有过之而无不及。"科罗纳多写道。

他手下的那群士兵则完全没有做好战斗的准备。在一场最终被挫败的袭击中，一位西班牙人记录道，那些毫无经验的兵士"表现得慌乱无章，以至于有些人甚至把马鞍放反了"。可是，科罗纳多别无选择，只好孤注一掷，向锡沃拉急行军。"粮草实在短缺，"他写道，"如果我们延迟了一天路程，估计都会饿死吧。"自从离开墨西哥境内的最后一处西班牙据点后，科罗纳多的队伍已经走过三个月的漫漫长途，实在算不上一支前来征服的军队了，更像是一帮绝望、饿着肚子的散兵游勇。

到了第二天，西班牙人终于得以望见他们几个月来梦寐以求的终点站。当他们看见锡沃拉的第一座城市时，一位士兵写道："许多人都对着弗赖·马科斯怒吼咒骂，言语实在太过恶毒，以至于我祈祷这些话传不到天父的耳中。"马科斯一直以来所描述的是一座比墨西哥城规模还要宏大的聚居地，是美洲目前为止"最宏伟壮阔"的都市。而西班牙人如今找到的，这位士兵记录道，"是一处小到不能再小的印第安村落，房屋倚靠悬崖而建，挤成一团。"在墨西哥，他还提到，有很多牧场"远看都比这座'城池'来得光鲜宜人。"

科罗纳多并没有记录下他对锡沃拉的第一印象。不过，他描述了西班牙人在村落外进行的一种奇怪仪式。科罗纳多派出几名士兵、一位修士，以及一名印第安翻译前去投递一张传票。这份文件写于三十多年前，由西班牙的法学家起草，被王室用作向美洲原住民发动"正义战争"的依据——有点像16世纪版本的日内瓦公约。在美洲大陆上下，西班牙征服者们都随身携带着文件的副本，在开战之前总是会向他们的印第安敌人宣读。

这份文件开篇便讲述了一段简略版本的世界历史：上帝创造天堂和人间，亚当与夏娃，圣徒彼得成为教皇……它也解释道，罗马教宗批准了西班牙对新世界的领土主张，这一许可在许多文献中都能找到佐证。"如果你们想要，可以核验这些文件。"传票向印第安人承诺。然后便是最后通牒的部分了：愿意和平地臣服于西班牙王室的土著人将会"被西班牙人以和蔼与仁爱的态度对待"，并享受许多特权。印第安人不用立马答应，他们可以在一段"合理的"时间范围内考虑这一宽容大方的提议。

但是，如果他们一味拖延，或是断然拒绝，残酷的报应将会即刻来临。"我可以保证，在上帝的保佑下，我会发动无可阻挡的强大攻势。我会在任何地方、使出任何手段向你们发动战争……我会抓走你们的妻子儿女，将他们贩卖为奴……我会掠夺你们的财产。我会竭尽全力，对你们造成尽可能多的伤害。"这还没完："我宣布因为上述这些行为造成的死伤都是你的过错造成的，不是国王大人的错，也不是我们的错。"

这份文件体现了西班牙征服者恪守的所谓"法制主义"：一位公证人必须在场，签署一份宣誓书，以确认西班牙代表的确宣读过那份文件。放到现代的语境中，这也就意味着西班牙人证实自己已经向印第安人宣读过"米兰达警告"①了。事实上，这种"传票"与"米兰达警告"十分相似——两者都相当于一种死刑宣判（如果对方不服从的话），以某种对方不知道的神圣力量为名，并用对方无法理解的语言写就。对于印第安人来说，他们怎么知道谁是"上帝，我们的主"？什么是"教皇"？而统治"卡斯蒂利亚"和"莱昂"的"强大崇高的君主"到底又是什么人？

本质上来说，这份传票就是一张对杀戮行径的许可证。更可笑的

---

① 指逮捕（或审讯）罪犯时，告知嫌疑人他们所享有的沉默权。该规则于 1966 年在美国首次确立。

是，西班牙代表常常不带上翻译，或是在距印第安人几英里外的地方宣读这份文件，或是等到原住民们都睡着了，对远方的来敌毫无戒备时，用轻声细语在夜色中朗读。那位多米尼加的修士，巴托洛梅·德拉斯·卡萨斯曾说，对于这份文件的荒谬性，他"不知道自己到底该哭还是该笑"。

在锡沃拉城前聚集起来的印第安人却有着不一样的回应。"他们本质上就是傲慢无礼的人，"科罗纳多写道，"对我们毫不尊重。"事实上，在修士宣读文件时，一位土著勇士毫不客气，直接弯弓搭箭，射穿了那人的长袍。在一场短暂的前哨战之后，原住民们纷纷退入了那座防备完善的聚居点。

要想攻打一座有高墙防护的村镇，西班牙人就必须耐心地围城。但是，陷入绝望的远征队已经等不了那么久了。因为聚居点中有"紧缺的食物与补给，"科罗纳多只好孤注一掷，命令士兵们下马步战，正面发动袭击。西班牙人与印第安人在美洲大陆上爆发的第一场对阵战与上帝、荣耀或是黄金都无关，纯粹是因为攻城者"太饿了，再撑上一天都绝无可能"。

科罗纳多命令手下的十字弩手与火绳枪手向拱卫着村落狭小入口的印第安战士们开火。可是，十字弩手们很快便拉断了弦，而火枪手们"个个虚弱无比，连保持站姿都十分困难。"与此同时，聚集在屋顶上的印第安人居高临下，向西班牙士兵投掷着石块。科罗纳多佩戴着羽毛装饰的头盔，穿着镀金的盔甲，自然成了最显眼的目标。他两次都被石块击翻在地，不得不被人抬下战场，脸上两处挂彩，手臂和腿上伤痕累累，脚上还中了箭矢。

尽管如此，西班牙军队还是设法攻入了村落内部。在开战前，锡沃拉人早就疏散了所有女人、小孩和老人，只留下适龄的战士。在短暂的交战后，这些勇士也退却了，丢下这座聚居地逃向远方。西班牙人无心追逐溃逃的敌人，而是立马扑向了城中的战利品。

"我们发现了比黄金白银都要重要的东西，"一位士兵写道，"玉米、豆子、家禽，比新西班牙的要好得多，还有盐——我一辈子见过的最美好、最白净的东西。"

从奇丘提卡到锡沃拉的路程——一段被科罗纳多形容为"悲惨之旅"的漫漫长途，到了今天依然是苍凉萧索的。沿阿帕奇小道蜿蜒而下，我经过了一团团干枯的灌木，一片光秃秃的山坡，上面印刻着一座牧场的商标，以及一块警示牌，上面写着"州立监狱附近：不要让陌生人搭便车"。接下来，我进入了格林利县（Greenlee County）——整个亚利桑那州人口最少的县：平摊到每平方英里，就只有五位居民，是全国平均数据的十六分之一。

到达了县治克利夫顿（Clifton），一座老旧的采矿小镇，也是一条叫作科罗纳多小径的山路的起点，我走进了当地报纸——铜矿时报（The Copper Era）的办公室。报纸的编辑，沃尔特·马雷斯，正抽着烟；大口喝着咖啡，他的办公桌上堆满了杂物，以至于连放马克杯的地方都没有。沃尔特体格强壮，有着灰色的胡子和头发，在这里工作了整整23年，报道着各种矿工罢工、铜价下跌，或是克利夫顿周围的峡谷发生洪水之类的新闻。同时，他也写关于科罗纳多小径的专文。这条小径为克利夫顿带来了一条格言——"小径开始的地方"，以及一小撮感兴趣的旅客，这座小镇也因此得以在公民活动和全州展览会中推广自己的旅游业。

作为小镇文化的一部分，沃尔特经常戴上一顶西班牙征服者的头盔，并发表有关科罗纳多的演说。"孩子们总是问我，'你这是在扮演谁？哥伦布吗？'"他说道。"他们对自己城镇的历史一无所知。"正因为如此，沃尔特开始深入研究科罗纳多的事迹，并成为西班牙征服者的崇拜者——这算得上一件稀罕事。

"今天的美国人上下车都觉得累，"他说道，"这些人徒步走过了几百，甚至几千英里的路途，全然不知前方等待着他们的是什么。俄勒冈小径，圣塔菲小径——这些地方至少有一条土路吧。而科罗纳多连一条（以他命名的）羊肠小道都没有，是亚利桑那州政府在这里修了路，以他的远征命名的。"

严格意义上，这种说法并不准确。与许多早期的欧洲探险家一样，科罗纳多的队伍时常沿着印第安人留下的小道前行。不过，没等我开口纠正，沃尔特就切换到了下一个话题。

"我们对历史的一切认知都是扭曲的，"他说道，"朝圣者就是一群难民，新来者。他们不允许异见，来到美洲就是为了建立残酷迫害的统治，而不像在英格兰时那样受到监管。"说着，沃尔特就将烟头扔进咖啡杯中。"我讨厌所谓的感恩节故事，我们应该吃辣椒，而不是火鸡。没有人愿意正视西班牙征服者的成就，因为那就意味着承认他们比英格兰人早到好几十年。"

沃尔特的先祖便是追随着科罗纳多的脚步，在 16 世纪或 17 世纪初来到新墨西哥北部定居的西班牙殖民者。他本人生长于科罗拉多州的罗密欧镇（Romeo），距离新墨西哥州界只有几英里。与镇名恰恰相反，罗密欧没有宜人的风景，或是浪漫主义的色彩，他们一家住在那里的时候，连自来水都没有。"历史课上，我们学到的一切就是什么'四九人'① （Forty-Niners），'山人'② （mountain men），还有那天杀的派克峰③ （Pikes Peak），"沃尔特气愤地讲道。"那些英格兰人调侃我们，管我们

---

① 指 1849 年争往加利福尼亚淘金的人，位于旧金山的一支美国国家橄榄球联盟队伍以此命名。
② 指 18 世纪末与 19 世纪初来到美国西部的冒险家与拓荒者。
③ 落基山脉的一部分，位于科罗拉多的埃尔帕索县。探险家泽布伦·派克（Zebulon Pike）于 1806 年来到这里，成为第一个到达此地的美国人，因此得名。

叫'吃辣椒的'，还说我们是新来者，纯属一派胡言。我们在西部定居的历史要比所谓的拓荒者早上三百多年。"

沃尔特也不想与聚居在西南部的墨西哥人扯上关系。他们大部分都是新移民，就连使用的语言都与几个世纪前来到这里的殖民者大相径庭。"我是西班牙人，"沃尔特强调，"在从西班牙独立出去之后，墨西哥政府只控制了西南地区 25 年，然后就输掉了战争，将这片领土拱手让给了美国人。"

他停顿了一下，在办公桌上翻找着香烟，让我得以问出一个明摆着的问题：对于西班牙征服者对印第安人的残暴统治，他怎么看？

"是这样的，西班牙人都是些屠夫，"他同意这一说法。"但是那时的每个人何尝不是呢？西班牙人内部曾激烈辩论过奴隶制度的合法性以及是否应该使用暴力，并且根据他们认为的道德准则，来制订对待印

西班牙人把印第安人绑在树干上烧死
（摘自 16 世纪的德国书籍——当时这种描绘"黑色传奇"的图片在北欧流行）

第安人的法规政策。说起英国人，以及其他后来者，他们可是奴役镇压了美洲原住民好几个世纪。至于黑奴，我就不提了。到底谁才是真正的坏人？"

　　对我来说，将欧洲殖民者由好到坏排名听上去有些令人沮丧。但是沃尔特说对了。在我阅读与西班牙征服者有关的书籍文献时，我第一次读到了"黑色传奇"（black legend）这种说法，最初起源于 16 世纪欧洲的宗教纷争与各大帝国间的对抗。出于对信仰天主教的西班牙的憎恶，在阅读了卡萨斯与其他人对印第安人遭受的残酷对待的记录后，欧洲北部的新教徒便开始大量发表夸张的版画和文章，将西班牙人治下的美洲描绘为一片荒蛮暴虐的大陆：西班牙宗教裁判的加强版。

　　19 世纪美国的金格主义者 ①（jingoist）复活并加深了这一"黑色传奇"，以此为对西班牙和墨西哥领土的侵占辩护。除了对西班牙人历史过错——残酷、贪婪、懒惰、宗教狂热、专制独裁——的清算之外，还加上了一条，那便是西班牙殖民地的混血人口。对于白人至上主义的美国人来说，这样的行径便是一种人种上的退化。在得克萨斯共和国与墨西哥之间的战争中，史蒂芬·奥斯丁 ②（Stephen Austin）宣称，是"西班牙—印第安杂种联合黑人，企图对抗盎格鲁—美利坚民族以及文明的进程"。这就给了美国白人"神授天命 ③"（Manifest Destiny），就像占领印第安部落地那样，征服并文明化落后愚昧的西班牙领地。

　　到了 20 世纪，所谓的"黑色传奇"逐渐消散。但近年来，这种古老的偏见再次浮现。在穿越边境线回到美国之后，我唯一能收听到的汽

---

①　金格主义带有民族主义色彩，呼吁采用强势的对外政策，通过使用武力，而不是和平谈判，来达到外交目的。

②　18 世纪美国拓荒者，曾任得克萨斯共和国国务卿，被誉为"得克萨斯之父"，今得州首府奥斯汀市（Austin）因其得名。

③　天命论最早起源于 19 世纪 40 年代，其拥护者认为美国被上帝赋予了向西部扩张、直达太平洋的"天命"，应该不断扩张疆域，使荒蛮的土地文明化，并取代原住民成为北美大陆的霸主。

车电台里便在激烈地讨论着西班牙裔"非法移民"的"入侵"，以及他们对这个国家的教育、经济和文化认同造成的"危害"。

"在学校里，我总是听到，是英国人最先发现美洲的，英国人最早开始殖民的，什么都是英国的，"沃尔特对我说，"我就想大叫，'嘿，是西班牙人先来的！'当然了，我还没有把印第安人算进去。"

关掉了他的办公室，沃尔特决定带我到克利夫顿镇上转一转，沿着科罗纳多大道行驶，经过了一家"科罗纳多美容院"和一处废弃的建筑物——里面曾经开着一家"科罗纳多旅店"。然后，我们开出了峡谷，最终停在了一处当代的露天矿坑旁边。

从外表来看，眼前的已经不是一处矿坑了，更像是被剥离、截断的山体，一座人造的平顶山，横跨五英里的距离。坦克大小的铲车将矿石倒进我一辈子见过最庞大的重型卡车中，光是轮胎就有两个我那么高。一条传送带如蟒蛇般蜿蜒穿过矿坑，经过一座座橙红色的矿洞以及堆成小山高的炉渣，被孔雀石染成了蓝色。这座矿坑的铜矿石年产量在整个北美是最高的，而其大的矿脉之一便被命名为"科罗纳多坑"。

"人们认为西班牙征服者个个精神失常，贪婪成性，总是想着哪里有利可图，"沃尔特说道，嗓门盖过了背景中机械转动、拍击的声音，"怎么说呢，这么多年过去，我们还是站在这里，日夜挖掘着。"他慢慢地吸了一口香烟，又长长地将烟圈吐出来。"那些'邪恶的'西班牙人不是什么非法移民、外国人，他们与我们一样，就想要一夜暴富，这就是美国梦的本质，不是吗？"

1540 年，在科罗纳多的远征军杀出一条血路，攻下锡沃拉后，西班牙人"一夜暴富"的美梦就此破灭了。"直截了当地说，"科罗纳多传信给新西班牙的总督，"我可以向您保证他（指弗赖·马科斯）说的没有一句是实话。"金光闪闪的大都市实际上是一座石头堆成的"小镇"。

唯一一种还算有些价值的矿石就是绿松石了，锡沃拉人通常用于装饰他们多层的建筑物。"我认为他们有许多绿松石，"科罗纳多写道，但"当我们到达时，这些宝石，连同他们的一切财产，全都消失了。"除了些玉米之外，这里就没有什么值得拿走的了。

在锡沃拉的攻城战发生几天之后，一个原住民代表团来到西班牙人的营地，进献了"一些绿松石以及几件破旧、窄小的斗篷"。科罗纳多重申了他的主张，不远万里来到这里，就是为了让印第安人"归附唯一的真神上帝，并尊西班牙国王为他们的王和人间的正主"。与之前一样，印第安人对此无动于衷。在稍作停留之后，他们便"再次逃亡山区，扔下了他们所居住的城镇"。

尽管西班牙人与锡沃拉人之间的接触十分短暂，却给入侵者们留下了深刻的印象。"我在这里没有看到一座比邻舍来得大的房屋，很难分出居民身份和地位的高低。"统治锡沃拉的是一个参议会，由城中的长者组成。这里的教士也有较高的影响力，负责站在屋顶的平台上宣读公告。总的来说，这位西班牙征服者认为锡沃拉人"智力颇高"，"很有教养礼貌"，"精通针线活和制作其他手工艺品"。

但是，锡沃拉人的这些特质并不能弥补财富的缺失。科罗纳多在写给总督的信件末尾加上了一张运回墨西哥的战利品清单，其中包括篮子、绿松石挂坠，以及一张"牛皮"——应该是美洲野牛，一种西班牙人从未遇见过的动物的皮草。为了保护他不被心怀不满的士兵袭击，弗赖·马科斯也被一道礼送回国。

"依我看来，这里并没有金银财宝存在的迹象，"科罗纳多总结道，"但是，我相信上帝的力量。如果这里有任何财富，我们终有一天会找到的。"

在克利夫顿郊外一处露天矿洞中的一座炉渣堆旁边，我找到了一张

"科罗纳多观景小径"的标牌。它更为人所知的别名叫作"恶魔的高速公路"，这是因为这里极高的死亡率以及公路在地图上的标识号码——666，这个数字与启示录中对"反基督"的记载有关。在当地宗教团体的游说下，亚利桑那当局重新命名了这条道路，将数字改为191。不过，新名字也改变不了这条公路恶魔般的名声，从一段陡峭的上坡路出发，地狱般的红色露天矿洞尽收眼底。接下来就是无止境的U形弯道，总共有500个之多，以及令人眩晕的3000英尺落差，等待着莽撞大意的摩托车手上钩。

在这条路上蜿蜒行驶了几个小时，我到达了坐落于9100英尺高处的一座小木屋。1926年时，就是在这里，科罗纳多小径在牛仔的竞技、烧烤的熊肉，以及阿帕奇印第安人献上的一段"恶魔之舞"中正式宣告启用。事实上，这些表演，甚至是这条公路本身与科罗纳多的远征并没有任何关联。根据木屋中展出的文章，科罗纳多的队伍一直紧贴着低地前进，不想冒险进入"观景小径附近岩石丛生、没有水源的高原"。同样地，很少有游客愿意来到这里。这条120英里长的小径是美国本土车流量最小的一条联邦公路。

这里的高山至少有一个好处，那就是气温没有那么炎热。开着车盘旋而上，气温一下子跌到了华氏50度，比起我昨天经过的沙漠也低上整整50度。但当我走上通往伊格尔镇的道路，开往新墨西哥时，我再次进入了一片高温炙烤下的平原，黄沙漫天，全然不见树木的踪影，四处可见干涸的河床以及写着"小心扬沙"的警示牌。这里的唯一一处景观便是吱吱作响的旧风车以及一道标着"颗粒无收牧场"（Slim Pickin's Ranch）的栅门。就像科罗纳多和他的手下一样，我已经厌倦了这一望无际的荒原，精疲力竭，只想着到达传说中的那七座石头城市，或者任何地方，都行。

1540 年的锡沃拉并没有七座"城池"，而是一系列分散、相隔甚远的印第安人村寨，大概只有六座。按照当地祖尼人（Zuni）的说法，这些聚居地都不叫"锡沃拉"。有趣的是，祖尼人对西班牙人的称谓——锡沃罗瓦（tsibolo'wa），很有可能源于"锡沃拉"一词，得名于这些陌生人口中反复提到的奇怪词汇。

在科罗纳多远征的一个半世纪后，祖尼人逐渐放弃了其他村寨，全部栖身于其中一座定居点，而他们的后裔直到今天依旧居住在遗址附近的小镇上。这使得祖尼人有别于绝大多数的北美印第安部落：尽管受到了西班牙征服者们的冲击，他们依然生活于世代栖居的部落地之上，在与欧洲殖民者第一次接触的四百五十年后仍是如此。

同时，祖尼人，比起大多数美国境内的原住民部落，保留了更多的民族语言与传统的宗教信仰。这些信息都使我兴奋不已——还有部落那具有异国情调的名字，打制精致珠宝的名声以及访问一处筑有高墙、架着梯子的印第安村落（也被称作普韦布洛），那是一种我从未见过的景观的愿景。在一千英里炎热、尘土飞扬的长途旅行后，想象中的祖尼是一片令我着迷的土地，哪怕没有金子，也有白银、绿松石和各种部落传统。

越过新墨西哥州界没多久，我便看到了一张路牌，上面写着："您正在进入祖尼部落地，欢迎光临。"接下来又是一片干旱的平原，零星地散落着一些拖拉机和小房子，以及祖尼人的商业中心，有不少珠宝店开在高速公路两侧。跟随着路牌上指示的方向，我来到了当地的博物馆。走下车，迎面而来的是一阵强风，无数的尘土向我袭来。我周围的一切——汽车、建筑物、街道披上了一层铁锈般灰棕的色彩，好像地球正在缓缓升起，或是这座小镇正在慢慢陷入地下一般。

这种与大地和土壤的紧密联结也糅杂进祖尼人的信仰系统之中。根据祖尼部落的创世神话，这座星球的先民们来自极深的地下，靠着梯子攀爬，钻出一个巨大无比的裂口（有人说就是今天的科罗拉多大峡谷），来到地面。他们四处游荡着，想要找到一处叫作"中土"的风水宝地，跟随着一只巨大无比的水虫（细长的触角延伸到地球的各个偏僻角落）的指引。水虫的心脏下方有一个点，与各个角落都是等距的，祖尼人管它叫作哈洛那·伊地瓦那（Halona Idiwan'a），在他们的语言中就是"中土"的意思，从此他们就在那里定居下来，生活繁衍。

这是我在参观完博物馆，并阅读了大量有关祖尼人的书籍文献后，得出的粗略结论。祖尼文化的宇宙观，就如同澳洲土著人眼中的"梦境"一般，很难被翻译到西方的语境与概念中。比如说，祖尼人将我们所处的世界分成两个境界，"生"的境界与"熟"的境界。人类是"熟"的，而地球、大风，与人造的工艺品则是"生"的。如果想要将祖尼人的语言在书面上呈现出来，那么就需要一系列古怪的符号来代表喉塞音 ①（glottal stop），清齿龈边擦音 ②（voiceless lateral fricative），以及欧洲人不常用的其他发音方式。得出的结果就像是这样："t?ek?ohanan：e onaya：nak^ä a:'ci'wan:i。"语言学家将祖尼语归类为世界上少有的几个"孤立语言" ③（language isolate）之一，因为无法找到任何与它有明显关联的已知语言。

与澳洲土著人的仪式和信仰类似，祖尼人的宗教也被包裹在神秘色彩与各种禁忌之中。我在那间博物馆看到一块展板，介绍着弗兰克·汉密尔顿·库欣（Frank Hamilton Cushing）的事迹，他是一位隶属于史密森尼学会 ④（Smithsonian Institution）的人类学家，曾在 19 世纪末与祖尼部落共同生活了一段时间。他融入得很好，以至于当上了神职人员，并

①　指声门闭塞形成的辅音，一个常见的例子就是标准汉语中"阿"的发音。
②　指通过摩擦齿龈形成的清辅音，主要见于北美原住民语言，我国的部分方言中亦有出现。
③　语言学中对"孤立语言"的定义就是所有"与任何其他的语言不存在亲属关系的自然语言"、包括巴斯克语、苏美尔语、阿伊努语等等。
④　史密森尼学会是一系列美国博物馆与研究机构组成的联合体，得名于英国科学家詹姆斯·史密森（James Smithson）。他将自己的遗产捐献给美国当局，并嘱托建立这一学会。

参加过部落间的战斗，手上拿着敌人的头皮回到营地。当地人十分欢迎他的到来，直到他发表了自己的研究，其中披露了祖尼人宗教仪式的细节，而部落民将这些视为"私密信息"。

更糟糕的是，他的论文引来了许多好奇的人类学家前往祖尼部落一探究竟。博物馆的展板上引用了一位部落参议会成员的话。这位长老抱怨道："他们争先恐后来到这里，想要'研究'我们。我们知道自己是谁，不需要什么研究！"

当我试图与博物馆前台的一位年轻祖尼人搭话时，他礼貌地对我笑了笑，却没有回答我的问题，而是指向了部落中心的方向。到了那里，我被邀请进入了一间不同寻常的办公室。领导祖尼部落的八人参议会设置在一间房间内，办公桌紧挨着，排列成半圆形。这样的安排并不是为了节省空间，而是祖尼人"社区治理"模式的体现。早在四百多年之前，第一次来到这里的西班牙冒险家们就意识到了这一点。

"这样的话，我们凡事都得一起商议，作出共同的决定。"部落的副首领卡梅丽塔·桑切斯（Carmelita Sanchez），一个巧克力肤色、身着棕色套装的女人，向我解释道。她带领我来到了一张会议桌前，面对着排成半圆形的桌椅，问我："你是人类学家吗？"

当我回答不是后，她看上去放松了许多。不过，就如同库欣一样，科罗纳多在祖尼人中也不是一个受欢迎的话题。他1540年的那次入侵开启了西班牙人对新墨西哥的殖民统治，并在全州范围之内建立起许多传教点。到了1680年，不满殖民统治的原住民揭竿而起，发动了大规模的起义，这也招致了西班牙当局的猛烈反扑与残酷镇压，祖尼附近六座印第安人村落中的五座都因为连绵的战火而被居民遗弃。

"西班牙征服者们只带给我们厄运、暴力、劫掠与传教士，"当我问起科罗纳多时，一位参议员在一旁评论道，"为什么我们要纪念这样的人呢？"

卡梅丽塔的观点则没有那么尖锐，西班牙人带来的不全是坏事和厄运。印第安村落因银制工艺品与土坯砖而闻名，而这两种材料都是西班牙的进口品。在此之前，原住民的珠宝挂饰大多用绿松石和贝壳制成，而他们的多层楼房则取材于石头、泥土和稻草。西班牙人还引进了农作物，以及包括绵羊在内的各种牲畜，成为了祖尼部落经济的主体。

"西班牙人并不比库欣或者任何后来的入侵者更加邪恶，"卡梅丽塔说道。"现在，人们都流行做 DNA 测试，想要证明我们来自亚洲。我们起源于这里。我们的信仰体系建立在这一基础上。也许他们都说反了，说不定亚洲人其实来自美洲西南。"

当然了，卡梅丽塔的说法与现今科学家和人类学家的普遍看法大相径庭。不过，最令我震撼的则是她对宗教信仰的无比重视。西班牙征服者的行径侵犯了祖尼部落的主权。但是那位人类学家却犯下了更严重的罪行，侵害了祖尼人的信仰体系。

讲到信仰，卡梅丽塔笼统地讲到宗教信仰对于今天的 9500 名祖尼人来说是一种"生活方式"，并"维系着这个族群"。祖尼人的部落，从某种意义上，实行神权统治、政教一体的模式。部落的大小事项都要听取遵循宗教领袖们的意见，其中几位还担任着参议员的职位。尽管许多祖尼人也会参加基督教的仪式或节日，他们这么做只是为了补充部落的传统信仰。当两者发生冲突时，传统宗教总是优先的那一方。比如说，圣诞节和祖尼人的冬至日恰巧重合了。在冬至期间，祖尼信仰规定人们要进行斋戒，禁止一切噪音和花哨的装饰品，这就意味着圣诞颂歌不能在这里播放，家家户户也不能悬挂彩灯。

卡梅丽塔还向我解释了早期西班牙殖民者曾注意到的一种仪式。在锡沃拉城以及其他印第安聚落中，原住民战士们在与科罗纳多的人列阵对峙时，总是会在地上画一条线，警示入侵者不要贸然越界。当西班牙人漠视警告，执意跨过界线时，激烈的战斗随即爆发。卡梅丽塔说这些

"边界线"都是用玉米粉画成的,对于祖尼人来说,玉米粉是生命的神圣象征,也可以用来标记人与人之间的边界。从某种意义上,玉米粉界线就好比祖尼人发出的"最后通牒",与西班牙人书写的传票一样,两者都未被理睬,没有发挥作用。

"我们欢迎并接受外来者。"卡梅丽塔说道,一边将我送到门口。全程,她都表现得十分礼貌得体,但却神情严肃,从来不带笑意。"但是我们也有不能逾越的底线。"

离开了部落的办公室,我决定去散散步,探索祖尼部落地剩下的部分。曾经层层叠叠的印第安城寨现在变成了一片低矮的房屋和拖拉机,平铺在偌大的乡野平原上,从镇中心辐射开去。而老城的遗址——一片由双层石质建筑,泥泞的街巷,以及积满灰尘的露天广场组成、几近荒废的居民区,则变得破败不堪,处于半废弃的状态。黄昏时分,当我来到这里时,只有一些青少年还在外头,穿着松松垮垮的牛仔裤,练习着投篮;还有一个酗酒模样的男人,正用嘶哑的声音自言自语,"想要买个野狼形状的圣物吗?"

回到穿越城镇的主干道,我在当地唯一的餐厅——一家比萨店,吃了晚饭,并来到了祖尼部落地唯一的宾馆住下。这是一座普韦布洛城寨式的客栈,有着平整的屋顶、土坯的墙体,以及紧凑却又舒适的客房。这里的一切都很不错,直到我试图睡觉的时候,哭泣的婴儿与吵闹的卫生间使我迟迟无法入眠。好不容易睡下了,我在凌晨时分又被楼上房间沉重的脚步声吵醒了。普韦布洛城寨中的生活对于游客来说好像十分新奇诱人。不过,也不难理解为什么祖尼人自己会选择住在这样低矮狭小的房屋中。

尽管我,和西班牙征服者一样,对弗赖·马科斯笔下的那座镀金城市有些失望,但我还是设法找到了一条值得继续追查的绝佳线索。昨天，在那间博物馆里，我得知小镇之外有一座城寨的遗址。近来，考古学家在那里找到了不少证物，很可能是科罗纳多对锡沃拉的第一次袭击留下的。祖尼人十分憎恶外来者随意入侵他们的宗教信仰，但对历史遗迹的发掘或研究，只要没有不敬的破坏行为，他们则并不排斥。所以，第二天一早，我便来到了部落的考古办公室，并会见了部门主管乔纳森·丹普（Jonathan Damp）——一个皮肤苍白、戴着宽边眼镜的中年男子。作为祖尼部落地的少数几位英裔居民之一，丹普在新罕布什尔州北部长大，是个地道的扬基佬，这使他在这里显得更加格格不入。

"在学校里，"当我们爬上他那辆四驱越野车，准备前往考古地点时，他对我说道，"我学到了新英格兰地区历史的方方面面，别的内容则都一笔带过。就好像在朝圣者到达之前，这片大陆上就空无一人，什么都没发生过似的。"在经过祖尼部落的新高中时，他放慢了车速。"当他们开工建设学校时，一条有着三千年历史的灌溉渠不经意间出土了。那可是图坦卡蒙法老的时代，比五月花号也就'早了一点点'。"他略带讽刺地说道。

距离小镇几英里的地方，沥青路在前方变为了砂石路，而后又变成土路。乔纳森猛打着方向盘，偏离了这条小道，径直开入了一望无际的平原中。指向远处一座低矮的土丘，他告诉我，"那就是哈维库（Hawikuh）遗址了"。

在祖尼人的语言中，科罗纳多远征队遇到的第一座印第安城寨就叫作"哈维库"。当我们愈来愈靠近，我想起了西班牙人第一次来到这里时的沮丧与失落，他们看到的是"一处小到不能再小的印第安村落，房屋倚靠悬崖而建，挤成一团"。而如今，随着石质房屋消失殆尽，连悬崖也渐渐风化剥落，哈维库早已大不如前：一座孤零零的土丘，兀自伫立着，充其量不过是单调无奇的平原上的一处微微隆起。

乔纳森将车停在土丘底部，领着我爬到山顶，那里布满了各种器皿的碎片与动物骨骸。"这属于'欧库'（OH'ku）釉面，"他说道，一边冷漠地捡起一片古老的陶片，呈现着黑橘红三色，转手就又扔了出去，"这里全是那样的陶片。"

不幸的是，对哈维库的第一次挖掘发生在一个多世纪前，而那时的考古手段还十分原始。除了一些倒塌的断墙，划分出印第安城寨中一间间紧凑狭小的房间、勾勒出正方形的轮廓之外，这里便没有剩下多少了。不过，对哈维库周边的开采出土了一系列西班牙工艺品。将出土文物的精确位置绘制成图后，乔纳森得以重现西班牙征服者与印第安人之间的那场战役——发生于哈维库郊外，1540 年炎热夏季的一天。

"有的时候，你得看懂这些文献的言外之意。"他说道，一边走下那座缓坡。西班牙人的记录故意渲染一种气氛，好像那些陷入绝境的士兵单凭着勇气以及高超的战斗能力，最终取得了胜利。乔纳森认为真实的故事远比这复杂。"刀剑和十字弩看起来威风凛凛，但凭借考古学，我们总是可以找到那些不起眼的细节。"

比如说，城寨外一片多岩石的地带出土了不少马蹄铁，大概是因为与那里不平整的地面摩擦拍击而脱落的。一同出土的还有一些挂在马匹脖颈上的铜铃。在城寨的另一侧，考古学家们发掘出中空的大口径铅弹，以及来自西班牙士兵手中的火绳枪。不过，弹道测试的结果显示这些子弹并没有击中任何目标，而是径直打在了沙地上。与那些马匹的作用一样，这些武器哪怕没有造成直接的杀伤，依然对印第安人形成了巨大的心理震慑力。

"今天的人们经常讲到恐怖分子采用的策略，或者是战场上常见的'震慑与畏惧'（shock and awe）战术，"乔纳森说道，"那就拿 1540 年的祖尼人举例吧。他们从来没有见过骑在马上的士兵，也没有目睹或是听到过火器发射时的情形。科罗纳多肯定知道骑兵和枪炮的威力能够恐吓他的对手，哪怕这对攻城战没有直接的帮助。"

关于祖尼人对枪炮和火药的反应，文献中没有具体的记录，不过骑兵的出现的确造成了巨大的恐慌。后来，科罗纳多曾派出一名副手前往霍皮人（Hopi）的聚居地，当地人告诉那位军官，他们听说"锡沃拉城被一群极其凶猛的敌人攻占了，他们骑着一种恐怖的食人怪物四处行进"。马匹对阿兹特克人也产生了同样的威慑力，他们将其形容为一种会发出呼噜声的麋鹿，挂着吵闹的铃铛，嘴里吐着唾沫，四蹄则在地上留下深深的印记。

考古学家还在哈维库附近发现了黑曜石制成的箭头，大概是与科罗纳多同行的印第安勇士发射的。急于彰显自己勇气的西班牙人自然没有在文献记录中提及原住民盟友的贡献。如果没有这几百名印第安战士的辅助力量，光凭规模不大的西班牙军队，很难在短时间内攻占一座有高墙环绕、防卫森严的城寨。

乔纳森还认为祖尼人并没有像西班牙文献所说的那样溃退逃跑，而是主动选择撤离，保存力量，避免与入侵者发生激烈的战斗。从哈维库回来的路上，他指向了一座陡峭、三千多英尺高的平顶山，一处被叫作玉米山（Dowa Yalanne）的圣地。"每当祖尼人遇到危险时，"他说道，"他们就会撤退到这里。"1632 年，在杀死两位西班牙修士后，他们便逃到这里躲避，1672 年受到阿帕奇部落攻击，以及 1680 年的普韦布洛大起义时亦是如此。当科罗纳多说祖尼人"纷纷逃向山区时"，他指的应该就是这座玉米山。

从某种意义上，祖尼人在之后的几个世纪中都采用了这一撤退战术。自从 1680 年的大起义之后，他们再也没有真刀实枪地与欧洲殖民者打过仗了。那些勇猛好斗的部落大多损失惨重，土地被白人占领，族人惨遭屠杀，只有明哲保身的祖尼人与世无争，并最大限度地保全了那逐渐萎缩但依然存续的社会体制。

乔纳森说，时至今日，祖尼人依然与外界保持一定距离，不仅仅警惕着白人，也从不和其他的印第安部落扯上关系——比如居住在邻近的盖洛普市（Gallup）的纳瓦霍族人（Navajo）。在祖尼部落地待了整整十年后，乔纳森感到自己在考古挖掘现场以外，还是无法融入这里的社会与文化。

这种在这里扎根、却又不被完全接受的奇怪状态，对于他那在部落地出生长大的六岁儿子来说，很是困惑。"他知道我不是祖尼人，他也去过盖洛普市的沃尔玛超市，所以知道我也不是纳瓦霍人，"乔纳森说道，"而且我也长得不像孩子他妈，她是厄瓜多尔移民。所以有一天，他突然告诉我，'爸，我搞清楚你到底是什么人了。你一定来自霍皮族的部落！'"

1540 年夏秋，科罗纳多都在锡沃拉城中度过，他已经将这里重新命名为格拉纳达，也就是他此次远征的资助人，新西班牙总督的故乡。同时，他也派出了斥候，侦察"新土"的其他地域。其中一支搜索队一路向西前行，到达了一座无比巨大的河谷，宽阔得以至于西班牙人估算"两边悬崖之间的距离有十英里之多"。三个最矫健的士兵试图下到河中，很快就"消失在了视线中"。天色将晚时，他们回到了营地，说自己只完成了三分之一的路程。

"那些待在原地的人估计悬崖下方的巨石大约有一人高，"一位西班牙人记录道，"而那几位向下攀爬的士兵则说他们看到的岩石比塞维利亚的希尔达塔（Giralda）——一座两百五十英尺高的教堂钟楼——还要高大。"这一奇妙绝伦的证词是有史以来，欧洲人对科罗拉多大峡谷最早的描述。

同年夏天，另一支西班牙探险队则沿水路行进，来到亚利桑那，开启了一段冒险旅途。在科罗纳多离开新西班牙不久后，总督便派出了两艘船只，从墨西哥西海岸出发，为远征队送去补给，但他错误地以为锡沃拉城靠近海滨。船队的指挥官，埃尔南多·德·阿拉孔（Hernando de Alarcón），在加利福尼亚湾的北端靠岸。在那里，他发现了"一条水流湍急的大河"的出海口，也就是今天的科罗拉多河。于是，他带领二十名船员，乘坐两艘小船逆流而上，用纤绳拖拽着，试图通过水路到达锡沃拉城。

尽管这一尝试以失败告终，阿拉孔留下了一份非同寻常的文献，记录他与当地印第安人十分谨慎的第一次接触。当遇到手持弓箭的原住民时，他主动放下了手中的盾牌与利剑，通过"跺脚以及其他手势告诉他们，自己没有恶意，不想挑起战端"。他还降下了小船上悬挂的旗帜，并命令手下的人压低身子。看到这样的情形，土著人有些拿不定主意，窃窃私语，暗自商议起来。"突然，他们中的一个人走上前来，拿着一根竿子，献上不少贝壳，"阿拉孔写道，"我拥抱了他，并给他几颗弹珠和一些小物件作为交换品。"

在此之后，他的队伍便平安无事地走过了数百英里的路程，穿过人口稠密的地区，与印第安人一同饮食狂欢。阿拉孔留意到原住民的腰带上装点着羽毛，"挂在他们的身后，就像一条条尾巴"。而土著人也对西班牙探险家们的长相感到惊奇，争先恐后地梳理着他们的胡子，拍打着他们衣服上的褶皱。

但进行这种双向的探索仍然十分困难，需要下加倍的功夫。尽管队伍中有一位来自墨西哥的印第安翻译，双方之间的对话依然时断时续，很难理解。大多数时候，交流都是通过手势、交换礼品、肢体语言、绘画，甚至粗糙的木工完成的。"我用一些木棍和纸片制作一些十字架，"阿拉孔写道，"告诉他们这是我们西班牙人最为崇敬的一样东西。"

一个土著人能够理解翻译所说的一部分话，他询问阿拉孔，西班牙人到底"来自大海深处，还是大地之下，还是从天上掉下来的"。阿拉孔则用西班牙征服者的一句"口头禅"回答了这个问题，说他们是"受了太阳的指派"，方才来到这里的。但这位土著人显然想要打破砂锅问到底，坚持询问"太阳到底是用什么方法将我们送到这里的，因为它飞得很高，却从不停下来"。那人还问，为什么太阳以前从来没有派人前来？还有，为什么太阳的子民却听不懂所有的语言？

"说得越多，我就解释得越累，"在记录中，阿拉孔写下了他是如何说服那位喋喋不休的"审讯员"的，"我告诉他神居住在天堂中，而他的名字叫作耶稣基督。我想方设法使用恰当的表述，免得与他们争论起神学来。"过了一会儿，为了嘲笑号称来自太阳的阿拉孔，印第安人"将玉米和其他种子放进嘴里，然后吐到我身上，并说这就是他们通常供奉给太阳神的祭品。"

原住民和阿拉孔都被互相之间繁多的问题弄得有些厌烦了。当阿拉孔邀请一位印第安长老到西班牙人的船上休息时，"他告诉我他不想去，因为他知道我肯定会问他许多问题，使他没法好好休息"。

靠近河流的上游，阿拉孔听当地人说起，附近有一座印第安城寨，曾有一位长着胡子、手臂和腿上装点着羽毛与铜铃的黑人拜访过那里。印第安人还说，为了防止黑人将城寨的秘密告诉别的外来者，当地人就把他杀死了。听到这里，阿拉孔知道原住民口中所说的就是埃斯特瓦尼科访问锡沃拉的经过。他还得知，锡沃拉城离这里只有短短十天的路程。但是，科罗拉多河进入了山区，很快就变得十分狭窄，阿拉孔的船只无法继续航行了。日后，科罗纳多远征队的前哨曾来到这里，发现了镌刻在附近树上的一行字——"阿拉孔到达此地"。

与许多在早期北美大陆探险旅行的西班牙人一样，埃尔南多·德·阿拉孔如今籍籍无名，鲜为人知。但是，他简短的旅行记录却打开了我的视野，使我看到了残酷的美洲殖民征服史之外的另一种可能。如果带着"后见之明"来看历史，那么我们很容易地将欧洲人在美洲大陆的定居与探险当成一种冷酷无情、机械化的模式：一个更加发达的世界不可阻挡地摧毁、取代另一个较为落后的世界。在这种史观下，个人的意志与差异性根本无关紧要，要么扮演遥远帝国的前哨与代理人，要么就无可避免地成为倒在前者枪下的受害者。

实际上，美洲大陆上发生的一切都不是我们事先能够预知的，尤其是在早期接触的阶段。我们也无法将所有的外来者，或是所有的原住民，混为一谈，当作一个集体来看待。当那些真心诚意、能够跨越文化与语言鸿沟的欧洲人，以好奇的求知者，而不是以征服者的姿态前来对话时，大多数时候他们都会发现，印第安人也愿意以友善的态度对待他们。

可惜的是，这样的人寥寥无几，而他们中的大多数，比如阿拉孔和卡韦萨·德·巴卡，都是一些脆弱、没有防备的旅行者。如果他们有更多的人马和武器的话，可能就不会如此友善客气了。尽管如此，能够读到那些态度和蔼的西班牙探险家都是一种令人耳目一新的体验，至少他们没有一逮到机会，就拔出利剑，向印第安人宣读"最后通牒"。

我在祖尼部落地待了五天，想要一窥小镇这宜人却冷漠的面具下的真实面貌。每天晚上，我都会和客栈的主人，一位在这里住了三十年的法国人交谈。"我还是弄不清楚这里到底是什么模样，每天发生着什么事情。"他向我坦言。"一个法国人每周日去教堂参加一个小时的礼拜，然后就可以获得神的救赎。在这里？不可能。宗教仪式一直持续着，他们的文化体系就是一个永远走不出去、无法停下的闭环，"他笑道，"而我则被这循环排除在外。"

作为祖尼部落的匆匆过客，我就更不可能深入理解他们的文化与信仰了。离开前一天，我打算去镇上最乐于交谈的祖尼人，一个叫威尔斯·马基的年轻人那里碰碰运气。身材魁梧、留着寸头的威尔斯曾在新墨西哥的一所学院进修英语专业，后来回到了祖尼部落，在考古办公室负责书写、校对各种报告。他在普韦布洛老城中出生长大，现在还和家人一起住在那里。我第一次见到威尔斯时，他便答应会带我四处转转。可我每次去他办公室，他都说自己手头太忙，没有时间。也许他反悔了，觉得不该向我发出邀请？

等到我再次拜访，正好遇上周末，考古办公室即将关闭。威尔斯关掉电脑，带我去看展示在办公室的墙上的一张描绘 1890 年时祖尼部落的老照片。从那张照片上，可以看到一栋栋高耸、邻舍之间紧挨着的房屋，架设着梯子，屋顶的平台上则修造有许多土炉。"人们就像叠罗汉一样住在楼上楼下，"他解释道。

随着 20 世纪的到来，邻近的阿帕奇和纳瓦霍人停止了对部落的袭扰，祖尼人不再需要挤在防卫森严的城寨中了。最终，城寨中的高层建筑被慢慢荒废，变得破败不堪，或是被彻底夷平以建造新的房屋。除此之外，祖尼人还渐渐开始有了美国文化中的隐私和空间意识。当威尔斯还是个小孩子的时候，不同家庭的房屋之间还有着互通的内门，可以直接从你家的房间进入邻居家的空间。

"那个时候，我们进别人家里都不用敲门。"他说道。可是，渐渐

1882 年的普韦布洛城

地，威尔斯一家开始在他们的一侧堆放起杂物。随后，他们的邻居翻修了房屋，并用石膏板堵住了门。"当时的我没有多想，但我很怀念那种到处都是门、来去自由的感觉，走进一道门，就像走入了一个人的生活，每个人都与社群紧密相连。"

威尔斯的祖母几乎从来没有讲过英文。她用木薯根清洗她那编成辫子的长发，再用玉米的茎秆梳理。"她总是闻起来一股泥土味，"他回忆道。每天早上起来，他父亲的第一件事就是面朝东方，嘴里念叨着一段祷词，将玉米粉作为祭品供奉给升起的太阳。"不幸的是，我没有学会他的祷词，而现在他已经去世了。"

威尔斯的经历并不是个案，许多祖尼族的年轻人都与部落的传统信仰渐行渐远。在这个极其重视信仰的社会中，想要成为神职人员或在宗教活动中担任职务，就意味着终身的奉献，对各种习俗和禁忌的严格遵守，以及周期性的节食、禁欲、守夜、不准从事商业活动等等。对于那些在保留地之外工作的祖尼人来说，他们的雇主通常不愿意给他们放长时间的假期，去参加部落的仪式与庆典。电视节目、消费主义、毒品以及其他充满诱惑的现代文化已经慢慢侵入了祖尼人的生活。

尽管如此，祖尼人根深蒂固的传统主义思想依然延续着，隐藏在小镇进步、现代化的表面之下。当我们开车到普韦布洛老城，如今被当地人称为"中村"（middle village），威尔斯指向了小镇主干道两侧伫立着的崭新房屋，以及停靠在一旁的农用拖拉机。"看到那些紧挨着的新房吗？这都是一个个大家族，很多房子里住着好几代人。人们搬离了'中村'，却没有改变他们的生活方式，不过是换个地方'筑巢'罢了。"

祖尼人的婚姻文化也与美国的主流社会相差甚远。依据传统，男女方的家庭之间只要互相交换一些玉米与其他礼品，就算是结婚了。如今，这样的习俗已被废除，但是很少有祖尼人会像普通美国人一样，举办基督教式的婚礼，或是在市政厅或者法院结婚。"如果两个人恋爱满六个月，他们就算结婚了，"威尔斯解释道。五年之后，这对情侣可以在情人节那一天前往部落中心登记，成为有法律保护的正式夫妻。大多数祖尼男女都遵循这样的习俗，不会举办隆重的婚礼。

威尔斯将车停在了一条小巷子里，旁边是一座松木和土坯砖建成的基督教宣道会堂，邻近"伊地瓦那"（Idiwan'a），也就是"中土"的中心。1629 年，西班牙人建起这座教堂，就在祖尼人用来举行祭典的"基瓦斯"（kivas）之上。科罗纳多的手下将之描述为一种半地下的木屋，"和欧洲的澡堂有些相似"。在世界各地，欧洲殖民者总是将教堂建在土著人的神社圣地之上，以取代当地的传统信仰，抬高基督教的地位。

不过，基督教取代古老信仰的进程从未在祖尼发生过。一位早期的西班牙传教士曾抱怨，想要使祖尼人改信基督是件天大的难事，因为他们"对上帝的教诲十分抵触厌恶"。多年前，那座宣道会堂就停止了教会活动。如今，教堂内部的墙上刻画着栩栩如生的祖尼传统宗教中的人物，比如戴着怪诞圆形面具的"泥人"。耶稣基督也出现了，披着一条毛毯，穿着宽大的裤子，手里提着一袋玉米粉。

"我们熬到了西班牙人离开，并把他们留下来的一切'祖尼化'了。"威尔斯说道。在教堂的墓地中，十字架与盛着玉米粉的碗——祖尼人为死者准备的一种传统供品——混杂在一起。会堂周围还有许多修复过后的"基瓦斯"：正方形的土坯结构，顶部开有一个天窗，架设着梯子。

威尔斯的家就在宣道会堂后面，一栋用紫色石块和木条搭建的房屋。他领着我走到门口，却没有邀请我进去坐坐。我们站在渐暗的阳光下，看着男孩子们在老城寨的屋顶平台上玩着滑板，经过一座座用来烘焙面包、炖西葫芦和羊肉的土炉。

"我总是觉得我们的年轻人在'伊地瓦那'，或者说'中土'，这种感觉就像是一种具象的存在。"威尔斯说道。"我们想要同时在部落的传统世界与外部的现代世界生活。我每天和电脑打交道，和英裔（白人）一起工作，说英语，然后回到家里，切换到祖尼语，还要将家族的牧场维系、运营下去。做两份工作真的很累，"他耸了耸肩，"我只想过简单的生活，但是这样子真的很艰难。"

我向威尔斯道了谢，在老城中漫步，一直到夜深，我误打误撞又走回了教堂的墓地。我刚走出墓地的栅门，一个骑着自行车的男孩就跟了上来。"离开墓地的时候，你得往身上撒些尘土。"他对我说。

"身上哪个部位？"

"浑身上下都要。"

我捧起一把尘土，拍打在我的衣服和头上。"为什么要这样做？"我问道。

"这就是墓地的规矩，"男孩回答道，骑着车消失在了夜色中。

浑身脏兮兮、迷惑不解的我走回了那家印第安城寨风格的客栈。在又一晚时断时续的睡眠后，我将离开这里，与在我之前的那些来访者一样，不再打扰原住民的生活——祖尼终究不属于外来者，它只属于祖尼人。

第七章
大平原：草之海

我来到了一片辽阔的平原，

方圆之内没有任何地标，

就像是行走在大海中央。

——科罗纳多，写给新西班牙总督的信件，1541 年

1540 年晚夏，一个来自遥远城寨的求和使团到达了祖尼。使团的首领带来了棕黑色的动物毛皮，另一位印第安人则在身上文了这种动物的形象。"看起来像牛，"一位士兵写道，"但皮革的样貌却与牛的截然不同，因为上面的毛发十分浓密，甚至交缠起来。"

科罗纳多的二十名部下先行出发，前往使团所属的西库克（Cicuique）城寨，并带回了一名印第安奴隶，据说来自东边的"平原国度"，那里有许多"怪牛"。西班牙人将那名奴隶叫作"土耳其人"（El Turco），因为他"皮肤黝黑"并且"讨人喜欢"，而这些特质都是当时对土耳其人的刻板印象。据他所说，他的家乡有许多大型城镇，富裕无比，而王国的统治者通常躺在一棵挂满金铃铛的树下休息。这片美妙诱人的土地叫作基维拉（Quivira）。

科罗纳多"听到这个好消息，高兴得不止一点点"，一位部下回忆道。更令这位探险家兴奋不已的是"土耳其人"声称自己有基维拉财富的证据。据他所说，当普韦布洛人抓住他时，在他的身上发现了黄金打制的项链。西库克人否认了这一说法，作为回应，西班牙征服者抓走了几位西库克首领，其中就有之前来到祖尼的使团团长，给他们戴上镣

铐。之后，西班牙人又下令放狗袭击这些囚犯，将他们咬成重伤。

"从此以后，"一位士兵记录道，"凡是有西班牙人与原住民间的谈判，我们就有了底气，他们对我们所说的话也十分畏惧、信服。"

科罗纳多的人马离开祖尼，在格兰德河（Rio Grande）畔的印第安城寨，也就是今天的阿尔伯克基市（Albuquerque）附近，建起冬季营地，再次点燃了原住民的怒火。一开始，当地人欢迎他们的到来，两方相处得还算融洽。西班牙人的记录中也赞叹土著男人纺纱、编织的技艺，女人们磨着玉米粒，在笛声的伴奏下歌唱，还有"做工精良的"印第安陶器。

尽管如此，饥寒交迫的西班牙人还是选择偷窃抢夺原住民的毛毯和食品，有的时候甚至猥亵侵犯土著女人。当印第安人出于报复，杀死了西班牙人的马匹之后，科罗纳多当即命令手下们拿叛乱者藏身的城寨杀鸡儆猴，将一百多名印第安人在火刑柱上活活烧死。

很快，格兰德河畔的各个原住民部落都发动了叛乱，与西班牙人激战了整个大雪纷飞的冬天。数百人在交战中丧生，至少十几座印第安城寨被烧毁，直到科罗纳多宣布自己平定了整片地区的动乱为止。虽然最终获胜，但这场野蛮、道义沦丧的战争使得一些西班牙人都开始反对科罗纳多的指挥。在背叛、残酷镇压了这些和善的普韦布洛人后，一位西班牙士兵写道，"科罗纳多将潜在的盟友变为了苦大仇深的敌人"。而接下来发生的事情很好地证明了这一点。

离开祖尼部落地，一路向东行驶，道路两旁的风土人情变得十分多样。开过祖尼人的牧场，前方就是一座摩门教派的农业小镇，街道上栽种着遮荫的白杨树，四周环绕着大片的种植黑麦和苜蓿的农田。再往前开，则是一处纳瓦霍人的保留地，点缀着许多传统式样的泥盖木屋（hogan）。接下来，道路渐渐爬升，穿越了长满杜松与矮松的丘陵，来到了北美洲的大陆分水岭（Continental Divide）——一片黑灰色的山脊，如今成了一座死火山，顶部堆积着厚厚的一层火山灰。早期西班牙旅行者将这里称作"恶土"（El Mal País），因为岩浆流过后形成的锯齿状土地极其难走，故得此名。

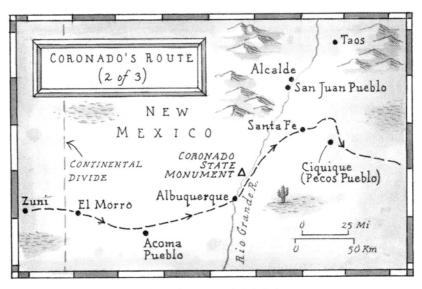

科罗纳多一行的行进路线（2）

在分水岭的东侧，西班牙人还留意到了一块巨岩，他们将之命名为"埃尔莫罗"（El Morro）——西班牙语中峭壁的意思。埃尔莫罗十分宏大，从几英里外就能看到，底部还有一池被岩石遮蔽着的泉水。这些优越的条件使得这座巨岩成为了一片天然的绿洲，成为了祖尼与格兰德河之间干旱炎热的小径上一处绝佳的落脚点。池水旁有一面砂岩悬崖，为在此休息的旅人提供了一块天然的画布，几个世纪以来，岩石上留存了许多雕刻作品。

最早的艺术作品距今已有七百多年历史，由印第安人雕刻创作，描绘着鸟儿、蜥蜴、大角羊以及简笔的人类形象。这些作品的寓意尚未被破译，而他们的创作者也匿迹于历史之中。西班牙人就没有那么谦虚了，将他们的姓名用大而圆的字体刻在岩壁上，就如同纽约地铁中的涂鸦一般。一位军官留下了这样的诗句，尽管因为翻译的缘故，失去了韵律，但难掩其磅礴轩昂的气势。"这里走过 / 弗兰西斯科·曼努埃尔·德·席尔瓦·涅托总督 / 用他战无不胜的利剑与勇气 / 借助国王陛下的力量 / 于 1629 年 8 月 5 日 / 一个人完成了不可能成功的任务 / 前往祖尼，传播神圣的信仰。"

直到 1849 年美墨战争告一段落后，当获胜归来的美国士兵经过此地时，第一个盎格鲁裔的名字才出现在崖壁之上。此后的雕刻则记录了经过这里的大篷车队，铁路测量员，以及一支实验性质的驼队。大多数美国人留下的铭文比起西班牙人的要简单许多，只是在一个小框中刻上自己的名字或是首字母缩写。1906 年，当埃尔莫罗成为一处国家纪念地时，大大小小的铭文镌刻已经占据了一英亩的岩石表面。

我在悬崖之下荫凉的池水边逗留，试图破译眼前的这些铭文，弄清楚到底是什么原因，让世世代代的旅人不谋而合地在这里留下他们的痕迹。附近的地形地貌营造出了一种与世隔绝、让人莫名觉得渺小的环境。身处这样单调枯燥的旷野之中，刻下一个人的名字或是"到此一游"这样的语句有些壮胆的意味，就好比向幽深的峡谷大喊，去听自己的回声一般。也许，这些镌刻是想与其他孤独的旅人建立起某种联系。无论哪一种原因，埃尔莫罗都是一座记录美国往事的纪念碑，尚未被公路两侧的商店或是主流文化所侵蚀。在这里，刻在日渐风化的砂岩之上，美国西南部悠久浓厚的历史文化遗产正无声地伫立着：印第安人、西班牙人、墨西哥人，还有迟来的盎格鲁裔美国人。

又开了一个小时车后，又一种不同的文化映入眼帘：阿科玛人（Acoma）的普韦布洛式城寨，因建于一座 370 英尺高的平顶山之上，也被人称作"天空之城"。当科罗纳多的人马到达这里时，唯一一种进入城寨的方式就是牢牢握住岩石中开凿出的把手，攀登一道近乎垂直、仅能供一人通行的陡峭石阶。靠近顶端的地方，他们就得用手脚攒着岩缝，像登山运动员一样攀爬。一位西班牙队长写道，那次"攀登实在太过艰难，以至于我们都开始后悔最初的决定"。

在平顶山上，成功登顶的探险队员发现了一座有着许多高大房屋的聚落，修建有蓄水池以及花园。西班牙人攀登时，不得不将武器取下来，互相传递，而当地的原住民却可以头顶着一罐罐水和食物从容地上下来去。这座悬崖之上的城寨，在一位西班牙人看来，是世界上最易守难攻、坚不可摧的地点了。

哪怕到了今天，阿科玛依然看上去气宇不凡。在一大片辽阔的平原中央，平顶山好似一大块拔地而起的岩石，而上头的石质建筑则像是城垛一般。平顶山前方伫立着一些石柱，似乎是在拱卫着阿科玛人的城寨。从远处看，阿科玛让我想起以色列的马萨达（Masada）——另一座沙漠中的堡垒，而两者悲剧性的历史也极其相似。

科罗纳多远征队抵达后的半个世纪中，从祖尼前往格兰德河的西班牙人经常在阿科玛落脚休整，两者之间也没有发生过不快。到了1598年，一位叫作胡安·德·奥纳特（Juan de Õnate）的西班牙征服者带领着四百名士兵与殖民者从墨西哥北部出发，准备在普韦布洛人的领地上定居。以奥纳特的外甥为首的一支先遣队率先抵达阿科玛，却与印第安人发生了冲突，队伍中有十三个人被杀，其中一位不幸的遇难者慌不择路，掉下了平顶山而死。

奥纳特——一个极其严厉残酷的人，哪怕按照西班牙征服者的标准亦是如此。他派出了一支军队前去报仇雪恨，由他那个战死于阿科玛的外甥的兄弟带队。奥纳特的命令很直截了当："不要在山顶留下一块石头，让印第安人永远无法将那里用作坚固的堡垒。"士兵们杀死了八百多名阿科玛人，一位西班牙人记录道，他们还"焚烧摧毁了整座城寨"。

大约六百名幸存者被抓了起来，带到奥纳特面前。奥纳特组织了一场审判，给原住民指派了辩护律师，并允许他们举证。其中五个人作证说奥纳特的那位外甥过分地向他们索取食物和毛毯，才被最终杀死的。辩护律师请求奥纳特宽恕那些阿科玛人，"看在他们是野蛮人的分上"，这是一个讽刺性的结论，因为正是奥纳特组织了这场"文明"的司法审判。

"25岁以上的男子，"奥纳特命令，"将被砍去一只脚，并处以20年的个人劳役"，将他们卖给西班牙士兵做奴隶。12岁至25岁的男性以及所有12岁以上的女性也被处以20年的苦役。两个参加战斗的霍皮族人被砍去右手作为惩罚，然后释放。"这样的话，他们就可以回到自己的部落，讲述阿科玛人受到的惩处。"为了最大限度地警示恐吓土著人，他下令将砍下的手脚堆放在一起，在各个印第安城寨中巡回展示。

讽刺的是，几年后，奥纳特在墨西哥受到了西班牙殖民当局的审判，指控他对印第安人以及定居者犯下了累累暴行，最后被他亲手创立的殖民地终身驱逐。不过，这位征服者在新墨西哥留下了他的烙印——不只是象征意义上的，也在埃尔莫罗的砂岩之上。在一次前往加利福尼亚湾寻找财宝、却无功而返的旅途中，他在岩壁上刻下了这段话："总督唐·胡安·德·奥纳特在发现'南海'的归途中，经过此地，写于1605年4月16日。"

奥纳特刻下的字句是埃尔莫罗砂岩之上已知的第一段西班牙铭文。他大可以在空空荡荡的岩壁上随意找个地方镌刻，可却选择将他的大字直接刻在了一幅印第安壁画之上。

尽管被切断手脚、奴役并驱逐，阿科玛人依然设法回到了平顶山，并在奥纳特袭击后的几十年间重建了他们的家园。从那以后，他们就顽强地生存在岩石之巅，过着与世隔绝的城寨生活。与祖尼不一样的是，今天的阿科玛吸引着许多游客，部落在州界附近经营着一家"空中之城"赌场，平顶山的旅游业也十分红火。唯一可参观悬崖顶端普韦布洛城寨的方式就是在门口买票，坐上一辆巴士，沿路而上，来到曾经坚不可摧的岩顶要塞，从而轻轻松松地"完成"西班牙人口中不可逾越的攀登。

"你可以把账都算在约翰·韦恩（John Wayne）头上，"我们的导游——一位叫作戴尔·桑切斯、身材壮硕的阿科玛族女人说道。20世纪60年代，当一部以韦恩为主角的西部片在此取景时，一条平整的柏油路被修筑起来，蜿蜒而上，直通巨岩顶端。"在那以后，我们觉得有这条道路不是一件坏事，并决定以此吸引游客，来赚你们手里的钱。"

在最近几十年间，大多数阿科玛人离开了世代居住的平顶山，搬到附近平原上的联邦住房生活。有三十名族人依然坚守着山上的家园，过着没有电力，也没有自来水的日子。其实，这座城寨本身就是古老与现代元素的混合体。在从12世纪就开始修筑的石头基座上，阿科玛人用家得宝出售的煤渣砖或是预制土坯砖建起新的楼层。有些家庭也装上了电视，用汽车电池供电，并在镶嵌有绿松石——一种传统的护身符，可以祛除"恶魔之眼"——的泥坯房边安装了移动式厕所。

当我们沿着狭窄的土路行进时，躲在窗帘后窥探着的居民随即冲出家门，到摊位上兜售起了各种陶器。阿科玛人以他们生产的陶罐著称，十分轻便精巧，装点着黑白相间的几何图案。等我们走后，那些前面还在卖力推销的摊贩很快就退回各自的住所，消失得无影无踪。

戴尔带我们参观了一座17世纪的宣道教堂，除此之外，她就再也没有提到西班牙人。当我向她询问西班牙人对阿科玛的影响时，她有些不悦，直勾勾地瞪着，好像我是要被祛除的"恶魔之眼"一样。"你是指奥纳特吗？"她生气地小声说道。

她告诉我，阿科玛人每年都会举着描绘着殉道士圣司提反（Saint

Stephen）的肖像游行，穿过城寨的街道，前去当年那场大屠杀的发生地进行祭奠。他们还在教堂的墓地中留下了一处露天的墓穴，等待那些被西班牙人残忍杀害或是奴役的族人，期盼他们能够魂归故土，得以安息。

"如果你想要了解更多的话，去阿尔卡尔德（Alcalde）吧。"戴尔说道，在我的那份新墨西哥州地图上圈画出一个小镇的位置。我便追问个中缘由，但她并没有回答，而是露出神秘的一笑，转身前去接待另一个新到达的旅行团。

阿尔卡尔德被圣菲（Santa Fe）和陶斯（Taos）县之间的高速公路一分为二，邻近一片历史久远的西班牙统治区。早在1598年，跟随奥纳特前来的殖民者就定居于此处的中心地带。这里地处西属美洲的最北端，并长期与美国主流社会隔绝，因而这些北部（El Norte）居民从来没有被彻底同化过。他们引以为傲的生活方式是一种不受外界侵扰的独特亚文化，在闭塞的新墨西哥乡野中保留着西班牙殖民时代的烙印。

在圣菲短暂停留时，我遇到了一位教授，他来自于一个历史悠久的北部家族。他告诉我，这个地区不仅保留着一种古老的西班牙语方言，还留存着对"纯血论"（limpieza de sangre）的无比推崇。在西班牙宗教大审判期间，"纯血"意味着一个人没有穆斯林或者犹太人的血统。而在北部，"纯血"的定义则是家族中没有人与印第安人通婚。

"光是看我或者是周围许多人的样貌，你就猜得出我们的家族树中肯定有不少印第安先祖，"那位教授说道，"可是，这里普遍的看法就是：'我们是纯血的，我们是真正的西班牙人，不像那些肮脏的杂种墨西哥人。'"

乍一看，阿尔卡尔德像是座平平无奇的农业小镇，四周环绕着大片的耕地。在小镇的北端，我来到了一处引人注目的雕像前。它伫立在高速公路旁，足足有 12 英尺高，由青铜打制，描绘着一个戴着头盔的人物，正骑着一匹强健的骏马。看到一块标牌上的铭文，我这才得知这位英姿飒爽的骑士就是"先驱者唐·胡安·德·奥纳特"。铜像建在高台之上，仿照罗马那座著名的"马可·奥勒留（Marcus Aurelius）骑马像"修建，俯瞰着往来的摩托车手。

邻近的"奥纳特纪念中心"没有开门，我便穿过马路，来到一处贩售蔬菜的棚屋前。屋里，一位叫作麦克斯·马丁内斯的老人正坐在凳子上，串着辣椒。当我问及那座雕像时，他用口音很重的英语回答道："你看仔细了吗？"

"没有很仔细吧。怎么了？"

他带着我回到那座铜雕所在的位置，并指向征服者一只脚上的马靴。1998 年，也就是奥纳特新墨西哥远征的四百周年纪念，雕像的一只脚突然消失了。"有人趁着夜色，将那只脚锯了下来，"麦克斯说道，"相当干净利落，一定是用了大功率的角磨机。"一名州警察就住在雕像旁的拖车里，所以这次行动是在神不知鬼不觉间完成的。

在那以后，雕塑家为铜像安上了一只新足，已经很难看出修补的痕迹了。不过，被人盗走的那只脚至今也没有被找到。而"行凶者"也没有落网，不过他们曾将一封匿名信寄给报社，声称他们的行动是为了给"阿科玛的兄弟姐妹们报仇雪恨"。

麦克斯和我走回了棚屋，他拿出啤酒，递给我一瓶。他来自一个西班牙殖民者家族，在上学前从来没有接触过英语。"我们不再像以前那样闭塞了，但是有些东西还是保留了下来，"他说道，"很久以前的词汇与口音、强大的家庭纽带、还有那随心所欲的生活方式——人际关系比钱来得重要得多。当然了，教堂仍旧是小镇与人们的核心。"

苦行者（Penitente）（他们将自我惩戒作为奉献上帝、诚心悔过的途径）的存在使得阿尔卡尔德与众不同。他们的信仰和习俗大多与中世纪的鞭笞派相似，很可能在第一批西班牙殖民者来到新墨西哥时就传入了这里的社区。麦克斯的童年记忆里，苦行者们总是会举行仪式，一边拖拽着沉重的十字架翻山越岭，一边抽打鞭笞着自己。在仪式的最后，总会有一个人被绑在十字架上。据传，有的时候教徒们会使用真的钉子，并且有人曾在重演耶稣受难时不幸死去。"那是很多年前了，"麦克斯回忆道，"他们可是真刀真枪的，说做就做。"

从那以后，苦行者们的数量日渐减少，而到如今，他们的仪式也从公开转为地下。教徒们经常秘密集会的地点——也被他们称作"莫拉达"（morada，西班牙语中"居所"的意思）——就在路前方不远处。那是一座外表简朴的建筑物，前部有一座十字架，后面附带着一间小屋。麦克斯说这处建筑只有在葬礼和复活节时才会被使用。"总有一天，苦行者们会销声匿迹，而这里的西班牙人也被主流社会同化，"麦克斯不无忧虑地说道，"没有人会留意我们的存在，除了马背上的奥纳特。人们很难忘却他的所作所为。"

麦克斯本人并不关心那座雕像，但他知道一个人对此十分上心，那就是埃米利奥·纳兰霍（Emilio Naranjo），绰号"老板"，是建造这座纪念碑的幕后推手，也是这片峡谷地带的政治人物。在去拜访他的路上，我留意到了一块路牌，上面写着"圣胡安城寨"（San Juan Pueblo），也就是 1598 年时奥纳特的总部所在地。现在，这里成为了一片保留地，中心地带坐落着许多土坯房和一家生产工艺品的企业。在那里，我见到了部落的历史学家，埃尔曼·阿戈尤（Herman Agoyo）。他戴着一顶帽子，上面的文字宣传着部落开办的赌场，就坐落在附近的州界上。他也知道这顶帽子充满了讽刺意味，最初来到新墨西哥的欧洲殖民者想要劫掠普韦布洛人拥有的金银财宝，而如今风水轮流转，印第安人用二十一点和轮盘赌赢回了属于他们的财富。普韦布洛人开办的一座赌场就叫作"黄金之城"，这名字再合适不过了。

"西班牙征服者们就是些赌徒，他们喜欢冒险，而我很钦佩这一点。"埃尔曼说道。但他十分憎恶那座奥纳特的雕像，尤其是它咄咄逼人的样子，这样一来，开车经过的印第安人只好无可避免地看着那高高在上的铜像。"如果你想纪念那些冒险家，你就得权衡他们做过的好事与犯下的恶行，并开诚布公地展现出来，"埃尔曼说道，"但这里的西班牙人不愿意这么做，他们把那些人都塑造成了完美无缺的英雄人物。"

正因为如此，原住民部落也开展了反击，要求纪念一位具有争议性的印第安人物——一位叫作波普（Po'pay）的圣胡安印第安人。他领导了 1680 年的那次普韦布洛大起义，杀死了数百名西班牙人，并将殖民者赶出新墨西哥整整 12 年。华盛顿的国会大厦将会陈列一尊波普的雕像，作为新墨西哥历史的代表。"当然了，一些西班牙人竭力反对，在他们眼里，波普就是个杀人犯，"埃尔曼说道，"我们对奥纳特的看法也是如此。"

当我告诉埃尔曼，自己正要会见奥纳特雕像背后的推动者时，他走进公司的房舍，拿给我一串生牛皮制作的项链。穿在皮绳上的是一只陶土制作的小脚，明显截取自脚腕以下的部分。"你可以把这个物件拿给他。"埃尔曼说道。

埃米利奥·纳兰霍住在一间牧场平房中，前院里摆放着一座十字架，卡车上则悬挂着美国国旗。"老板"本人的形象与传言描述的大相径庭，乍一看并不像一位令人惧怕、只手遮天的政坛大佬。他已经八十多岁了，基本丧失了听力，看上去身体状况很糟糕。尽管如此，他对当地事务还是非常上心，在家里的一间办公室工作，墙上贴满了美国历任总统、参议员以及州长的签名照。

"我什么都做过。"他说道，历数着他担任过的诸多职位，过去的五十年里，他都是当地民主党党部的主席。他驻足于一张他站在奥纳特雕像一旁的照片前——这也是他毕生最引以为傲的成就——说道："这是我的主意。这座雕像之所以能够存在，都要仰赖我。我的祖先在奥纳特的带领下来到这里。他值得像东海岸的朝圣者那样，受到敬仰与认可，更何况他比那些人要早许多年到达美洲。"

当他讲起这个地区的历史以及他为了纪念这些征服者所做的诸多努力，我感觉自己又回到了埃尔莫罗的那座砂岩峭壁前，阅读着西班牙人笔下飞扬跋扈的铭文。"我有胆量做这些事情，而我也确确实实做到了，"埃米利奥说道，"这一切的成功都要感谢我主上帝。除此之外，我将自己的钱和精力都投入到那座雕塑中，这是我的功劳，人们也应该感谢我作出的奉献。"

"印第安人也要吗？"我打断了他的话，问道。

"为什么不呢？我的天呢，奥纳特是这个地方的创世主。他引进了卷心菜，辣椒，西红柿，差不多每样东西。他创建了灌溉系统。奥纳特为印第安人也做过不少好事。"

我提醒他，奥纳特曾经屠杀阿科玛人，并砍去他们的手脚。"那都是胡说八道！"埃米利奥叫了起来。"他的外甥被杀害了，他自然得派出军队，平息骚乱，并惩戒那些凶手。至于说他使用酷刑，斩断手脚，我是不相信的。多半是仇恨他的人编造出来，来诋毁他人格的宣传攻势吧。"

这并不准确。西班牙人，与年代更近的其他欧洲殖民者一样，对于他们的暴行，留下了详细清晰的记录。但我很难插上嘴，打断"老板"的大段独白。他讲着印第安人的待遇有多好，他们可以通过政府补助和开设赌场发家致富，以及他们对奥纳特的厌恶是多么的不知感恩。"人们盲目地仇恨他，"埃米利奥总结道，"这么做完全没有道理。"

在美国南方旅行时，我也总是听到类似的陈词滥调。对于邦联的忠实拥护者来说，内战前的南方是一片乐土，生活着良善的白人和欢乐的黑人，邦联的领导人都是没有瑕疵的英雄人物，倒是那几个"捣乱分子"，一看到邦联的旗帜就愤怒无比，小题大做。在新墨西哥，与美国南部一样，战争早在很多年前便告一段落。不过，到如今，当年的敌我两军仍然比邻而居，顽强地战斗着，唯一的不同就是雕像和那只被砍断、具有象征意义的脚取代了刀剑与箭矢罢了。

对于"老板"来说，他早就习惯了这种意识形态"战争"，他身披的"甲胄"比奥纳特的还要厚重坚固。"我知道为什么他们要砍断奥纳特的脚。这是一种报复，"他微笑着说道，"不过，你知道吗？我不觉得他们这么做，就能够伤得了我。"

与名声在外的奥纳特相比，科罗纳多已经被新墨西哥人逐渐淡忘，即便在"科罗纳多纪念馆"也是如此。为了纪念远征四百周年，这座纪念公园修建在阿尔伯克基市郊外的一处印第安城寨之上，位于科罗纳多过冬营地的旧址附近。城寨仅存的遗迹就是一些矮墙，勾勒出棋盘式的房屋布局。一条小径通往格兰德河，水流缓慢，水面呈现出棕黄的颜色，仅有五十多英尺宽。尽管如此，格兰德河依然算得上自离开墨西哥的埃莫西约之后，我见过最宽阔、壮丽的河流了。

纪念地的博物馆中陈列了一些西班牙文物，就算这样，考虑到这座纪念公园以科罗纳多命名，有关他的物品与展览实在少得稀奇。"本来应该有更多的，可惜事与愿违。"一位公园巡逻员解释道。他向我展示了一份草图，上面描绘着一座两百英尺高的科罗纳多雕像，雕像旁筑有一栋大型建筑物，配有直通格兰德河畔的步道。那时的美国正处于大萧条年代，这一方案太过昂贵，自然未能获得批准。

与设计图同样夸张的则是1940年公园揭幕式时，西班牙驻美国大使发表的一篇演说。他将科罗纳多的远征与西班牙收复失地、将摩尔人赶出伊比利亚半岛相提并论，又与当时在西班牙发生的内战画上了等号，认为内战的本质便是"西班牙人抛头颅，洒热血，捍卫基督教世界，抵御一种来自东方的新型威胁——共产主义"。这里的"东方"应该是泛指。除此之外，将科罗纳多比作弗朗西斯科·佛朗哥——一位法西斯独裁者，听起来也有些别扭。看来，每个时代的人都会利用西班牙征服者这一文化符号，赋予不同的含义，并为己所用。

"我个人的想法是，应该替换掉科罗纳多，重新命名这座公园，来纪念世代居住于此的印第安人，"那位巡逻员告诉我，"不管怎么说，这里甚至都不是他过冬大营的所在地。"考古挖掘显示科罗纳多的营地其实位于另一座印第安城寨，在位于格兰德河下游几公里的地方。跟从巡逻员的指引，我开过了家得宝 ①、一家温蒂汉堡店，还有一所沃尔格林药局，这才看到了一块标注着科罗纳多营地的路牌。没有道路通往这处历史遗迹，连远远地看上一眼都做不到。一条四车道的高速公路拦住了去路。一排"伪豪宅"② 伫立在公路的另一侧，将营地遗迹从我的视野中彻底抹去。

普韦布洛在西班牙语中就是"城镇"的意思，该词精确地描述了亚利桑那与新墨西哥原住民的居住特征：紧凑、空间狭小、房屋较高、四周环绕着旷野。经常将城市与文明程度画上等号的西班牙殖民者，则在美洲建造属于他们自己、整齐有序的城镇。一般来说，他们的规划十分缜密，对每一条街道和每一处广场都有仔细的考量。时至今日，在美国西南的大多数地带，印第安人与西班牙人的城镇都已不复存在，被雪崩式的城市扩张所掩埋。

新墨西哥人对科罗纳多的忽略与遗忘和近些年来历史研究的缺失不

---

① 家得宝（The Home Depot）是美国著名的家居建材零售商。
② 原文用了"starter castle"一词，与"mcmansion"的意思相近，都用于揶揄那些占地颇大却造型浮夸的假豪宅，这种住宅常见于美国郊区。

无关联。在有关科罗纳多远征的文献中，最易于获得的翻译版本居然是在 1896 年完成的。关于科罗纳多最为常见、通用的一本传记——赫伯特·博尔顿（Herbert Bolton）的《科罗纳多：普韦布洛与大平原的骑士》，则发表于 1949 年。从那时起，这位西班牙征服者便不再受到学者们的青睐，至少与其他知名的探险家相比是如此。

在我阅读有关书籍时，理查德和雪莉·弗林特这两个名字反复出现。他们两人发表过科罗纳多相关文献的最新译本，以及许多有关 1498 年远征的研究文章。他们的主要研究方向便是对科罗纳多走过的具体路径的重现，也对远征军的成员以及装备进行过考证。弗林特夫妇对这个冷门主题狂热般的投入，以及他们位于新墨西哥乡野、邻近科罗纳多行军路线的住址，我的脑海中已经能够勾勒出两人的大体形象——一对上了年纪的本地历史学者，活跃于各种家族史和古玩研究协会中。

"我们家离主干道有六英里远，最近的邻居则有九英里，"当我打电话询问是否能上门拜访时，理查德·弗林特说道。他告诉我沿一条乡间小路开，在一处绿色栅门的地方转弯，除此之外，这里便没有其他显眼的标示了。等我真正前去时，那条坑洼不平的土路很快就变得完全无法通行。我只好弃车步行，走了一英里，正好遇上迎面走来的理查德。

理查德身材瘦削，头发灰白，留着八字胡，戴着镜片很大的圆框眼镜。我坐上了他的四驱车，一会儿便来到了一栋木石结构的小房子前。屋外有一座风车驱动的水井提供生活用水，铺设的太阳能电池板便是家中电力的唯一来源。屋内，雪莉·弗林特正端坐在柴炉边，烹饪着一些鹰嘴豆。晒得很黑的皮肤，淡蓝色的双眸，金色长发编成辫子，穿着一件绣花的衬衫，她的穿着打扮看上去像个 1960 年代的小孩子。在越战期间，她和理查德都在圣菲的圣约翰学院（St. John's College）读书，两人就此相遇。

"我那时候反对战争，反对杀害一条条生命，现在也是。"理查德说道。1969 年时，理查德和雪莉两人搬到了瑞典，然后去了加拿大。在回到美国之后，理查德申请成为"良心拒服兵役者"（Conscientious Objector）。在一个抵制兵役团体和一位富有同情心的立法官员帮助下，他最终没有被征召入伍。在那以后，弗林特夫妻俩花了 7500 美元买下 55 英亩树丛繁盛的高地，并自己搭建了一座土坯小屋。

"我们那个时候真的只是在勉强生存而已。"雪莉讲道。在读到一本关于科罗纳多的书后，弗林特夫妇才意识到远征队曾穿越过他们买下的土地。于是，他们开始研究科罗纳多的行军路线，一开始只是个爱好，没想到很快就深陷其中。理查德回到学校，攻读考古学硕士，然后又获得了拉丁美洲历史的博士学位，而雪莉已经有了一个历史硕士学位。在接下来的二十年里，两人将他们偏僻的小屋打造成了一处科罗纳多"研究中心"，发表了大量的书籍与论文，并获得了富布莱特（Fulbright Program）① 以及其他项目提供的学术研究基金，前往西班牙和墨西哥等地考察访问。

热情的弗林特夫妇为我准备了奶酪、苹果片、面包和汤，在用完晚餐之后，雪莉向我展示了她正在翻译的一份文件。"这有点像阅读莎士比亚年代的英语。"她说道。16 世纪时，拼写和语法都没有统一的标准，而且那时的西班牙文字正从哥特字体逐渐过渡到现代草体。除此之外，那时的作家各自都有一套对西班牙语以及拉丁语的简写习惯。于是，雪莉只好为这些文献的每一位作者都准备一份特定的对照表。

"有些文字需要好几周时间才能破译。"她说道。弗林特夫妇正弯着腰坐在他们公用的办公桌边，在一盏低功率台灯昏暗的光照下辩论着一行卡斯蒂利亚法律术语的解读。眼前的情形一下子将我传送到了中世纪修道院内的场景：修士们正埋头誊抄着古代文献的卷轴。

---

① 指一项由美国政府推动和资助的国际教育、文化和研究交流项目。

但这不是弗林特夫妇眼中他们俩的形象。"'质疑权威'是我们一代人的座右铭，这也是我们正在做的事情，"雪莉说道，"一旦你开始反驳那些公认的事实，它们很快就会土崩瓦解的。"

在弗林特夫妇的故事中，所谓的"权威"就是博尔顿学派，以赫伯特·博尔顿——一位享誉盛名的加州教授，在整个 20 世纪上半叶都担任美国历史学会（American History Association，AHA）主席一职——命名。博尔顿一味拔高西班牙人在西半球的影响与贡献。急切地为了驱散当时盛行的"黑色传奇"，博尔顿创造了与之相反的"白色传奇"，将西班牙征服者浪漫化，并将其形容为英勇善战、播撒文明的高尚"骑士"。博尔顿漫长教育生涯培育的许多学生门徒进一步地传播、加深了这一形象。

理查德很钦佩博尔顿带有的那种使命感，尤其是在当时的那个年代，西班牙裔与他们的历史一直受到盎格鲁裔美国人的忽视、贬低与打压。"但是他矫枉过正，将天平推向了另一个极端，也就模糊了历史的真相。"

比如说，博尔顿将西班牙人在"新土"犯下的暴行一笔带过，搪塞了过去，在书中声称科罗纳多比其他西班牙人"更加重视（原住民的）尊严与人权"。理查德向我展示了他自己写的一本书，叫作《对诸多残酷行径的报告》——一份收录了 1544 年西班牙当局对科罗纳多远征的调查报告的文献合集。在这些文献中，远征队的前成员详细地描述了一路上对印第安人的残忍虐待：屠杀、性侵害、酷刑折磨、火刑焚烧。"这就是对博尔顿的反驳，"理查德说道，"用西班牙人自己的证词。"

除此之外，弗林特夫妇还对关于早期美洲历史的当代学术研究提出了许多质疑。被奉为正统的新学说将原住民社会崩塌的主要原因归咎为欧洲人带来的细菌。16 世纪墨西哥和加勒比海的文献报告都记录了恐怖流行病的爆发，进一步增强了这一理论的可信度。可是，研究了有关科罗纳多的诸多文献后，弗林特夫妇并没有发现类似的证据存在。而且，远征结束多年后来到这里的西班牙探险家，也没有发现印第安人口有任何锐减的现象。

"在许多受到欧洲人入侵的地方，细菌肯定是一个重要因素，很多原住民染病而死，"理查德说道，"但很多人并不是生病死的，而是遭到了屠杀，这也有相应的文献可以证明。"如果将一切都归咎于疾病，理查德认为，学者们就等同于"洗白"了血腥的征服，并为那些入侵的殖民者开脱，这样的行径和博尔顿的就相差无几了。"那些新学说想要表达的意思就是'欧洲人的确对原住民造成了伤害，但大多数都是无意的，或者不可避免的。'"

理查德再次翻开了手中的文献，想要证明之前的观点。当他耐心而详细地向我解释这些混乱的概念时，我开始渐渐地认清弗林特夫妇的形象，他们就好比当代的巴托洛梅·德拉斯·卡萨斯——像这位多米尼加修士那样，他们列出条条铁证，向世人揭示西班牙人对原住民犯下的暴行以及对基督教精神的违背。

在我将这样的想法告诉弗林特夫妇之后，他们的回应再次令我吃惊不已。他们并不想复活"黑色传奇"，将所有西班牙人都形容为冷酷无情的屠夫。事实上，科罗纳多以及其他征服者都曾因为对土著人犯下的暴行而受到指控与弹劾，这一点便足以证明西班牙当局与社会对殖民征服的道德纠葛。弗林特夫妇也不想对科罗纳多进行人身攻击。"他是帝国官僚体系中的一个组成部分而已，只不过比较出名罢了，"雪莉说道，"不是一个思想进步、可以独立思考的个体。"

这一切背后真正的原因，在弗林特夫妇看来，就是一个社会想要将意志强加于另一个社会。"那个时代和我们所处的时代之间，有许多相似之处。"理查德说道。

雪莉补全了理查德的话："傲慢与帝国主义，那时是西班牙，现在则是美国。它们从来都没用，但造成的伤害却是永久的，过了几个世纪依然存在。"

1541 年 4 月下旬，科罗纳多和他的远征队离开了普韦布洛人的土地。为队伍指引方向的是几个印第安人，其中就包括了那个"土耳其人"——一位声称帮助西班牙人到达他富裕家乡基维拉的俘虏。在行进了十天后，科罗纳多写道："我们到达了一片平原地带，辽阔得以至于我都无法望见边缘。"

科罗纳多进入的这片草原曾占据北美大陆近四分之一的面积。时至今日，很少有旅行者会被大平原的景色所打动，认为这里奇妙绝伦。但在 16 世纪的西班牙人眼里，比起与他们所抛下的家乡有着些许相似的干旱多山的西南地区，这一望无际的平原就像一个崭新的世界，不可思议，令人震撼！

"这片土地就像一只大碗，当人们坐下休息时，地平线就将他们环绕裹挟在其中。"一位骑手赞叹道。这里的草也同样令人惊奇，"被人踩倒之后，即刻又竖立起来"。科罗纳多麾下的队伍人员众多，却"在通过草原时，没有留下任何痕迹，好像这一切都不存在似的。"

更令人惊叹的景象便是那些"怪牛"了，它们结成无比庞大、"根本数不清"的群落，横冲直撞地穿过大草原。这种身形巨大、长着犄角、富有攻击性的奇异生物吓坏了身披重甲的征服者以及他们的坐骑。西班牙人没有为之冠名，只是管它们叫作"奶牛"，而今天的我们称之为美洲野牛，或者更通俗一点，水牛（buffalo）。

"一开始见到这种脸小而狭窄的生物时，所有的马匹都惊惧不已，试图逃走，"一位骑兵记录道。"它们有着长长的胡须，像山羊一般，而它们跑起来的时候，通常会甩着头，毛发垂到地上。"另外一个西班牙人则认为美洲野牛是"读到过和亲眼所见所有动物中最为怪异骇人的，

1553 年由西班牙人描绘的美洲野牛

数量如此之多，除了大海里的鱼群，其他生物都无法比拟"。

在进入大平原几周后，西班牙人也遇到了一些印第安人，与之前所见的原住民大相径庭：高大、"身材健壮"、脸上涂着色彩的游牧民族，跟随着庞大的野牛群，捕猎落单的野牛。他们或生吃，或将野牛肉架在用野牛粪便助燃的火堆上烧烤。他们将野牛血装进野牛胆制成的袋子中，方便饮用。他们还用野牛的毛皮来制成衣服、鞋子，和锥形的"帐篷"，并用野牛的跟腱、鬃毛和骨头来制作线、绳索以及骨锥。"他们很聪明，"科罗纳多的一位手下写道，"尽管他们纯粹用手势来沟通，但却将意思表达得很清晰，我们之间不需要用翻译就可以交流。"

乍一看，西班牙人对平原印第安人的钦佩之情听上去很耳熟。在19 世纪的北美大陆西部，土著人健美的身材、皮制的帐篷，以及娴熟的弓箭技艺使初来乍到的美国拓荒者同样惊奇。只有一个重要的细节有些不同：16 世纪时，大平原的土著并没有马匹，而是使用犬只，让它们驮着架设帐篷的木杆以及其他物品。

"如果货物变得倾斜或者不平衡，"一位西班牙人观察道，"狗就会大声嚎叫，似乎是在呼喊着印第安人前来调整背上的载重。"可惜的是，西班牙探险家没有记录下原住民见到马匹之后的第一反应。正是这种坐骑将他们从靠双脚行走的游牧人，转变为策马奔腾的骑手，这片大陆上最强大、英勇善战的原住民战士。

继续向东行进，西班牙人来到了大平原最为平整辽阔的地带——一望无际的草地。科罗纳多写道，连队伍中的印第安向导也彻底迷了路，因为这里"没有一块石头，也没有一小处高地，没有一棵树、一团灌木，什么都没有。"他派出十名骑兵前去探察方向，命令他们"朝着日出的方向全速前进两天。"因为那踩不倒的草地，骑兵们找不到回来的路，大部队也没有发现他们留下的任何痕迹。等到几位骑手终于被找到时，他们报告说自己行进了约合六十英里的路程，可"除了蓝天和'奶牛'"什么都没发现。

在那以后，斥候们用一堆堆野牛粪留下记号，以便身后的队伍找到方向，像童话中的汉赛尔与格莱特①（Hansel and Gretel），只不过用排泄物替代了面包屑。除此之外，远征队还指派了一个人，专门负责记录他走过的步数以测量路程与行军速度。他们每天行进大约15到20英里。再后来，西班牙人从平原印第安人那里学到了一招。每天早上，他们会留意太阳升起的方位，以决定接下来行进的方向。他们会向选定的方向射一支箭，朝着箭矢落地的位置行军；在即将到达时，他们便再往前方放箭，周而复始。

在离开普韦布洛地带的一个月后，科罗纳多终于遇见了听说过他的目的地——基维拉的印第安人。不过，当地人对那里的描述与"土耳其人"口中的相去甚远。基维拉的房子都是些粗陋的茅草房，而不是多层

---

① 二人是格林童话《糖果屋》中的主人公。

的石头房屋，那里也没有遍地黄金，只有玉米。印第安人还说基维拉位于平原北边，距离这里有四十天的路程。而目前为止，"土耳其人"一直引导着远征队向东南方行军。

"听到这个消息，我悲伤至极，"科罗纳多写道，"看到自己疲惫不堪，行进在漫无边际的草原上，淡水的储备远远不够。"远征队所携带的玉米粮食也即将耗尽。（"土耳其人"告诉他们不要准备过多的粮秣补给，因为他们很快就能到达基维拉，需要给金银财宝留出足够的空间。）受到质疑后，"土耳其人"坚称他所说的一切都是实话，他那规模宏大、富裕无比的家乡真实存在。尽管如此，灰心丧气的科罗纳多还是命令远征队的主力折返回到新墨西哥，只带上了三十名最精锐的骑兵继续向基维拉行进。那位"土耳其人"则被戴上了手铐脚镣，一同前往。

在离开弗林特夫妇家后，我向东行驶，很快便穿过州界，沿路而下离开高地，来到了图克姆卡里（Tucumcari），远处的一排排平顶山终于消失在视野中。当我进入得克萨斯州时，时区从山地时间切换到了中部时间，路两旁的风景也大相径庭。我登上了一处绝壁，眺望远方，大地像铺设了一块巨大的棕黄色地毯，点缀着零星的绿色，一直延伸到天边。

当我开过戴夫史密斯县 ①（Deaf Smith County）的一条条小路，前方的大地变得愈发平整，没有树木，没有住宅，鲜有过路的车辆，只有无尽的平地。一连好几英里，道路都十分笔直，然后却突然出现一个九十度大转弯，好像小孩子用神奇画板画出来的一样。我感觉自己正在穿过世界上最大的台球桌。

---

① 中文中习惯将"Deaf Smith County"译作戴夫·史密斯县，实际上并不准确。这片地区以美墨战争中一位得州共和国军官伊拉斯塔斯·史密斯（Erastus Smith）命名，绰号"聋子史密斯"（Deaf Smith）。

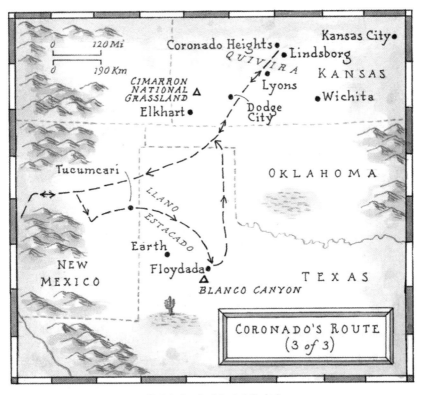

科罗纳多一行的行进路线（3）

　　戴夫史密斯县，以一位得克萨斯共和国的侦察兵命名，位于科罗纳多口中那片"没有任何地标、像是行走于海洋之中"的大平原的边缘地带。后来的西班牙旅行者将这里命名为"埃斯塔卡多平原"（Llano Estacado），也被译作"木桩平原"（Staked Plain），可能是他们为了在一望无际的辽阔土地上标记路线，所以一路上插上许多木桩，因此得名。木桩平原的地质非同寻常，由几百万年前洛基山脉滚落下来的岩石与泥沙堆积而成，被干旱的气候炙烤得坚硬而平坦。"煎锅里弹出来的一块薄煎饼"，一位得州作家贴切地描述道。在大平原的其他地方可以看到河流与起伏的地势，可在埃斯塔卡多平原，近三万两千平方英里的土地都呈现出相同的地形地貌：一片干涸、近乎完全水平的土地，面积比整个缅因州还要大。

驾车穿越这片平原的第二天，对窗外景象渐渐麻木的我突然看到了一块令人眼前一亮的有趣路牌，"欢迎来到地球！"接着，我开过几家关门的商店，一座损坏的交通信号灯，以及一处不再营业的电影院，外面的招牌上写着最后一部电影的大名，"幽浮魔点"①（The Blob）。我经过一座教堂——"地球宣道堂"，一家加油站——"地球之站"；一家歇业的报社——"地球新闻报"。在一座看上去曾用作银行的建筑物旁，写着"先试试地球吧！"地球市看上去了无生机，可却充满了幽默感。

在一家保险代理公司旁，我看到了一辆孤零零的车，便急忙跑上前询问小镇名称的由来。公司的拥有者弗兰是位留着蓬松的波浪发型、涂着红指甲的女士。她摇摇头，告诉我："我一辈子都住在这里，却从来不知道这名字的由来。"公司里另一位年纪稍长的女士叫作拉韦尔。她也不知道名字由何而来，但却说这个古怪稀奇的镇名为这里的人们带来了不少困扰与麻烦。

"你告诉别人自己从哪里来，他们总是不相信，揶揄地说'我也来自地球'或者'真的吗？我来自火星'。这样的事情总是发生，让我们厌烦不已，"拉韦尔叹着气说道。"这里的有些人管自己叫'地球人'，这一点也不好笑，净在帮倒忙。"

"事实上，应该把这里叫作'地平'，而不是地球，"弗兰在一旁说道。"我每次去得州东部，看到那里的山丘与树林，就觉得很烦。我感觉很拥挤，什么都看不到。大概我已经习惯了这里的平原吧。"

弗兰跟我讲起了20世纪80年代的农业危机，也就是小镇与商业没落的原因，而拉伟尔则跑去邻近的美发沙龙询问镇名的由来。她回来告诉我这个名字与1925年这里第一座邮局的开张有关。小镇的邮政局长

① 指史蒂夫·麦奎因（Steve McQueen）主演的B级恐怖片，该片于1958年上映。

想出了几个名字，却发现得州都已经有重名的地方了。他出门转了一圈，发现小镇四周都是裸露的土地，就把这里命名为"地球镇"①。

"我想'地球'这个名字还好吧，绝对不是最糟糕的，"弗兰告诉我，"您能想象，我开口告诉你，'嘿，我来自"泥土"镇'吗？"

我继续往前开，穿过中途镇以及普莱恩维尤市（Plainview），来到了弗罗伊迭达（Floydada），这里的欢迎牌上写着"美国南瓜之都"。弗罗伊迭达看上去与地球镇一样，位于一望无际的平原中央。不过，距离小镇几英里的地方，平地突然开裂，前方是一道大约半英里宽，一百英尺深的沟壑，这也是自从进入"埃斯塔卡多平原"后，我遇到的第一处独特的自然景观。

来到这里的西班牙人同样被这条裂谷所震撼，将这里称为"布兰科峡谷"。当军队在峡谷中扎营休整时，一阵强劲的冰雹突然袭来，"像碗那么大""像暴雨那样稠密"的雹子倾泻在西班牙军队头上。士兵们一边将盾牌举过头顶保护自己，一边竭力控制着因为受惊想要爬出沟壑的马匹。如果冰雹发生在平原之上，一位士兵写道，那些马匹肯定会四散逃跑，使得远征队停滞不前，动弹不得。这场冰雹造成的破坏难以估量，打坏了帐篷，敲坏了头盔，并砸碎了队伍所带的一切陶器。

在那场夏日里的冰雹发生的四百年后，一个叫作伯尔·丹尼尔的农夫在弗罗伊迭达郊外靠近峡谷边缘的地方修造灌溉水渠时，突然挖到了一片金属。伯尔以为那只是一截细铁丝网，就随手将它和别的破铜烂铁扔到皮卡车后备厢里。这时，他才意识到这块金属呈现出人手的造型，其中两根手指不翼而飞了。于是，他便将这一发现带到得克萨斯大学博物馆进行鉴定。专家在检测后判定这片金属其实是一只早期西班牙防护

---

① 在英语中，大地、泥土与地球都可以使用同一个词语"earth"来描述，因此得名。

手套，由锁子甲缝制而成。

这件文物的出土在当时没有造成什么反响。到了 1991 年时，南希·马布尔在弗洛伊德县历史博物馆查阅旧报纸时留意到了这条 25 年前的新闻。"我就是好奇一只西班牙手套是怎么到了这儿的。"当我在弗罗伊迭达镇中心的博物馆里遇到南希时，她是如此告诉我的。于是，她便一路追踪伯尔·丹尼尔，并设法说服他将这副手套以 500 美元的价格卖给弗罗伊迭达博物馆。

除此之外，她还让当地的一位"文物猎人"留意布兰科峡谷附近的金属碎片。在一阵搜寻之后，他找到了一个金属物件，而南希觉得那看上去像"踩碎的水笔"。于是，她联系了研究科罗纳多的权威——理查德和雪莉·弗林特夫妇。后者判定这其实是一支十字弩发射的箭矢，科罗纳多的远征队携带了这种武器，而在此之后的西班牙探险家则将其弃用。在那位文物猎人发现了更多的弩箭后，一支专业的考古队伍被派来搜索整座峡谷。陆续出土的文物有马蹄铁、铁钉、陶器以及更多的锁子甲，这是至今为止规模最大、数量最多的一批科罗纳多远征遗物。

出土文物中的大多数现存于弗罗伊迭达博物馆的展柜中。"这个县的历史很短，这里一直要到 1890 年时才正式设县，"南希解释道，一边向我展示博物馆中关于拓荒者的展览品，其中包括一间草皮屋，"现在我们知道科罗纳多曾到过这里，也算有悠久的历史了。"

在去往孔恩镇的路上，我再次回到了布兰科峡谷，它就在弗罗伊迭达南郊不远的地方。不难看出当初西班牙人为何选择了这座峡谷，作为安营扎寨的地点。一条小溪流过裂谷宽阔平整的底部，两岸高大的杨树可以遮荫，而且地势低矮的峡谷可以为西班牙人提供庇护，而不用忍受大平原上的强风。日后，西班牙人也曾在附近的另外两座峡谷中建立营地，一处作为猎捕美洲野牛的大本营，另一座则用来制作牛肉干。

"许多外出打猎的人都迷了路，"一位士兵写道，"在平原上漫无目的地游荡着，发了疯似的。"每天夜晚，留在营地的军人想方设法地呼唤着他们失散的同伴，鸣枪、吹号、打鼓或是点燃篝火。尽管如此，有些骑手再也没有回到队伍。那是一幅多么恐怖的景象啊：全副武装的骑兵，活过了西班牙到美洲的漫长航行，以及墨西哥到这里路途更加遥远、艰辛的旅程，却在这片无尽的草之海中迷失了方向，永远找不到出路。

在汽车电台里农业收成报告与基督教节目的伴奏下，我跟随着科罗纳多和他麾下三十骑兵的脚步一路向北，朝着基维拉的方向前进，穿过了得克萨斯与俄克拉荷马州之间的狭长地带，来到了堪萨斯州的西南角。这片三州边界地区是 20 世纪 30 年代"黑色风暴事件"①（Dust Bowl）受灾最严重的区域，而科罗纳多和他的部下可能早在数百年前就预言了这一灾难的到来。在西班牙人眼中，大平原南部是一片沙土遍野、多强风、半干旱的"沙漠地带"。不过，19 世纪末涌来并定居于此的农场主们带来了现代的农业机械以及美国式的乐观主义。在接下来的几十年里，他们的犁、拖拉机以及放牧的家畜彻底地破坏了表层的浅草，而那正是锁住土壤、防止干旱，并阻挡阵风的最后一道防线。

到了"肮脏的 30 年代"，降雨渐渐停滞，狂风猛刮起来，那些没有植被固定的表层沙土很快就被拔地而起，裹挟在大风中。越过堪萨斯州界，我进入了莫顿县，该县在黑色风暴中受到的破坏最为严重：这里四分之三的土地都被大风彻底侵蚀，将近一半的居民逃走了，而该县的人口至今仍未恢复到 1930 年的水平。

不过，1930 年代的那次大逃亡对于环境保护来说却起到了积极作用，这也就是我要前来一探究竟的原因。在沙尘暴散去之后，联邦政府

---

① 指 1930 年起在美国中部发生的一系列沙尘暴侵袭事件。其中，俄克拉荷马州与得克萨斯州受灾尤为严重，大量农田被荒置，许多农民被迫背井离乡。

从那些深受打击、想要离开这里的农民手里购买了大片的"边际土地"，不再用作农业种植，而是重新播撒了草种，使土地逐渐开始"愈合"。其中规模较大的有"锡马龙国家草原"（Cimarron National Grassland）：有着超过十万英亩的土地，在数十年的"疗伤"后，已经接近科罗纳多年代的状态了。

在莫顿县治埃尔克哈特的一处护林员站中，我找到了一张看上去不错的游客地图，上面标着"草之海"。到了汽车无法行驶的路段，我便下了车，步行在大草原之上。进入中部平原之后，这是我第一次见不到铁丝网、电线杆、化肥的气味以及任何人造的事物侵入我的视野。我尽可能沿直线行进，跋涉了几英里，一路上齐膝高的长草不停地划过我的牛仔裤。下午的阳光洒在我肩上，不难保持我的方向感。不过，前方的地平线似乎没有向我靠近过。我感觉自己正在原地踏步，像是行走在一座草地制成、设置了坡度的跑步机上，或者，像科罗纳多的一位部下所说的那样，"我身处一只浅口、无尽延伸的碗中。"

从我的车窗望出去，四周的平原看上去异常平整，单调无奇。不过，走在草地上，我才意识到这里也有各异的地貌：低洼地，浅浅的沟壑，以及远处的一片岩层，比周围的草地高出 70 英尺。根据我手上的那份地图，这座岩石"峭壁"便是堪萨斯州第三高的山峰，行进在"圣菲小道"（Santa Fe）之上的拓荒者曾将这里当作瞭望塔使用。地处大平原，连一座小丘也像是喜马拉雅山。

这里还有着千奇百怪的生命。日落时分，鹌鹑和松鸡飞快地穿过淡褐色的草地。我看见一只箱龟（box turtle）和一窝藏身在地洞里的土拨鼠——"像松鼠一样的动物"，西班牙人如此称呼它们。一条响尾蛇吐着舌头向我爬来，而后又伸开盘着的身躯，滑行离开了。

可是，一种大名鼎鼎的动物却不见了踪影。一直到 19 世纪初，大约三千万头美洲野牛生活在大平原之上。"如果以一个物种所有个体的总重量排名，"生物学家蒂姆·弗兰纳里（Tim Flannery）观察到，那么美洲野牛群是"有史以来所有生物中最为宏大的聚集体。"不过，进入 19 世纪下半叶，如此庞大、数量如此众多的美洲野牛也逃不过猎人手中步枪的大规模屠杀：为了毛皮、为了牛舌，甚至将其作为一种体育竞技。除此之外，美国陆军为了将印第安部落驱逐出大平原地带，曾有计划地灭绝原住民赖以为生的野牛族群。1879 年时，对美洲野牛的最后一次屠杀在堪萨斯落幕，地点就在我所在的位置附近。进入 20 世纪，整个北美大陆上仅剩下数千头野牛了。

在那以后，人工配种与保护性的法规再次复苏了野牛族群，使得其数量恢复到了数十万的规模。可是，自从进入大平原以来，尽管我经常询问，却只听说存在的野牛仅有得克萨斯州立公园内的几头罢了。那里的一位公园管理员告诉我不要浪费时间了：要用观景平台上的高倍望远镜，才有些许可能看见野牛的踪影。曾经数量多到科罗纳多"不可能数清"的生物到了今天却只在偏僻的保护地里偶尔出没，就像塞伦盖蒂（Serengeti）的犀牛一样。

当我已经快要丧失希望时，却在埃尔克哈特吃牛排煎蛋早餐时，听说镇外一位退休的农民养了一些美洲野牛。基思·贾维斯的家在距埃尔克哈特 15 英里的一条土路上，距离自家的信箱都有一英里路程。基思是个身材魁梧的老人，穿着牛仔裤，戴着一顶"堪萨斯野猫队 ①"的帽子；当我在他的拖拉机旁停下，并说明来意时，他觉得有些好笑。

"就我个人而言，你可以进来看看，也可以买下来。"他说道。基思带着我来到了一段栅栏前。"很烫！"他警告道，"野牛们不会轻易靠近电栅栏。"然后指向了 75 码外一群背部隆起的庞然大物，它们脑袋耷拉着，正悠闲地漫步。远远看上去，它们与一群奶牛别无二致。但基思知

---

① 　指堪萨斯州立大学的美式足球队（"Kansas State Wildcats"）。

道两者的不同。

"我可以跟你讲讲这些野牛，"他说道，"如果想要把它们驱赶到畜栏里，聚在一起，或者强迫它们往任何一个方向走，都会变得很狂躁暴怒，一般的牲畜则不会这样。"他看着远处的兽群说："一想到美洲野牛，人们就心软了。它们是野兽，是不会成为你的朋友的。它们能够忍耐我的唯一原因就是我每天喂养它们，给它们吃食。哪天如果我不投食了，它们不会手下留情的，一定会不假思索就把我撞伤或者戳伤。"

基思打开了电栅栏，我们两人走上前去，想要凑得更近些观察。才走了几码，其中一头野牛就仰起头，开始以一种笨拙的步伐跳跃着小跑起来。其他的野牛见状也纷纷效仿，紧紧跟在领头的那只野牛身后。"它们就是群体动物，"基思说道，"找到一只，你就能找到整个族群。"

基思和我往回走，去找他的那辆卡车，我便问他为什么会心血来潮养一群野牛。"大概是因为新奇吧，一头一千美元买来的，市场最高价，看来我总是在错误的时机买入，"他笑道，"还以为能赚点小钱呢。结果连毛皮都卖不出去，压根没人要。别人都是买来做汉堡肉的。"

爬上他的皮卡车，我们穿过了一片橄榄灰色、布满了鼠尾草的土地，来到了兽群的中央。不像科罗纳多，从照片上以及小时候收集的硬币上的野牛图案，我在脑海中已经对美洲野牛有了一个清晰的印象，尽管如此，在近距离接触时，我还是能够理解为什么西班牙人认为它们古怪而又有些逗人发笑。哪怕是胡安·德·奥纳特，我想象中与欢乐或幽默都毫不搭边的人物，也被野牛的形象逗乐了："无论是多么忧郁感伤的人，也不可能做到一天里遇见这些动物一百次，而一次都不笑。"

凑近了看，最具有喜剧性的莫过于野牛头重脚轻的体型了。它的大部分重量与红棕色的毛发似乎都集中在肩颈部，躯干部分则渐渐变小，最后到不成比例的臀部以及像猪一样细小的尾巴。巨大的头部有太多浓密的毛发，一直延伸到牛角和半张开的小眼睛上。还有腿部，尤其是细小、蹄子短小的前足，看上去太过脆弱，无法支撑它的体重。

"它们也许看上去有些可笑，"基思告诫我，"但当它们用小短腿发力，撞翻或是用牛角刺穿你的时候，就没那么搞笑了。"尽管如此，他有时也会被自己养的野牛们逗乐。"我一直没有搞清楚它们的鬃毛。当它们喝水的时候，会垂到水里；奔跑的时候，则会被拖拽在地上。弄不懂那到底能有什么用。"

我想驻足再观察一会儿野牛群，一旁的基思却邀请我去他的农场四处转转，大部分土地都种上了麦子，秋日里呈现出黄棕色。"我算不上一个好农民，"他说道，"把这些地质押了不知道多少次，我都记不清了。"当我告诉他科罗纳多曾在这片平原上寻找黄金时，他笑道："就和那些以为自己可以靠在这里种地赚钱的伙计一样，黑色风暴给他们好好上了一课。再后来，那帮人又开始流行寻找石油天然气致富，反正我是一点也没看到。我很感激自己还能有这间房子和农场，没有彻底赔光。"

我们转了一个圈，又回到基思用废弃木料搭建的那座小屋。他的妻子比拉正一声不吭地在厨房里拣着青椒，而基思则给我端上了一盘灰棕色的肉排。"这已经放了一天了，而且没有一般的牛肉那么嫩。应该切成小块的。"

我还没从在埃尔克哈特吃的那顿难以消化的早餐中恢复过来，也不太确定自己是否应该将方才还仰慕赞叹的动物吃下肚。但是，直接拒绝他好像不太礼貌。还好，野牛肉尝起来和基思描述的差不多，有点硬，又有点嚼劲，像是煎过头的牛排，但不赖。

"很美味。"我说道，一边将最后一块肉咽下去。听到这话，基思打开冰箱，将一整块腰腿肉装进一个很大的塑料保温箱中。"路上吃吧，"他对我说，一边帮我扛到车上去，"行走在这片土地上，多带点肉肯定不是坏事，难说有天你用得上。"

将军队留在得克萨斯之后，科罗纳多和他的骑兵轻装简行，在1541 年的夏日里穿过了数百英里荒凉的平原。他们像印第安人那样生活，全靠猎杀的野牛肉充当补给，用野牛的粪便生火烹饪。一连好多天，西班牙人连一滴水都没有。到了今天的堪萨斯中部，骑兵们突然停下。"感恩我主，"科罗纳多在给总督的信中写道，"在荒无人烟的土地上艰难地行进了 77 天后，我们终于到了印第安人称为'基维拉'的地区。"

只不过，西班牙人的宽慰立刻就变为了失落。在信的下一行中，科罗纳多开始列举"土耳其人"描述的种种"宏伟华丽景象"与现实之间的巨大落差。这里没有比普韦布洛城寨还要高大壮观的多层石质建筑，只有圆形的茅草小屋。原住民们披着野牛皮，吃着生肉，没有"土耳其人"所说的棉花地或是金盘子。他们所拥有的唯一一片金属就是酋长脖子上挂着的一小块铜。

"这里的人与我们一路上遇到过的印第安人一样落后。"科罗纳多写道。总而言之，比起上个夏天西班牙人在锡沃拉找到的所谓"黄金七城"，号称遍地黄金的基维拉是个更大的谎言，而且编造得更加离谱。

从贵金属矿藏或是原住民的发达程度来看，这里的确令人失望。不过，基维拉蕴藏着另外一种财富。"这里有着，"科罗纳多观察道，"十分肥沃的黑土地"，大大小小的溪流与泉水也提供了灌溉。土著人主要种植的玉米、核桃、李子、葡萄，以及桑葚都疯长着。"这片土地看起来棒极了，"一位骑兵记录道，"我在西班牙或是意大利或是法国的一些地区都没有见过比这更好的农田。"他认为这一地带非常适宜耕种，也可以用来养殖牲口。

但历经万难、远道而来的科罗纳多可不是来种地养牛的。当其他人赞叹着这里的优越条件时，他在给总督的信中写满了自怨自艾的语句。"我倍受折磨……拿到的情报都是错的……我已经竭尽所能了。"

这位冒险家赌上了自己和资助人的家当，想要在"新土"寻获财富与荣誉。可是，在抛下妻子与家乡，忍耐了两年的艰苦跋涉后，科罗纳多发现自己身处这广袤大陆的中央，孤立无援，与大部队失去了联系，而且冬日马上就要来临。他被人耍了，这已经是这趟旅途中的第二次了，先是被弗赖·马科斯的谎话欺骗，这次则被那个狡诈的印第安向导捉弄了。

一天晚上，科罗纳多命令手下将"土耳其人"带出囚禁地。在一番拷问之后，那位印第安人终于招供，说自己全程都在欺骗西班牙人。为了回到家乡，与妻子团聚，他才编造出了基维拉遍地黄金、富裕发达的谎言。除此之外，他的普韦布洛主人命令他将西班牙人引到荒芜的大平原去，寄希望于他们的军队在极度饥渴中毁灭，或者严重削弱他们的力量。这样的话，印第安人就有机会取胜，"报仇雪耻，让犯下暴行的西班牙人付出代价"。

不过，西班牙人倒是报了仇，发泄在"土耳其人"身上。"没给他时间再说话，或是多作辩解"，一位士兵"将绳索套在那个印第安人的脖颈上，并用一根木棒固定住，勒死了他。而后他们将遗体掩埋在帐篷旁边"。

科罗纳多在"新土"上他所探索过的最远端竖立起一个十字架。随后，在带上了风干的玉米作为补给后，科罗纳多与麾下的三十名骑兵在一个新的印第安向导带领下踏上了归途，沿着野牛群踩出的小道西行，回到了"到处都是平顶房子"的普韦布洛地带。

从埃尔克哈特出发向东行进，我开过了一排排像是普韦布洛城寨（只不过"住"着的不是印第安人，而是谷物）一般的农用筒仓，标识着一座又一座小镇。我因为长时间驾车而累得够呛，刚吃了野牛肉的肚子正在发胀，完全无心欣赏沿途的风景。越深入堪萨斯腹地，我越钦佩科罗纳多。他竟然在这片平原上连续行进了 77 天，没有任何能够振奋士气的宜人风景，也没有多少粮食可以填饱肚子。

在旅途中的早些时候，当我穿过索诺拉沙漠，遍布平顶山的高地，以及埃斯塔卡多平原时，我总是被西班牙人的坚毅不屈所深深折服。饥饿，高温，严酷的气候，每天只有野牛肉食用。这些艰苦的条件都没有迫使他们放弃探索，半途而废。自从离开埃莫西约，我的汽车里程表已经突破三千英里了，这让我开始思索：与其说西班牙人坚定不移、百折不挠，不如说他们中了邪，有些走火入魔。如果单单因为贪欲或是破釜沉舟的拼劲，这些我都可以理解。但是仅仅为了追踪一条存疑的线索，就冒着风险闯入这么一片危机四伏的草之海，深入腹地，这不像是执着的体现，听起来倒有点像发了疯。

从启程前往基维拉的第一天起，科罗纳多就有充分的理由来质疑"土耳其人"，早先于弗赖·马科斯也是如此。"土耳其人"的普韦布洛主人，远征队的另一位向导，科罗纳多在大平原上遇见的游牧民族，这些人的证词都有力地反驳了"土耳其人"所说的内陆藏有大笔黄金财富的谎言。可是西班牙人并没有听进去，而是马不停蹄地前进，前进，再前进。

这种心甘情愿的受骗源自我这个现代人的头脑无法理解的中世纪幻想。黄金七城、亚马逊之岛、黄金国（El Dorado），对于那时的西班牙人来说，这些不是奇幻故事，而是真真实实存在的地方，等待着人们前去探索。谈起印第安人的"迷信"，欧洲人总是报以轻蔑的态度，殊不知他们自己同样受到那些神话故事的蛊惑，为之翻山越岭，无所不用其极。尽管与西班牙人语言文化不通，但"土耳其人"敏锐地抓住了他们的心理，用金盘子以及挂满金铃铛的树木之类的花言巧语，让这些狂热的人轻易上当受骗。

好不容易到达了堪萨斯州的莱昂斯（镇外的路牌上写着"欢迎

来到基维拉之地"），我心中迫切想要的便是一大扎冰啤酒。小镇中竖立着一座 60 英尺高的大理石十字架，以纪念胡安·帕迪拉（Juan Padilla）——一位曾跟随科罗纳多来到基维拉的修士，并在旅途结束一年后再度来访，前来宣讲基督教的福音。他立刻就被杀死了，显然这是因为当地的印第安人贪图他携带的衣服以及其他财物。在帕迪拉神父的仰慕者看来，这也使得他成为了日后美国领土上的第一位基督教圣徒。

莱昂斯还有一座很不错的博物馆，主要展示西班牙人以及基维拉印第安人的历史。基维拉的原住民据信是威奇塔人（Wichita）的先祖，他们所居住的锥形、木柱与茅草搭建的房屋与科罗纳多的描述十分相似。我在博物馆一直待到关门，并询问馆长莱昂斯附近还有没有别的与西班牙征服者相关的遗迹。

"没有什么了，"她告诉我，"除非你把科罗纳多高地算进去。"那是一座位于邻县的山丘，山顶修造了一座科罗纳多的纪念碑。"那里的人号称那才是科罗纳多此行的终点，"她显然不认可这一说法，尽管她承认莱昂斯的宣称也没有多少事实依据，"我们最多只能确定科罗纳多的探险之旅在这附近终结。"

这听上去有些令人失落，莱昂斯镇中心亦是如此。我本打算在这里好好庆祝一下我自己旅途的最后一站。这里唯一的夜生活是一家叫作"比尔"的肮脏不堪的酒馆，里面的主顾看上去像是从午餐就开始，一直喝到现在。在吧台边，我问身旁的一个人他对科罗纳多有什么看法，他口齿含糊地咕哝道："不知道。给我买杯啤酒，我就记起来了。"大失所望的我决定忽视博物馆馆长的告诫，赶在日落之前直奔科罗纳多高地。

那天早些时候，开车从堪萨斯西部进入中部时，我曾目睹路旁景色的逐渐变化，从干旱的高原演变为中西部常见的平地。在莱昂斯的东边，地势逐渐变得略有起伏，到处都是犁过的黑土地以及郁郁葱葱的向日葵田或玉米地。基维拉也许没有科罗纳多想象的那样富丽堂皇，但的确看上去像是人间天堂，到了日落时分，金色的残阳洒在大地上——至少与之前经过、连绵数百英里的荒原相比是如此。

在乡间小道上蜿蜒前行着，我错过了一个拐弯，因此直到夜幕降临才到达科罗纳多高地。无法在黑暗中探索那座山丘，我只好在前方亮光的导航下，向离这里最近的村镇驶去。开了几英里，我穿过小镇的主街，找到了一间开张的酒吧。这家酒馆叫作"奥尔斯托加"（Öl Stüga，北欧语言中"小屋"的意思），窗户上则写着"维京人"。

推门进入，径直走来一位身材似熊一般魁梧、留着大胡子的男人，看上去像是刚刚跳下一艘长船。酒吧里，几乎所有人都像是前面那位男子的克隆体：身材高大、皮肤白皙、肩膀宽阔。一个有角的头盔摆放在电视之上。我好不容易挤到吧台边，坐在我旁边的是一位留着长长的金发，蓝眼睛，长相帅气的男士。

"这问题听上去有点蠢，"我问道，"这里是在搞维京人集会么？"

他笑道："我估摸你从来没有来过林兹堡吧？"看到我摇了摇头，他便伸出手，"啊，那样的话，欢迎来到林兹堡。我叫内尔斯·彼得森。能帮您点杯阿夸维特酒①吗？"

原来，堪萨斯州的林兹堡是全国范围内最大的瑞典裔聚居区。小镇的 3300 名居民中大多数都是 19 世纪来此定居、信奉虔敬主义②（Pietism）的路德教徒后裔。时至今日，他们还在庆祝瑞典的传统节日，用彩色的达拉木马③（Dala horse）装饰住宅，并管镇上的运动队叫作"维京人队"以及"可怖的瑞典人队"。我追随着西班牙人的步伐，从墨西哥一路来到堪萨斯，却误打误撞地来到了一群后世的维京人中间。

---

① 阿夸维特（Aquavit）是主产于斯堪的纳维亚半岛的一种酒类。
② 指 17 世纪末、18 世纪初新教路德宗内部的一次思想变革，其信众主张践行节俭朴素的生活方式，并热衷于到海外传教。
③ 指起源于瑞典达拉纳省的一种手工制成的小木马，被誉为"瑞典的象征"。

"这里没什么人关心科罗纳多,"内尔斯告诉我,"哪怕西班牙人真的来过这里,又怎么了呢?维京人比他们早了整整五百年到达美洲大陆呢!"

内尔斯的家族一直在科罗纳多高地附近经营农场,已有 132 年之久。于是他便主动询问要不要带我参观。我于是在一家"维京人汽车酒店"里睡下,到了第二天早晨,又和内尔斯一起开车前往那座三百英尺高的岩石山。"堪萨斯比人们想象中要来得更加多山崎岖。"他对我说。

我们要找的那座岩壁屹立于一小片叫作"烟岭"(Smoky Hills)的低矮丘陵,俯瞰着一条河流与一片草原。这样的环境与科罗纳多麾下一位骑兵的描述相契合,在他笔下,基维拉是一片"遍布山丘、平原、美丽宜人的河流以及小溪"的土地。另一位西班牙人的记录则更加平淡写实一些——"在那里,开始出现一些山脉的痕迹"。

因为这附近没有别的高地,西班牙人笔下指的应该就是烟岭了。为了瞭望附近的地势,他们很可能登上过其中的一座丘陵。不管怎么说,这些相吻合的记录以及附近出土的一小片锁子甲,都为当地人将这里称为科罗纳多的最后一站提供了有力的证据。1920 年时,他们将这片山岭命名为科罗纳多高地,后来还在宽阔的山顶上修造了一座石质城堡以及设计简单的纪念碑,上面刻有科罗纳多的姓名以及几个单词,意为"分享之地"。

"这些年来,人们渐渐地只从字面的意思来理解这句话,"内尔斯告诉我,"我估摸有至少三千人在山顶上破了身。那里现在成了派对胜地。"

他带着我走进那座覆盖着地衣的石头城堡,一座灰暗、仿中世纪式的堡垒,顶部筑有城垛,墙上则开有枪眼,可以用来发射箭矢。内部修造有一间大殿,天花板上裸露着横梁,殿堂中还装有一座巨大无比的壁炉。"这座城堡是用来纪念科罗纳多的,"内尔斯向我解释道,"但因为我们是斯堪的纳维亚人，对西班牙的文化一窍不通，所以这里其实是按照埃尔西诺城堡的式样建造的。"

事实上，主张修建纪念碑的林兹堡人并不是科罗纳多的仰慕者，甚至恰恰相反。在 1922 年的一次演讲中，一位高地的主要支持者如此描述道："科罗纳多身披铸铁的甲胄，气喘吁吁地跑上了山丘"，而他们这些瑞典移民们则"定居在这壮丽雄伟的地标之下，寻获了他不曾找到的黄金财富"。定居于此的"节俭朴素的北方人吸取了冲动易怒、热爱冒险的西班牙人所没有学会的经验教训，"他继续说道，"那就是，只有艰苦劳作带来的财富与简单快乐生活带来的健康才得以持久。"

换而言之，科罗纳多高地象征着路德教派的瑞典人对信仰天主教的西班牙人的一种优越感。至少，这里一览无余的景色似乎印证了这一看法。站在城堡的高墙上向外望去，映入眼帘的是一大片如棋盘般整齐的农田，种植着小麦与苜蓿。南边伫立着林兹堡教堂的高塔，而北边不远处便是美国本土的中心点。到如今，这片曾被科罗纳多抛弃的土地已经成为了世界上最富饶高产的农业区。

尽管如此，内尔斯还是很同情那位西班牙征服者。"他走了那么长的路，看到的全是草原，以及更多的草原，周而复始，没有尽头。我很理解他，如此疲惫低落地来到这里，对眼前的景色全无兴致。"

我们离开了城堡，开车回到林兹堡，吃上了一顿当地特色的周日午餐，有地道的瑞典肉丸、腌鲱鱼，以及莳萝烤土豆。一位戴着衬领的路德派牧师在餐桌间穿行着，与教众打着招呼。"瑞典人喜欢凡事都藏着掖着，一个人保守秘密，就像'牧场之家好做伴'[①] 中揶揄的那样，"内尔斯坦诚地告诉我，"跟你讲老实话，我实在讨厌这个地方。"

[①] "牧场之家好做伴"（A Praire Home Companion）是一档美国广播节目，也被译作"草原一家亲"，从 1974 年开始播出，至 2016 年停播。节目在中西部的明尼苏达州拍摄，节目中常揶揄当地为数众多的斯堪的纳维亚裔美国人以及德裔美国人。2006 年拍摄了一部同名电影。

内尔斯平日里是个园丁，内心深处却梦想成为"节拍诗人"①。昨晚，他抽着烟，一杯接一杯喝着阿夸维特酒，背诵了一整首艾伦·金斯伯格（Allen Ginsberg）的诗歌。午餐后，我便载着内尔斯回到他住的露营拖车，他走了进去，过了一会儿又急匆匆地跑出来，手里拿着他最珍贵的藏品，一本签名的初版《裸体午餐》（Naked Lunch）——威廉·巴勒斯（William Burroughs）的"垮掉一代"经典作品。

"我曾在纽约住过一段时间，奇怪的是，那里的人对堪萨斯的印象还停留在《绿野仙踪》里的年代，以为我们过着单纯、健康的生活，"他对我说，"我大概打破了不少刻板印象吧，尤其是'健康生活'那部分。"

内尔斯点上了最后一根烟。"你知道吗，我觉得科罗纳多就这么结束旅途，掉头离开，实在是太可惜了。如果西班牙人待在这里的话，林兹堡会比现在有趣许多吧。"

从堪萨斯前往新墨西哥的归途中，科罗纳多在格兰德河畔度过了旅程中最后一个难熬的冬天。没有足够的冬衣，头发又生了虱子，四周还潜伏着不满他们统治的印第安部落，西班牙人内部发生了激烈的争吵。有些人想要回到基维拉定居开垦，其他人则强烈地要求返程回家。"军营中抱怨与不满的声音不绝于耳。"一位士兵写道。

更不幸的事发生了：在一次赛马中，科罗纳多马鞍的肚带突然断裂，将他甩在地上，不巧被对手坐骑踢中头部。卧床不起的科罗纳多以为自己即将死去，便说自己"想要回到妻子与儿女身边"。至少他麾下军队得到的指令是如此。有些士兵怀疑治疗科罗纳多的医生以及高级军官们合谋，夸大了他的伤势，为班师返回墨西哥找理由。

----

① "节拍诗人"创作的"节拍诗歌"（Beat Poetry），也被译作"敲打诗派"，是"垮掉一代"（Beat Generation）文学中流行的诗歌形式。

于是，1542 年春季，这支士气低落的军队再度出发，重新踏上两年前走过的路径，从普韦布洛出发，进入沙漠地带，回到墨西哥。队伍一行进到西班牙人治下的地区，许多士兵便开小差逃走，曾经强大的军队如今化为了一盘散沙。跟随科罗纳多回到墨西哥城的只剩下不到一百人。总督"相当不待见科罗纳多，"一名士兵回忆道，"从那时起，他的名声就彻底败坏了。"

因为科罗纳多两手空空地回到墨西哥，那些向远征行动投资了大笔经费的殖民者蒙受了极大的损失。碰巧的是，西班牙当局前不久刚刚颁布了禁止残暴对待印第安人的新法规。科罗纳多失败的远征成为了第一个牺牲品，代表王室的律师随即提出控诉，认为他折磨原住民、烧毁印第安城寨的行为毫无依据可言。

科罗纳多最终被宣告无罪（他麾下的指挥官则成了替罪羊，受到了责罚）。尽管如此，这位西班牙征服者依然失去了他的庄园，对一个北方省份的管辖权，以及投入此次远征的金钱。"我那时欠下了大笔债务，现在还是如此，根本无力偿还。"1553 年时，他在一份向法院递交的申诉书中写道。过了没多久，他就在穷困潦倒中死去，享年 44 岁。

十年之后，参加过科罗纳多远征的一名队员写下了他在"新土"的种种见闻与经历。佩德罗·德·卡斯塔涅达（Pedro de Castañeda）曾与科罗纳多一同前往基维拉，并认为他"发现了'新土'西部地区的优越之处"。回想起来，他后悔自己没有在那片自然条件优良的沃土定居开垦。但"主一定乐意，"他有些不舍地总结道，"看到我们是第一批到达那片乐土的旅行者并因此而感到满足。"

在文中，卡斯塔涅达也曾简短地提到过一位"文身印第安女人"的传奇故事。她原本是普韦布洛人的奴隶，被一位西班牙队长买下，并跟随远征队一起进入大平原探险。当军队到达得克萨斯境内时，她认出自己的故乡就在不远处，便躲在一座峡谷中，逃离了西班牙人。她向东逃去，想要穿越得克萨斯，却被另一群留着大胡子、讲西班牙语的探险家抓住了。那个印第安女人告诉他们，她"之前从与他们长相打扮都很相似的一群人手里逃了出来"，并报出了科罗纳多手下队长的名字，来证明她说的都是实话。

在回到墨西哥后，卡斯塔涅达遇到了参加过另一支探险队的老兵，才听说了这则轶事。印第安女人遇到的那些人其实是埃尔南多·德·索托远征队的生还者，科罗纳多于1540年离开墨西哥，而他们几乎同时从佛罗里达出发。两位西班牙征服者各自带领的军队，一支艰难地向西跋涉，一支漫无目的地向东行进，出发几年后，在大陆中部擦肩而过。

至于同时见证了北美大陆上最伟大的两次西班牙远征，也被两支军队都俘虏过的那位"文身印第安女人"，史书中再没留下任何记载，她的结局我们不得而知。

第八章
南方：德·索托在迪克西[①]

> 游侠骑士不需要服从任何权威……手中的利剑就是他们的律法，
> 勇气是他们的条令，毅力是他们的雕像。
>
> ——米格尔·德·塞万提斯，《堂吉诃德》

埃尔南多·德·索托是个白手起家的征服者，大半辈子都在新世界拼搏奋斗，这一点极为罕见。德·索托出生于埃斯特雷马杜拉（Extremadura），这座贫瘠多山的省份孕育了同为探险家的科尔特斯和皮扎罗。14 岁时，他只身踏上了前往美洲的旅途，全部的财产就是一把剑与一块盾牌。刚下船，德·索托就开始了军事生涯，在巴拿马与印第安人作战，作为一名冷酷无情的战士，他威名远扬。想要残暴地劫掠土著人，找他就对了。在同时代人的笔下，他皮肤黝黑、相貌俊朗、冲动易怒、"严苛而沉默寡言"，将时间都花在"猎杀印第安人"上。

除此之外，他还是精明的生意人，积聚了大量财富，拥有许多劫来的黄金、印第安劳工的许可证，以及采矿业与船业的股份。他还曾加入对秘鲁的征服行动，同乡皮扎罗任命他为特使，前去觐见印加皇帝阿塔瓦尔帕（Atahualpa）。勇敢无畏的德·索托没有辜负期望。接到任命后，他径直冲进印加人的兵营，那匹嘶吼着、吐着唾沫的坐骑在皇帝面前高举起双腿，似乎是在恐吓对方。后来，西班牙人绞死了阿塔瓦尔帕，并劫走了秘鲁的大量金银，光是德·索托一个人拿到的分红，换算成今天

---

① 泛指美国南方各州，以及该地区的居民，与对北部与北方人的称谓"洋基"（Yankee）相对。南北战争中南方邦联的非正式国歌就叫作"迪克西"（Dixie）。

的币值，就超过了一千万美元。

到三十多岁时，这位背井离乡的少年终于回到了祖国，已经成为了西班牙最富有的人之一。他在塞维利亚买下了一座宫殿，身边有见习骑士、男仆、一名侍从武官，以及一位管家跟随，穿衣都选用天鹅绒和绸缎这样的高级材质，并迎娶了一个尊贵家族的女儿。一路飞黄腾达的德·索托最引以为傲的恐怕就是国王将他擢升为圣地亚哥骑士团（Order of Santiago）的成员的时刻，这是西班牙最高贵的骑士组织。

不过，德·索托并不打算就此安定下来。1537 年，也就是他返回西班牙的一年后，王室授予他一份特许状，准许他征服佛罗里达地区，并建立殖民地。16 世纪时，大部分征服行动还属于私人事业。王室派发证书给个人，允许他们探索、开发特定的土地，对获利收取 20% 的赋税，但不向远征提供经费或是派遣士兵。本质上来说，西班牙征服者们就是一群武装着的企业家，自己召集组建远征队，也要自己承担所有的风险。

德·索托组织前往佛罗里达的远征，所冒的风险相当高。试图建立殖民地时，庞塞·德·莱昂丢了性命，而潘菲洛·德·纳尔瓦埃斯率领的第二支远征队也在灾难中终结，只有卡韦萨·德·巴卡在内少数几人得以奇迹般地存活。而后的几次远征行动还没有离开海岸，深入腹地，便宣告失败。德·索托并没有被吓退，而是用尽毕生积累的财富、甚至举债，组建了一支庞大的军队，有 9 艘舰船，600 名士兵（其中包括参加过秘鲁征服的老兵），220 匹马、种猪，以及军犬——它们接受过严格的训练，可以熟练地追踪并杀死人类。1539 年 5 月末，强大的入侵舰队离开位于古巴的基地，航行到达了今天佛罗里达州的西海岸。西班牙王室授予德·索托的是一片辽阔，定义含糊，对欧洲人来说十分陌生的土地。依据特许状上条款的规定，德·索托有四年的时间实现他的美好愿景，赢下这场大胆的赌局。

尽管德·索托在佛罗里达的具体登陆地点时至今日，已经不为人所知，布雷登顿市（Bradenton）一直将这一殊荣揽在身上。这座城市也是德·索托国家纪念园以及德·索托历史协会的所在地。这里主要的桥梁叫作德索托大桥，除此之外，还有一座汽车竞赛场、商场、拖车公园、洗衣房，以及一处动物诊所都以他命名。一个"德索托主题周末"则是这座城市的重要社交活动。

除此之外，布雷登顿还是一个历史重演爱好者社团的大本营，这个社团专门扮演西班牙征服者，叫作"卡尔德隆剧团"（Calderon's Company），以德·索托远征军中的一位队长命名。尽管我曾在家乡弗吉尼亚参加过美国内战的历史重演，但扮演西班牙冒险家的团体还是非常稀有，令我眼前一亮。扮演"约翰尼·雷布"（Johnny Reb，代指内战中的南方邦联军士兵）和"比利·扬克"（Billy Yank，代指内战中的北方联邦军士兵）是一回事，扮演身披甲胄、屠杀成百上千原住民的西班牙人则是完全不同的另一回事。

在网上搜索到"卡尔德隆剧团"的信息之后，我便打电话询问官网首页照片上戴着头盔、留着浓密胡子的男子。电话那头的人嗓音十分沙哑，自称蒂姆·伯克，平日里是布雷登顿市的一名土地测量员。他告诉我他和剧团的几位成员将会参加佛罗里达州那不勒斯市（Naples, Florida）的一次历史节活动，并邀请我一起前去，如果我愿意的话，还可以试穿西班牙征服者的装备。

"我需要带些什么？"我问道。

"带上不友善的态度就可以了。"蒂姆说道。

历史节活动在一家沃尔玛与县监狱之间的一座小公园上举行。我在破晓时到达，穿过一条小径，走进历史重演者营地所在的棕榈林中。这次历史节以"时间线"的形式展现，这也意味着除了现代以外，每个历史时期都会有各自的展示。我穿过一个南方邦联军队医生的帐篷，他正在端详着一整罐水蛭，旁边的帐篷则坐着独立战争期间的义勇民兵（Minuteman）。一位"二战"时期的美国大兵快步走过，正向身旁的海盗讲述着怎么将拆掉引线的手雷偷带过机场安检。接下来我看到一个蓄着大胡子的壮汉，披着一件粗糙的衣服，正在火堆边劈砍着些什么。

"你不会就是西班牙征服者吧？"我问道。

"啊，对不起，我不是，"他举起一块正在磨制的燧石，对我说道，"我是个史前古印第安人，西班牙人应该是在塞米诺尔人（Seminole）旁边，我想是的。"

好不容易才找到卡尔德隆剧团时，他们还没有换上西班牙征服者的甲胄，正从古代式样的高脚杯喝着葡萄酒。我终于见到了蒂姆·伯克其人——一个和蔼可亲的中年男人，眼神和笑容很温柔。他的伙伴叫拉里·梅，高高瘦瘦，声音相当柔和，担任一家医院的技术专家，还经营着一处葡萄园作为副业。拉里还带来了他的老婆和孩子，都是金发蓝眼的模样。这样看来，"卡尔德隆剧团"看起来一点都不像英勇善战、无情杀戮的伊比利亚人，倒是更像"脱线家族"（Brady Bunch）一剧的主角们。

"拉里和我是很多年的老朋友了，我们刚认识的那个时候还在用木头剑重演中世纪战斗呢。"蒂姆告诉我。

"我击中他好几剑，还'砍下'了他的脑袋，"蒂姆一边喝着杯中的西拉葡萄酒，一边回忆道，"我们从此就变成了好朋友。"

从那时起，两人便一起"穿越时空"，从杰弗里·乔叟（Geoffrey Chaucer）的年代，进入西班牙征服者的时代，这主要是为了填补历史重演活动的空白。"中世纪、美国内战、西部拓荒，人们都喜欢重演这些时代，"蒂姆告诉我，"没有多少人想要扮演西班牙冒险家。佛罗里达没什么人愿意做这吃力不讨好的事情。"

　　第二天早晨，当蒂姆和拉里开始拿出一件件自制的西班牙征服者铁甲（这是他们用修理汽车的锤子敲打金属板，一点点制成的）时，我算是理解了他昨晚的话。拉里帮蒂姆的前胸、后背、双腿，以及手臂都装上厚重的装甲板。随后，他又戴上了金属护颈，以及一顶卡斯提尔王国常见的"莫里恩头盔"（Morion Helmet），顶部呈脊状突起。

　　对比之下，拉里的穿戴就轻便许多了，但与蒂姆的一样显眼：一件绿色的羊毛夹克、带有一排由纺线编织成的纽扣、一条绿色条纹的裤子、一顶绿色的软帽，以及一对及膝高的黑色长靴。他看上去活脱脱就像一个大号的拉布列康矮精灵（Leprechaun，爱尔兰民间传说中的绿色小妖精）。拉里的穿着，与蒂姆身上的铠甲一样都是经过复杂的研究制成的，仿照的是 16 世纪西班牙士兵华丽惹眼的营地装束。

　　蒂姆将一个肮脏的白布袋扔到我脚下，"你的制服，唐·安东尼奥大人"。我拿出里面的服装，原来是一条只到膝盖高度、松松垮垮的羊毛短裤，裆部上面带有一个股囊（cod flap，15 至 16 世纪遮盖男裤开口处的一种设计），造型硕大得像色情片演员一般。上身的服装则是一件有褶皱、麦斯林纱制成的衬衫，看起来像是一件女式睡袍。布袋里还有一双皮靴。穿上我的衬衫、及膝的羊毛短裤和皮靴，我向蒂姆坦承，说自己本期待一套更有男子气概的服装。

　　"还没穿好呢。"他对我说，一边将一件羊毛缝制的紧身上衣交到我手中，这一定是佛罗里达的烈阳天里最不舒适的搭配了。"还有，别忘了你的锁子甲。"蒂姆亲手打制了这件锁子甲衣，将沉重的金属丝敲平，编织成互相锁扣的一个个圆环，和我在西南地带博物馆中看到的那些展品别无二致。他帮忙抬起那件厚重的甲胄，方便我的头和两臂钻进去，我感觉自己正在徒手攀爬一座由连环铁索组成的高墙。这件锁子甲有三十多磅重，这还不算蒂姆替我系上的腰带以及一把装在剑鞘里的佩剑。除此之外，蒂姆还帮我戴上了一顶带面甲的中世纪头盔，有护甲保护我的脖颈和耳朵。如果把浑身上下都算上，我佩戴着整整五十多磅重的钢铁甲胄。

跟跄地走了几步，我弄翻了一张桌子，并很尴尬地一头撞在了树桩上。锁子甲在我的腰带以上鼓出了一块，好似我有了哥特风格、德国式样的啤酒肚一般。"现在我该怎么办？"我问道。发出的声音在铁盔中回荡着。

"一步步来，多喝点水，"蒂姆告诉我，"还有，尽量克制住自己，碰到问各种愚蠢问题的人，不要轻易拔出剑来。"

几分钟后，人群便涌来了，穿着 21 世纪佛罗里达人的标准制服：短裤、拖鞋，以及 T 恤衫。他们从一个帐篷走到另一个帐篷，像是历史商场里的"橱窗购物者"，用相机拍着那些身披棕榈叶的印第安人，或是涮洗着锅碗的拓荒者女性。与其他展台相比，我们的帐篷看上去就不能吸引人了：两个穿着铁甲、站在烈阳下的男人，再加上一个在一旁打磨着甲胄的爱尔兰小妖精。

"这是什么历史时代？"一个女人好奇地问道，一边翻看着她手中的介绍手册。

"16 世纪的西班牙人。"我透过头盔的面甲，含糊地回答道。

"啊，看上去好难受。"她评论了一句，便往塞米诺尔人帐篷的方向去了。

其他访客提的问题就更没什么新意了。

"这是什么？鲨鱼防护服吗？"

"需要来点润滑油吗？"

"穿这身不热吗？"

正如蒂姆警告的那样，我有一种快要抑制不住的冲动，想要拔剑了结这些恼人的提问者——不过，我并没有那么做，而是拿出拉里准备的硬饼干，笑吟吟地分发给来访的人。那天早些时候，我尝了一小块，差点崩掉大牙。拉里给我看了食谱：面粉、水、盐，烘焙至"金黄色，像岩石一般坚硬"，然后留在烤箱中冷却，"有点像铁匠为金属表面做硬化处理的过程"。在墨西哥，阿兹特克人的皇帝蒙特祖玛曾检验过西班牙人的硬饼干，并认为这种食品和石灰石的材质别无二致。

到了上午十点左右，我浑身已经被汗水浸透了。理论上，链甲有着通风的效用，德·索托的人甚至用它来筛面粉，但甲胄下的那件沉重的紧身上衣锁住了热量和汗水。蒂姆身上的板甲可以通过两侧的开口通风降温，而且常受到游人的仰慕与钦佩，相比之下，我的锁子甲只引起了人们的无尽嘲笑。所以，中午的时候，我便询问蒂姆，能否互换穿着。

"你是我的客人，没问题。"他对我说，一边坏笑着。

事实上，板甲不仅比锁子甲要重上许多，而且很不灵活，挤压着我的肾脏、锁骨和腹股沟。金属护颈就更加难以忍受了，像是铁项圈一样紧紧地锁住我的脖颈。除此之外，板甲裹在身上的感觉比之前那件锁子甲要闷热多了，与我预想的截然不同。在午间的烈阳下站了十分钟后，我胸前的板甲就如同参加独立日游行的老式汽车引擎盖，滚烫而沉重的穹形铁甲让我难以移动。

"西班牙征服者才没有穿过这样的甲胄吧，"我抱怨道，"这完全不可能。"

作为回应，蒂姆将一块硬饼干猛掷向我的前胸，坚硬的面饼在冲击下轻而易举地碎裂了。接下来，他又用火绳枪的枪托给了我重重一击，我感到自己被击中了，但一点也不痛，感觉就像是在拥挤的车流中，后车轻轻地擦碰了我的保险杆。蒂姆向我解释，说锁子甲对刀剑的劈砍有较好的防护作用，但面对佛罗里达印第安人发射的淬火箭矢却有些力不从心。在这样的战斗中，你需要厚重的板甲，它相当于16世纪的凯夫拉（Kevlar）防弹衣。

不过，德·索托的队伍可不止需要作战。他们需要长途跋涉，每天行进约 15 英里，穿越今天的美国南方。当我和蒂姆沿着小公园走上一圈时，我的步伐很快就变得踉踉跄跄，甲胄开始吱吱作响，就像《绿野仙踪》中的铁皮人一样。除此之外，我的剑像尾巴一样悬挂在身后，总是被灌木丛或是女拓荒者的长裙勾住。当我们走近横跨在池塘上的一座小桥时，蒂姆突然紧紧抓住我的手臂。"如果你不小心掉下去，就会像鱼线上的铅锤一样沉到水底。"他告诉我。不难想象德·索托麾下不少士兵在跨越佛罗里达的众多河流时，不慎跌入水中，丧了性命。

一路上的行人都对我敬而远之，好不容易跌跌撞撞地再回到了营地，我不禁开始思索，也许当今美国人对西班牙征服者的遗忘源自他们糟糕透顶的穿着。与历史节活动的其他表演者相比，身披重甲的骑士看上去与美洲大陆格格不入。他们也许属于十字军东征，或者是阿金库尔战役（Battle of Agincourt），而不能用来跋涉于佛罗里达的丛林与沼泽地中。

除此之外，一种嫉妒的心理时不时涌上我的心头，羡慕那些穿着更加舒适服装的历史重演者：裸露上身的原住民，穿着苏格兰短裙的高地战士，甚至是我昨晚遇见的那位"史前印第安人"，仍然穿着那件无袖的上衣，劈砍着燧石。

"这需要什么特殊的技艺？"我停下脚步，询问他道。

"基本上，就是把一块石头打到它顺从为止。"他嘟囔着说道。

回营地途中，我还和另一位"西班牙人"打了个照面，那是个脚踩凉鞋、穿着带兜帽的法袍、蓄着胡子的男人，正扮演一位早期的传教士——胡安·罗赫尔（Juan Rogel）。真实历史中的罗赫尔神父发现他根本无法促使生活在西南佛罗里达的卡卢萨印第安人（Calusa）改信基督教。那些原住民认为人有三个不同的灵魂：一个在体内、一个藏在眼睛的瞳孔里，还有一个存在于每个人的阴影中。而我今天遇到的这位"罗赫尔神父"却面对着另一种截然不同的挑战。"人们总是问我能不能聆听他们的告解，"他说道，"我只好对他们说，'对不起，我其实是犹太人'。"

作为一位出生于纽约布朗克斯的教师，拉里·利特之所以同意扮演这一角色，是因为主办方正好缺少一位修士，而他的外形长相十分符合这一形象。在他工作的学校，拉里也曾扮演过圣诞老人。"我才是那个需要神灵原谅的人，"当又一位"赎罪者"朝他走来时，他对我说道，"感觉我昨天还是个刚举办完犹太成年礼的乖孩子，今天却成了这副样子。"

当我回到西班牙征服者的帐篷时，蒂姆正忙着擦拭他的那支火绳枪，为了今天的重头戏做着准备：这是一场叫作"时间线射手"的表演，按时间顺序，展示各个历史时期的武器。表演由一位印第安人操纵着投枪器，发射着一支标枪。蒂姆是下一个出场的，他让我手持盾牌，站在他身边。早期的西班牙火器操作起来相当困难笨拙，有 5 英尺那么长，而且十分沉重，需要士兵将枪支架设在三脚架上。除此之外，火绳枪射手还需要自行携带点火装置，也就是一种缓慢燃烧的火绳。

蒂姆将袋装的黑火药倒进枪上的火皿，假装将弹丸装入枪管中，然后扣下扳机。"在完成装填工序的时候，我一直暴露在敌方的箭矢威胁下。"他告诉观众。这时，就轮到我发挥作用了：作为"牺牲品"，我要举起盾牌保护着身后的火绳枪手。最后，蒂姆将已经点燃的引绳放置到黑火药旁，然后用西班牙语大喊道："开火！（¡Fuego!）"枪膛中喷射出一道火焰，一颗假想的铅弹飞出枪管，射向前方的棕榈树。

观众席中响起一阵礼貌式的掌声，我们随即退场，留下来观看剩下来的表演环节：戴着熊皮帽的英国佬，手持燧发枪射击；而观众们最为期待的压轴戏则是"二战"时期的海军陆战队员，用架设在车上的机枪倾泻着上百发空包弹。总的来看，如果将"时间线射手"比作一场烟火表演，那么蒂姆和我的火绳枪射击就好比漫天烟花中闪烁着的一点小火星。这让我再次思索起来，为什么他们要选择扮演西班牙征服者？

那天晚上，当我再次提起这个问题时，拉里盯着他手中的高脚杯。"也许是因为现代的生活太过软弱无趣了吧。"他回答道。

拉里曾在特种部队服役，被派遣到越南和中东执行过诸多任务。他告诉我，现代的士兵和那时的西班牙人背负的重量差不多，也需要士兵们自行维护个人装备。但令他尤其惊讶的是，16 世纪的交战方式比现代战争要来得可怕得多，那时主要依靠贴身作战，大多数杀戮都在很近的距离内发生，而不是坦克、飞机以及导弹发射器之间的对抗。

"我们并不支持西班牙人的所作所为，事实上，我们认为他们的行径很野蛮，"拉里说道，"但我很钦佩他们坚韧不屈的精神，抛弃他们所熟悉的一切，来到这片陌生的土地。放在今天，这就相当于参加登月行动。"

蒂姆也同意拉里的说法。"除非你扮演特蕾莎修女这样的圣人，如果你用今天的道德标准来品评历史人物的话，就会发现他们都犯过错误，有着各种各样的缺陷瑕疵。"

除此之外，不管人们怎么看待德·索托，他都是个有种的汉子。他白手起家，在 40 岁前，就将手中的财富翻了几番。可他并不打算就此过上悠闲舒适的贵族生活，而是质押全部身家财产，想在佛罗里达再豪赌一场。

"放到今天的语境中，德·索托与那些大毒枭倒有一点相似之处，"蒂姆说道，"就像哥伦比亚贩毒集团的头目一样，他们这样的人永远不会满足于一笔生意，一旦得了势赚了钱，就根本没法停下来。"

在佛罗里达登陆后不久，德·索托便遇上了一件好运的事。在海岸附近，骑马的西班牙人遇上了一群装备着弓箭的原住民。就在一名手持长枪的骑兵即将冲向对面的目标时，一个浑身赤裸、手臂上有刺青的人突然用西班牙语大喊。那人叫作胡安·奥尔蒂斯（Juan Ortiz），在 11 年前的一次远征行动中来到佛罗里达，却不幸被印第安部落抓住。据他所说，俘获他的原住民将他绑缚在烤架之上，就在他们打算点火时，部族酋长的女儿突然介入，哀求他们赦免奥尔蒂斯的性命。

德·索托（来自一本与印第安人有关的西班牙史书）

　　奥尔蒂斯自述的经历听起来非常耳熟能详，与 80 年后詹姆斯敦殖民地时期，约翰·史密斯被宝嘉康蒂出手相救的故事十分相像。一种可能是佛罗里达与弗吉尼亚的印第安部落有着相似的习俗，在接纳被俘者之前总要进行一种仪式，先假装要将他们处死，再宽恕他们。还有一种解释就是约翰·史密斯曾读过早些年的出版物，其中有胡安·奥尔蒂斯被拯救的相关记录，并巧妙地"借鉴"了这个故事，把它说成是自己的亲身经历。在此之后，那位印第安公主又救了奥尔蒂斯一次，警告他将要被献祭给原住民的神灵。于是，他逃到了另一个印第安部落，那里的人告诉他德·索托舰队登陆的消息。他加入原住民的队伍，前去寻找西班牙同胞，差点就撞上西班牙骑士手中的骑枪。

"他对我们的语言所知甚少，已经忘却了大部分，"德·索托的一位部下写道，"他还记得圣母玛利亚的名字，我们这才认出他是个基督徒。"在之后的几天里，他还是基本无法沟通，"因为他每说一个西班牙语的词汇，就会蹦出四五个印第安语言的词语"。

奥尔蒂斯的语言能力以及对佛罗里达印第安人习俗的了解使得他成为德·索托远征队的重要成员，既可以做翻译工作，也可以充当中间人。在登陆后没多久，德·索托便写道，如果没有奥尔蒂斯，"我们根本不知道会落入怎么样的境地"。

比起他的前辈们，德·索托还有一项重要的优势，那就是他曾在陌生、危机四伏的土地上——从巴拿马的丛林，一直到秘鲁的群山——奋战了数十载，积累下许多宝贵的经验。他那些在中南美洲历练出的特质——毫不畏惧、善于欺骗、冷酷无情，在佛罗里达找到了用武之地。德·索托在海岸附近建立起一座大本营，留下一百名西班牙人看守，率领军队的主力则进入佛罗里达腹地，只携带少量的粮秣补给。在遇到土著人的聚居地时，他们便搬走粮仓中的玉米作为军粮，并抓走当地的印第安人充当向导或是脚夫，将铁链套在他们的脖颈上，绑缚在一起，以防止他们脱逃。

那些企图逃跑或是欺瞒误导西班牙人的原住民俘虏，则会被绑在火刑柱上活活烧死，或是扔到那些攻击性十足的军犬中间。一条叫作布鲁托的灰色爱尔兰猎犬是德·索托的最爱，它曾追捕一位逃走的印第安酋长，死死咬住他，将他拖到地上。这样看来，布鲁托的果断与凶恶和它的主人倒是十分相似。一位西班牙人描述道，在战斗打响前，"德·索托永远是头两个穿戴好甲胄，全副武装的，从来没有落到后头"。

相比之下，他麾下的士兵就没有那么狂热了。刚开始行军的时候，他们意识到德·索托正带领他们向阿巴拉契亚地区行进，那里有着好战勇猛的印第安部落。早些年，潘菲洛·德·纳尔瓦埃斯的远征队最先到达那里，却遭遇了激烈的抵抗，不得不朝海岸溃退，最后三百多人的队伍几乎全军覆没，只有区区几人得以生还。在炎炎夏日中，德·索托的人马艰难地穿过森林与沼泽地，抵御着印第安弓箭手"打了就跑"式的不断滋扰，一路上将马蹄铁与其他补给品埋在地下，以便将来军队被迫撤退时，可以挖出使用。

德·索托不仅没有停下休整或是撤退的打算，甚至指挥西班牙军队主动出击。当胡安·奥尔蒂斯警告他印第安人很有可能在前方设下埋伏时，他决定将计就计，反其道而行之，设下陷阱将四百名原住民战士诱骗到开阔地，再命令骑兵发动袭击。那些没有被骑枪杀伤的印第安人纷纷遁入浅水塘中，藏身于水面盛开的荷花之下，而西班牙人则用十字弩或是火绳枪向他们射击。最终，疲惫不堪的两百多名幸存者被迫投降，其中大多数人当即遭到屠杀，而余下的，除了"最年幼的男孩"被赦免之外，则被绑在木桩上，由另一个部落的早先被西班牙人捕获的印第安人，用弓箭射死。

折磨、屠杀以及对原住民部落的心理恐慑，都是西班牙征服者常用的手段。但是，很少有人像德·索托一般如此频繁且理直气壮地使用暴力。其他的冒险家，比如科罗纳多，一般都在西班牙律法与习俗的（微弱）约束下行事，而且经常为自己的残暴行径找理由。当然，与德·索托不同，科罗纳多只是一位级别较低的官僚，麾下的远征队隶属于西班牙统治下的墨西哥，所以他的每一步行动以及进展都受到上级官员的管束。

相比之下，德·索托完全不受任何人的监督或是约束。他很快就不再与古巴的基地进行联络，也似乎抛弃了向印第安人投递传票这样的传统做法，没有记录显示在佛罗里达的任何一场战役前，他曾按照西班牙律法，派人宣读过最后通牒。显然，与他同行的修士不敢提出反对的意见，只好默许他肆意妄为。

除此之外，德·索托也毫不理会部下的军官，对他们的意见不屑一顾。"在他说完自己的想法后，"一位手下写道，"就不乐意听到任何反对的声音了，只会按照他一个人的意愿行事。"不受约束地游荡在佛罗里达的荒野之上，德·索托就如同他钟爱的那些猎犬一样，移动灵活，异常致命。

历史节渐入尾声，我与卡尔德隆剧团的几位"西班牙征服者"以及那位"罗赫尔神父"道了别，然后驾车向北行进，追踪着德·索托的路径穿过今天的佛罗里达半岛。到达布雷登顿后，我在纵横交错的一堆岔路支路中迷失了方向，四周遍布一座座如盒子一般单调乏味的大型连锁百货商场。弃车步行显然不太现实：徒步穿行于车流如织、烈阳照射下的当代佛罗里达，你就能体会到 16 世纪西班牙征服者跋涉穿越沼泽地的艰辛与痛楚。现代化的快速进程对佛罗里达的历史来说也尤其残酷。在布雷登顿的博物馆，我得知印第安人聚居地的遗迹早已被彻底铲平，用作道路填土。

博物馆旁边便是德·索托历史协会，它设立在一间华丽的西班牙风格别墅中。入口处装饰着德·索托的家族纹章，一座他的雕像伫立在附近。不过，正如佛罗里达人（热衷于埋藏、破坏历史）的一贯作风，所谓的"德·索托历史协会"与真实历史中的德·索托并没有多少关联。这其实是一个民间慈善团体，每年举行西班牙风格的巡游盛会，选举一位荣誉性质的"埃尔南多"以及一位"德·索托王后"，并在这位西班牙征服者的登陆纪念日前后举办长达一个月的派对狂欢。

当我询问协会的负责人是如何看待德·索托的，她显得有些措手不及，反问道："依我看来，他英勇大胆，有冒险精神。这和现在那些为了赚钱不择手段的商人有什么区别？"在我插话之前，她又转移了话题，带我来到一面贴满了历届"德·索托王后"照片的墙前，问道："都是些可爱漂亮的女孩，不是吗？"

布雷登顿的退伍军人纪念日游行活动将在几天后开幕，而历史协会此前选出的荣誉"埃尔南多"与"德·索托王后"也计划亮相。我在位于德·索托大桥附近的游行准备区域见到了两人。历史协会的花车很好辨认：一座巨大的"卡拉维尔帆船"式样花车，由一辆校车巴士改造而成。这艘可以在陆地行驶的西班牙"帆船"有高耸的桅杆、船舵、舷窗，侧面则刻着"埃尔南多·德·索托的船员"字样。

"快上船来！"花车的司机喊道，一边降下了登船的跳板。许多狂欢者涌上了甲板，大多是蓄着胡子的男人，穿着紧身衣和色泽鲜艳的紧身裤，头上戴着镀铬的头盔。操纵着船舵的便是那位"埃尔南多"了，旁人则管他叫"埃尔恩"，留着白胡子，穿戴着黄铜色的头盔和甲胄。"这艘船驾驭起来好极了！"他开着玩笑，一边抬头望向桅杆顶端，"但今天我们还是暂且用引擎前进吧！"

就在这时，他的电话铃声突然响了起来。原来，那位"王后"堵在了德·索托桥的车流中，无法动弹。在游行开始的最后一刻，她才急匆匆地跑上船，我这才一睹她的芳容：一位淡褐色头发、发型迷人的女孩，戴着冠冕状的宝石头饰，穿着黑色的紧身上衣和超短裙。我便问她为什么没有选择其他人那样的仿西班牙式服装。

"作为一个女孩，我感觉穿紧身衣、短裙和高筒靴没什么特别吸引人的，"她告诉我，"但不知道为什么，那些男孩子就是喜欢这样的装束。"

我们的"卡拉维尔帆船"缓缓行进，加入巡游的花车队伍中，"王后"向人群挥着手；而"船员"们则开着一瓶瓶啤酒，时不时地将一串串塑料珠子或是黄铜制作的西班牙金币掷向道路两旁坐在户外折叠椅上的观众们。埃尔恩打开了花车的音响系统，放起了"男孩们回到城里"（The Boys Are Back in Town，摇滚乐曲）。这场"忏悔星期二①"（Mardi-Gras）式的大游行和德·索托——或是退伍军人纪念日——到底有什么关联，我不得而知。

"德·索托的军队就是这样乱哄哄地穿过佛罗里达，一路上给印第安人送上弹珠。"其中一位"船员"笑着回答道。

"那个家伙是个十足的屠夫，杀人不眨眼，"那人的同伴插话道，"但那些事情又不是我们干的，我们只不过是以他的名义狂欢罢了——完全无害。"

不是所有人都赞成这样的观点。1990年的时候，美国印第安运动（American Indian Movement）组织的抗议者来到游行，向德·索托的"船员们"投掷腥臭的鱼内脏。他们还破坏了一年一度的科罗纳多登陆重演活动，该活动由历史协会的成员扮演身披甲胄的西班牙人，冲上海滩，"屠杀"印第安人——主要由协会成员的孩子们扮演，穿上缠腰布，脸上抹着油彩。示威者来到现场，高喊"滚回欧洲去"或是"种族灭绝"之类的口号，并焚烧德·索托的肖像。从那时起，重演活动便宣告解散，而纪念日的名字也从"德·索托庆典"改名为"佛罗里达历史遗产节"。

"现在的人们得比以前更加敏感，我想是吧！"当我们的花车到达巡游终点时，埃尔恩告诉我。"但我们并没有重写历史。是的，德·索托的确是个征服者，但那是他的工作，而这是我们的工作。"埃尔恩将最后一串珠子扔给坐在代步车上的一对老夫妇。"偶尔玩得开心点，这难

---

① 又称忏悔节，该词在法语中的含义是"油腻星期二"，以狂欢盛会著称，其中又以美国新奥尔良的忏悔节巡游最为出名。

道也有错吗？"

如果德·索托将他残酷无情的手段用在美洲大陆上的任何一个地区，结果都将会是毁灭性的，但他对佛罗里达印第安人造成的破坏与伤害却最为严重。北美洲东南部的原住民与西南地带或是大平原的印第安人截然不同，不像他们那样散落在相距甚远的独立城寨里或是过着游牧民族的生活方式，而是集中居住于人口稠密的大型城邦中。德·索托并没有绕开这些势力强劲的城市中心，而是出人意料地发起进攻，寄希望于这些城邦和秘鲁或是墨西哥的首府一样，藏有大量的金银财富。就算没有找到有价值的贵金属，他也可以搜刮城中的粮食和衣服，并捉走印第安人充作脚夫，为接下来的行程做准备。

德·索托采用的策略无可避免地导致了血腥的冲突。但是，倒在西班牙人刀剑枪炮下的印第安战士只不过是这场征服的第一批受害者罢了。德·索托的军队每占领一地，都会在这些人口众多的大型聚居地中安营扎寨，休整上几周，而西班牙人带来的细菌与流行病很快就在营地中滋生，渐渐蔓延到邻近的城镇。更加糟糕的是，德·索托还强征了数以千计的印第安人作为向导、厨师、情妇，或是脚夫，这些原住民被迫长期生活在西班牙军营中，直接暴露在疾病丛生的环境下。那些幸存下来，被西班牙人释放回家的印第安人便成为了传染病的最佳媒介。

20 世纪 80 年代，考古学家在布雷登顿东北方向一座比邻德·索托行军路线的印第安城镇遗址中，发现了西班牙人的刀剑与病菌留下的痕迹。遗址的出土文物包括西班牙式的甲胄以及贸易用的玻璃弹珠。更加直接的证据则是遗址附近发现的一些人类手骨，肩膀处留有遭到尖锐铁器劈砍的痕迹，与西班牙刀剑的刃口相吻合。其他的遗骨则被埋葬在一处乱葬坑中，他们很有可能是在突然爆发的瘟疫中死去，被族人草草掩埋。在德·索托的队伍经过这座城镇不久后，聚居地便彻底陷入沉寂，原住民在此生活定居的一切痕迹戛然而止。

地图上没有标出遗迹的具体位置，但我在因弗内斯（Inverness）镇上的一座博物馆中获知了路线，我穿行在一条蜿蜒曲折的乡间小道上，最终在威斯拉库奇（Withlacoochee）河畔停了下来。在宽阔、茶色的河流边有一座钓鱼者的营地，悬挂着南方邦联的旗帜，附近还有一座酒吧，警告牌上戏谑似地写着："无人照料的小孩和宠物将会被用作短吻鳄的饵料。"

进了酒吧，我看见不少戴着鸭舌帽的男人，正喝着一罐罐啤酒，高声谈论着莓鲈鱼（crappie）和贝斯音乐。墙上贴着一份菜单，这里供应炸秋葵、煮花生，以及蜜汁烤翅。在距离布雷登顿一百多英里的地方，我终于脱离了到处是退休老人和无业游民 ① 的地区，来到佛罗里达北部，进入了美国南方的心脏地带。

当我询问有没有人知道附近的印第安遗址时，一位正在饮酒的主顾指向了一条林间小径，通往一处古老的土丘。"我估计那些西班牙佬和他们的铁甲早就在那里腐朽了吧？"他告诉我，"毕竟他们那个时候没有万能防锈油。正当我要出门时，另一个男人叫住了我。"小心那些水蝮蛇，还有，对了，不要把手伸进任何你看不到的地方。"

他的忠告确实不假，但却很难遵循。那条林中小径其实狭隘难走，需要穿过一人高的锯棕榈树丛。因为遍布杂草的缘故，我完全看不清脚下的路，好几次陷入泥地。我竭力保持着平衡，却不小心踩到了一个三英尺高的大型蚁穴。四周伫立着许多高大的橡树，树上长满了茂密的寄生藤，遮蔽住头顶的天空。如果今天是个炎热的艳阳天，浓密的树荫定是相当舒适宜人的，可在一个潮湿阴沉的下午，这冠状的树群给我一种强烈的压抑感，好像是棺木的盖板一般。成群的蚊子也不肯放过我，很

---

① 这些人被讥讽为"雪鸟"（snowbird）；他们时断时续地做着些季节工，并时常来到气候温和的南方避寒。

快就开始攻击我的每一寸皮肤。

在树林中跋涉大约一英里后，我实在走不动了，跌坐在一根快要腐朽的树木上，试图想象德·索托的部下在穿越这样陌生、幽闭的地形时，该是什么样的感受，毕竟他们中的大多数习惯了干燥、宽阔的伊比利亚乡野，且对北美大陆所知甚少。哪怕是在秋天，穿着 T 恤衫和卡其短裤，我浑身上下还是被汗水浸湿，不堪众多蚊虫的叮咬袭扰，简直快要发疯。而数百年前的西班牙人则要在炎炎夏日中跋涉过泥泞的树林，披挂着五十多磅重的甲胄，暗处还躲藏着那些令人防不胜防的印第安战士，时不时地突然袭击、发射箭矢，这样的经历比起科罗纳多的远征队走过的，穿过烈阳炙烤的索诺拉沙漠与一望无际的大平原的漫漫长途还要来得艰苦恶劣。

我强打起精神，走完剩下的路途，来到一座四周架设着铁丝网的小土丘前。显然，那便是当年那座印第安城镇留下的全部遗迹了。拨开宽大、蒲扇形状的棕榈叶，我想要凑近观察，却不慎陷入了一潭及膝高的黑色死水。不远处，浓密的灌木丛传来沙沙的响声，不知是什么动物隐身于其中，来回逡巡。感到有些不安且劳累不堪的我打起了退堂鼓，逃出那淤泥遍布的沼泽地，以最快的速度向小径另一头的那座钓鱼者营地撤退。比起西班牙征服者，我还是差了一大截。

相比之下，我的下一个目的地就容易到达许多：安海卡（Anhaica）——阿巴拉契人（Apalachee）的部落中心。科罗纳多于 1539 年末攻占那里，并在附近建造过冬营地。阿巴拉契人选择避开强大的西班牙骑兵，不与之在开阔地交战，而是撤退到隐蔽的藏身地，打起了游击战。德·索托的军队占领了印第安人用陶土与棕榈树搭建的房屋，掠夺了当地人的粮食仓储，并在安海卡定居下来，待了整整五个月。

大约 450 年后，一位经验丰富的佛罗里达考古学家卡尔文·琼斯

（Calvin Jones），正在塔拉哈西吃午餐，突然看见施工队的铲车正在附近填埋一处历史遗迹。琼斯从卡车上抄了一把铲子，挖掘了几处试验孔，发现了一个用来装橄榄的西班牙陶罐碎片。没过多久，他带着金属探测器再次前来，并发掘了许多铁钉以及链甲的破片。

地产商决定暂时停止施工，以便考古学家对现场进行挖掘。他们发现了一座大型印第安聚居地的遗址以及数百件西班牙工艺品，其中包括弹珠、搭扣、游戏筹码，以及 16 世纪的钱币。而这些文物中，最终被证实属于德·索托军队的则是一截猪的下颚骨——一种从未在美洲大陆上出现过的动物，直到德·索托带上了一小群种猪，作为远征队的应急军粮。

我决定前往佛罗里达州议会大厦（一座高耸的塔楼，两侧各有一个睾丸状的穹顶，被当地居民戏谑地称为"擎天巨根"）附近的一处地下仓库，查看当年出土的那块猪下颚骨。我沿路而下，在一家"6 号汽车旅馆"后，找到了一座小型办公园区，取代了考古遗址早先所处的位置。除了停车场上的一块标牌，以及州政府保留下来的一小片灌木地带，安海卡——阿巴拉契印第安部落曾经的首府，也是美国领土上唯一一处得到确证的德·索托遗址早已不复存在。

西班牙征服者带来的种猪在美洲历史上留下了浓墨重彩的一笔。在行军过程中，有些猪逃跑了，另外一些则被用作贸易品，卖给了印第安人。这些适应性强、繁殖速度快、智力发达的入侵性物种在野外生存下来，繁衍生息，很快就成为了美洲生态系统的重要一环。时至今日，数以百万的野猪依旧生活在美国南方，时常破坏农田、高尔夫球场，以及其他野生动物的食物来源和栖息地。一般来说，美洲野猪会集结为十到二十只规模的群落，这些长鼻子的杂食动物可以轻而易举地摧毁一英亩土地的庄稼或植被。

"它们经过的地方，就好像很多辆挖土机碾过的样子，整片的棉花都被摧毁了，"丹尼·乔伊纳，一位安海卡遗址的州立公园管理员，告诉我，"可以食用的，不能食用的，它们才不管呢，全部连根拔起，在嘴里反复咀嚼。"

成年的野猪除去獠牙不算，有将近五百磅重，在受伤或是受到威胁时，也会向人类主动发起攻击。"如果你把它们逼到绝境，那就对不起了，它们发起狠来相当吓人，"丹尼告诉我，"它们会凶猛无比地袭击你，让你体无完肤。它们那黏稠的口水会覆盖你的浑身上下。说实话，野猪很难对付，绝对算不上什么吸引人的动物。"

不过，丹尼相当中意野猪肉的美味，它有股麝香的味道。"这可不是啤酒肚，这算是'野猪肚'。"他自嘲道，拍了拍他那隆起的腰腹部。"我估计大多数南方人都不知道这点，我们应该好好感谢那些西班牙人，没有他们，咱们也不会有烧烤吃。"

相形之下，阿巴拉契印第安人就没有什么值得感激的了。根据历史学者的估算，16 世纪时阿巴拉契部落的人口可能高达三万人。尽管这些原住民与西班牙人最初相遇时，发生了一系列冲突与战事，他们后来主动请求殖民者向部落派遣修士，很可能是想借此保护部落免受西班牙征服者或是其他印第安族群的袭扰与劫掠。于是，西班牙人随即在塔拉哈西建造了一座大型传教点，驻防的士兵大多与当地的阿巴拉契女人通婚，而数以千计的印第安人则受洗成为了基督徒。

基督教的广泛传播终结了土著人的传统宗教仪式，包括一种类似足球和篮球的游戏——参与者分成几队，如果队员将鹿皮制成的球踢进门柱之间，或是投掷入长杆顶部的球网，就算得分。这种竞赛其实是一种祭祀雨神的仪式：在举行比赛之前，族人们还需要节食、自由性爱，并大量服用一种有着高咖啡因含量的催吐药，用代茶冬青的叶片调制而成。眼前这些"魔鬼般"的游戏和宗教仪式看得西班牙传教士们目瞪口呆，急忙下令摧毁了球门柱，并竖立起十字架取而代之。

不过，基督教并不能为肆虐的流行病提供解药，也无法保护这些土著人免受英国殖民者或是他们的盟友——位于卡罗来纳地区的克里克族（Creeks）的猛烈袭击。1704年的时候，传教点遭到焚毁，而幸存下来的阿巴拉契印第安人大多沦为奴隶，或是四散逃到野外。早期的欧洲制图学家夸大了这个佛罗里达部落的规模与疆域，以至于将一座遥远的山脉也划入了他们的势力范围，这也就是"阿巴拉契亚山脉"一名的由来。

当德·索托于1539年末来到安海卡时，同时抵达的还有许多用铁链锁在一起的土著挑夫，都是西班牙人在穿越佛罗里达的行军途中，捕获的原住民俘虏。五个月后，当军队离开营地，再度出发时，西班牙人不得不自己搬运沉重的行李辎重。"大多数被抓来服侍我们的印第安人，"德·索托的一位手下记录道，"都戴着镣铐，一丝不挂；到了寒冬，他们忍耐不了如此艰苦的生活，大多在饥寒交迫中不幸死去。"

为数不多的幸存者中有一位从异乡来到佛罗里达的年轻土著。他告诉西班牙人，自己来自一个遥远的国度，由一位女性统治，那里有许多黄金和各种奇珍异宝。德·索托很快就被年轻人的故事吸引住了，就像科罗纳多轻易相信了那位"土耳其人"口中，关于基维拉城的种种谎言那样。他本打算沿着墨西哥湾海岸行进，以便与从古巴出发的补给船队汇合。在听到那位年轻人的汇报后，他改变主意，选择了一条新的路线。1540年3月，他带领远征队离开安海卡，转而向内陆行进，前往年轻人口中的富裕国度。而他的部下们再次折返回到海岸时，已经是三年之后的事情了。

进入了今天乔治亚州的领地，德·索托的人马穿过一片由幽深的林木与宽阔湍急的河流组成、障碍重重的地带。为了跨越这些难以逾越的天堑，德·索托只好命令手下修建桥梁、制作木筏，甚至将他们准备用

德·索托一行的行进路线（1）

来束缚印第安俘虏的铁链连在一起，用来拖拽船只。有的时候，士兵们不得不牢牢抓住马匹的尾巴、长枪或是前面伙伴的身体，组成一道人兽混杂、紧密相连的队伍，以防被激流冲散。

除此之外，德·索托的军队还创造出一种繁琐复杂的"语言链条"，以便与乔治亚诸部落的印第安人沟通。首先，西班牙人必须找到能够与那位年轻向导沟通的当地土著。然后，那位年轻人会把当地人所说的话翻译为佛罗里达印第安语言转述给胡安·奥尔蒂斯听。奥尔蒂斯最后将他理解的信息，再用西班牙语告知德·索托。

从远征的文献记录来看，大部分重要的信息都在复杂低效的翻译过程中遗失了。根据翻译的转述，在收到羽毛作为礼物后，一位印第安酋长是如此答复的，"你赐予我这根羽毛，我可以用作餐具；我可以用作兵器，与敌人作战；我和妻子交媾时，也用得上。"

史料中很少提及德·索托本人说过的话。不过，从他的所作所为中，我们不难想象他与印第安人的对话是怎样的情形。在一次与原住民部落的典型遭遇中，德·索托不由分说便抓走了许多原住民作为人质，并向当地的酋长宣布，说自己"将要穿过这片土地，找到最伟大的领主，并占领最富有的国度"。酋长声称"前方有一位强大的领主"，并答应为德·索托的队伍提供一名向导以及一位翻译，以换取被俘族人的自由。在接下来的两个定居点，部落酋长就更加对德·索托唯唯诺诺、马首是瞻了，还主动为西班牙人送上食物、衣服以及数百名挑夫。

当然了，这样的交易并不是一边倒地有利于殖民者一方，而是一种各取所需的体现。尽管乔治亚地区的诸位酋长资助德·索托的一个原因是为了送走他那贪婪成性的军队，保护自己的领地免受滋扰；另一个重要原因则是希望西班牙人向他们的共同敌人——传说中统治着那座富裕国度的女王——开战。

德·索托的军队也没有我们想象的那么强大，尽管拥有先进的枪炮与威力强大的骑兵。西班牙人缺乏机动性和实用的技能，很难猎捕当地数量众多的野生动物，他们常常赞叹土著人狩猎鹿、兔子以及鸟类的娴熟技艺。没有足够的肉食时，绝望的西班牙士兵只好食用印第安犬，那是他们能够捕捉的唯一动物。

等到连狗肉都吃不上的时候，德·索托迫不得已打起了队伍的应急补给（从海外带来的猪群，已经从最初的十三只飞速增长到了三百多头）的主意。将猪猡宰杀后，他发给每名士兵一磅猪肉。1540 年 4 月，德·索托的军队举行了美国南方有史以来的第一次猪肉大餐，听上去却让人没有胃口。"我们吃掉了猪肉，"一位西班牙人写道，"就是用水煮了煮，没有放盐或是任何配料。"

在德·索托曾经穿越过的地带，现代旅行者全然不用担心饥饿断粮的危险。我沿着乔治亚州西南部的乡村小路前行，穿过一片片松树林、种植胡桃的果园，以及棉花田，田里散布着不少被采棉机遗漏、湿答答的棉花球。随着农用机械渐渐取代了人工种植，原本的农业小镇变得破败萧条，到处都是关门停业的商店以及破损下陷的屋檐，成为南方衰颓经济的受害者。尽管如此，在大多数道路交汇处，你还是能够找到开业经营的餐馆，起着"乡下人"或是"脆皮鸡"之类的名字，供应的食物绝对丰盛管饱，让人干一整天体力活也不感到饥饿。

在一家饭馆前停下后，我只花了 6 美元，就享受到了一顿丰盛的自助餐，有炸鸡、油炸鲶鱼、玉米面包、绿豆、鹰嘴豆、大头菜、棉豆、土豆泥，再来上一大杯冰甜茶。我坐在靠窗的卡座，小镇上的南方邦联纪念碑清晰可见，高大瘦削的"约翰尼·雷布"雕像直勾勾地盯着餐馆里正大快朵颐、清空盘子里最后一块红丝绒蛋糕的我。顶着吃撑的肚子，我步履蹒跚地回到了车上，再度出发。途中，我经过了一块教堂的告示牌，上面写着："通缉渎神的罪人们！"另一块告示牌则警告道：

"赎罪！"暴饮暴食和负罪感已然成为美国南方"圣经带"[①]的社会基石。

我来到了一个叫作"德·索托"的小村庄，那里的情形也是如此。小镇的名字源于流行于当地的一个传言，声称德·索托的军队曾在附近安营扎寨。这里更出名的则是一家"德·索托坚果加工厂"，以出产山核桃和其他坚果口味的糖果而闻名。可惜的是，糖果工厂已经倒闭了，原先的厂址被改建为一座福音派教堂。教堂门口伫立着一块告示牌，上面书写了一句德·索托大概不会听从的圣经箴言："得智慧胜似得金子，选聪明强如选银子。"

到了乔治亚州中部，地形地貌从沼泽密布的平原地带进入了一座座平缓低矮的丘陵以及威严华丽、建于内战之前的城镇，整齐划一的街道上留有弹孔和火烧的痕迹，成为 1864 年那场"谢尔曼大扫荡"（Sherman's March）的亲历者。这位联邦军的将领带领士兵穿过乔治亚州，一路上实行"焦土政策"，行军路线与几个世纪前德·索托的不谋而合。两者各指挥着一支入侵的军队，大肆劫掠破坏，恐吓当地居民，只不过乔治亚人大多不知道德·索托的名字罢了。美国内战成为南方人集体记忆中最重要的部分，几乎要把这个地区数百年的历史浓缩为萨姆特要塞[②]（Fort Sumter）与阿波马托克斯[③]（Appomattox）之间那漫长的四年。

"德·索托造成的破坏要比谢尔曼大扫荡来得严重许多，"查尔斯·哈德逊告诉我，"但他不是个北方佬，所以这里没多少人关心他的暴行。"我在乔治亚州雅典市的一家咖啡馆里与哈德逊坐下聊天，他在附近的乔治亚大学教了整整 36 年书。"不仅仅德·索托被南方人遗忘了，"他说道，"整个殖民时期，以及 1861 年前发生的几乎一切都被淡

---

① 指美国的基督教福音派在社会文化中占主导地位的地区，多指美国南部。
② 位于南卡罗来纳州，南方邦联军队炮击了驻扎在要塞中的北方联邦军守军，南北战争的第一炮就此打响。
③ 南方邦联军总司令罗伯特·E·李率领军队在这里向北方军队投降，象征南北战争的结束。

忘了。"

我从布雷登顿到乔治亚一路上走过的"哈德逊小径"就是以这位教授命名的，这也是我前来拜访的主要原因。提及哈德逊教授为何开始追踪德·索托的行军路线，我才发现背后的故事与这条横跨南方十州的小径一样复杂漫长。首先，哈德逊教授的学术领域并不是地理学或西班牙历史。他其实是一位人类学家，这与他的成长经历有关，他出生于肯塔基州一座种植烟草的农场，当时经济大萧条正步入尾声。

"那是一个很小、很同质化的世界。我从来没有见过和我不同的人，在我长大成人前，甚至从来没遇见过一个共和党人，"查尔斯笑道，"当然了，现在就不一样了。"

尽管已经年过七旬，哈德逊教授身上还遗留着"肯塔基农夫"的那种独特气质：长长的白头发、银色的山羊胡、戴着宽檐呢帽、身穿牛仔布背心和牛仔裤。不过，他很年轻的时候就逃离了偏僻闭塞的家乡，还未成年便参了军，在朝鲜战争期间被派驻到日本服役，这样的背景与经历和德·索托极其相似。

"在日本的那段时间，我很困惑，"查尔斯告诉我，"那个时候的我实在搞不懂，原来世界上还有那么多与我不同的人存在，有着如此独特悠久的历史。在肯塔基州的欧文县，我们还以为自己是从地里长出来的，就像那些庄稼一样。"所以，在他退役返乡后，查尔斯用"退伍军人权利法案"（G.I. Bill）发放的教育补贴上了大学，最后获得了人类学专业的博士学位。

与因纽特人部落共同生活一段时间后，查尔斯将他的研究方向确定为美国东南部的印第安人。经过深入研究后，他很快就发现了原住民历史中的一段缺漏。考古学家发现，在英国殖民者抵达之前，美国东南部早已存在着繁荣的大型农耕社会。可是，这些人口高度集中的发达国度与英国人遭遇的零散落后的部族社会截然不同。历史学界对 1500 年与

1700 年之间的这段时期所知甚少，而查尔斯将之称为"黑暗世纪"。

带着这样的疑问，查尔斯开始阅读有关德·索托远征的西班牙文献，这些文献被统称为"德·索托编年史"，其中记录了土著社会的许多细节。为了他的人类学研究，查尔斯必须搞清楚德·索托的军队具体到过哪些地点，接触过哪些原住民部落与社会。于是，他开始追踪寻找西班牙征服者的行军路线。起初，他以为这不是件难事。事实上，这个任务花了他整整 20 年职业生涯才宣告完成，还使得他卷入了一场颇具争议性的纷争。

查尔斯遇到的第一个障碍就是德·索托行经的地区缺乏具有参考价值的地理标志。科罗纳多远征队经过的科罗拉多大峡谷和格兰德河都相对容易辨认，而在有关德·索托的文献记录中，很难辨别他在佛罗里达渡过的"一条宽阔、水流缓慢的河流"到底是萨旺尼河（Suwannee）、奥西拉河（Aucilla），还是瓦卡萨萨河（Waccasassa）。不仅如此，科罗纳多所涉足的西南地带到如今仍然是一片人迹罕至的荒原，而美国东南部的地形地貌在过去的几百年间，早已被数不胜数的水坝、农场、发达的伐木业以及城市的快速扩张彻底改变。

除此之外，查尔斯也无法从沿途的人文景观中得到任何有价值的信息。与普韦布洛人不同的是，最初居住于美国南方的原住民部落早已迁徙离开。许多印第安人部族在德·索托的残酷征服中遭遇灭顶之灾，或流离失所。到了 19 世纪 30 年代，美国政府实行《印第安人迁移法案》，迫使大多数幸存下来的原住民部落离开东南部，迁往密西西比河以西的印第安保留地。

查尔斯想方设法克服这些难题，渐渐地，他深陷于对德·索托路线的研究中，倒是与那位西班牙征服者的痴狂不谋而合。在学术团队的帮助下，他一头钻入无数的文件与考古数据中，找寻着关于黄金的蛛丝马迹：一个弹珠、一根铁钉、一个村庄的名字，任何可能与德·索托相关的线索都不放过。他仔细研读着地形图，尽可能地去除现代人工建筑造成的影响，重现德·索托时代的地形地貌。当查尔斯终于有所收获，成功定位了一处他认为德·索托曾到访的遗址时，他按捺不住兴奋的心情，在办公室墙上悬挂的航空地图插上了一面小红旗。

在研究过程中，他常常带上妻子乔伊丝，一同前往实地勘探。她也来到了雅典市的这家咖啡馆，加入了我们的对话。"我记得有一次，地形图与实地不符，查理 ① 就认为整条路线都画错了，"她告诉我，"那天晚上，他出门喝了个烂醉。"

查尔斯遇到的另一个障碍则是已经辞世的约翰·里德·斯万顿（John Reed Swanton），他是一位史密森尼学会 ② 的学者，于 20 世纪 30 年代被美国政府聘请，负责研究德·索托的行军路线。斯万顿主导的研究据称发现了德·索托走过的路径，并在美国南方的许多地点竖立起相应的历史标牌。不过，斯万顿的研究成果从那时起就饱受争议，被考古学家以及新浮现的证据屡次三番地质疑、反驳。1990 年，当美国国家公园管理局提出依据哈德逊教授的研究报告，建立更加符合史实的新"德·索托路径"时，立刻遭遇了许多反对声。一直以来，很多位于旧路径附近的小镇对这段历史引以为傲，难以接受这样的决定。

这在当地引发了激烈的抗议活动，反对者游说政客中止对项目的拨款，或是开除哈德逊支持者们的公职。从一位密西西比老人写给国家公园管理局的信件中，我们可以读到反对者们尖锐的批评。"你们在搞什么鬼？一个乔治亚来的泥腿子博士，"他气愤地写道，"怎么会懂我们科荷马县（Coahoma）的各种地形、考古发现以及历史细节呢？"

最后，国家公园管理局被迫做出让步：他们承认对"哈德逊小径"的学术共识，但因为无法达成一致意见，放弃在全国层面修改原有的

---

① 查尔斯的昵称。
② 指美国一系列博物馆和研究机构的集合组织，其地位相当于其他国家的国家博物馆系统。

"德·索托路径"。佛罗里达和阿拉巴马当局参照哈德逊提出的路线，建起了新的历史标记，其他州则保留了斯万顿的错误路线。

"我惹怒了当地人，和德·索托一样，"查尔斯说道，"当你告诉人们，'对不起，三年级老师教你的历史是错的，小镇标牌上写的内容也是错的'，他们自然不会高兴。"

来自乔治亚乡下的乔伊丝则认为当地人的怒火与一种深层次的地域意识相关。"南方人对家乡有一种很强烈的归属感，他们的家人与血亲都住在那里，"她说道，"那是他们的地盘。如果你突然改变了他们熟知的家乡历史，你就是在破坏他们的认同感，在和他们作对。就好像内战再次爆发一般。"

查尔斯早就从这一切的纷争中抽身而退，但他依然对那个谜题念念不忘：西班牙人到底遇到了哪些部落？这些人的结局又是怎么样的？正是对这些问题的好奇心指引他开始研究德·索托以及西班牙人的行军路线。为了回答这些难题，他撰写了一部小说，以一位居住于乔治亚的16 世纪印第安牧师的视角为切入点。

"有的时候，我们能做到最好的，"当我们在雨中作别时，他告诉我，"也就是对历史进行一个有理有据的推论。"

从乔治亚州的雅典市到达斯巴达市（Sparta），我再次开上哈德逊小径，向东行驶穿过萨凡纳（Savannah）河。为了渡过这条宽阔、湍急的河流，西班牙人不得不将他们捆在一起，以防止落水。跟跄地向前行进，穿过一片潮湿难走的荒野，饥饿疲惫的西班牙士兵开始怀疑他们那位年轻的印第安向导，质疑他口中那座女王统治下、被称为"科费塔切基"（Cofitachequi）的富裕国度是否真实存在。

在今天的南卡罗来纳州境内，西班牙军队渡过又一条河流，沿岸的峭壁之上坐落着一座原住民聚居点。这里的印第安人欢迎西班牙征服者的到来，这是德·索托远征以来第一次也是最后一次和平友好的接触。原住民抬着一个用白色亚麻布遮盖的轿子来到河岸边，里面端坐着一位年轻漂亮的女子，被西班牙人称为"科费塔切基的女士"。

坐在一艘铺着垫褥、有雨棚遮盖的独木舟中，那位女子渡过河流，走下小船，取下一串珍珠，套到德·索托的脖颈上。同时，她主动提议，用部落的独木舟将西班牙军队运到河对岸的原住民聚居地，还为疲惫不堪的士兵们准备了貂皮毯子以及鹿肉干。"这片土地非常美丽，富庶宜人，"德·索托的一位部下写道，"河边有许多极好的耕地，这里的森林很纯净清新，生长着许多核桃与桑葚。"

科费塔切基的聚居点中还有一座大型寺庙，用来举办族人的葬礼，德·索托不由分说便纵兵劫掠了这里。撕开裹尸布，他发现了许多用作陪葬品的淡水珍珠，总共有足足两百磅重，还有许多铜质装饰品——这或许就是那位印第安向导承诺的"遍地黄金"吧。墓穴中还有一些玻璃弹珠与战斧，原本属于西班牙殖民者；十几年前，他们企图在大西洋沿岸建立定居点，不幸遭遇了失败。这些贸易品也最终几经周折，来到了内陆的原住民手中。欧洲殖民者的出现还带来了土著人不曾接触过的疾病。德·索托所见到的科费塔切基人口稀少，杂草丛生，据当地人所说，多年前一场恐怖的"大瘟疫"导致了这一切。

不过，在陌生而杀机四伏的地带忍饥挨饿、艰难跋涉了整整一年后，德·索托的部下都觉得这里就像天堂一般。"所有的人都一致同意，认为在这里定居再好不过了。"一位西班牙人写道。科费塔切基静谧祥和，富饶肥沃，盛产珍珠，而且距离海岸只有几天的路程，如果可以作为西班牙与新世界之间航路的补给基地，说不定能够赚钱。

德·索托的部下们满怀期待，相信这位指挥官会依从他们的意向，同意他们留下定居的请求。与王室的合同中明确规定，他可以任意选择超过五百英里的海岸线作为个人领地，可以在那里终生进行殖民统治，还能获得一笔不菲的年金。不过，来到科费塔切基后，人们愈发感到德·索托并不打算就此安定下来，而是想要获得更为丰厚的奖赏。"因为总督大人（指德·索托）的目标是找到更大的财富，像秘鲁皇帝阿塔瓦尔帕所拥有的那么多，"一位手下写道，"他并不满足于这里富饶的土地或是珍珠。"

于是，在科费塔切基停留了 11 天后，德·索托的军队离开了这里，朝海岸线的反方向行进，前往另一座传说中的国度，据说由一位"伟大领主"统治。德·索托带上了掠夺的珍珠，还顺带掳走了原住民的领袖，那位"科费塔切基的女士"。他将这位女领主当作人质，以换取安全通过她治下的土地，同时迫使她的臣民献上玉米和挑夫。习惯了坐着轿子，有许多扈从跟随，这位女王不得不步行走过她的国度，身边仅有一位侍从被允许跟随。

飞快地驶过斯特罗姆·瑟蒙德[①]（Strom Thurmond）公路后，我进入南卡罗来纳州，和一位考古学家通了电话。他曾主导挖掘了一座印第安聚居地遗址，很有可能就是西班牙文献中的科费塔切基。那位考古学家告知了我遗址的具体位置，它靠近南卡罗来纳州的卡姆登市（Camden），却说那里没什么好看的。"就是农田里的一个土丘。"而且，遗址位于私人土地中，业主一家不太欢迎外来的访客。"如果你去问种植园的主管，他有可能让你进入看看。"她告诉我，随后说自己还要去教课，便挂断了电话。

我已经参观了足够多的考古遗迹，早就猜到那里不会有什么可看的。不过，倒是考古学家在电话里提到的那座种植园听上去很不错，吸引了我。除此之外，如果就这么绕过德·索托路径上最风景宜人

---

① 已过世的资深美国参议员，任职数十载，在参议院中颇有声望。成长于南卡罗来纳州，曾担任该州州长。

的地点，着实有些可惜。于是我按照考古学家指示的方向，在沃特里（Wateree）河附近离开州际公路，走上了一条乡间小路。开了一会儿，前方的道路变得宽阔平整起来，路边整齐地栽种着两排树木，这便是考古学家口中的种植园了。

我先去了种植园主管的家，在发现那里空空如也后，随即来到了一座砖头小屋前，距离罗马柱式的庄园别墅大约五十码。一位相貌俊秀的中年女子推开屋门，有些冷漠地询问道："需要帮忙吗？"

我有些不知所措，便含糊地说自己正在追踪德·索托的行军路线，被科费塔切基的故事迷住了，想要一探究竟。

"故事的哪一部分？"她问道。

"那位戴着珍珠、乘着独木舟前去会见德·索托的女士。"

女人脸上露出了一丝笑容，就好像我刚才说准了秘密口令一般。"那样的话，好吧，"她说道，"或许我可以带你四处转转。"

玛蒂·丹尼尔斯来自拥有马尔伯里种植园的大家族。她的先祖与几个世纪前的印第安人一样，被这里富庶的土地以及邻近的河流所吸引，定居下来。原住民在这里种植玉米和大豆，而玛蒂的先祖则种起了靛蓝植物与棉花，慢慢建起了一座方圆两万英亩的大型种植园，购买了数百名奴隶在此劳作。

爬上玛蒂的四驱车，我们穿过一片松树林，来到一片空旷的高地，俯瞰着沃特里河，一座水流缓慢、大约一百码宽的棕黄色河流。在空地的中间伫立着一座青草密布的小土墩，只有不到六英尺高。"这就是科费塔切基所剩下的一切了！"玛蒂告诉我。

对周围土地的考古发掘发现了一座大型聚居点的痕迹，最早可以追溯到 13 世纪，遗址中有一处打制加工云母的作坊。当德·索托向土著人索要白银时，他们便拿出这种薄而发亮的白色矿石，进献给西班牙征服者。1670 年来到这里的英格兰人曾将科费塔切基描述为一个相当强大的国度，由一位"皇帝"统治。不过，到了18世纪初，生活在这里的原住民却神秘消失了，他们有可能向西迁徙，与许多其他的部落混杂在一起。

失踪的印第安人留下了十几座小土丘，而后来的种植者以这些土墩为基座，建造他们的房屋。到了19世纪，最高的那座土丘上伫立着监工的小屋，而奴隶居住的宿舍则散布在周围的土墩上。在那以后，这些土丘要么被推平，要么被洪水侵蚀，暴露出属于原住民的遗骨、陶器，以及其他工艺品。孩提时代，玛蒂很喜欢收集这些小物件，不过她最喜欢的便是听长辈们讲述印第安"女王"一丝不挂，只佩戴着珍珠，前去迎接德·索托的传奇故事。

"对于我们这些妇女解放运动前出生的人来说，那位女酋长的故事有着一种特殊的魔力，"玛蒂一边说着，一边在路边停车，前去给她的马匹喂食，"她是个慷慨的女主人，有着南方女士的礼节。同时，她又是个独立自主、很有成就的女人。"

不过，这位印第安女首领取得了最终的胜利，用她的聪明才智耍了德·索托一把。一开始，德·索托将她绑为人质，强迫她穿行于部落领地中。一次，她告诉看守人要去解手，独自走进了树林，随即便躲了起来。她与那位贴身侍从一起逃走，顺手带走了满满一箱的珍珠。"每当大人们讲到故事的这一段，说到她偷走珍珠，逃离西班牙军队的情节时，"玛蒂说道，"我们家族的所有小女孩就会异口同声地说，'太棒了！'"

德·索托后来才知道，那位土著"女王"在逃跑途中遇到了另外几位逃亡者，其中有一位脱逃的印第安男子。他们两人很快就"结为夫妻"，德·索托的部下记录道，"并打算一起前往科费塔切基"。至于这位女士和她的情人到底结局如何，今天的我们已不得而知。

有趣的是，科费塔切基还孕育了另一位颇有声望的女性：玛蒂的曾曾祖母——玛丽·切斯纳特（Mary Chesnut），她写就了《来自迪克西的日记》一书，主要记录内战期间南方邦联大后方的生活，被视为南方文学的代表作之一。作为马尔伯里种植园主的妻子，有着 25 名黑人奴仆伺候的切斯纳特为她"无用的存在"而感到不耐烦。她写道，那是一种"舒适、空虚、悠闲懒散的生活。但我们人类终究与猪猡不一样，不愿意过圈养似的生活，磨平了意志。所以我终日焦躁不安，形如枯槁"。

与科费塔切基一样，玛丽·切斯纳特所处"温室"般的世界最终受到了冲击，很快就土崩瓦解：在南北战争结束后，一家人逃离了种植园，就像几个世纪前的印第安人那样，将这里荒置。后来，玛蒂的祖父重建了切斯纳特庄园，恢复到了内战之前的规模：富丽堂皇的会客厅，螺旋形的楼梯，西庇阿与恺撒的半身像，书架上放满了诸如《棉花为王》①（Cotton is King）之类的书籍。

玛蒂的生活就简朴很多了，她的房屋坐落于宏伟别墅的后方，由奴隶居住的小屋改建而成。壁炉架上摆放着一张玛丽·切斯纳特的旧照片——身穿宴会的礼服，黑色的长发向后梳着。玛蒂一头披散着的淡色头发，穿着脏兮兮的牛仔裤，与她优雅端庄的祖上一点也不像。玛蒂小时候在庄园里接受家庭教师的辅导，而后又入读了私立寄宿学校以及莎拉·劳伦斯学院②（Sarah Lawrence College）。尽管如此，她还是更为钟情于户外生活：攀岩、牧马、开着破旧的露营车穿过乡野，以及追踪老鹰。

"我猜自己大概更像这里的印第安人吧，与我那些马尔伯里种植园的祖先倒是不太相像，"她说道，同时向我展示了另一张相片，上面

———————————

① 该书写于 1855 年。作者大卫·克里斯蒂（David Christy）认为南方特产的棉花具有商业上的优越性：如果南北之间爆发战争，凭借棉花的商业利润，南方各州取胜的机率很大。

② 一所位于纽约的私立文理学院。

是一位留着长发、很有魅力的男子，正在参加一场美洲印第安人的游行活动。那便是玛蒂的男朋友了，他叫瓦尔·格林，是一位卡托巴人（Catawba）。在科费塔切基的原住民消失后，正是卡托巴部落占据了原先的聚居点。

瓦尔约定今天傍晚要过来，玛蒂便邀请我和他们俩共进晚餐。日落时分，开着皮卡车的瓦尔终于到达了，他看上去就像印第安人与卡罗来纳乡下人的混合体：黝黑的眉毛，留着长而黑的马尾辫，穿着法兰绒衬衫与牛仔裤，说话带有浓重的南方口音，头上戴着一顶棒球帽，上面写着"卡托巴"。我们一起在火炉边坐下，瓦尔告诉我，他认为自己的原住民血统与南方人血统有着一种独特的亲密感。

"如果你读过早期英国殖民者的记录，他们是这么描绘印第安人的，说他们清早与傍晚外出打猎，剩下的时间就像猪一样懒散地闲逛、休息，"他说道，"就像现在南方乡下的伙计们。对了，印第安人也喜欢各种球赛，还有他们的玉米、烧烤和烟草。南方文化中的很多都源自于原住民的习俗与生活方式。"

现今的印第安人身上同样留有南方文化的缩影。普韦布洛的原住民大多已经被西班牙化，改信了天主教，采用西班牙语的姓氏。而东南部的印第安人则逐渐采纳了早期英格兰、苏格兰，或是爱尔兰殖民者的语言以及习俗。大部分成为了浸信会成员，卡托巴人中的大多数则选择了摩门教会，受到19世纪摩门传教士的影响。美国内战期间，所有适龄的卡托巴男子都参了军，在南方邦联军队中服役。时至今日，大部分卡托巴人都生活在一处印第安保留地中——位于马尔伯里种植园以北一个小时车程的地方。他们在田间劳作，或是在纺织厂工作，与附近其他族裔的居民别无二致。

对瓦尔来说，这种文化融合也延伸到了政治倾向中。每年的哥伦布日，他都会戴上黑色的袖标以示抗议。大选投票的时候，他也会在选票

上写上杰罗尼莫 ①（Geronimo）的名字。但他同时也是一位南方民族主义者，认为南部各州应当再次脱离联邦，独立建国。在他看来，为印第安人争取权益以及继承南方邦联的"遗志"（The Lost Cause）互不矛盾，其实是同样一回事。

"这两者本质上都具有强烈的反政府情绪，"他解释道。"印第安人的生活方式就具有保守主义的特征，他们想要保留自己的土地以及传统习俗，南方人也希望如此。如果不脱离联邦，我们就没法做到这些。"

我听过很多新邦联主义（neo-confederate）的论调，但从一位编着马尾辫、坚定支持环境保护的印第安人口中听到它，这还是头一回。瓦尔最近回到了卡托巴人的部落地，想把那里恢复到欧洲人到达前的状态。"选择性地焚烧森林植被，种植本地植物，恢复生态多样性，"他对我说道，活脱脱就像一位塞拉俱乐部 ②（Sierra Club）的发言人，"我们要扭转、修复之前四五个世纪间造成的环境破坏。"

一直在边上静静听着的玛蒂畅想起了科费塔切基如果被神奇般地修复了，会是什么样子。"我认为'科费塔切基的女士'知道部落的文化正走向没落衰败，就和玛丽·切斯纳特一样。"她思索道，一边将我送到门外。月亮已经升起，淡黄色的月光洒在乔木丛生的花园以及伫立着两排橡树的道路上。"光耀夺目而又注定终结，周而复始。这就是美国南方一代又一代的故事，难道不是吗？"

离开科费塔切基，德·索托朝着西北方向行军，穿过今天北卡罗来纳州的山麓地带，进入了一片崎岖高耸的山区。对于后世的拓荒者来说，阿巴拉契亚山脉是一座难以逾越的天堑。不过，德·索托曾经征服

---

① 阿帕奇族贝当可黑部落（Bedonkohe）的传奇领袖，先后带领族人抵抗墨西哥与美国的军队，常被印第安人视为民族英雄。
② 指美国历史最悠久、规模最庞大的民间环境保护组织，也被译为"山岳协会"。

过更加险峻的安第斯山脉，自然毫不畏惧，甚至对高山地带情有独钟。正因为秘鲁的山岭为西班牙人带来了无数的金银财富，他们常常将高山与丰富的矿藏画上等号。与德·索托同行的印第安向导加深了西班牙人的这种念想，常说这里的山脉中蕴含着大量的黄金与铜矿石。

北卡罗来纳的山岭从东向西延伸，组成几道大型山脊：较为平缓、天蓝色的蓝岭山脉（Blue Ridge），然后是烟岭（Smoky Mountains）——得名于山腰处缭绕着的云雾。西班牙人的文献中并没有记录那里的壮观美景，而是充斥着士兵们不堪饥饿与疲惫的抱怨声。除了一些野火鸡之外，德·索托的人在这里找不到任何食物，他们的马匹变得非常虚弱，"全然无法承载骑手的重量"。

在"乡巴佬烧烤与牛排店"停下，我一边吃着油腻得要使心脏病发作的午餐，一边读着这段文字记载，决定离开纷杂的道路，脚踏实地，好好地去远足一番。如果沿"哈德逊小径"下去，前方就进入了游客众多的高速公路。于是，我便规划了一条不同的路线，前往一片人迹罕至的秘境，那里或许还保存着德·索托时代的原貌。

曾覆盖阿巴拉契亚山脉的古老森林早已被砍伐殆尽。不过，位于北卡罗来纳西南角的南塔哈拉（Nantahala）却呈现出不同的景象。大萧条时期，拥有当地土地的一家木材公司在进行采伐作业前便宣告破产。政府购买了这片偏僻的林区，并将之命名为乔伊斯·基尔默（Joyce Kilmer）纪念森林，也就是《树》（"Trees"）一诗的作者。70 年后，这座公园内保留着北美大陆上最后几片原生硬木森林之一。

在踏入公园的那个刹那，我感到自己即刻置身于一个与众不同的世界。作为一处保存完好的原始荒野，这里到处是没有标识的小径，地上倒伏着枯死的树木：像是遍生苔藓的巨人，在林间慢慢腐烂朽坏。林中伫立着一棵从中部截断的大树，那就是基尔默的纪念碑了，这位诗人在第一次世界大战的战场上不幸阵亡，年仅 31 岁。

在现代美国南方的大多数地区，树木都是以一种单调的"人工林"形式存在，它们像庄稼一样紧密地排列在一起，方便在取材时快速砍伐。基尔默森林恰恰相反，散布着橡树、铁杉、山毛榉、桦树、岑木，以及其他树种，混杂在一起。这里最古老的树木大约可以追溯到德·索托远征的时期。

林中最高耸显眼的莫属一种郁金香树了，足足有 150 英尺高，直径有 10 英尺。这些郁金香树通常三三两两结对生长，径直向上延伸，底部 50 英尺的树干上没有任何枝丫。走在令人头晕目眩的庞大树冠下，我感觉自己就像置身于一座户外的大教堂中央。基尔默曾写过这样的诗句："诗歌是我这样的庸人创作的／只有上帝才能够创造大树"，对诗人来说，这样的景象就是再好不过的颂词了。

在山间远足了几英里后，我靠在躺椅一般大小的郁金香树根上，停下休息。除了一只落单的啄木鸟与远处山间小溪的流水声外，一种晚秋独有的寂静感笼罩着这片森林。当我迷失在干旱的西南荒原，或是深陷于闷热的佛罗里达沼泽地时，我为那些可怜的西班牙人感到不幸，庆幸自己生活于一个有除虫剂、冰块以及带空调汽车的时代。如今，至少在那一瞬间，我却羡慕起了西班牙征服者们多年前的那趟旅途，得以穿越一片尚未被伐木锯与高速公路涉足破坏的大陆。

第九章
密西西比：征服者的背水一战

> ……但我以为这条河准是个威武的棕色大神
>
> ——阴沉、粗野而又倔强。
>
> ——T.S. 艾略特，《干燥的萨尔维吉斯》("*The Dry Salvages*")

当德·索托的队伍到达阿巴拉契亚山脉的另一侧时，一位西班牙人写道："马匹疲惫而瘦弱，我们这些基督徒们也一样虚弱疲乏。"抵达今天田纳西境内的一处原住民聚居点后，西班牙军队终于得以休整，享用印第安美食：淋上蜂蜜的玉米粥、熊的油脂做成的一种"黄油"，以及松果与核桃榨取的食用油。这些食物都非常有营养，同时也使得西班牙征服者们饱受胀气之苦。

之后的几周里，西班牙人与印第安人一同狂欢，还在聚居地附近的一条河中一起游泳嬉戏。可是，德·索托接下来的举动太过无礼，也触碰了原住民们的底线。他要求东道主为他的队伍提供三十名女人，但印第安部落并没有遵从他的旨意。怒不可遏的他下令烧毁了聚居地的玉米田，将部落的酋长扣押为人质，还强征了五百名当地人作为挑夫。

到了下一座村镇，领头的西班牙士兵不由分说，便开始劫掠当地的粮仓，"一副理所应当、习以为常的样子"。这一次，土著人选择动用武力，手持木棒痛打参与抢劫的西班牙人，并准备好了弓箭。当德·索托"漫不经心地"抵达现场，"也没有携带武器"，他发现自己被一群好战、全副武装的原住民团团围住了。

每到紧要关头，诡计多端的德·索托总能脱身，这次也不例外。他先将气撒在自己的部下身上，随即抓起印第安人的木棒，加入原住民的行列，痛打那些劫掠者。接下来，德·索托劝说带头的印第安酋长平静下来，牵着他的手离开镇中心，来到西班牙军队所在的位置。脱身之后，原形毕露的德·索托即刻命人抓住那位酋长以及随从，用铁链捆绑起来，并"命令他们，让他们提供一位向导以及足够数量的挑夫，不然不放他们回去"。

在田纳西州短暂停留时，德·索托派出斥候，到高山地带找寻他期盼的黄金，却一无所获。于是，他再度出发，指挥军队向库萨（Coosa）行进——一个坐落于乔治亚北部、富裕的印第安国度。库萨的统治者"坐在一张有靠垫、铺着水貂皮的椅子上，由他的臣子们用肩膀抬着"，前来迎接德·索托。在他统御的领土上，种植着许多玉米和大豆，还有大片结满苹果和李子的果园。放眼整个佛罗里达殖民地 [1]，这里也是"最富饶多产"的土地之一，一位士兵如此写道。

不过，与在科费塔切基时一样，德·索托并不打算在宜居的库萨部落地久留。在稍作休整、准备好足够的补给品后，他再次动身，故技重施，将库萨的酋长扣押起来作为人质，顺带抓走了许多原住民，充当队伍的劳力。这次，他向西南行军，朝墨西哥湾海岸前进。在他的计划中，一支船队会从古巴起航，与远征队汇合，送来紧缺的补给。

到目前为止，尽管德·索托还没有找到梦寐以求的黄金矿藏，但与前几次失败的佛罗里达探险行动相比，他的远征也算得上成功。在短短一年多的时间里，这位西班牙征服者行走了超过一千英里，勘测了美国东南部的众多地区，寻获了珍珠以及适合殖民的宜居土地，途中仅损失了几名士兵。

现在，他的军队有充足的食物，休息得也很充分，还有为数众多的

---

① 最早的西班牙征服者将整个美国东南部都统称为佛罗里达殖民地（La Florida），行政辖区包含今天的佛罗里达州、佐治亚州、亚拉巴马州等。

德·索托一行的行进路线（2）

印第安挑夫、侍从与情妇在一旁伺候。到了夏末，西班牙人进入了一片
地势平缓、物产丰富的乐土。从旅途开始的那一刻起，这段路程大概是
最舒适宜人的了，以至于他们对即将降临的灾难毫无准备。

　　穿过田纳西州东部的丘陵地带，我开上了一条"观景"公路。这样
的描述不太准确，除非你坐在一辆双层旅游巴士上，那样的话才有可能
一瞥远处的烟岭。坐在低矮的轿车里，我能看到的一切便是连绵不绝的
拖车公园、自助仓储单元，以及制造家具或是烟花的工厂。北乔治亚路
边的景象就更加乏善可陈了：到处都是低矮、没有窗户的地毯作坊。我
在一家汽车旅馆住下，枕头上放着一只苍蝇拍，到了夜里，可以清晰地
听见火车轰隆隆开过的声音。外头的倾盆大雨将我早早吵醒，而对库萨
首府的搜寻也一无所获。我的旅途终结于一个公园，位于一座水力发电
的大坝附近。在那里，我遇到了一位公园管理员，询问他那座印第安聚
落遗址的具体方位。

　　"在蓄水池的底部，"他说道，一边指向水库的方向，"你带了潜水
服吗？"

　　在乔治亚和田纳西州，德·索托到访过的许多临河而建的印第安聚
居地都遭遇了类似的命运，只有一座幸运地留存至今。在距离库萨的首
府几天路程的地方，西班牙军队到达了"一座庞大的定居点，坐落于一
条极好的河流岸边，并在那里"用一些镜子和刀具交换，"得到了几位
印第安女人"。西班牙人将这座城镇称为伊塔巴（Itaba），而274年后，
前往切洛基部落的传教士则将这里叫作"埃托瓦"（Etowah），两者的读
音十分相似。

　　"穿过茂密的森林，一座座庞大的土堆映入眼帘。"牧师埃利亚
斯·科尼利尔斯（Elias Cornelius）如此形容道。他描述道，眼前伫立着
好几座"人造的小山丘"，用一棵葡萄树作为参照物，他判断其中一座

的周长足足有一千英尺。随行的印第安向导显然对这些土丘的由来一无所知，只是告诉牧师，"他的族人从来没有搭建过这些土堆。"

当早期的美国殖民者离开东部十三州，向西拓荒开发时，越来越多神秘的土堆浮出水面，有的呈锥形，有的像截短了的金字塔，还有的则状如大型动物，比如说那座位于俄亥俄州南部的"大蛇丘"，连绵数百米长。就像埃托瓦人一样，居住于附近的原住民部落与这些土丘并没有任何关联。在欧洲殖民者眼里，这些印第安"野蛮人"也不具备足够的能力与知识，来建造如此宏伟的纪念建筑。"这些建筑物很有可能是，"看到埃托瓦土丘后，科尼利尔斯猜测道，"另一个种族修造的，他们曾占据这片大陆，如今却销声匿迹。"

早期美国人执迷于揭开笼罩着这些土丘的疑云，找到关于所谓"消失种族"的蛛丝马迹，参与者包括托马斯·杰斐逊，还有一些空想家，坚信修造这些建筑的正是来自旧世界的移民。他们曾考虑过的人选有腓尼基人、迦南人（Canannite）、印度教徒、维京人、中世纪的威尔士人，甚至包括来自消失的亚特兰蒂斯大陆的难民。在《摩门经》一书中，约瑟夫·史密斯①（Joseph Smith）认为有一个古老、来自于近东的民族，叫作尼腓人（Nephite），上帝授意这些人来到美洲定居，并修造了这些神秘的土丘。

直到 19 世纪末，考古学家才得出结论，正是美洲原住民修建了这些突兀的土堆；只不过，他们与拓荒者遭遇的印第安人并不属于同一个部落。这些土堆建于欧洲人抵达的几百、甚至上千年前，它们的建造者来自富裕的农耕社会，拥有大量的人力，可以挑来一筐筐的泥土，修造成如此高大的建筑物。这座大陆上规模最为宏大的土丘建筑群位于圣路易斯市附近的卡霍基亚（Cahokia），横跨 5 平方英里的土地，最中心处

① 摩门教的创始人、先知；声称受天使旨意，寻得上帝的启示，并由他编译为《摩门经》（the BooK of Mormon）一书。

的广场足足有 1000 英尺长。12 世纪，卡霍基亚鼎盛时代的人口达到了大约 15000 人，超过了中世纪的伦敦或是巴黎，或是墨西哥以北的任何城市，直到 18 世纪末的费城打破这一记录为止。

当德·索托抵达时，中西部与南部的诸多土丘建筑早已衰败，或是被彻底遗弃，可能是因为它们的规模实在太大，耗尽了当地的木材、泥土，以及可供猎捕的野生动物。不过，这种"土丘文化"的结构依然保留了下来。从佛罗里达，到卡罗来纳，再到密西西比河谷，德·索托的队伍都曾遭遇过以种植玉米为主业的印第安城邦，或是伫立在南方平原上、高大威严的纪念土堆。

时至今日，留存下来的土丘遗址已经没有那么显眼了。找寻着埃托瓦的方向，我来到了亚特兰大郊区以北的地方，离开州际公路，穿行于一座大型化工厂与一家塑料包装厂中间，最终开上了一条通往"弓箭拖车公园"的小路。我正要进去问路，却突然注意到了拖车公园后方，一座陡峭、顶部被截断了的山丘。

我到达的时候正值初冬一个寒冷潮湿的工作日，有幸成为这座环绕着埃托瓦的小型公园的唯一一名游客。一条小径指引着我经过了一条 10 英尺深的沟壑，曾经是环绕着印第安城镇的护城河，来到了一片平地，原来是一处广场，通往最高大的那座土丘。底部有 3 英亩大小，这座 63 英尺高的土堆侧面带有斜坡，蜿蜒地通往平整的顶部，那里便是教士与部落酋长们的住所，这就相当于早期美洲的"顶层豪宅"吧。

如今的山顶除了一些杂草外，空无一物，荒凉萧索。不过，站在埃托瓦这土制的王座之上，不难想象一位古代君主，俯瞰着他统治下的辽阔领地的情形。在土丘的一侧，一条水流湍急的绿色河流奔涌而过，河中有不少"V"字形、用石头垒成的堤坝。古代印第安人为了捕鱼建造了一道道拦河坝，留下了这些遗迹。水边生长着许多竹藤，为原住民提供了充足的原材料，来编织篮子、坐垫、长矛，或是箭头。河远处是一片富饶、宽阔的低洼地，原先种满了玉米，如今则游荡着奶牛。只有那座拖车公园突兀地伫立在远方，侵入我脑海里的时间旅行，将我拖回了现实。

走下土丘，我决定去公园中的一座小型博物馆转转，那里展示着埃托瓦出土的诸多文物。两座大理石的雕像描绘着一对酋长模样的夫妇：丈夫盘腿坐在地上，他那位胸部扁平的伴侣跪坐着，将双腿优雅地掩饰于裙摆之下。两者的形象并不写实，有着平整的额头，丰满的嘴唇，圆圆的杏眼中没有画出瞳孔，就如同莫迪利安尼（Amedeo Modigliani）的雕塑作品般美丽而富有视觉冲击感。

其他的一些文物则不仅仅展现了"土丘文化"的艺术张力，也体现了这类文明的地域广度。在铁路、运河以及州际公路诞生的数个世纪前，埃托瓦部落的工匠们已经打造了一个完整的贸易网络：从五大湖地区运来铜制品、从佛罗里达南部买来鲨鱼牙齿以及海龟外壳、从阿巴拉契亚地区获取云母。土丘建筑的分布就更加广泛了，从佛罗里达，到俄克拉荷马，一直到安大略省南部都有发现。令人难忘的笛声从音响中传来；在参观这座博物馆时，我再次感受到了漫步于乔伊斯·基尔默森林中时，那种羡慕与嫉妒交杂的情感。西班牙征服者成为了第一批，也是最后一批近距离观察"土丘文化"的欧洲人，而如今，绝大多数美国人对这个曾经伟大繁盛的文明全然不知。

展厅传来的一阵笑声打断了我的遐想。我循声走去，却撞见两位挺着啤酒肚的中年男子，身穿绿色的裤子和卡其色的衬衫，也就是公园雇员的制服。他们那极其相似的外貌与装束以及拖长了的笑声好像是从一个模子里刻出来的——就像是博物馆中展出的那些祭祀用的雕像一般。当我问及埃托瓦一般吸引什么类型的游客远道而来时，他们两个旁若无人地大笑起来，一唱一和，戏谑地回答道：

"有撒旦崇拜者、女巫，还有德鲁伊……"

"还有新纪元运动的信奉者、努瓦布人、疯子……"

"应有尽有，我们就列举到这里。"

肯·阿特金斯是埃托瓦遗址的主管，而他的副手则叫史蒂夫·麦卡蒂，一位资深的公园管理员。尽管他们两个爱开玩笑，但前面列举的一长串名单可不是在逗我玩。现今的埃托瓦以及其他土丘像是磁石一般，吸引了诸多狂热者慕名而来。从某种意义上，这些狂人正是继承了 19世纪空想家的衣钵。他们的前辈曾认为土丘是亚特兰蒂斯难民，或是消失的以色列部落建造的。

新纪元运动的信徒将水晶埋藏在土堆附近。这是为了"给他们自己重新注入活力"。同时，在地上画出一条条标线，以完成所谓的"和谐汇聚"（harmonic convergence）仪式。其他人则试图将骨灰扬洒在这里，或是进行各种古怪的祭典，有些人甚至使用了活沙鼠与死家禽作为"道具"。"我们曾见过一位女士，手握着一把匕首，站在土丘顶上，还有一个伙计，在一颗大得像氪星石①一样的水晶前祈祷。"

其中最古怪的莫属一个叫作"努瓦布国度"②（Nuwaubian Nation）的团体，自称拥有古埃及人，外星人，以及美洲原住民的血统。这个组织的领导者原名德怀特·约克，自称马拉奇·Z·约克-埃尔博士，来自一个叫作"瑞兹克"的外星球，还自封为"黑鹰酋长"以及"拉·亚图姆神"③。这一团体在佐治亚州修造了一个大型建筑群，在那里，这些"努瓦布人"穿上古埃及式的服装，并建起了狮身人面像以及金字塔的仿制品。"努瓦布国度"的成员常拜访埃托瓦遗址，与他们"地球上以及外太空中"的族人"建立联系"。

---

① 指《超人》（Superman）系列漫画与电影中的一种假想外星矿石。
② 全称为"努瓦布摩尔人联合国度"（United Nuwaubian Nation of Moors），由德怀特·约克（Dwight D. York）建立，是一个具有神秘、超自然色彩的类邪教组织。
③ "亚图姆"（Atum）是古埃及神话中的创世神之一，与太阳神"拉"（Ra）合称为"拉·亚图姆"。

"他们说飞碟会降临在 A 号土堆之上，带领他们离开地球，"史蒂夫告诉我，一边指向了远处最高的那座土丘，"可惜的是，飞碟最终没有出现。我们本来还打算帮那些人打包行李，与他们挥手作别呢。"

蜂拥而来的"怪客"们使得埃托瓦以及其他土丘遗址的管理方十分头疼。放在以前，公园管理员的主要职责便是抓捕那些半夜里盗掘文物的窃贼。现今的访客则总是在土丘附近埋藏水晶或是各种奇奇怪怪的祭祀用品，而管理员们得负责找寻、移除、存档这些物品，因为大多数印第安土丘都属于国家或州保护建筑。

更麻烦的是，克里克印第安人——埃托瓦人的后裔，也是这座土丘的原住民监督者——宣布遗址将禁止举办任何宗教仪式或是庆典活动，否则就是对部落传统与信仰的亵渎。可是，公园管理员们的执法范围只限于对破坏国有资产或非法侵入的行为递送传票，他们没有权力阻止游客们符合《美国宪法第一修正案》的宗教活动。

"这样的事情很令人难过。"史蒂夫说道，除了公园的正式工作之外，他兼职做着牧师。"人们远道而来，想要与这些土丘建立某种精神层面上的联系，向曾经居住于此的印第安人献上敬意，却总是适得其反。"

德·索托的军队在库萨部落的领土上行进了几个月，其间没有与原住民发生流血冲突。不过，当他们抵达库萨以西的另一个印第安国度时，种种迹象表明悠闲的夏日时光即将结束，而新的挑战正等待着他们。对于西班牙人来说，第一个"不祥之兆"便是那里防卫森严的城镇，有两道城墙拱卫，由犬牙交错的木头搭建而成，上面开有可以发射火箭的射击孔。在其中一座城镇，西班牙人遇到了塔斯卡卢萨（Tascalusa）酋长的儿子。据说，塔斯卡卢萨"是一位十分强大的印第安领主，这片土地上的人都很惧怕他"。尽管原住民使节承诺，会向西班牙军队提供援助，德·索托并不相信他所说的话，并派遣两名探子跟随着这位酋长的儿子回到部落地，顺带刺探情报。

德·索托继续向前行军，来到了塔斯卡卢萨的首府，这位统治者住在土丘顶端的一座府邸中，正站在阳台上等候西班牙人的到来。塔斯卡卢萨"极其高大"，一名西班牙人写道，"在众人眼里，他就好比一位巨人。"穿戴着羽毛装饰的披风以及头巾式样的头饰，他枕着舒适的靠垫，被许多侍从簇拥着，其中一位在一旁举着长杆，上面挂有鹿皮制作的军旗，为塔斯卡卢萨遮阳。

德·索托也为自己设计了一场好戏，重现了在阿塔瓦尔帕皇帝面前演过的戏码。他先派出了一队骑兵，驰骋冲入城镇中心的广场，朝着酋长的方向，"不停地转着圈"。尽管"马匹吓坏了围观的人群"，印第安人的首领却不为所动。塔斯卡卢萨"表情庄重而若无其事"，"时不时地举目观看，对眼前的景象充满了蔑视"。当德·索托下马靠近时，他也没有起身离开座位。

在建立了主导地位后，塔斯卡卢萨为这些远道而来的宾客送上食物，并让部落的舞者为他们表演。作为回应，德·索托举办了比武与赛马活动，这也未能打动印第安酋长，他"看上去对此全无兴致"。至于德·索托对女人以及挑夫的索取，这位统治者就更不屑一顾了。他回答说，"一直以来，都是所有人服从自己的旨意，所以不习惯服务他人"。

远征开始以来的第一次，德·索托遇上了和自己一样傲慢执拗、甚至更加诡计多端的领袖。这位西班牙征服者坚持让塔斯卡卢萨在西班牙人的营地附近过夜。对于这个要求，印第安酋长没有拒绝，但要求先派出一名使节前往距此五天路程的马维拉（Mavila）。他告诉德·索托，他的使节会让马维拉的居民提供挑夫与劳工，以及"西班牙人最渴求的"一百名女子。

西班牙军队继续前进，塔斯卡卢萨则紧随其后，"一位印第安侍从跟在一旁，为这位领主遮阳"。行军途中，德·索托的一位贴身护卫在追捕逃跑奴隶时与大部队走散了，被印第安人杀害。盛怒之下，德·索托威胁要将塔斯卡卢萨烧死，除非他交出凶手。这位统治者再次同意了，答应队伍一抵达马维拉，他就立刻照办。

不知是在有意还是无意中，塔斯卡卢萨似乎找到了德·索托的软肋。尽管这位西班牙征服者在遇到危机时总是十分镇定，精明狡猾，但他被激怒的时候就会变得鲁莽暴躁。德·索托全然不顾斥候搜集而来的情报，警告一群"不怀好意"的印第安人正聚集于马维拉；他丢下大部队，带上区区四十名士兵作为先锋。他显然是相信了塔斯卡卢萨先前的承诺，命令部下向马维拉全速行进。

德·索托的一位手下记录道，马维拉是"一座规模极小的村镇，四周架设着坚固的木栅栏"，坐落于一片平原中央。木墙外的房屋都被仓促地推倒摧毁了，显然是为了即将到来的战斗所作的准备。德·索托麾下的队长建议他在小镇以外安营扎寨。他回答说，自己已经"厌倦在露天睡觉休整了"，随即带着十几名士兵，跟随塔斯卡卢萨一起走进马维拉镇中。

迎接他们的是数百名唱着歌谣的土著人，手里捧着松貂皮，进献给西班牙人。马维拉的居民还派出许多"极其美丽的女子"，为来访者献上舞蹈，转移他们的注意力。塔斯卡卢萨趁机溜走，躲进了部落议会所在的房屋，与他的盟友共同商议如何对付这些西班牙人。等到德·索托要求离开时，塔斯卡卢萨当即拒绝了。一位前去接应的队长正撞见一群全副武装的战士。而马维拉镇中的房屋里藏匿着更多印第安勇士，"足足有五千人"。

德·索托这才意识到自己陷入了圈套，他戴上头盔，命令所有人披挂上马。一名西班牙士兵拔出利剑，砍倒了面前的印第安人，无数原住民勇士从藏身地冲了出来，"大喊大叫，发射着箭矢"。五位西班牙人很快战死，剩下的士兵侥幸逃出马维拉的城门，全部挂了彩，丢失了武器以及坐骑。

二十多支箭矢卡在了德·索托厚重的棉制外衣上。尽管如此，他还是向部下要来一匹马与一杆骑枪，亲自上阵，杀死了数名追兵。可是，德·索托骑士般的勇敢气概也拯救不了陷入绝境的西班牙人。就在他受困于马维拉时，被强征的印第安挑夫们到达了这里，并将辎重都放置于城墙边。等到德·索托战败，匆匆逃离后，他们即刻将所有物品，包括士兵们粗心大意丢下的武器，全部搬进城中。马维拉人砸开了这些劳工身上的镣铐铁链，将弓箭等兵器分发到他们手中，接下来，他们关闭了城镇的大门，"开始敲锣打鼓，大叫着升起旗帜，并登上城墙，展示着我们扔下的行李辎重，作为挑衅"。

如果当即猛攻马维拉镇，那将会是自杀式的：土著人驻扎在一座防卫严密的堡垒中，数量也远远超过了西班牙士兵。不过，如果他们就此撤退，没有足够的补给，也失去了震慑原住民的能力，就这样贸然闯入塔斯卡卢萨——这位狡诈且意志坚定的领袖——统治下的陌生而又危险的领地，想必也是凶多吉少。

德·索托焦虑不安的副手们"提出了不同的意见"。不过，与往常一样，这位西班牙征服者对他们的担忧不屑一顾，立刻发起了进攻。狡猾的印第安人曾利用德·索托的过度自信，给了他一记重击。现在，他打算以其人之道，还治其人之身。带着四十名骑兵，德·索托来到了马维拉的城门前。一些印第安人冲出城寨，朝他们放箭，但始终没有离开城墙保护的范围。接下来，西班牙人突然调转马头，纵马而去，佯装逃跑，原住民不知是计，蜂拥而出，追击"溃逃的"西班牙军队。就在这时，骑兵们杀了个回马枪，全速冲向不及逃走的印第安战士，用骑枪杀伤了众多敌人。

德·索托随即下令包围这座城镇，装备最好的士兵下马步战，而骑兵则待在后面。西班牙步兵一齐发动攻击，用战斧劈开木质的栅栏，并投掷火把，点燃墙内的房屋。激烈战斗爆发的同时，熊熊烈火也开始在城镇中肆虐，将马维拉的居民赶出设防的据点。骑兵随即赶到，大肆屠杀四散而逃的印第安人，或是将他们赶回即将被烈火吞噬的房屋中。"在那里，他们全都挤作一团，渐渐窒息，最终被大火烧成灰烬。"

血腥的战斗一直持续到深夜，没有一个印第安勇士选择投降。"我们将他们尽数杀死，"一位西班牙人言简意赅地记录道，"烈火烧死了一些，我们用骑枪和利剑杀死了剩余的人。"当一名原住民战士意识到战友全数战死，只剩下自己一个人时，他"爬上了城墙边的一棵大树，取下弓弦，一端缠绕在他的脖颈上，另一端捆绑在树枝上，将自己吊死了。"

据德·索托的一位部下估计，大约有 2500 名印第安人于此役战死，另一位西班牙人则认为原住民一方的伤亡数量有 3000 人之多，这还不算许多"倒伏在路边或是棚屋中"的伤者。如果这些统计数字大致正确的话，那么 1540 年 10 月 18 日，发生在马维拉的这场大屠杀将取代南北战争中的安提塔姆会战（Battle of Antietam），成为美国本土战争史中，阵亡人数最多的一天。

不过，胜利者也没什么值得庆祝的。超过 20 名西班牙士兵在战斗中阵亡，其中包括德·索托的妹夫以及外甥。许多西班牙人"被箭矢射中眼睛或嘴巴而死，因为印第安弓箭手知道他们身披重甲，于是瞄准没有甲片防护的脸部射击"。大约有 200 多人，占到幸存者的一半，身受重伤，中了好几箭，有十几个人在战役结束没多久就死去了。军队的辎重，其中包括从科费塔切基掠夺来的大量珍珠，也在烈火中一并烧毁。记录中写道，德·索托的手下"都像阿拉伯人一样悲惨，两手空空，前路艰难"。

在这片烈火焚烧过后的废墟之上，如同耶罗尼米斯·博斯 ① （Hieronymus

---

① 15 世纪至 16 世纪的荷兰画家，作品多描述人类的罪行与沉沦，被认为是超现实主义的启发者之一。

Bosch）画中的地狱一般，德·索托的军队不得不想办法寻找粮草，并建起一座临时的据点。马维拉的柴堆被引燃了，火光照亮了整片战场。疲惫不堪、口干舌燥的士兵跑到附近的池塘中找水喝，却发现"死伤者的鲜血"已经与池水混在了一起。缺医少药的士兵忙着切开印第安战死者的遗体，用尸体的油脂作为药膏，涂抹在他们的伤口上。

德·索托在马维拉逗留了一个月，等待他的军队慢慢恢复元气。期间，他听说从古巴出发的船只已经到达了附近的海岸，离这里只有六天的路程。可是，他心里不想与补给船队汇合，毕竟他没有什么东西拿得出手，连仅有的珍珠也丢失了。此外，他还担心士气低落的西班牙军人会争先恐后地抛弃队伍，登上船只返回古巴。对于德·索托来说，如果一无所获的悲惨境遇被泄露出去，公之于众，那么他的声誉将会毁于一旦，也不可能再招募到愿意参加远征的新兵了。"正因为如此，"他的手下写道，"他决定在找到财富之前，不向外透露任何有关远征进展的消息。"

跟随着德·索托的脚步从库萨前往塔斯卡卢萨，我离开了丘陵密布、松树茂密的地带，进入了亚拉巴马中部的黑土平原。大多数研究德·索托的学者都认为马维拉的遗址坐落于亚拉巴马河畔，位于塞尔玛（Selma）与莫比尔（Mobile）中间。不过，考古学家尚未发现一处有大量骨骸以及西班牙文物、符合历史记载的遗址。几个世纪前的那场大火以及之后频繁的洪水可能已经摧毁了那场战争的一切遗迹。

查尔斯·哈德逊——就是那位追踪、勾勒出德·索托路径的教授——认为马维拉的遗址很有可能位于一个如今叫作"老卡哈巴"（Old Cahawba）的地方。种种迹象表明，那里曾存在着印第安人的设防城镇，又恰巧在德·索托远征的年代神秘消失了。为了前往老卡哈巴，我驾车驶上了一条极不平整的道路。小路在一座岩壁前终结，四周除了一道隐约可见，环绕着布满西班牙苔藓的橡树的壕沟外，没有任何迹象能够证明原住民聚居地的存在。

19 世纪时，一座因棉花种植业致富的小镇在这里拔地而起，在遭遇内战的洗礼以及洪水的频繁侵扰后，也逐渐破败，消失不见了。曾经富裕发达的城镇如今只剩下几处覆盖着青草的土丘，当年这里曾伫立着一座法院以及砖制的商店。除此之外，这里就只有一些断裂的、零星散布着的罗马柱了——在南北战争之前，它曾经是宏伟华丽的别墅的一部分。

老卡哈巴是美国南方最具视觉冲击力、最令人难以忘怀的遗址之一，对于 1540 年可能发生在这里的那场血战来说，如此悲哀凄凉的景象恐怕是最恰当不过的纪念碑了。可是，站在这里，我的脑海中却久久勾勒不出马维拉镇的样子。为了重现当年那场战役的场景，也许我得去寻找、探访与老卡哈巴恰恰相反的地方：一座静谧安详、田园牧歌式的避难所。那里除了几头被我的脚步声惊动的野鹿，便没有任何声响了。

我不想没有经过任何调查研究，就匆匆离开老卡哈巴。于是，我前去寻找一位 16 世纪战争方面的专家。肯特·高夫是一位陆军少校，曾经在西点军校担任教官，负责指导刺刀操练，也曾作为情报军官，参加第一次海湾战争。而如今，在军队任职之外，他还在大学教授历史。在距离老卡哈巴一天车程的大学校园，我找到了高夫少校，趁着学生们正在考世界文明史，与他小声交谈起来。

肯特来自中西部，看上去是位整洁体面的绅士，穿着 polo 衫、熨过的卡其裤，和一双擦得锃亮的黑色皮鞋。他可以几乎一字不差地背诵《德·索托编年史》中的大段文章。不过，他对这些西班牙文献的解读与其他历史学者相比，有着不小的差异。

"我在阅读《德·索托编年史》的时候，通常把它当作一份'行动后报告'（after-action report），"他在这里使用了一个军事术语，以形容书中对大小战役详尽的事后剖析。"两个尚武的文明与社会第一次接触，并爆发冲突，这是世界战争史上的经典案例。"

他得出的一个结论就是：战术运用是否得当，要比人数多寡或是火力大小重要得多。在大多数战役中，印第安人都拥有兵力的优势，他们所装备的长弓要比西班牙人手中的十字弩或是笨重的火绳枪精准许多，射程也更远。除此之外，轻装上阵的原住民比身披沉重甲胄的西班牙士兵更加灵活机动，至少在丛林或沼泽地，马匹难以通行的地方是如此。印第安战士最缺乏的就是面对欧洲式战争的经验。

"印第安人作战的方式十分传统，每个勇士各自为战，"肯特说道，"讲究勇敢无畏的气概，以家族为单位。"西班牙人则恰恰相反，他们是16世纪欧洲大路上最为致命高效的战争机器。"这就好比罗马军团士兵与凯尔特人部落交战。如果比较单兵作战能力的话，凯尔特勇士肯定更胜一筹。不过，以百人队为编组，罗马军队总能击败十倍于己的凯尔特战士。"

他说道，在马维拉，西班牙人组建了一种"联合兵种部队"：步兵、骑兵，以及火绳枪手协同作战，互相配合，发动袭击。指挥官率先发出信号，随着火绳枪的响声，西班牙士兵从东西南北四个方向同时发起进攻。前排的步兵负责举着盾牌，阻挡印第安人发射的箭矢，身后的战斧手得以劈砍城寨外的木栅栏。等到先遣部队在护城墙上打开一个突破口后，西班牙远征军的主力便一拥而上，杀进马维拉城中。

"印第安人从来没有遇见过这种作战方式。"肯特说道。在西班牙人精妙的战术面前，他们惊惧不已，不知如何是好，陷入一片混乱中，这也解释了马维拉之战一边倒的结局。"当印第安人的防线被西班牙士兵冲破，在看到战友与亲族纷纷倒下时，原住民的士气彻底瓦解了，无力再战，"他说道，"西班牙人的快马紧追其后，不给他们喘息的时机，一场大屠杀在所难免。"

除此之外，尽管印第安弓箭手有着射程的优势，在近距离的白刃战中，西班牙军人显然更胜一筹。除了钢制的利剑之外，德·索托麾下的士兵还装备着一种多用途的武器：斧枪（halberd），其主体是一杆沉重的长矛，前端装有钩、刺，以及斧刃。肯特曾读过一本 16 世纪的步兵战术手册，他把我当作目标，展示了斧枪的使用方法。

"首先，你要将枪头刺向敌人的面部。"他一边演示着，一边用想象中的兵器刺向我的鼻梁。我躲过他的攻击，举起双臂，想象自己是一位手持盾牌的战士。

"你的视野现在被盾牌挡住，看不清我的动作了，"他说道，"我就可以摆动手中的斧枪，用枪杆尾端猛击你的头部。"我踉跄着向后退了几步，装作被斧枪击中的样子。

"接下来，我会向前跨一步，伸展手臂，这一次用锋利的斧刃朝你砍去。"他做了一个类似劈柴的动作。看到他们的历史教授突然变得活泼起来，还动手"杀死"了一位来访的作家，肯特班里的学生纷纷停下手中的笔，抬起头来。

"对了，还有一招，"肯特告诉我，再次举起了想象中的那杆兵器，"你假装刺向敌人的头部，然后转动枪杆，压低枪头，用前端的钩子勾住对方的膝盖，猛地一拉，将他放倒。在他倒地之后，你只需要用枪刺给他致命一击就可以了。"他装作用斧枪把我刺穿，就像是用鱼叉猎捕青蛙一样。

"西班牙人绞尽脑汁，想要找到最高效的杀敌方法，"肯特告诉我，一边"放下"那杆想象中的斧枪，"这样的武器会在不穿甲胄的敌人身上留下相当可怕的伤口，手臂、腿、脑袋、内脏散落一地。这些西班牙士兵浑身沾满了血污。不过，从《德·索托编年史》中的记载看来，他们似乎很享受这样的过程。"

肯特坦诚，西班牙人这种对近距离杀戮的迷恋令人讨厌，甚至有些病态，至少以我们现代人的道德准则是如此。不过，作为一名军人，肯特还是被他们的忍耐力以及纪律性所深深折服。"如果让海豹突击队员尝试这些人面临的挑战，他们肯定没法坚持到底。这可是长达数千英里的艰难险途，放眼整部军事历史，也算得上是最伟大、最具有传奇性的远征之一了。"

在面对如此极端的困难与挑战时，德·索托总是能够团结他的队伍，这种特质令肯特格外赞叹。"这些西班牙人完全没有补给线，就地征粮取材，他们的大多数辎重装备也在马维拉毁于一旦。"他说道。尽管如此，西班牙人的远征并没有就此宣告结束，在离开马维拉后，他们又行进了几千英里的路程。

肯特瞥了一眼时钟，开始收走学生的考卷。"对于大多数人来说，德·索托与他的部下属于另一个陌生而未知的世界，"肯特说道，"对于我来说，他们是再典型不过的美国人，情绪高昂、足智多谋的冒险家，从不放弃，且永远对自己充满信心。

与前一年登陆时相比，德·索托离开马维拉的时候，已经折损了六百名士兵中的一百多人。随着气候逐渐转冷，这支军队迫切需要食物以及庇护所。西班牙人的财产装备大多已经丢失，以至于一位贵族只能裹着破破烂烂的印第安毛毯行军，"没有帽子，光着脚，丢失了坐骑和鞋子，背着一块盾牌，手里拿着没有鞘的佩剑，忍耐着饥饿。"

向西北方向前进，德·索托进入今天的密西西比州，在一个叫作奇卡萨（Chicasa）的地方建起过冬营地，闻风而逃的印第安人在当地丢下了许多玉米粮秣。一天深夜，原住民躲过巡逻的西班牙哨兵，悄无声息地潜入德·索托的营地，"两人或四人一组，用罐子装着火种"。他们点燃了奇卡萨，十多名西班牙士兵、57匹马以及几百头猪都葬身火海。

德·索托军队所剩无几的装备，包括马鞍、武器，以及仅存的一些衣物，都被大火吞噬。"如果印第安人选择乘胜追击的话，"一位西班牙人写道，"那么我们就会遭遇灭顶之灾，这一天将会是所有人的死期。"

不过，原住民没有将德·索托的人马赶尽杀绝，而是选择撤退。正如肯特·高夫先前所说的那样，在这危难时分，西班牙人展现出了他们的坚韧不拔与足智多谋。他们争分夺秒，将熊的毛皮制成风箱，并制造了一座简易的熔炉。他们砍伐梣树，制作长矛与骑枪。除此之外，他们还制作了新的马鞍与盾牌，并将杂草编织成床席。那场大火的一个星期后，当印第安人再度发起进攻时，准备充足的西班牙人得以将他们击退。

尽管如此，马维拉的血战与奇卡萨的大火接踵而至，使得德·索托蒙受了不小的损失，也扭转了西班牙征服者与印第安人之间的战略平衡。到了春天，当德·索托的军队离开营地，继续向西行进时，"一件印第安人之前从未做过的事情突然发生了"，一位西班牙人记录道。在奇卡萨之前，原住民一般不会主动出击，只有遭到挑衅，或是为了保护部落的粮食与女人时，才会与西班牙军队交战。可是这一次，他们却选择先发制人，在德·索托的必经之路上建立了一座筑有栅栏的堡垒。三百名印第安勇士驻扎其中，戴着有犄角的头饰，身上涂抹着条纹状的油彩，"脸涂得漆黑，眼睛上画着红圈，看上去十分凶猛"。

德·索托命令部下正面发起攻击，他说"如果他不这么做，印第安人就会抢先出击，那样的话，情况只会变得更糟"。西班牙人取得了胜利，自身也付出了惨痛的代价，15 名士兵不幸阵亡，还有更多人负伤。据原住民俘虏所说，"他们此役的目的只是为了证明自己英勇善战，可以战胜德·索托的军队，没有别的原因"。西班牙人不可战胜的神话就此破灭。这支曾经能够"不战而屈人之兵"的常胜军，已然失去了对印第安部落的威慑力。

不过，这时的德·索托已经没有退路了，只好硬着头皮向前推进，寻找可能藏有财富的大型聚居地。如果找不到可以劫掠的印第安粮仓，他的军队很快就会断粮，失去战斗力。指挥着饥饿、伤兵满营的人马，德·索托穿过密西西比北部，一路上穿越"许多沼泽地与茂密的森林"，最终来到了一片盛产玉米的地带——基斯基斯（Quizquiz）。在那里，西班牙人抓走了数百名当地女子作为人质。不过，德·索托也意识到自己的人马疲惫虚弱，无力与对方抗衡。"害怕挑起战端"的他很快就下令释放所有俘虏，希望能与当地部落"和平相处"，并获得急需的粮秣与补给品。

随军的编年史家几乎是一笔带过地记录道，"一条大河"坐落于基斯基斯附近。在阿尔冈昆（Algonquian）语言中，这条河流有一个不同的名字："密西西比"，意思是"伟大的水域"。在启程前，我参观了威廉·亨利·鲍威尔的《发现密西西比河》（Discovery of Missisippi），也是国会大厦展出的八幅油画之一，这些油画分别纪念了美国历史中意义非凡的瞬间。在这幅画中，德·索托穿着绸缎的衣服与锃亮的甲胄，骑着白色的战马，审阅着眼前的密西西比河。一位教士抬着头，仰望着天空。士兵们则将十字架以及火炮拖拽到河岸边，半裸的印第安人畏畏缩缩地在后面观望着。国会于1847年定制了这幅画作，后来成为"神授天命"（Manifest Destiny）学派的经典作品之一，彰显着欧洲先进文明对野蛮的原住民取得的胜利。

从历史还原的角度看，这幅画完全是虚构的。比如说，画中的原住民住在帐篷中、头上戴着羽毛头饰，这些都是大平原印第安人的装束与习俗，被莫名"嫁接"到了密西西比的场景中。另外，画里西班牙人的穿着打扮也不太准确。1541年5月，当德·索托抵达密西西比河时，他麾下的士卒早就丢失了原先的衣物，裹着鹿皮或是印第安毛毯，看上

威廉·鲍威尔所作油画《发现密西西比河》(藏于美国国会大厦圆形大厅)

去不像威风凛凛的欧洲征服者，更像是一群饥寒交迫、疲惫不堪的原住民。

到达河岸时，西班牙人也没有竖起十字架，或是举行任何宗教仪式。这些人又饿又困，大多染了病，只关心他们在基斯基斯找到的那些玉米与"小核桃"。除此之外，西班牙人早就知晓密西西比河的存在，也就没有多少新鲜感了。早在 20 年前，沿着墨西哥湾海岸航行的水手就注意到了一条巨大水道的入海口，他们将之命名为"圣灵之河"。德·索托军队中的大多数人也如此称呼眼前的这条河流。

这幅画作最不准确的部分就是对印第安人的描绘了。事实上，原住民经常在密西西比河上巡逻，他们的舰队配备着两百多条独木舟，船上搭乘着全副武装的战士。这些舟艇装饰着盾牌、条纹布篷，以及旗帜，"组成了一支华丽多彩的船队"。德·索托的手下如此评论道。西班牙征服者们在密西西比河畔度过的一个月里，每天下午，印第安人都会如期而至，一边大喊大叫，一边向河边的营地放箭。

从文献记录中，我们得知西班牙人对密西西比河并不感兴趣，只是把它当作一道难以逾越的天堑。在抵达河岸时，德·索托提到的唯一一处细节便是附近有"充足的树木"可以用来制造木筏，随即命令部下行动起来。6 月 8 日破晓前，德·索托挑选了一些精兵，命令他们登上四艘木筏，即刻出发。他相信这些人能够"将生死置之度外，不计一切代价渡过"密西西比河，"战胜印第安人，夺取对岸的土地"。

原住民显然没有意料到西班牙士兵会在日出前抢渡，还未来得及在河对岸设防。尽管如此，渡河的任务依然十分艰巨。"密西西比河比多瑙河还要宽阔。"一位西班牙人描述道，对眼前的大河啧啧称奇，另外一名士兵则形容道："如果一个人站在河对岸，我们只能看到模糊的黑影，根本无从判断到底是人类，还是某种不可名状的生物。"同样令人赞叹不已的就是河中大大小小的鱼类，包括一种奇怪的生物，看上去有些笨拙，"头部占到身长的三分之一"，带有"硕大的尖刺，造型好像鞋匠们用的锥子一样"。西班牙人口中的这种怪鱼其实就是鲶鱼，这也是欧洲文献中第一次提及这个物种。

最令人生畏的莫过于密西西比河湍急的水流了，大树在翻腾的河水面前不堪一击，被裹挟其中，随波逐流。在渡河前，木筏上的士兵先要逆流而上，划行超过一英里的距离，这样才能在德·索托指定的位置登岸，也就是西班牙营地的正对面，方便观察联络。在与水流搏斗了整整五个小时后，德·索托才得以将所有士兵和牲口转运到河对岸。

"到达之后，每个人都在不停地感谢着上帝的仁慈，"一位西班牙人写道，"因为在他们看来，自己已经熬过了此行最艰难的一关，之后再不会有比这更艰巨、更具挑战性的关隘了。"

进入密西西比州时，我已经见过太多沿途的小镇，宣称德·索托曾到过当地，因此对这样的现象见怪不怪了。在佐治亚州，我见到过

"德·索托坚果加工厂";亚拉巴马州则有一处名不副实的"德·索托洞穴",没有所谓的地洞,也没有德·索托的遗迹,实际就是一座平平无奇的游乐园,里面有一处"德·索托水枪迷宫",摆放着西班牙征服者与印第安人的卡通剪像,正在激烈地"交战"。附近的小镇里有一幅无比巨大的壁画,取名为"库萨酋长欢迎德·索托来到柴尔德斯堡"。这令我十分疑惑,因为早在佐治亚州北部两百英里外的地方,我就拜访过库萨部落地的首府。不过,柴尔德斯堡(Childersburg)与许多城镇一样,拒绝承认"哈德逊路径"的正确性,几十年来一直坚持自己才是库萨国度的所在地。

谈及对"德·索托历史遗产"的主张与维护,密西西比各地相较上述的城镇,有过之而无不及。在到达阿伯丁镇后,我看到了一块标志牌,上面确切具体地写道,德·索托于 1540 年 12 月 16 日,带领军队"经过这条街道的位置"。距阿伯丁两小时车程的地方,我来到了一处做得更绝的小镇:埃尔南多镇,德·索托县的首府。19 世纪时,埃尔南多镇的建立者在规划城镇时,参考了西班牙殖民地的风格,由 12 个街区与一座中心广场组成。县政府的大楼中装饰着许多壁画,描绘德·索托的诸多事迹,大理石地板上刻着一颗红星,标出了这位西班牙征服者在"发现"密西西比途中,"躺下休息"的位置。

至于德·索托军队渡过密西西比河的具体地点,几乎所有的沿岸郡县都将这一"殊荣"归到自己头上。各地的民间历史爱好者都声称他们找到了无法反驳的确凿证据,证明西班牙人渡河的地点位于自己所在的地区。花了好几天研究这些理论,并实地探访了许多与海盗藏宝图一般抽象简略的历史标牌后,我逐渐理解为什么查尔斯·哈德逊花了几十年,才得以画出德·索托确切的行军路线。

恰巧,哈德逊教授绘制的新路线不偏不倚,绕过了几乎所有主张自己才是"德·索托渡河处"的城镇,而是指向密西西比河畔一个无人问

德·索托一行的行进路线（3）

津的社区，叫作沃尔斯（Walls），位于孟菲斯市（Memphis）以南。于是，我离开埃尔南多镇，走上一条狭窄的乡间小路，向西行驶。突然间，道路开始骤降，从树木繁茂的高地转入低洼平缓的密西西比三角洲。前方是一片绿色与咖啡色相间的田野，即便是冬天，这里的天气依然潮湿多雨，草木郁郁葱葱。

放眼全球，密西西比三角洲也算得上最富庶多产的平原地带之一，这里铺着一层肥沃、如巧克力蛋糕般的黑土，由密西西比河沿途带来的冲积土组成。三角洲地区同时也居住着美国最贫困的人口。他们的祖辈大多是黑人奴隶，在内战中被解放，却在战后再度沦为种植棉花的佃农，继续被地主们奴役剥削。不过，随着高效的采棉机被引进，它很快取代了原先的劳工，三角洲的居民失去了生计，被迫在贫民窟中挣扎求生，而沃尔斯就是其中一处聚居点。

进入沃尔斯之后，我经过了不少破败不堪的棚屋——墙体已然剥落——一栋栋被遗弃的公共住宅，以及我见过的最凄惨可怜的拖车公园，一条狗被拴在窄小的房车前，不停地号叫着。在一家便利店，也是附近唯一一家开张的商铺，我向一位女柜员询问德·索托渡河营地遗址的具体方位。

"你说谁？"

"德·索托啊，就是那位西班牙冒险家。他在这附近发现了密西西比河。"

她笑了起来，一边点着烟。"拖车公园那边有几个墨西哥人，他大概就在那里吧。要我回答这些乱七八糟的问题，还不如把我开枪杀了。"

一位瘦削、文着刺青的顾客走了过来。"路的尽头那边有一家叫'老码头'的酒吧，我们以前总是到那里喝个烂醉，"她告诉我，"我不太清楚背后有什么历史故事，但我猜想你会喜欢的。"

由于暂时没有其他可靠的线索，我便听从了她的建议，却在一条条纵横交错、灯光昏暗的街巷间迷失了方向，兜兜转转，也没有找到通往河岸的道路。就在这时，我注意到附近有一条小径，通往一座泥土堆叠而成的堤坝。在堤岸的最高处，竖立着一块警示牌，上面赫然写着："上膛武器禁止入内，严禁枪击他人。"沿着小路蜿蜒而下，来到堤坝的另一侧，我内心深藏的那个"哈克贝利·费恩"不禁萌动起来。伟大的密西西比河啊，阿尔冈昆印第安人口中的"百川之父"，似乎近在眼前。

现实令我大失所望，河岸边停靠着一辆货车，冒出的黑色烟云遮挡住了我的视线。我走了过去，询问是否需要帮助，却看见两个穿着脏兮兮迷彩服的男子，站在货车尾门边。他们正在向一个凹陷的垃圾桶中倾倒着什么，桶里冒着火光，一团气味难闻的烟雾扑面而来。

"你们在干什么？"我问道。

"烧制这些电缆线。"其中一人回答道。他将一根木棍伸进垃圾桶中，捞起一团烧灼过的铜丝。"回收废品的不买带绝缘层的废电线。所以我们就跑过来，把塑料的外壳烧化掉。大伙儿不愿意看到你在镇上做这档事，因为味道太难闻了。"他告诉我，一旦熔掉外层，每磅电线就值 75 美分，这令我相当惊讶。靠回收电线谋生？这听起来十分繁琐，而且复杂的过程以及难闻的味道也相当恼人。

"那你呢？你在做些什么？"他问我。

"我在找德·索托渡过密西西比河的具体地点。"

他将又一团沉重的电线倒入桶中，一边说道。"可能在这儿，也可能在那儿，这条河大得很哩，谁也说不清。"

我凝视着面前的河流，浑浊，水流湍急，大约有一英里多宽，与西班牙人的描述相差无几。不过，如今的河岸边修筑着许多丑陋的混凝土板，用铁丝网固定在一起。据那两人所说，这些都是用来防止河水侵蚀的护岸。就在这时，一艘装满煤块的驳船驶过，掀起一阵波澜。风向突然改变了，从桶中冒出的刺鼻浓烟将我们裹挟其中，我心中满怀壮志的

"哈克贝利·费恩"逐渐消失了。

在前往沃尔斯的途中，我曾设想过一个大胆的计划——乘着小木筏横渡密西西比河，以重现西班牙人渡河时的心路历程。不过，那两人告诉我他们一辈子都住在密西西比河边，却几乎从未下过河。"这可不是个好主意，现在这个时段不行，这片水域太危险了，绝对不行，"其中一人警告我，"比拖船更小的任何交通工具，都行不通。"

我决定去下游碰碰运气，可在每个渡口，我都听到了同样的警告。水位太高了，风浪太大了，太变幻莫测了，有太多探查不到的潜在危险。船只经常被漩涡吸入水中，或是撞上隐蔽的岩石，粉身碎骨。有的时候，来回游弋的大型驳船会掀起巨浪，打翻过往的小艇。还有一些船只不幸撞上水中的沉木，里面淤积了大量气体，一旦受到冲撞释放出来，就会像鱼雷一样发生爆炸。"这条河看起来像个慵懒的老汉，"一位两鬓斑白的老渔夫告诉我，"但是相信我，一旦它发起疯来，你可就无路可逃了。"

我本打算退而求其次，去密西西比三角洲的赌场，乘坐那种仿制的蒸汽船沿河游览。正当我犹豫不决的时候，我恰巧遇见了一个叫布巴的家伙。他告诉我，有个叫约翰·拉斯基的"老水鬼"，也许可以带我到河里转转。我不知道"水鬼"是什么意思，还以为是"溺水者"的别称，但还是决定去一探究竟。在一番追踪后，我在一家废弃轮胎工厂的地窖里找到了他，那里被他改为了工作室，专门用柏木手工制作独木舟。瘦削，蓄着大胡子，编着齐肩的灰色发绺，头上的宽檐帽漫不经心地插着一根羽毛，约翰·拉斯基看上去像是邦联士兵与汤姆·索亚怪诞的结合体。实际上，他来自科罗拉多州，这也就解释了为什么只有他愿意带我去密西西比河走上一遭。

"这附近的人以为我是个疯子，"他一边说着，一边帮我将独木舟装上他的皮卡车，"自出生起，他们就听过太多恐怖的流言故事，以至于完全不敢到那条河里去，除非是坐引擎驱动的大船，而且天气与水文条件都非常完美。"他告诉我，并顺手递给我一件救生衣。"出发前，我得警告你。如果你不小心掉到水里，很难游泳游到岸边。风浪太大了，你至少得要游一个小时，况且劳累和低温会将你拖垮的。所以，待在独木舟里，千万不要丢掉你的划桨。"

当我们的车穿过一片片棉花地时，约翰跟我讲起了他几十年前，第一次在密西西比河上泛舟的情形。因为被这条大河的传奇色彩所吸引，他和一位来自科罗拉多的高中同学用胶合板以及空油桶制作了一只简易的木筏。他们从威斯康星州起航，一路漂流来到孟菲斯附近。正当两人在悠闲地下棋时，他们的筏子撞上了一根没入水中的木桩。"就好像是有人捏碎了苏打饼干，播撒在河里。"还好，一艘巡逻艇正好经过这里，搭救了他俩。

约翰后来搬到密西西比三角洲，在这里定居下来，找了一份演奏吉他的工作，还曾与许多传奇蓝调乐手合作过。但他的心离不开密西西比河，无法抵御河流的呼唤。于是，他便开始自制独木舟，到了夏天，也兼职当导游。"独木舟比摩托艇可要安全多了，"他说道，"因为你永远不会开得太快，哪怕撞上了什么东西，也不会有大问题。"

我们来到了弗赖尔斯波因特（Friars Point），与许多密西西比河沿岸的小镇一样，那里的镇民也号称自己的家园才是德·索托真正的渡河地点。比起我一路经过的城镇，弗赖尔斯波因特倒很贴合我对密西西比州的想象：这里的河岸边没有混凝土堤坝，也没有赌场经营的明轮游船，或是烧电线的人，只是一片沙洲，散布着一些浮木罢了。

只花了一分钟，我们就准备完毕，将独木舟卸下车，推入水中。接下来，我们逆流而上，沿着河岸划行——就像德·索托的部下那样。我不怎么划独木舟，缺乏经验，上一次尝试还是在波科诺山区参加夏令营的时候。不过，有约翰在身后罩着我，干所有的苦活累活，我只需要专心划桨，观察前方的水域就可以了。

从岸上观望，密西西比河看上去相当平缓，波澜不惊，颇具诱导性。在约翰的指引下，当我近距离观察时，却发现平静、清澈的水域下暗流涌动，逆时针的漩涡在深水里打着转。至于那些波涛汹涌的水域，则隐藏着强劲的涡流，环绕着水下的岩石，或是围绕着沉木的边缘。当流动的河水与漩涡碰撞时，一股强大的剪力随即形成。"要想顺利通过弯道，你就得多花点功夫，"每当河岸变得蜿蜒曲折起来，约翰都会提醒我。与我脑海中构想的恰恰相反，水流到了弯曲处最为强劲，在河道中央时反而比较平缓。

密西西比河下游没有任何堤坝或是船闸，相对开发较少，水流汹涌、狂野。这里的河岸也保留着原貌，尽管伐木业曾经发达，但生长于三角洲肥沃土壤上的树木，总能够重新占领荒弃的土地，修复人类所造成的破坏。约翰告诉我，河岸边生活着白尾鹿、火鸡、河狸、野猪，甚至是极其稀有的美洲狮。除此之外，这里还生长着十几种不同的树木，交杂在一起，组成一片茂密、郁郁葱葱的森林，与数百年前，西班牙人的描述别无二致。

"密西西比河下游沿岸，曾经是美国版的亚马逊丛林，"约翰说道，"整整两千两百万英亩的原始硬木森林。"作为一位专业的独木舟制造者，他估计印第安人用来造船的树木更加巨大，直径长达六英尺以上，如此才可能制作德·索托所看见的、可以搭载十多名原住民勇士的大型木舟。

划了几英里后，我们将独木舟停靠在一处狭窄的沙滩边，上面覆盖着一层厚实的黏稠状物质。当地人将它比喻为"秋葵汤"（gumbo），实际上是一种密西西比特有的河泥。约翰说，大部分淤泥都来自上游的密苏里河，蜿蜒穿过大平原地区，流淌了数百英里，最终汇入密西西比河。"如果按照冲积土的来源判断，三角洲地区并不属于密西西比，而是蒙大拿的产物。"他说道。这也侧面地说明了密西西比河的宏大规模——连绵四千多英里，流域面积几乎占到北美大陆的一半。

更重要的是，密西西比河也是一条主要的商业航道，承担着全国四分之三的谷物吞吐量。一条条250英尺长的大型驳船，满载着大麦，缓慢地行驶着，从我们身旁经过。这些平底货船首尾相连，组成一支连绵不绝的庞大舰队。"靠得太近的话，他们根本发现不了我们的小船，"约翰说道，"在他们的雷达显示屏上，一条独木舟和一块稀松平常的浮木没有任何区别。"

等到驳船一一通过后，我们离开岸边，径直穿过密西西比河。靠在船首，眼睛盯着阿肯色州一侧的河岸，我这才意识到自己的独木舟正被湍急的水流与强风推动着，飞速地向下游驶去。船两侧飞快地漂过数不清的碎木块以及一整棵大树，树枝在冒泡沫的河水中胡乱摆动着。我们费力地划行了20分钟，才完成了一半行程，来到河中央的一处小岛。

德·索托的部下选择在天亮前出发，横渡密西西比河，增加了这段行程的难度系数。"天黑的时候，周围的环境会变得陌生而古怪，"约翰说道，"你很容易迷失方向，不知所措，只能通过水中浮木和对岸树林大体的形状或位置来导航。"对约翰这样、在密西西比河上漂泊了15年的"老水鬼"来说，这都算不上一件易事。至于那些缺少经验的西班牙人，要凭借简易的木筏，在夜间完成这次"处女航"，难度与挑战可见一斑。

稍作休整后，约翰和我继续划行，来到了阿肯色州沿岸附近，然后顺流而下。约翰抬起他的船桨，独木舟开始随波逐流，再次回到了河心的位置。接下来的几个小时里，我们得以尽情享受密西西比河的美景，没有了驳船或是其他水上交通工具的打扰，只剩下连绵的树林、湛蓝的天空，以及开阔的水域。

日落时分，我们将独木舟停靠在一片河滩上，那里同样散落着已经石化的密西西比河泥，漆黑、坚硬，呈现出塑像似的天然造型。我在沙滩上一边尽情舒展着那疲乏无力的四肢，一边凝视着头顶的天空——细长的云慢慢呈现绯红色，而后又变为淡紫色。河水也变了颜色，从白日里浑浊泥泞的色彩，蜕变为粉色、橘色以及淡蓝色组成的混合色。只需要配上一根玉米芯烟斗，我就可以动笔写下脑海中构想的那篇密西西比史诗了。

在风景如画的沙滩上漫步，我开始思索为什么西班牙人很少描写这片大陆上诸多优美而恢宏的景色。就算偶尔提及，他们要么是注意到这些土地用来耕种的潜力，或只是一笔带过，简略单调地说它具有"吸引力"。德·索托麾下的许多士兵都曾在安第斯山脉服役、征伐，对那里的热带丛林十分熟悉。相比之下，佛罗里达殖民地的景观与地形地貌就没有那么动人心弦，令人印象深刻了。又或许，五个世纪前的旅行者对壮观或雅致的自然景观习以为常，也就见怪不怪了。

当我询问约翰时，他提出了一个不同的理论。"这些人一定是担惊受怕惯了，认为北美洲危机四伏，处处藏有杀机，就没有一件好事，"他回答道，"他们正在挣扎求生。"

1541年夏天，当德·索托的人马渡过密西西比河时，他们一定感同身受吧。抵达河对岸后，士兵们立刻拆开木筏，将紧缺的铁钉回收再利用。接下来的路途中，他们"艰难地跋涉于沼泽与湖泊中"，忍耐着恶劣的自然环境。在经过一处印第安聚居地时，他们看到原住民手中持有"鹿、狮子与熊的毛皮"，便即刻抢夺过来，制成外套、绑腿以及软皮鞋。六个月前，他们还在讥讽那个裹着印第安毛毯的贵族。而如今，迫于形势，所有西班牙人都只能学着印第安人的穿衣打扮，在这片陌生的土地上艰难求生。

待到暮色渐沉，我和约翰离开了沙滩，沿着漆黑的河道中向前方划去。等到夜深的时候，约翰告诉我，河狸啃咬树木的声音此起彼伏，组成一曲大合唱，就好像是有一支庞大的军队，正躲藏在农田中，咀嚼着玉米棒子。等我们回到河流中央，月亮在天空中若隐若现，几颗散发着微光的星星也依稀可见。远远望去，阿肯色的河岸只剩下一条低矮、昏暗的细线，就快要从我的视野中彻底消失。

"加把劲划，接下来又有一个弯道。"约翰提醒道，这句话我都要听腻了。我们与湍急的水流激烈地搏斗着，划过这片水域，德·索托渡口就在前方不远处，我们八小时前就是从那里出发的。"今天太轻松了，根本算不上什么，"约翰说道，抢在我前面，将独木舟拖拽上岸，"你应该夏天再来。我们就可以好好地再划上一回。"

来到密西西比以西，《德·索托编年史》中的描述变得越来越模糊不清。地理坐标变得难以辨认，印第安城镇的名字也是如此：基西拉（Quixila）、基帕那（Quipana）、基塔玛雅（Quitamaya）、基库阿特（Quiquate）、查古阿特（Chaguate）、科利古阿（Coligua）、卡陶特（Catalte）……德·索托的军队不断地变换方向，追逐着有关金银宝藏或是值得劫掠的大型据点的传言。他们先是到达阿肯色东北部，然后来到密苏里的东南角，接下来又抵达奥沙克山脉（Ozarks），德·索托寄希望于那里的多山地带富有金银矿藏。随后，他们向西行进，来到一片平原，那里人烟稀少，当地的印第安人时不时与他们发生冲突，原住民战斗时，"像受伤的狗"一般勇敢无畏。

在一场激战后，战败的土著人献上用一种"牛皮"制作的毛毯，并告诉西班牙人，附近有一片广阔无垠的荒原，那里有许多类似的"牲口"。实际上，德·索托的队伍已然到达了一座美洲原住民社会的分水岭——将种植玉米、以农耕为主的南方印第安人，与过着游牧生活、猎捕野牛为生的大平原印第安人区隔开。两者使用的语言也大相径庭。

德·索托队伍中的十几名印第安翻译彻底失去了用武之地，只能靠打手势，与当地人勉强交流。

冬日将近，西班牙军队离开了大平原，回到阿肯色州的中东部，建立起过冬营地。自六个月前渡过密西西比河，到现在为止，德·索托已经绕行了整整一圈，依然没有多少收获。那年的冬天极其寒冷，天气十分恶劣，许多士兵丧了性命，其中包括一位翻译：胡安·奥尔蒂斯，也就是那位曾在佛罗里达落难的水手。他的部下回忆，听闻奥尔蒂斯的死讯，德·索托"十分悲痛"。这也是编年史中少见的、有关这位征服者的情绪描写。

失去了奥尔蒂斯的帮助，德·索托不得不依赖一位印第安青年的翻译，他在两年前被俘虏，学会了一点西班牙语。根据《德·索托编年史》的记载，奥尔蒂斯"用四个词语就能表达的内容，"这位青年则需要一整天的功夫。况且，大多数时候，他理解的与实际意义"恰恰相反"。正因如此，西班牙人经常被他的翻译误导，迷失了方向，好几天都在原地转圈。

到了美洲大陆中部，德·索托实际上"两眼一抹黑"，既难以与当地人交流，也不熟悉地形，只好盲目地向前行进。三分之一的士兵没能熬过这段路程，220匹马如今只剩下了40匹，为数不多幸存下来的坐骑也缺少马蹄铁。率领着这样一支疲惫不堪、补给耗尽的队伍，德·索托终于意识到了惨淡的前景，没法继续走下去了。他打算回到密西西比河畔，建造船只，沿河而下，航行到墨西哥湾。接下来，他会派出探子，"到古巴传话，告知当局他们还活着"，并请求派遣补给船队。在补充了新兵，带上充足的粮秣后，德·索托打算继续向西行进，探索卡韦萨·德·巴卡等人曾到达的地带，据说那里藏有许多金银财宝。

1542年早春，西班牙人开始向东撤退，穿过结冰的沼泽地，有时不得不在冰冷刺骨的深水中游泳前进。好不容易抵达了密西西比河畔，扎下营寨，德·索托坚信墨西哥湾就在下游不远的地方。不过，一位当地酋长则告诉他，附近没有"任何海洋"，也没有一座大到可以容纳整支西班牙军队的印第安城镇，也没有足够的存粮维系他们的生活，直到造好船只为止。

德·索托执意不愿相信，一口咬定印第安酋长在说谎，这全是为了引开西班牙人、保全他的部落而编造出来的假话。于是，他派出手下最信任的一位队长，以及八名精锐骑兵，沿河向南疾行，探查情况。一个星期后，士兵们回到了营地，告知德·索托他们一路上除了"茂密的丛林"，什么也没有发现。除此之外，密西西比河的支流也十分宽阔，难以强渡。这下，西班牙人彻底受困了，完全没有出路。

就连德·索托也失去了信心，变得垂头丧气，这是出发以来的头一遭。"意识到海洋远在天边，脱身的机会十分渺茫，他沮丧万分，悲痛极了。"一位部下记录道。"更糟糕的是，队伍中的士兵与马匹已经不堪重负，不断地倒下。如果得不到及时的补给与救援，他们就快要遭遇灭顶之灾。"

在一片悲观与绝望中，这位西班牙征服者终于病倒了。编年史没有给出关于他病症的具体细节，只说病情十分严重。尽管如此，德·索托还是不打算放弃，策划着新的脱身办法。一位强大的酋长统治着河对岸的土地，也许能够吓唬他一下，威胁他为西班牙人提供援助与补给。于是，德·索托派出一名使节，告知那位酋长，自己就是"太阳神之子，所到之处，列国万民皆俯首称臣"。酋长对此不屑一顾，答复道，如果德·索托所言属实。那就让他"动用神力，将河水抽干，这样才会心服口服。"至于西班牙征服者提出的要求，让印第安人的首领前来朝拜，酋长则说自己"不习惯拜访任何人"。反过来，所有西班牙人都应该尊他为王，向他致敬。

等消息传到德·索托耳中时，他的病情已经加重，发着高烧，卧床不起。听说印第安人竟然胆敢挑战他的权威，他勃然大怒，想要即刻渡河，惩罚那位酋长大不敬的行为。可是，他与他的军队都太过虚弱，而且眼前的河流"水势十分汹涌，水面宽阔，深不可测"。除此之外，营地附近的印第安人也各怀鬼胎，似乎准备偷袭他们。

在病榻上，德·索托下达命令，派出士兵前往附近的原住民聚落，杀死当地所有的男性。"这样一来，其他部落在听闻如此残忍的遭遇之后，断然不敢发动袭击。"他的部下严格执行了命令，屠杀了一百名印第安人，还故意放走了几位伤者，"让他们到邻近的村庄，传播这一骇人听闻的消息，以制造恐惧"。

在犯下此生最后一桩暴行之后，德·索托将几位副手叫到病床边，"请求他们为自己祈祷，祈求上帝能够宽恕他的罪恶，升华他的灵魂"。同时，他也表达了懊悔之情，"带他们来到这片陌生的土地，迷失了方向，还没来得及找到脱身的办法，就离他们而去了"。接着，德·索托命令路易斯·德·莫斯科索（Luis de Moscoso），一位曾与他在秘鲁并肩作战的老兵，接替他担任远征队的指挥官。一天之后，这位西班牙征服者咽下了最后一口气，享年42岁，未能在战场上马革裹尸，壮志未酬，就在病榻上凄惨而绝望地死去。他葬身于"一片陌生的土地之上，对于他沾染的疾病，那时也没有任何医治的方法"。

不过，德·索托的死却为他的部下们带来了一丝慰藉。"有些人听闻他的死讯，高兴极了。"文献中记录道。他们将希望寄托在德·索托的继任者——莫斯科索的身上，因为这位新指挥官"向往舒适快乐的生活"，迫切想要"回到基督徒的国度"，而不想再继续"这艰苦万分的征服与战事"。莫斯科索的计划在队伍中引起了极大的共鸣，一时反响热烈。

德·索托的逝去也带来了新的危机，附近的印第安部落很有可能趁机发难，向营地发起攻击。于是，莫斯科索决定在三天之内秘不发丧，趁着夜色悄悄掩埋，并告诉印第安人，德·索托"就像往常那样，升上天空了"。可是，原住民早就知道他得病的消息，并注意到西班牙营地中有挖土的痕迹。莫斯科索不得不等到夜深人静时，将德·索托的遗体再度转移。

"在他之前的埋葬处，填上了许多沙土，并盖上几层毛毯，以遮盖住遗留的痕迹"，一名西班牙士兵记录道，"至于德·索托的遗体，则被放入一艘独木舟，在河心的位置凿沉，以确保万无一失。"

另外一位编年史家则记载道，西班牙人砍伐了一棵橡树，将树干内部挖空，用来放置德·索托的遗体，还在底部钉上木板，组成一具粗糙的棺木。随后，他们将德·索托的棺材推入水中，看着它慢慢没入水中，整条大河"都将是他的陵墓"。

独木舟之旅过后的第二天早上，我醒来时肩膀酸痛，手掌开裂，浑身痒到不行，不是因为肮脏浑浊的河水，就是拜这家没有打扫干净的旅馆所赐。我挣扎着从床上爬起来，回到自己那辆泥泞不堪的汽车上，检查了一下里程表：比我从佛罗里达的那不勒斯市出发时多了整整三千英里，车里不知何时还沾染上了饼干与肉酱的味道。

我打开了那本沾满咖啡渍的道路地图册，翻到了阿肯色的那一页，也是我此行将要探访的第八个州。我画出一条路径，决定前去探访一处印第安土丘遗迹。自离开埃托瓦起，我已经参观了十几处古老的"土丘文化"遗址。就如同德·索托麾下的士兵一样，我也厌倦了探索旅行。那位西班牙征服者没能坚持到远征的终点，我的旅程也同样提前画上了句号。

开过横跨密西西比河的埃尔南多·德·索托大桥上，我决定先追踪西班牙军队在阿肯色州境内留下的遗迹，再去探访德·索托过世的地点。那里的具体方位，与马维拉一样，依旧是个难以捉摸的谜团。在我阅读过的众多资料文献中，最有意思的是刊登在共济会出版物上的一篇短文，写于 20 世纪 50 年代。文章声称有人在河边发现了一口冲到岸上的古老棺木，里面有一具骸骨，一把剑，以及一些破碎的甲片。短文的作者还写道，这口疑似属于德·索托的棺材后来被运送至阿肯色城的共济会堂，保存起来。阿肯色城正是迪沙县（Desha County）的县治，而恰巧的是，查尔斯·哈德逊的研究显示德·索托临终时所在的过冬营地很可能位于迪沙县境内。

为了一探究竟，我向南行驶，穿过阿肯色三角洲一望无际的水稻田，开上一条沿着河岸的乡间小路。道路的终点是一座破败的小镇，堤坝上竖立着一块标牌，上面写着："欢迎来到阿肯色老城！"一侧的铭牌上张贴着一组组有关 1927 年密西西比大洪水的老照片，这座河港就是在洪水中被彻底摧毁、淹没的。在灾难发生之前，阿肯色城内生活着近一万两千名居民，有数十家高档商店与酒店，甚至还有一座大型体育场，当时风靡全球的拳击手杰克·登普西（Jack Dempsey）曾在此比赛。时至如今，"阿肯色城"的名称却成了一个笑话：这里徒有"城市"的虚名，人口却只有寥寥数百，而且除了一家酒类专卖店，一间洗衣房，以及一处杂货店外，没有任何商业设施。"我们只剩下那段遥远的历史了，"一位坐在堤岸边的老人告诉我，"现在这里什么都没有，未来也很难找到出路，至少我有生之年是看不到那一天了。"

正因为如此，当我得知这座濒临荒弃的小镇上还有两座共济会堂时，着实有些惊讶。之所以将设施分成两处，当地人告诉我，是因为种族隔离的缘故，一处服务白人会员，还有一处则接待黑人会员。"黑人分会"是在所谓的德·索托棺木被打捞起来后才创立的，于是我便设法找到了"白人分会"的执事，他叫罗伊·麦卡利。麦卡利从未听说过关于这口棺材的事情，但是答应带我去本地共济会总部的旧址，它位于一座早已废弃的旧剧院中，说不定棺木就藏在哪个犄角旮旯里。

走进那间剧院，一楼的墙上刻画着共济会的标志。不过，当我向罗伊问及这些符号的含义时，他拒绝了："没法告诉你，这是我们的机密。"随后，他带我来到二楼，20 世纪 50 年代时，这里曾作为分会的会议室，与棺木被发现时恰巧重合。我们搜索了整间会议室以及邻近的储藏室，却什么也没发现，里面只有钉上木板的窗户，损坏的椅子，以及支离破碎的天花板。

"当你宣誓加入共济会时，你得替他们做一系列事，那口棺材可能也牵扯其中。"罗伊说道。这可是一条重要的线索，之前他从未提到过。

"所以说，所谓的德·索托棺木与共济会的入会仪式有关喽？"

"我认为如此。"罗伊突然停了下来，似乎是在思索着什么。"不久前，我得过一次中风。就连昨天说了些什么，做了些什么，我都记不得了，"他一边改口说道，一边领着我走下楼梯，"如果它的确与入会仪式有关，那就是机密了。即使我记得，也没法告诉你。"

在那之后，我又造访了小镇的"市政厅"以及镇上一家维护不善、蛛网密布的老旧博物馆，都没能发现什么有价值的信息。我在阿肯色城的最后一站便是一位老太太的住所，她叫作多萝西·穆尔。据罗伊讲，她是位"非常热情、乐于交谈的老妇人"。她欢迎我的方式也相当独特，隔着纱门警告道："虽然我的年纪大了，你也别做蠢事。手枪不是唬人的，枪法我可一点没忘。"随后，她请我进去坐一会儿，为我端来一碟朗姆酒蛋糕，然后滔滔不绝、事无巨细地向我讲述了 95 年来她所记得的一切，可没有哪怕一件事和西班牙征服者的棺木有任何关联。

"阿肯色城还喘着气的人，数我年纪最大，"她告诉我，"见过太多的棺材了，从来没听说过你找的那一口。"她笑道，一边帮我把最后一片朗姆酒蛋糕打包装袋，叫我带到路上吃。"年轻人，实话实说，我觉得你这回上当了。和那些西班牙人一样，追逐着不存在的黄金。"

日落时分，我在镇上的酒品店买了一瓶百威啤酒，再次爬上那座堤坝。我也许没找到传说中的那口棺木，但阿肯色城着实是个应景的终点站，对于德·索托来说如此，对于我自己的探索之旅亦然。西班牙征服者从佛罗里达出发，穿过16世纪美洲人口最稠密、土地最肥沃的城邦与部落地。到了今天，我在重走这段路程时，看到的却是连绵数千英里的穷乡僻壤，以及一座座濒临荒弃的落魄城镇。从亚拉巴马的黑土带，到阿巴拉契亚山脉，再到密西西比三角洲，走遍无数落后闭塞的乡野，阿肯色城是其中最破败、苍凉、了无生机的，同时也是德·索托生命终结的地方，冥冥之中，似乎自有天意。

看着孩子们骑着越野摩托车，飞驰过堤坝，我拿出那本早已翻烂的《德·索托编年史》，重读了书中对那位西班牙征服者的葬礼的描写，他的棺木被缓缓推入"十九英寻"深的河水中。目光穿过一排树木，我凝视着眼前的河道，想象着德·索托长眠于水底的场景，四周环游着许多鲶鱼。而那位圣多明各的修士，巴托洛梅·德拉斯·卡萨斯，措辞就严厉多了。在他眼里，德·索托是个不折不扣的"大屠夫"，并写道："毋庸置疑的是，德·索托如今一定被束缚于地狱深处，忍受着无尽的痛苦折磨，作为他累累恶行的报应。"

就如同德·索托手下那些疲惫不堪的士兵一样，我无法怜悯这位犯下滔天罪行的冒险家。不过，对于他那以失败告终的探索之旅，我依然深感折服。在佛罗里达参加历史节时，蒂姆·伯克曾将德·索托比作一位大毒枭，对冒险以及金银财富上了瘾，难以自拔。在追随这位西班牙征服者的脚步，行走了三千英里后，我对他的印象有所改观。他就好像西班牙版本的亚哈船长 ① (Ahab)，追逐着他所无法得到的白鲸，不惧艰险地与之斗争，却落得个船破人亡的悲惨境遇。狂热驱动着德·索托来

---

① 赫尔曼·梅尔维尔 (Herman Melville) 的《白鲸记》(Moby Dick) 一书中的人物，是一名捕鲸船的船长。

到佛罗里达，也最终将他吞噬，葬身于自己所"发现"的那条大河中。

与害死几乎全体船员的亚哈相比，德·索托在将远征队拖入深渊前，就一命呜呼了。在他死后，缺衣少食、士气低落的西班牙军队向西进发，前往墨西哥殖民地。在今天的得克萨斯中东部，他们的补给彻底耗尽，意识到"穿越这片了无生气的广袤土地"绝无可能。于是，他们再度回到密西西比，用铁链制造钉子，将马镫打制成船锚，桑树皮作成索具，将毛毯扎在一起，用作船帆。随后，他们登上自制的简易船只，向密西西比河下游航去，沿途不断地受到印第安人的袭扰，发射着弓箭，挥舞装饰着鱼骨的木棍。

到达墨西哥湾后，他们继续航行了 52 天，最终抵达了一片陌生的海岸，那里的印第安人都穿着西班牙式的服装。士兵们急忙询问这里的方位，原住民用西班牙语回答，告诉他们这儿就是墨西哥。激动万分的幸存者们争先恐后地"冲上岸，匍匐在地上，亲吻着大地。"在异国他乡漂泊了整整四年后，德·索托的军队终于回到了西班牙的属土。在失联多年后，当局早已将他们列入阵亡者的名单。这种做法也没有全错，远征队的一半成员永远留在了那片遥远的土地上。

德·索托失败的远征彻底打破了西班牙征服者们对佛罗里达的幻想。在过去三十年间，庞塞·德·莱昂、潘菲洛·德·纳尔瓦埃斯、德·索托，还有诸多不太知名的探险家，前仆后继来到佛罗里达，追寻传说中的宝藏财富，无一例外地以惨败告终。这片土地以及原住民们打败了他们。德·索托身故后，人们对佛罗里达殖民地的兴趣逐渐转冷。几十年后，当新一代的冒险家回到那里时，依旧无法战胜当地的印第安人，只好灰溜溜地撤退。尽管西班牙人设法在佛罗里达海滨建起了几处定居点，对于欧洲殖民者来说，德·索托曾探索过的广袤内陆仍然难以接近，那些被认为是一片贫瘠而危机四伏的"恶土"。

不过，对于原住民来说，生存也变得愈加艰辛。在离开佛罗里达前，德·索托的部下曾目睹他们对当地部落造成的破坏。1542 年，当西班牙军队回到密西西比时，他们已经找不到任何可以掠夺的粮食了。正因为他们先前纵火烧毁了印第安人的城镇与农田，一年过后，"这片土地早已变得满目疮痍"。除此之外，以种植玉米为生的原住民也颗粒无收，前一年春天德·索托发动的最后一次袭击摧毁了他们所有的储粮与种子。"虚弱无比"的印第安人主动卖身为奴，以换取西班牙人抢去的那点粮食。大多数原住民在饥荒中不幸丧生，那些被西班牙军队强征为苦力的印第安人也好不到哪里去，在疾病与过度劳作的摧残中倒下。

到了 16 世纪 60 年代，再次回到内陆地区的西班牙殖民者——其中包括不少参加过德·索托远征的老兵——发现原来人口稠密的原住民城邦已经不复存在，只剩下长满荒草的农田与空无一人的村庄。哪怕是像塔斯卡卢萨那样强大的国度，也不见踪影，只剩一些断壁残垣。

在与哈德逊教授交谈后，我阅读了许多文献，想要了解他曾提到的那个印第安历史中的"黑暗时代"：这一衰败的过程正是从德·索托远征开始的。尽管具体原因已不得而知，我认为印第安文明的衰落与崩塌不仅仅因为欧洲人带来的流行病，还有多种其他诱因。德·索托军队一路上屠杀、奴役了数千名原住民，大多数受害者都是青壮年男子，这就不可避免地造成了部落劳动力与人口出生率的锐减，难以抵御饥荒或敌对势力的袭扰。一旦部落的统治者与神职人员无法保护他们忍饥挨饿、身染重疾的臣民，社会与宗教的凝聚力便土崩瓦解了。

随着统治阶层失去威信，印第安城邦逐渐衰弱，部落之间的战略平衡也就被打破了。一位历史学者将"后德·索托时期"的美国南方称作"裂碎带"，印第安部落不断地相互攻击，形成了一个不受控制的混乱局面，如同达尔文主义阐述的那样。渐渐的，幸存的本地土著与外来族群开始通婚、结合，组成新的部落，其中就包括今天的克里克族与乔克托族。这些松散的印第安邦联，比起德·索托远征之前原住民建立的大型农耕社会，顿时相形见绌。

到了 17 世纪末与 18 世纪初，当英国和法国的殖民者初次来到这片德·索托曾踏足的土地时，他们所见到的是一个完全不同的世界。一个世纪后，美国拓荒者进入了这片在他们眼里十分陌生的内陆地区，准备用手中的战斧，耕犁，以及燧发枪征服当地的野蛮人。与他们对抗的已经不是骁勇的阿帕奇弓箭手、藏匿在马维拉堡垒中的原住民战士，或是巡弋在密西西比河上，由两百艘木船组成的庞大舰队。尽管许多印第安部落顽强地抵抗着入侵者，他们最终屈服于白人手中的枪支、不平等贸易，与酒精，并被强制迁徙到西部的不毛之地。这样的过程不断地重演着。

我又想起了美国国会大厦中悬挂的那幅油画，画中的德·索托骑着高头大马、气宇轩昂地从印第安人面前经过。现在看来，这幅画比我原先认为的要真实得多，倒不是说画中 1541 年西班牙人到达密西西比的场景有多么准确，而是指它非常贴切地描绘了德·索托远征所开启的大变革。这位西班牙征服者不仅仅"发现"了密西西比，还带来了更多：虽然他疯狂的征服行动以失败告终，却在新世界的土地上开拓了道路，为日后美国的建立奠定了基石。

Part 3

第三部

定居点

1564 年，法国殖民者登陆佛罗里达。这是一幅由参与远航的画家雅克·勒穆瓦纳·德·莫尔格（Jacques le Moyne de Morgues）绘制的素描。

第十章
佛罗里达：不老泉①，血流成河

谁想去佛罗里达？

让他去我去过的地方，

归来骨瘦如柴，两手空空。

——尼古拉·勒沙洛，法国殖民者与诗人，1565 年

已知最古老的欧洲艺术家在北美洲的作品是一幅接近裸体的巨人的水彩画，他的胳膊搂着一个穿紧身衣的矮小的纨绔子弟。巨人轮廓分明，像个健美运动员，浑身刺青。他戴着浆果的手镯和踝环；昆虫翅膀做的流苏围绕着他肌肉凸起的大腿。他旁边的矮子仿佛穿着伊丽莎白时期的滑稽剧戏服：蓝色长筒袜、猩红色吊袜带、有裂口的紧身上衣、天鹅绒流苏和一顶装饰羽毛的帽子，跟他卷曲的胡子一样过分华丽。

我刚开始学习关于早期美洲的速成课时，在一本艺术史书中发现了这对奇怪的组合。这幅图画如此令人吃惊，配的文字就更令我惊讶了。文字说这幅水彩画描绘了 1564 年一位佛罗里达酋长和一名法国上尉见面的情景。上尉刚登陆就发现了在祖国受到宗教迫害的胡格诺派（Huguenots）或法国新教徒的殖民地。

等一等，我想。这位艺术史学家把事实弄混淆了。北美洲的第一个新教徒庇护所是 1620 年英国朝圣者在普利茅斯建立的。而不是 1564 年，某个法国花花公子在佛罗里达建立的。每个小学生都知道那个。

---

① 传说 1513 年，西班牙探险家胡安·庞塞·德·莱昂在佛罗里达寻找不老泉水（Fountain of Youth），之后泉水就与佛罗里达联系在一起。

当然，我错了。这一回，我的继续教育带我穿越大西洋，到我最后一次在大学考试中去过的地方：宗教改革。胡格诺派是约翰·加尔文（John Calvin）的追随者，他是流亡日内瓦的法国人，企图净化基督教的崇拜仪式、迷信和教皇的"恶行"。这种涤罪延伸到个人行为。胡格诺派形成了道德委员会，来惩罚酗酒、跳舞和通奸，废除了所有的节假日，包括圣诞节。英国清教徒后来把法国新教教徒当作楷模。

但是，胡格诺派再怎么说也是法国人。水彩画中的上尉叫勒内·德·洛多尼埃（René de Laudonnière），他第一次出现在历史记录中是 1561 年，西班牙人俘获了他指挥的一艘船。他们从他的衣橱里找到一个"来自摩洛哥的加工过的皮领子，一件深红色丝绸装饰的白色塔夫绸紧身上衣，一件两英尺宽、有天鹅绒镶边的灰色斗篷和一双天鹅绒镶边的黑色羊毛鞋"，并且记载下来。洛多尼埃简朴的加尔文主义显然使高卢人的虚荣心——也使一位"贫穷的女仆"乘虚而入，他后来带着她作为情妇越过大西洋。

胡格诺派跟法国君主政体的关系也很灵活变通。法国新教领袖加斯帕尔·德·科利尼（Gaspard de Coligny）海军上将试图在原有的教会实行激进的改革，武装反对天主教。然而，他在宫廷里有固定的位置，是法国天主教王后凯瑟琳·德·美第奇（Catherine de Médici）的一位亲近的顾问。1562 年，科利尼赢得宫廷的支持，在北美洲靠大西洋的海岸建立一个胡格诺派殖民地（更早在南美洲的尝试失败了）。

殖民地会给胡格诺派提供一个海外避难所，这是天主教赶走他们的一种方式。但是，这也为重商主义的新教教徒和刚刚从跟西班牙的十年战争中兴起的法国宫廷带来一个共同的事业。16 世纪中叶，西班牙因为美洲的金银变得膨胀起来，那些大型帆船载着金银随佛罗里达和卡罗来纳沿岸的墨西哥湾流来到欧洲。这个海岸因此有着重要的战略意义和潜在的利益：一个发动海上突袭、抢救经常发生的船舶失事，以及挑战西班牙在美洲的领主地位的基地。

科利尼海军上将作为远航的领袖，挑选了一名胡格诺派海军上尉让·里博（Jean Ribault）。陪伴他的有花花公子勒内·德·洛多尼埃和其他 150 名左右的新教教徒。1562 年的五朔节 ①，法国人抵达一条宽阔的河流，里博将之命名为"五月河"来纪念他的登陆日。他竖起一根雕刻着鸢尾花纹的石柱，然后，他沿着海岸向北航行，用家乡的河流来命名他经过的河流：塞纳河、索姆河、卢瓦尔河等等。最好的一条河，他称之为罗亚尔港；河口靠近南卡罗来纳州的博福特，至今这里仍以罗亚尔港湾（Port Royal Sound）闻名于世。

里博跟之前的西班牙航海家不同，他是和平的。当时的法国人跟现在一样，宁愿和解而不是对抗，似乎拥有其他欧洲人缺乏的社交风度。他们描述与印第安人的接触时，使用了诸如"希望不要显得忘恩负义""明白他们的感受"和"我们希望安抚他们"等词汇——这样的柔情对手段强硬的西班牙征服者来说很陌生。

法国人也在感官上欣赏土著人，这也符合他们的国民旧习。他们欣赏穿着长满苔藓的裙子的"婀娜多姿"的女人；他们描画鹿皮"如此自然地迷人，而仍然顺应艺术法则"；当地的美食比如鳄鱼肉，一个法国人则将之比作小牛肉。

在罗亚尔港，里博选了一个地方作为堡垒，他给手下作了一场激情澎湃的演讲。自愿留下的人将"作为第一批生活在这片陌生土地上的人，而永远受到尊崇，"他说，"从今以后，你们的名字将永不熄灭地闪耀在法国人的心里。"三十个人听从了他的劝告，里博起航离开了，保证六个月之后带着补给和援军回来。

然而，到了法国之后，里博卷入了他离开期间爆发的天主教和新教

---

① 欧洲传统民间节日，庆祝农业收获和春天的来临，每年 5 月 1 日举行。

之间的内战。与此同时，罗亚尔港的殖民者之间也打了起来，里博留下管理的军官最终被杀死。他们没有等到法国来的救援物资，就建造了一艘小船，起航回家。

中途风停了，帆船无法前进，法国人吃光了食物，开始吃鞋子和夹克衫。"至于饮水，有些人喝海水，其他人喝自己的尿。"自从1492年哥伦布登陆之后，欧洲人表达了对食人族的恐惧，他们认为这在土著人中很普遍。现在，他们自己采取了这种手段，选择其中一个人杀死，这样其他人可以活下去。"他的肉在他们中间均分。然后，他们喝下他温热的血。"

最终，幸存者被一艘英国船救起。当时，里博也在英国人的手里，他逃离了法国的争斗，服务于伊丽莎白女王。女王不信任这位法国上尉，把他扔进了伦敦塔（Tower of London①）。所以，法国的战争平息的时候，胡格诺派领袖、海军上将科利尼重新开始他的殖民地计划，他选择了勒内·德·洛多尼埃作为司令官。

这一次，大约三百名胡格诺派信徒起航了，包括妇女、工匠、一位药剂师和一位画家。1564年夏天，他们回到五月河（River of May），发现了里博两年前竖立的柱子。印第安人在上面挂上了木兰花环，用一篮篮水果、一瓶瓶香油、一束束谷物装饰底座。他们还亲吻柱子，举起胳膊来欢迎法国人，仿佛在祷告。我看见的那幅水彩画上，高大的酋长用胳膊搂着洛多尼埃，描绘了这种崇拜式的欢迎。

"热情的款待令人愉快。"洛多尼埃选择河边作为新的定居点。"这个地方如此怡人，使得忧郁的人也改变了他们的本性。"他写道。一座香柏、棕榈和木兰花的森林"散发出如此愉快的清香，香水也无法使它更馥郁"。河边也到处是葡萄树，挂满了沉甸甸的葡萄。"遵照我的士兵

---

① 英国伦敦泰晤士河边的一座宫殿，曾被用作关押上层阶级囚犯的监狱。

们的请求，"上尉宣称，他用自己的名字命名了这片风景最可爱的部分：
"洛多尼埃谷。"

　　移民们建造了一个堡垒，为纪念他们的国王，称之为卡罗琳堡（La Caroline），还根据每个法国人与生俱来的权利，建造了一个面包房。他们酿酒，跟印第安人交换谷物。洛多尼埃养了一头老鹰当宠物。法国人还往家乡运送檫木、短吻鳄的皮和烟草，那时，驻葡萄牙大使让·尼科（Jean Nicot）刚把烟草引入法国，他的姓氏是"尼古丁"的词根。

　　但是，卡罗琳堡的法国人跟很多早期美洲殖民者一样，没有能力自己维持生计。很少有人知道怎样种地或者捕捉当地的鱼类和猎物。无论如何，他们都情愿寻找贵重的金属。印第安人有少量的黄金，他们称内陆有大量的金子。实际上，印第安人的金盘子和珠宝来自从墨西哥和南美洲航行到佛罗里达海岸遭遇了沉船的西班牙船只。

　　很快，法国人没有货物来交换食物了。他们开始偷窃当地的作物，

法国人在佛罗里达建造堡垒（根据德·莫尔格的原件绘制）

绑架印第安酋长以换取谷物当赎金。洛多尼埃是个复杂的外交官，他挑拨一个酋长反对另一个，直到耗尽了所有人的好感。他也失去了殖民者的信任，有些人从海上偷偷跑掉，去袭击西班牙船只和他们在加勒比海的前哨。当一群海盗归来时，洛多尼埃枪杀了他们的头目，把他们挂在绞刑架上。作为殖民者，法国新教教徒跟他们鄙视的西班牙天主教教徒一样充满贪婪和暴力。

1565 年夏天，法国人到达一年之后，只能靠橡子、浆果和根茎生活。有些人"背地里吃刚生下来的小狗"，洛多尼埃写道。他决定放弃殖民地。但是，正当法国人准备好离开，三支不同的舰队迅速而出人意料地接连出现在五月河上。

第一支舰队由英国私掠船船长约翰·霍金斯（John Hawkins）指挥。霍金斯手下的一个人对卡罗琳堡的殖民者在如此繁茂的土地上挨饿感到震惊，轻蔑地写道，懒惰的高卢人希望"靠别人流汗来养活自己"。这是一个完全讽刺的评论，因为从事奴隶贸易的英国远航队正在从西印度群岛 ① 回国的路上。

然而，霍金斯同情作为新教教徒的同伴，给了他们食物，还用一艘船交换了堡垒的大炮。他离开后，洛多尼埃再次准备起航回国——正在此时，第二支舰队抵达了。这支舰队带来了让·里博，他更早之前曾带领法国人航行到佛罗里达。从伦敦塔释放出来后，他被法国人派来补给殖民地，开除洛多尼埃。法国人听到传闻说卡罗琳堡的司令官囤积食物，把女仆当作情妇，同时威胁处决所有跟土著妇女同居的手下。洛多尼埃否认了这些指责，随后病倒了，"因为关于我的虚假流言感到情绪低落"。

正在这个关键时刻，第三支舰队出现在河上。这支舰队的旗舰开到

---

① 北美洲的岛群，位于大西洋及其属海墨西哥湾、加勒比海之间。

里博的船旁边，船上有个人喊道："什么人？"

"法国来的。"里博船上的一位军官回答，然后，他问了讯问者的身份。回答肯定让他惊讶万分。

"佩德罗·梅嫩德斯·德·阿维莱斯（Pedro Menéndez de Avilés），西班牙国王的海军统帅，我来要绞死所有在这里发现的加尔文派。"

作为一个拥有良好审美品位的法国人，勒内·德·洛多尼埃会被他建立的殖民地今天的周围环境吓到。那条法国人称之为五月河的"宽阔而美丽的河流"现在到处是海藻、污水和工厂废料。河岸曾经如此芬芳，洛多尼埃认为香水也无法使它更馥郁，现在却散发出化粪池的恶臭和更伟大的杰克逊维尔 ① 的工业气息，贬低这座城市的人嘲讽它是"嗅觉的罪恶"和"大铁锅版的纽瓦克 ②"。

因此，当我缓慢地穿过杰克逊维尔的车流，寻找卡罗琳堡的堡垒的时候，没有抱太高的期望，它坐落的地方附近在我的地图上标志着一座因挖掘泥土而毁坏的小岛。我越过一片海面，来到河边一座叫作卡罗琳堡国家纪念馆（Fort Caroline National Memorial）的公园：这里再也不是胡格诺派的避难所，而是远离现代佛罗里达的杂乱和繁忙交通的舒适庇护所。

游客中心空荡荡的，我沿着小路来到一座原木和草皮建造的三角形堡垒时，没有看见一个人，几台大炮从防御土墙里伸出来。一位公园护林员坐在附近的高尔夫球车里，抽着香烟。我问他这是不是历史上的卡罗琳堡。

"你的意思是那个假堡垒？"他指着原木栅栏说，"1964 年，公园管理处造起来的。"他说，从来没有发现原始堡垒的任何痕迹；也没有人

① 美国佛罗里达州最大城市，美国东南沿海主要海港和工商业中心。
② 美国新泽西州最大城市，大纽约市的一部分。

确定它是否坐落在这里。复原物是根据法国人对堡垒的描述和远航队中画家的一幅素描修建的，是"有根据的最佳猜测"。

护林员克雷格·莫里斯（Craig Morris）是个戴眼镜的男人，有一头稀疏的沙色头发，对卡罗琳堡的历史很不虔敬。"你会喜欢法国人的，"他说着，点燃一根新的骆驼牌香烟，"他们写怎样把鱼切片，用月桂叶调味。他们在这里酿了两千加仑的葡萄酒。那是很多廉价酒！"甚至法国船只的名字也很有特色：一艘叫作"鳟鱼"号，另一艘叫"羊肩肉"号。

克雷格说，参观公园的人很少像他一样欣赏法国人。大部分来的人对卡罗琳堡的历史一无所知，很多人听说是胡格诺派教徒，而不是英国朝圣者，首先在美国的土壤上寻找宗教自由，便感到很失望。"美国人喜欢批评法国人。"他说。特别是法美关系紧张的时期更是如此。

"杰克逊维尔是一座军事城市，爱国而保守，"他说，"人们来到这里，发现是法国人的历史遗迹，便厌恶地转身回到车里。他们中有些人会说'你们怎么能纪念法国人？他们总是反对我们'，或者'法国人是失败者，他们总是投降'。"克雷格摇了摇头："我问他们'听说过老佛爷百货（Lafayette①）吗？'但他们就是不听。"

克雷格邀请我坐上他的高尔夫球车参观公园其余的部分——大部分是长着橡树、山胡桃树、松树和美洲蒲葵的海边小丘。我们最终停在一个悬崖顶上，上面有一根十英尺高的水泥柱：1562 年里博竖立的柱子的仿制品。面向大海的景色绵延几英里，是一片盐沼和低矮岛屿的全景图。所有到达卡罗琳堡的船只都会被迅速发现。

"我告诉人们，除非你知道这里发生了什么，（否则）美国历史就是不完整的，"克雷格说，"我们把自由跟朝圣者联系在一起，但是，法国

---

① 法国巴黎著名百货商店。

人首先尝试，并且几乎成功了。"

假如他们成功了，这片大陆的历史发展就会很不一样。"法国人会在佛罗里达和加拿大，从两边挤压英国人。今天的杰克逊维尔会跟新奥尔良一样。我们会吃法式煎饼，而不是烧烤。"他笑了，"法国也不会有欧洲迪士尼乐园①。"

我们逗留到下午五点，克雷格不得不关闭园门。他在公园附近长大，十几岁的时候经常来悬崖，天黑以后，公园也一直开着。"这里是杰克逊维尔的情人小路，"他解释说，"也许是这根阳具般的柱子，让每个人激情燃烧、迷惑不安。假如你周六晚上六点半之前不到，这里就找不到停车位了。"

克雷格说，当时这座公园吸引人的地方完全不同。杰克逊维尔的大型福音派教会在那里举行祷告会，纪念作为这个国家第一批新教教徒的法国人。有时候，他们在河边竖起十字架。"这是政府的地产，"克雷格说，"教会和国家必须分开。"所以，护林员很快拆掉了十字架。但是，这只是加强了那些竖起十字架的人们的决心。"他们认为杰克逊维尔是上帝选择的城市，一切都是从卡罗琳堡开始的。"

克雷格第一次变得谨慎起来。他通过教会认识一个女人，她对胡格诺派有着强烈的兴趣，他推荐我跟她聊聊。"我在南方浸信会家庭长大，我认为自己什么都明白，"他说，"但是，那些人非常严肃。真的非常严肃。"

那位让卡罗琳堡的法国人受到惊吓的西班牙舰队司令官佩德罗·梅嫩德斯是一位熟练的水手、经验丰富的士兵和虔诚的反宗教改革②十字

---

① 位于巴黎以东 32 公里，建于 1992 年，是除美国本土之外的第二座迪士尼乐园。后改称巴黎迪士尼乐园（Disneyland Paris）。
② 指在 16 至 17 世纪，天主教会为对抗宗教改革运动和新教而进行的改革运动。

军战士。这使他成为担负 1565 年夏天的使命的完美特工。那年早些时候，梅嫩德斯跟西班牙国王菲利普二世签订了在佛罗里达建立殖民地和防御工事，并使其居民改变宗教信仰的合约。当时，西班牙得知在卡罗琳堡的法国人越来越多的消息，国王加强了梅嫩德斯的军事力量，命令他驱逐所有的闯入者："解放那些土地，不要让敌人扎根在任何地区。"

当梅嫩德斯追上法国人的时候，里博刚登陆的舰队已经将卡罗琳堡变为一个拥有八百名战士和移民的令人畏惧的堡垒，人数几乎跟西班牙人一样。里博的船只也比重型的西班牙船只更灵活敏捷。在五月河短暂逗留后，梅嫩德斯撤退到他侦查到的往南 40 英里的一个水湾。梅嫩德斯将一处海岸命名为圣奥古斯丁，西班牙人在那里扎下营地。

里博打退西班牙人之后，大胆决定乘胜追击，在梅嫩德斯挖掘战壕或加强防御之前，一举击败他。卡罗琳堡被罢免的领袖洛多尼埃反对这个计划。他警告人们当心易变的天气——当时是九月，飓风的高发季节——还有在人员不足的情况下离开堡垒的危险。

"他一意孤行，不顾我的意见，"洛多尼埃写道，里博带着几乎所有归他处置的船只和士兵起航了。里博离开尚在病中的洛多尼埃，他手下只有几十名能打仗的人，还有一百多名其他人员，很多是妇女儿童。

里博的冒险一搏几乎成功了。他惊动了圣奥古斯丁外围的几艘西班牙船，但当他正准备进攻的时候，海潮改变了方向，迫使法国人回头离开很浅的水湾。随后，一场飓风袭击了海岸，将法国船远远地驱赶到海上。

跟里博一样，洛多尼埃是个大胆的战术家和"固执己见"的人，他的牧师写道。梅嫩德斯打赌风暴让里博既无法采取攻击，也无法回到卡罗琳堡，他就带着五百名士兵，离开没有守卫的圣奥古斯丁，从陆地行军，夺取了法国人的堡垒。

在佛罗里达海岸，"土地"只是一个相对的名词——梅嫩德斯必须穿越的是涨满了雨水的沼泽地区。西班牙人背着火枪、长矛、剑和梯子，冒着暴雨、在齐腰深的水里艰辛跋涉。第三天拂晓，他们走到看得见法国人的堡垒的地方，停下来祈祷"战胜那些路德会信徒"——西班牙人这样笼统地称呼所有的新教教徒。

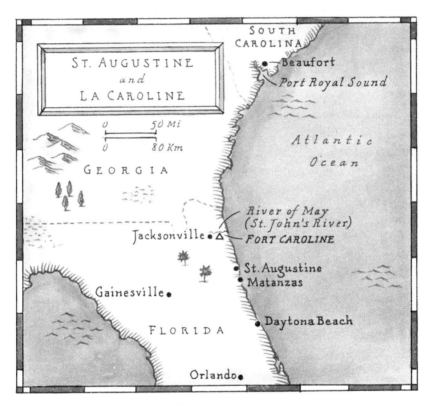

圣奥古斯丁和卡罗琳堡

大部分法国人正在睡觉。"以为西班牙人不会在如此不寻常的天气跑来"，洛多尼埃写道，连管理站岗哨兵的军官也在休息。西班牙人迅速攻破了堡垒，袭击了刚从床上爬起来的人们。

洛多尼埃从病床上起来，战斗片刻，就带着他的女仆和其他几十个人，逃离了堡垒。他们沿着布满沼泽的海岸缓慢前行，来到留在河里的几艘法国船上。洛多尼埃别无选择，他写道："我们决定回到法国。"六周后，难民们抵达欧洲。"一路上，我们除了饼干和水，没有别的东西可以吃。"

那些留在卡罗琳堡的人命运悲惨得多。洛多尼埃认为能够打仗的几个人包括一名厨师、一个上了年纪的木匠、一个酿啤酒的人、两名鞋匠、一个弹竖琴的乐手和"替里博上尉照顾他的狗"的四个年轻人。他们几乎没打几下。"有些人光着身子跑出来，其他人穿着衬衫，说着'我投降'，"一位西班牙牧师写道，"尽管如此，还是有 142 人被屠杀。"

梅嫩德斯只花了一个小时就拿下了堡垒，没有损失一兵一卒。一位法国幸存者写道，西班牙人"挖出死人的眼睛，刺在匕首尖上，呼喊着，嘲弄着"，朝逃走的胡格诺派教徒扔去。

梅嫩德斯留下了大约 50 名法国人，大部分是妇女儿童——尽管他很不情愿这样做。"因为他们可怕的宗教派别，看见他们在我的人中间，让我深感悲哀。"他写道。他在堡垒里发现的异端物证也让他感到厌恶："路德会书籍"、"滑稽地模仿教堂物品"的纸牌，还有"其他一千件坏事"属于一位新教牧师。"一切都被士兵们搜了出来，"梅嫩德斯写道，"没有任何东西能逃脱他们之手。"

他留下守卫部队看守堡垒，便行军回到圣奥古斯丁的大本营。迎接他的是一位牧师，他穿上了最好的长袍，抬起十字架祝福归来的征服者。一篇名为《愉快胜利的回忆录》（*Memoir of the Happy Result*）的文章里，牧师这样描写梅嫩德斯："他必须用战火和渴望来侍奉我们的天主，推翻和毁灭这个路德会宗派——我们神圣的天主教信仰的敌人——不允许他感到疲倦。"

梅嫩德斯的不屈不挠又将受到考验。他回来后没过几天，便从印第安人那里得知，就在圣奥古斯丁南面的海岸，里博在暴风雨中失事的舰队上的几百名法国人已经上岸。

我参观卡罗琳堡后的第二天，给林恩·科利（Lyn Corley）打了电话——那个克雷格·莫里斯告诉我对胡格诺派很热心的女人。"愿耶稣保佑你。"她的电话答录机"邀请"我留下"愉快的消息"。林恩回电话后，我们约定在卡罗琳堡见面。我在公园的礼品店找到她，她正在为教会的一部关于屠杀法国人的戏剧购买塑料头盔。

林恩是个五十多岁的高个子女人，糖蜜色的眼睛，不像是胡格诺派故事的拥护者。她不会说法语，在学校里曾经讨厌历史，在南方浸信会家庭长大——一个在预定论等教义问题上跟加尔文主义不同的宗派。她也是在杰克逊维尔住了将近二十年后，才听说了卡罗琳堡的历史。她的启蒙发生在 2001 年，当时一位来她的教会演讲的人说起西班牙人屠杀新教教徒的事情。

"我坐在那里，哭了，"林恩想起这段记忆，眼眶湿润了，"我不知道，为什么这段历史被隐藏起来？这些人为他们的信仰而死，而我们已经遗忘了他们。"

严格来说，并非真的如此；我们正坐在以法国堡垒命名的国家公园的一条长椅上。但是，对林恩来说，公园是问题的一部分：这是世俗的政府管辖的地方，纪念牌和博物馆对待宗教问题非常微妙。而且，没有人确切知道公园是否建在卡罗琳堡真正的原始位置。

林恩受到呼召来改正这个看法。"上帝呼召我要求一块土地，这样杰克逊维尔城便可以纪念胡格诺派的牺牲。"她说。后来，有一天，她送孙子孙女去市中心的一个游乐场，她凝视着马路对面，看见上帝引导她去一个地方。"上帝让我要求的土地是一座发电厂。"

一开始，林恩认为她听错了上帝的话。一座发电厂？但是，她随后了解到发电厂所在的位置是考尔堡（Cow Ford）——一个 19 世纪的拓荒者渡口，后来发展为杰克逊维尔。"圣经中有通往城市的入口，"她说，"这就是通往我们城市的入口。"

很快像她预见的，发电厂拆掉了，留下一大块空荡荡的地方。所以，林恩，一位室内设计师，担负起了一项第二职业：那就是游说政府官员在发电厂的位置建造一个公园来纪念这座城市的建立者们。她给我看了她为此收集的一个漂亮的文件夹里的照片和草图。"上帝会告诉我如何去做。"

公园只是林恩使命的一部分。我来参观前几个月，她也帮忙组织了一场名为"身份认同忏悔"的仪式。当她开始告诉我有关仪式的事情时，使用了诸如"仲裁者"和"血契"之类的术语，我承认自己无法想象她描述的仪式画面。

"那么，我们看录像好了。"她说。我们开车去她所在的"万王之王"教堂，迎接我们的是她的丈夫特德·科利（Ted Corley），一位银发往后梳的兼职牧师。他把我们带进一个视听室，放进一个标记着"和解"的录像带。电视屏幕上出现一个穿长裙的女人，在圣坛上讲述西班牙征服者的恐怖和他们给美洲带来的"黑暗"。

"她是安娜·门德斯，"林恩说，"是一个出身犹太家庭的西班牙女人，在墨西哥城成为一名伏都教①女祭司，后来在一家精神病院改信基督教。她带领了全球的身份认同忏悔活动。"

摄像机一边移动，一边拍摄教堂，二十个人走过中间的通道，抓住《圣经》和胡格诺派的旗帜。这些人是来到杰克逊维尔参加仪式的法国新教教徒。会众中的西班牙人到圣坛上加入他们。安娜·门德斯在他们身边跪下，说："我心感到很大的痛苦，因为我们曾经做过的事情，我来到这里，无法抬头。我们杀死了梦想，我们杀死了这块神圣的土地。"

---

① 又译"巫毒教"，源于非洲西部，是糅合祖先崇拜、万物有灵论、通灵术的原始宗教，也盛行于海地与加勒比海、美国南部路易斯安那州及南美洲。

她的嗓音升高，变成了哀号："我无法再这样生活下去。宽恕我们！宽恕我们！"

然后，其中一个法国人说："所有西班牙血统的人，我们宽恕你们。耶稣付出了赎价。我们宽恕，就像他宽恕了我们，今天，我们在这片土地上宣布，法国胡格诺派教徒宽恕所有在美洲的西班牙人后裔。"

此时此刻，仪式就像忏悔与宽恕的情感行为。然后，它变成了别的样子，更像是驱邪。"现在，我们命令它们离开，"安娜·门德斯喊道，"西班牙人带给这个国家的所有黑暗力量，离开！这里所有毁坏上帝的工作的宗教神灵，离开！离开美洲海岸！"

宗教团体成员哭了，挥舞着手臂，门德斯开始讲述现代的故事。"四十年前，美国不再祷告。魔鬼在做工反对祷告，我们宣布这一切结束了！我们拒绝这些神灵，将它们驱逐出去，欢迎崇拜，欢迎圣灵为王。成为美洲的统治者！"

林恩关掉了录像带。"那就是身份认同忏悔，"她说，"在未来说出上帝的言语，赎回敌人占领的土地，这样我们就能接受已经中断的一切。"

我不太明白"敌人"指什么——西班牙？天主教？美国政府？——或者，确切地说，"接受"什么？

特德耐心地解释了这一切。杰克逊维尔是一个称为"属灵争战"或"属灵地图测绘"的运动的一部分，他们认为基督徒应该抨击撒旦派来的"地方神灵"。基督徒要确定他们所在社区中邪灵的来源地点，并通过祷告，把它驱逐出去。我后来读了他推荐的文献，里面讲到用"机智的祷告炸弹"袭击"撒旦指挥和控制的中心"。在某些城市，祷告指向一个群体或一种非基督教的宗教信仰，或者自由主义的学校教育。在杰克逊维尔，针对的目标是很久以前西班牙天主教徒屠杀法国新教教徒的行为。

"早在朝圣者抵达普利茅斯岩很久以前，福音殉道者就是在这里流血的，"特德说，"我们民族的成果就是为今天的美国作出牺牲。"

"哪个民族？"

"一个建立在信仰之上的民族。法国人希望这里是锡安 ①。他们认为自己会建立一个他们无法在旧世界建立的新世界。"特德停顿了一下，向我微笑着，"以赛亚书第 62 章说，耶路撒冷就是锡安。我们则将加上杰克逊维尔的名字。"

我去过耶路撒冷，那里跟杰克逊维尔不太一样。作为一名世俗的犹太人，我也不知道自己属于这幅图画的哪一部分。但是，我多半觉得自己是个局外人。16 世纪 60 年代，欧洲的宗教战争已经越过了大西洋。现在，他们随着时间的流逝而前进，激励着如今的神圣战士们。

"菲利普二世是有史以来最邪恶的人，"林恩说，"他想让天主教会掌控世界，这还没有结束。"

圣奥古斯丁马上要举办一场年度弥撒，纪念梅嫩德斯建立这座西班牙人的城市。一天后，林恩的教会将举行自己的活动，纪念被天主教徒屠杀的胡格诺派教徒。

"我以前喜欢去圣奥古斯丁，但那是我了解它的历史之前，"林恩说，"现在，我不去那里了。那是敌人的土地。"

当佩德罗·梅嫩德斯得知法国水手在圣奥古斯丁附近上了岸，他马上行军出发去寻找他们。沿着海岸往南，他发现一队法国人挤在一条河的对岸，河水深到无法涉水过去。梅嫩德斯让士兵藏在沙丘后面，带着一名翻译走到水边。一名法国人游泳过来，说里博的船只在风暴中失事。他要求提供安全通道，这样跟他一起遇难的 125 名法国人可以回到

---

① 圣经中的耶和华居住之地，一般指耶路撒冷，有时也泛指以色列地。

卡罗琳堡。

梅嫩德斯回答说，他已经占领了法国人的堡垒，处决了新教教徒们。"对所有来这里播撒这种可恶的教义的人，"他说，"我不得不用火和血来宣战。"他不答应给遇难者提供安全通道。

法国人提出用武器来交换性命——一说是赎金。梅嫩德斯再次表示反对。法国人应该"在我的怜悯之下投降，"他宣称，"这样我就可以对他们做上帝命令我做的。"

法国人筋疲力尽，半数在挨饿，没有注意到西班牙士兵正在等着，他们投降了，指望得到梅嫩德斯的怜悯。"因为他们都是路德会教徒，"西班牙方面的一位牧师写道，"上帝决定宣判他们全部死刑。"

然而，牧师说服梅嫩德斯饶恕那些宣布自己是"基督徒"——也就是，天主教徒的法国人。十几个人这样宣称了。梅嫩德斯在一封给菲利普国王的信中说，他只饶恕了"大人物"和木匠还有修补船缝的工人，"因为我们很需要他们"。至于其余的大约 110 人，"我把他们的双手绑在身后，把他们刺死"。

二十天后，在同一条河边，另一群法国遇难者在同样的条件下投降了，包括舰队司令让·里博。又一次，他们乘渡船过河，被绑起来，被询问他们是"天主教徒，还是路德会教徒"。让·里博回答"这里所有人都信仰新教"，并开始吟唱一首赞美诗。他被人用一支匕首刺伤，用长矛刺穿，然后被斩首。其他一百多人以类似的方式被处决。

"他只饶恕了吹横笛的、鼓手和小号手，"一个西班牙人这样写梅嫩德斯，"还有另外四个说他们是天主教徒的人。"一个法国幸存者后来报告说，乐手们"留下性命为跳舞伴奏"。梅嫩德斯屠杀两批法国人的河流被称为马坦萨斯河（Matanzas），在西班牙语中意为"屠杀者"，这个名称一直沿用到今天。

"他表现得像个优秀的审判者，"1567 年，一位西班牙历史学家这样写梅嫩德斯，称赞他处死不知羞耻的异端分子，"他非常仁慈，砍下他们的头颅，给了他们高尚和光荣的死法，尽管他可以合法地把他们活活烧死。"

梅嫩德斯在自己的记述中，强调了他的行动的实用价值。"我认为，这个人死了是一件非常幸运的事，"他写到了里博，"他一年能做的事情，比其他人十年能做的还多，因为他是人们所知道的经验最丰富的水手和海盗。"

关于佛罗里达大屠杀的可怕描述很快传遍了法国，激起了人们的愤怒和报仇雪恨的呼声。1568 年，一支法国部队袭击了从前卡罗琳堡的西班牙守卫，惊动了吃完晚饭"还在剔牙"的士兵们。法国人屠杀了几百名西班牙人，在三年前梅嫩德斯吊死俘虏的同样几棵树上，吊死了其中一些人。

这次屠杀使法国人的怒火和骄傲得到安慰，却无法阻止西班牙人征服佛罗里达。梅嫩德斯不像德·索托，他作为杀手时与作为殖民者时一样高效。他雇用西班牙农村家庭，给他们支付旅费，提供土地、牲畜和奴隶——第一批"进口"到北美殖民地的非洲奴隶。他跟佛罗里达几个好战的部落缔结和平，有一次还娶了一名酋长的妹妹做妻子——尽管他在西班牙已经有一个老婆。几年后，梅嫩德斯在大西洋和海湾沿岸建立了一连串筑起防御工事的定居点，并且支持在最北到切萨皮克湾（Chesapeake Bay）的地方设立使团，那里离开未来的詹姆斯敦几英里远。

大部分滩头堡都很短命，梅嫩德斯本人也是。1574 年，他在准备一支舰队攻打北欧时去世。但是，他于 1565 年在圣奥古斯丁仓促建立的营地，变成了固若金汤的要塞。15 世纪晚期——普利茅斯建立前几十年，圣奥古斯丁已经有堡垒、教堂、修道院、医院、几家商店和一百多户住所，一切都严格按照西班牙城镇的规划设计。

即便如此，它仍是一个危险的前哨，受到叛乱、海盗偷袭、瘟疫、大火、印第安人敌对和其他困境的困扰。这片大陆上的每个早期殖民地面临的真实情况都差不多。从 1513 年庞塞·德·莱昂"发现"佛罗里达到 1607 年建立詹姆斯敦，欧洲人在未来低处的 48 个州的各处建立了几十个定居点。圣奥古斯丁和其他地方都没有兴旺发达起来。但是，在它们中间，佛罗里达城幸存了下来。

今天的圣奥古斯丁几乎是杰克逊维尔的郊区，人口仅有那个杂乱无章的大都市的百分之一。但是，这两个社区完全不同的历史给了圣奥古斯丁某种傲慢的资本，使新兴的杰克逊维尔在某种程度上令人不满。从 19 世纪早期以来，圣奥古斯丁吸引了艺术家、镀金时代 ① 的伟大人物和数以百万计的游客。杰克逊维尔拥有工业和一支职业橄榄球队。旅行作家成群结队来到圣奥古斯丁，赞美这个国家最古老的欧洲人定居点古色古香的迷人之处。体育作家为了"超级碗" ② 来到杰克逊维尔，嘲讽主办城市毫无魅力，"使得坦帕 ③ 看上去也像巴黎"。

仿佛这种侮辱还不够残酷似的，这给了圣奥古斯丁一种名不副实的历史优越感。正如公园护林员克雷格·莫里斯指出的，先有法国人在卡罗琳堡的定居点，后来才导致梅嫩德斯选择在圣奥古斯丁登陆。那里殖民地的地理位置很糟糕，旁边的海湾比起杰克逊维尔的海湾可差远了。

"假如不是法国人来到这里，"他说，"圣奥古斯丁就不会存在。那里仅仅会是个不起眼的水湾，一个污秽的小入海口边上的偏僻渔村。"克雷格也很讨厌那座西班牙城市变成现在的模样。他称之为"神圣的旅游者陷阱"。

---

① 指美国南北战争之后的一段时期，时处工业革命的高潮，是美国财富突飞猛进的时期。
② 美国 NFL 职业橄榄球大联盟的年度冠军赛。
③ 美国佛罗里达半岛西岸海港城市。

这是我第一次来到圣奥古斯丁，克雷格给它起的绰号似乎令人悲哀的准确。曾经一度围起古城的石墙大部分已经坍塌了，取而代之的是一条为游客建造的伪劣壕沟：迷你高尔夫、短吻鳄农场、巧克力工厂、蜡像博物馆和里普利"信不信由你"奇趣馆！历史区的交通变得很慢，到处是《托马斯火车头》（*Thomas the Tank Engine*）里的嘟嘟火车和标志着"命运电车"的公共汽车——这是圣奥古斯丁正在打折的十二个"幽灵之旅"观光路线之一。"我们会开车送你去一个早期的坟墓！"

穿过俗气的围墙豁口，我进入了大约一平方英里的狭窄街道组成的网格。西班牙区域的建筑保持着令人愉快的旧世界感觉，石头建筑平坦的立面漆成华丽的色彩，二楼装饰着阳台——很像新奥尔良名不副实的法国区，那里大部分建于18世纪晚期的西班牙占领时期。

然而，这个国家最古老的欧洲城市的街景却无法磨灭现代美国的痕迹。主要的殖民地大街——圣乔治大街已经变成了充满商业气息的步行购物街，使这座城市的历史变得毫无意义：老泰姆·福托区、海盗豪斯旅馆、不老泉冰沙、文化遗产步行街（"21家特别的商店"）——任何令人想起过去的东西，无论有多少时代错误。踏上圣乔治大街几分钟后，我发现自己困在一堆购物袋、戴着有角的头盔、挥舞着塑料剑的男孩们和打扮得像哥特人、西部荒野治安官和伦敦东区暴徒的推搡着的导游中间。

我终于摆脱人群，逃到教堂钟声中的老城广场。我在一栋漂亮的石头建筑里找到了这座城市的文化遗产旅游负责人比尔·亚当斯的办公室。他带着我穿过古老的圣奥古斯丁，指出许多近年来幸免于推倒重建的建筑。

"这里的文物保护是一个巨大的胜利，"他说，我们在圣乔治大街一间重建的西班牙小酒馆结束了观光，"但是，历史——真正的历史——在这座城里是失败的。"他忧郁地凝视着外面街上缓慢行进的人群："人们来这里不是了解过去。圣奥古斯丁为他们提供的是一种购物的历史氛围。"

小酒馆是比尔负责管理的占地两英亩的博物馆的一部分，名为"殖民地西班牙区"。那是一群重修的建筑，男人和女人穿着古装在里面展示手艺和烹饪。它的铭文宣称："我们每天展现历史！"比尔对活生生的历史有种复杂的感情，认为这是吸引游客掏钱的一种方式，以便维修保养历史遗产。

"不幸的是，这也是失败的。"他说，这时一个穿着长裙和紧身马甲的女人从桶里给我们倒啤酒。每年有 150 万人拥挤在圣乔治大街的商店里，殖民地地区只吸引了其中一小部分，却有四分之一的人成群结队去了里普利"信不信由你"奇趣馆！

比尔将这一现象归咎于迪士尼未来世界的存在——很多游客来圣奥古斯丁之前已经去过那里。"人们期望历史是快节奏和娱乐性的，这跟西班牙殖民地的生活完全相反。"表演者在编织和打铁的间歇进来休息时，他喝光了啤酒。"有时候，我想我们应该让这些人戴上皮革面具，把这里变成严刑拷问的房间。然后，我们就得用棍子把游客们赶走。"

历史上的圣奥古斯丁还有另一个问题，那得追溯到 1821 年，西班牙人把佛罗里达割让给美国的时候。当时，美国人被温暖的气候和异国情调吸引，开始游览这座小镇，其中大部分是新英格兰地区的新教教徒，他们对圣奥古斯丁的"天主教会"感到震惊和兴奋。这里描绘了戴面具的狂欢节和"射击犹太人"的耶稣受难节风俗，当地人会吊起画像，像撒胡椒粉一样用子弹射穿它们。1827 年，拉尔夫·沃尔多·爱默生（Ralph Waldo Emerson[①]）为了肺结核康复来圣奥古斯丁旅行，很多

---

① 美国思想家、文学家，超验主义者，被称为"美国文明之父"。

人欣赏这座城市"浪漫过去的模糊痕迹"，并联想起"一千个沉重的历史故事"的古老石头——他是其中之一。

沿街叫卖的小贩们很快学会利用这种怀旧情绪来做生意，并开始用虚构的古老故事把这座城市包装起来。一时之间，四幢不同的建筑宣称自己是这座最古老的城市里最古老的房子，其中一幢据说是方济各会修士于1565年建造的（佛罗里达当时没有方济各会修士，1700年以前圣奥古斯丁的房子没有一座遗存下来）。庞塞·德·莱昂的"不老泉"也在互相竞争的地点冒出来，这位西班牙征服者不是在圣奥古斯丁登陆的，更别提发现什么永葆青春的泉水了。这座城市开始每年为他的"发现"举行纪念活动，石油大亨亨利·弗拉格勒（Henry Flagler①）建造了著名的庞塞·德·莱昂酒店，这个人造的荒野里有不老泉的仿制品和一些西班牙征服者的壁画。

1930年以后，圣奥古斯丁的历史被传奇所湮没，这座城市任命了一个"历史事实发现委员会"来辨别真实与虚构的历史。但是，当地人拒绝委员会的建议，依然我行我素，一位佛罗里达历史协会的作家曾公开谴责这是猖獗的"胡说八道"，是为了"唯利是图地欺骗旅游者"而捏造出来的。多年后，我们依然很难分辨真实和伪造的历史。实际上，圣奥古斯丁古城只是一个吸引购买者注意力的地方——里普利"信不信由你"奇趣馆旁边一平方英里的附属品！

我购买了"历史景点合集"观光火车票，在火车的突突声中经过"最古老的房子""最古老的木头校舍"和"真正最古老的杂货店"，然后，下坡来到"庞塞·德·莱昂的不老泉"。这是圣奥古斯丁最吸引人的地方之一，是小学生团体学习佛罗里达历史的朝圣地。售票亭旁边的一个标志称这座公园是庞塞·德·莱昂发现北美洲的地方，他在一个古

---

① 美国石油、金融大亨，是佛罗里达东海岸，特别是圣奥古斯丁开发的核心人物。

老的印第安泉里喝过水。

"不老泉？"一位导游问道，当我挤进一个称为"泉屋"的场地时，他递给我一个塑料杯。含有硫磺的水是从泉上建造的一口井里打上来的。"庞塞登陆的时候，这是一个涨满水的池塘，"导游指着那位西班牙征服者"真人大小"的立体模型，还有池水边的印第安人说，"你看见那里的酋长有 7 英尺 2 英寸高，庞塞是 4 英尺 11 英寸。他还穿着靴子，戴着头盔。"

然后，他引导我们注意地上的一个石头十字架，它"是庞塞·德·莱昂留在这里的"。竖着的有十五块石头，横着的有十三块，表示 1513 年，西班牙征服者登陆的年份。导游还给我们看了附近发现的一个古老的银盐罐的仿制品，里面有一片羊皮纸，写着庞塞·德·莱昂发现泉水的故事。

"我已经感到变年轻了，"我旁边的女人拿起杯子，说着俏皮话，"我回到了中学历史课上！"

这段"历史"大部分来源于一个叫卢埃拉·戴·麦康奈尔（Louella Day McConnell）的古怪的维多利亚时代的人，她在 20 世纪初发现了十字架和盐罐，并开了这个泉水公园吸引游客。在圣奥古斯丁历史协会，我读到一项研究，缜密地揭穿了她宣称的很多事情。除了其他材料，文章引用的一份宣誓书称"泉水"的年代只能追溯到 1875 年。十字架使用的石头种类，在 16 世纪的圣奥古斯丁并不存在。原来的那个盐罐上面装饰着一个戴着 19 世纪大平原头饰的印第安人，后来失踪了。

当地研究圣奥古斯丁历史的专家都很熟悉这些。但是，没有人愿意公开否认不老泉神话，因为拥有公园和其他历史景点的家族起诉了诋毁者。所以，参观者继续饮用泉水，听关于石制十字架和七英尺高的印第安人的故事，他们从公园的天文馆展览中得知哥伦布当年环绕着"一个当时还没有证明是球形的世界"航海，出来后在"唐·胡安的礼品店"停下，购买注入玻璃杯和瓶子里的不老泉水。

假如不是因为学校团体和这个地方真实却严酷得多的历史，这些也许是无伤大雅的娱乐活动。导游的行程结束于天文馆，留下参观者在公园里漫游，那里有一大片覆满苔藓的可爱树林、鸭子和鸵鸟、各式各样的雕塑和大炮，在公园后面有一块地方，上面标记着"蒂姆库安印第安人埋葬地"。

在卢埃拉·戴·麦康奈尔"发现"十字架和盐罐的三十年后，这块地皮上出现了白骨。后来，考古学家挖掘出一个大型印第安村落，毗邻佩德罗·梅嫩德斯在圣奥古斯丁的第一个营地和西班牙人建造的一个布道所。众多坟墓中有一些是北美第一批作为基督徒埋葬的印第安人，他们的手臂交叉在胸口，墓穴里没有跟外来文化接触之前墓葬中常见的工具和装饰品。

早期欧洲人写道，佛罗里达的蒂姆库安印第安人（Timucuan）不仅高大、体格强壮，而且特别长寿；法国人轻信地记载有些人活到 250 岁。但是，西班牙使团的生活带来了疾病、强迫劳动和其他弊端。到了 18 世纪中期，仅剩少数蒂姆库安印第安人存活下来。

埋葬地的一个展览无所畏惧地描述了这个悲剧。但这毫无疑问对游客没有多少吸引力，大部分人是为泉水而来，在由于跟欧洲人接触导致过早消亡的印第安人的墓地旁，愉快地聆听不老泉的虚构故事。

"这很悲哀，有些让人不舒服，一群人几乎就在另一群人的上面，"一位公园导游说，他在泉屋外面休息的时候，我走到他身边，"但是，似乎没有人在乎。"

克里斯·迈耶（Chris Meier）是个二十岁、留着板寸头的年轻人，他来圣奥古斯丁工作，是因为他喜欢历史。对他的工作前景来说很遗憾的是，他对弄虚作假怀有某种憎恨，几乎跟霍尔顿·考尔菲德（Holden

Caulfield^①）有得一拼。

"我工作是为了谋生而撒谎，"克里斯说，"更糟糕的是，人们相信我的话。"有些参观者不仅喝下不老泉，而且还在里面洗澡。很少有人问起他传播的"罐装历史"，除了诸如"哥伦布是不是也在这里登陆，也喝了这里的泉水？"的问题，或是"我认为是朝圣者们发现了美洲"之类的判断。

克里斯正在城里找另一份工作。但是，他找不到能让他讲述建立佛罗里达的更真实故事的工作，因此感到绝望。"庞塞·德·莱昂是来寻找黄金和奴隶的，不是泉水，"他说，"佩德罗·梅嫩德斯杀死了所有的法国人，除了给他的私人乐队伴奏的乐手们。这是多么变态？"克里斯的脸嫌恶地皱了起来，"那些家伙是精神错乱的疯子。赞美他们就好像把查尔斯·曼森（Charles Manson^②）当偶像崇拜。"

一辆电车叮叮当当地来到公园门口，吐出一群新的参观者。克里斯回到泉屋给塑料杯倒水——

"不老泉，有谁要吗？"

假如庞塞·德·莱昂是圣奥古斯丁传说中的建立者，那么真正的建立者则在不老泉邻近的"上帝之名"布道所被人们尊崇。人们相信这里是 1565 年 9 月 8 日梅嫩德斯登陆的地点，也是圣奥古斯丁每年纪念西班牙人抵达的会场。纪念仪式通常在登陆的 9 月纪念日举行，但是一场飓风使得活动延迟到 11 月中旬。

布道所占据了一片长满草的海岸，水边有户外的圣坛和高耸的十字架。我惊喜地发现周年纪念是由城市和天主教会，而不是旅游观光组织发起的一场当地活动。我也惊讶地发现，我在杰克逊维尔的福音派向导

---

① 美国作家塞林格的小说《麦田里的守望者》的主人公。
② 美国连环杀手，杀人组织"曼森家族"的领导者。

林恩·科利跟一位朋友也来观看了纪念仪式，尽管她认为圣奥古斯丁是"敌人的领地"。

"这里有新教的区域吗？"一百名左右的人在户外圣坛前坐下，林恩说了句俏皮话。

"有啊，在那里。"她的朋友回答，指着附近的一个墓地。

纪念仪式开始时，一群西班牙人扮演者划船上岸，送来一个秃顶、体格魁梧的人，他穿着黑色斗篷，扮演梅嫩德斯。到了岸上，他们举起一面旗帜，喊道："梅嫩德斯万岁！① 梅嫩德斯万岁！"一位牧师拿出一个十字架给西班牙征服者亲吻，一位旁白解释说扮演梅嫩德斯的人是圣奥古斯丁当地人的第十三代传人，他是由一群西班牙人后裔组成的佛罗里达协会的发起人之一。

"他为此感到骄傲？"林恩发出嘘声。

圣奥古斯丁市长正式宣布纪念城市建立的周年活动开始，一位当地的历史学家发表了简短的讲话。"当詹姆斯敦建立时，在这里踏上海岸的孩子们也有了他们自己的孙辈，"她评论道，"这里是北美洲第一个欧洲城市，基督教从这里开始在我们国家传播。"

发言的人并没有提到屠杀法国人的历史。但是，当历史学家提到西班牙人回到这座城市现在的所在地之前，先迁移到附近的阿纳斯塔西亚岛待了六年时，林恩变得活跃起来。"听见了吗？"林恩悄悄跟她的朋友说，"这里不是一个永久的定居点。"然后，当弥撒开始时，两个人离开座位，坐到墓地里的一张长椅上。

圣餐仪式之后，牧师邀请观众跟圣奥古斯丁的"皇室家庭"一起分享生日蛋糕。这是指三个穿着皇室服装的人，他们像名誉上的梅嫩德斯一样，属于佛罗里达协会（Los Floridanos Society）。"我们是一直在这

---

① 原文为西班牙语。

里的西班牙人精英团体。"一位协会成员解释说。

跟在圣奥古斯丁发生的许多事情一样，这种声明需要某种捏造历史的手腕。1763 年，英国短暂赢得佛罗里达的控制权，除了三个西班牙家庭之外，圣奥古斯丁所有的西班牙人都逃到了古巴。后来，几百个难民从一个败落的种植场来到这座城市住下，那个种植场曾经从希腊、意大利和梅诺卡岛进口劳工。这个人口混杂的群体——共同被称为梅诺卡人（Minorcans）——逐渐形成圣奥古斯丁的非英裔人口。

"我在真实生活中是个按摩师，我认为自己是梅诺卡人，"一位"皇室家庭"成员米西·霍尔（Missy Hall）说，她戴着白手套，穿着拽地长袍，"但是，今天我是西班牙王后玛丽安娜。"

一个穿着窗帘布做的裙子的十几岁女孩和一个穿及膝短裤和长筒袜的青春期男孩护送她。"我妈要我这样做，"他吐露心声说，"她很当真。"他遵照"王后"的命令，正了正王冠，"今天，我有两个妈妈：我真正的母亲和王后。伟大的一天。非常伟大。"

使他更丢脸的是他扮演的角色。那个开创了穿西班牙皇室服饰传统的女人希望表演一个跟她自己一样的家庭——一位母亲和两个十几岁的孩子。历史上的唯一符合要求的是玛丽安娜王后（Queer Mariana）的家庭——一位 17 世纪晚期的摄政王后，她年幼的儿子是卡洛斯二世（Carlos Ⅱ）国王。不幸的是，由于这个家族近亲通婚，绰号"着魔者"的卡洛斯是个智障，下巴畸形，无法正确咀嚼和说话。

"我们不应该告诉别人，"现代的卡洛斯说，"但我是个流口水的弱智。"乐队开始演奏"生日快乐"的乐曲，他拔出剑去切那块用圣奥古斯丁的纹章装饰的巨大蛋糕。当他回到自己的"宝座"，王后让他坐得笔直。"一个有两个妈妈的弱智，"他抱怨说，"伟大的一天。非常伟大。"

第二天，我去观看林恩·科利在杰克逊维尔的教堂举办的迥异的历史盛会。在"万王之王"教堂，教徒们穿着随意，欢呼着；牧师在房间里漫步，通过一个圣母玛利亚式的头戴耳机说话。

"上帝是不朽的，这不是好消息吗？噢，这是如此美妙！"他喊着，教徒发出响亮的"阿门"，"这是伟大的欢欣，当我们得知有一天将脱离这个罪的世界。上帝、大先生、创造者，说一切都会在末日实现。"

然后，孩子们接替了他。他们在教会的指导下自学，在林恩搜集的历史材料的基础上，构思了一出戏剧。"这是一个关于宗教自由的故事，"作为旁白演出的老师说。她带着法国口音说起胡格诺派的故事，一群孩子穿着自家制的戏装，把纸板做的船只拖过一条染成海蓝色的床单。

"这个世界是天主教的。假如你是一个试图在欧洲崇拜上帝的新教教徒，你就会遭到迫害。"旁白吟诵道。她讲起了法国人的航行，孩子们拿出一个纸板做的堡垒，跟教会里的黑人孩子扮演的印第安人握手，他们穿着沾满苔藓的裙子。然后，孩子们一起吟唱赞美诗。

这个欢乐的场景被西班牙人打断，他们是菲利普国王派来的，"因为教皇下命令称西班牙人有权管理一切"。穿黑衣服的孩子们突然跑进来，挥舞着塑料剑。双方使劲打斗着，直到法国人倒下。然后，故事进行到马坦萨斯河的屠杀。

"梅嫩德斯给了里博和他的手下放弃信仰的机会，但是，他们选择死亡，而不是放弃他们热爱的上帝。"孩子们表演着法国人跪下的场景，背诵了一首赞美诗，西班牙人举着塑料剑跑进他们中间。"马坦萨斯河里流淌着让·里博和他手下的血，"旁白总结说，"鲜血有一种声音，这种声音使他们在耶稣基督面前得到自由。"

教堂会众热烈鼓掌，林恩喜形于色。"我们能在圣奥古斯丁表演这段故事，"她说，"这难道不伟大吗？"

看过两个互相冲突的纪念活动后，我决定将宗教战争抛诸脑后，调查一桩更加世俗的公开论战。这场论战中心人物是迈克尔·甘农（Michael Gannon），我来到他在盖恩斯维尔（Gainesville①）的家中看他。甘农是个快八十岁的高个子驼背男人，有着不同寻常的经历。他曾做过无线电体育播音员、海岸警卫员、越南战地记者、圣奥古斯丁教区牧师和佛罗里达天主教会的官方历史学家，后来，他辞去神职，成为佛罗里达大学的历史学教授。

1985 年，感恩节前夕，甘农接到佛罗里达州一名记者的电话，他正在为节日故事寻找新的角度。"我告诉他，'我知道一个古老的角度'。"甘农回忆道。他在阅读西班牙人关于 1565 年在圣奥古斯丁登陆的记载时，对其中提及的一场感恩弥撒感到吃惊，那时梅嫩德斯"让印第安人吃饱，自己也吃了饭"。也就是说，在朝圣者举办普利茅斯宴会的 56 年之前，西班牙人在圣奥古斯丁就已经进行了类似的仪式。

西班牙人没有提到餐饮的细节，但是，甘农根据他所知道的 16 世纪日常饮食和西班牙船只货单中列出的食物做了猜测。"很可能是一种叫科西多的炖菜——腌肉和鹰嘴豆，加上大蒜，"他说，"还有坚硬的航海饼干和红酒。"甘农还仔细研究了蒂姆库安印第安人，相信他们对餐饮的贡献包括谷物、鹿肉和乌龟。

甘农跟记者的谈话很快成为新闻焦点，传播到全美国。"最初的火鸡真的是腌肉吗？"一个典型的新闻标题写道。电话从全国各地如洪水般涌来，特别是新英格兰，人们给甘农起绰号叫"偷走感恩节的格林奇②"。然而，这位历史学家不惧进行公开辩论，甚至火上浇油——一个在波士顿电视采访人告诉他，普利茅斯官方召开了一次紧急会议讨论

---

① 美国佛罗里达州中北部城市，在杰克逊维尔西南 116 公里处。
② 电影《圣诞怪杰》(How the Grinch Stole Christmas) 的主人公，电影讲了一个叫格林奇的绿毛怪策划偷走整个圣诞节的故事。

他的谈话，这位教授冷静地回答："朝圣者来到普利茅斯的时候，圣奥古斯丁正打算进行城市重建。"

后来那些年，甘农经常重演感恩节破坏分子的角色。但是，他高兴地承认这种争吵乃是无事生非。其他欧洲人也在五月花号抵达之前的美国举行感恩祈祷，宣告他们的到来。有些人还会在这个场合跟印第安人一起庆祝。圣奥古斯丁的感恩节顶多就是在这片大陆上的第一个永久的欧洲定居点举办的感恩节。

然而，对甘农来说更重要的是，他的谈话所引发的公开辩论指明了我们对于早期美洲的记忆中有一块空白。"长久以来，佛罗里达是一块离国家很遥远的手指状的土地——它甚至不是一个飞行时会经过的州，而只是海滩和迪士尼乐园，以及所有那些卫星城市的吸引人的目的地，"他说，"我们的历史没有受到认真对待。戴着撒了粉的假发的那些州天生拒绝接受佛罗里达州和圣奥古斯丁在美国的定居史上处在首位的现实。"

甘农认为圣奥古斯丁应该为受到忽略的现况承担一些责任，因为它错误地解释了自己的历史，允许庞塞·德·莱昂成为"这座城市的创立神话"。甘农依然会演唱自己还是年轻播音员时工作的广播电台的宣传曲："WFOY，奇妙的不老泉，你的日晷上刻着1240年！"他从此开始敦促这座城市接受自己真实的历史，要求导游通过知识测验。"那需要一些时间，"他说，"但是，这座城市最终会意识到真正的英雄是梅嫩德斯。"

甘农是位令人愉快的伙伴，他讲了很多轶事，以博学揭穿了神话，机智风趣，有着前牧师和播音员的洪亮嗓音。他甚至给了我一份主祷文①的蒂姆库安印第安语译本，这是一位早期西班牙牧师写下来的。但

---

① 耶稣传给门徒的祷辞（《马太福音》6：9—13），天主教、东正教和基督教礼拜仪式中通用的祷辞。

是，当我质疑他把梅嫩德斯塑造成英雄，提起他在马坦萨斯河屠杀法国人时，我们谈话的调子就变了。

"梅嫩德斯有理由杀死他们，"甘农说，"他几乎无法养活他的殖民地。他没办法看管所有人。假如他有 AK-47[①]，他可以这样做，但用剑和弩办不到。"

卡罗琳堡呢？我问。梅嫩德斯难道不是宣称自己是来屠杀在堡垒里发现的所有新教教徒的？

"那不是宗教暴力行动，"甘农回答说，"那是自卫，为了拯救他的殖民地。记住，是法国人不顾一切地追赶梅嫩德斯到圣奥古斯丁。"

杰克逊维尔的福音派相信胡格诺派信徒是宗教殉道者，甘农对这个观点感到很恼火。"我们不知道法国人是为信仰而死，"他说，"他们碰巧是加尔文派，但是，卡罗琳堡是一个军事堡垒。它可能曾经是一个宗教避难所，但是，我不认为这是有意为之的。"

在他的观念中，佛罗里达激动人心的宗教故事正是发生在圣奥古斯丁。"那里成为传播信仰的第一个教团基地，传授欧洲的农业、手工艺、阅读和写作知识，"他说，"西班牙人并没有强迫印第安人接受他们，而是生活在他们中间，就像今天的和平部队一样。这是人类精神的伟大工作。"

那些"真正的殉道者"，他继续说，不是法国胡格诺派信徒；他们是西班牙传教士，许多人被印第安人杀死了。"他们可以过一种舒适的生活，却来到这里，冒着高温，跟蛇和蚊子在一起，从精神上和物质上，改善土著人的命运。后来，印第安人在丰收之后，获得了很多益处。"

也许是这样的。但是，不久以后，那里没有什么印第安人获得丰收

---

① 全称 1947 年式卡拉什尼科夫突击步枪，于 1947 年定型，1949 年装备于苏联部队。

了。缺少牲口运输货物的西班牙人逼迫土著人做搬运工，在布道所之间运输重物。教团的生活非常拥挤，跟欧洲人密切接触也导致了疾病滋生。

甘农对这些事情的看法又很不同。"假如教团印第安人的健康状况变差，那是因相对运动较少和新的食物而导致的，"他说，"猎人和采集果实的人是体格强壮的人种，但是，当他们定居下来，他们的骨骼大小和力量就削弱了。"

盘问甘农的时候，我开始感觉自己像个固执的大学生，努力想在一位杰出教授的演讲中挖出漏洞。他精力充沛，几乎像传教士般捍卫西班牙人，更坚定了我从加勒比海到佛罗里达州南部的漫长旅行中形成的观点。说到西班牙人，我们无法保持中立。"黑色传奇"还是"白色传奇"？野蛮的审判者？还是天主教和文明的骑士般的信使？我第一次感觉到渴望继续前进，去揭开盎格鲁—美利坚的那个"戴着撒了粉的假发"的故事。

甘农的电话响了，打断了我们的争论。那是感恩节前的一个星期，马萨诸塞州的一家报纸打来电话，每年一度的媒体炒作已经开始了。

"他们想知道我是否改变了自己的观点，"甘农说着挂了电话，"我告诉他们，我无法改变写在档案里的资料。"

我很高兴回到没那么引起争议的对话，便问了甘农最后一个问题：他和他的家庭如何庆祝感恩节？

"以传统的方式，用火鸡，"他说，"腌肉不是我最喜欢的。我可以把鹰嘴豆留在我的盘子上。硬面饼？不，谢谢。"他笑了，"但是，我会喝红酒，举杯纪念梅嫩德斯。我希望人们会永远记住我是'偷走感恩节的格林奇'"。

第十一章
罗阿诺克：迷失在失去的殖民地

让我游荡的双手，尽情放纵，

之前，之后，中间，上面，下面。

噢，我的美国！我的新大陆……

发现你的时候，我是多么幸福！

——约翰·邓恩，《哀歌》，"致他将要就寝的情妇"

当美国人想起他们的英国先辈时，脑海里浮现的都是一些谦逊的人，他们逃离旧世界，按照自己的选择来生活和敬拜。这些难民有盎格鲁人的品德——禁欲主义、工作伦理、尊重人权——锻造了一个充满自由和机会的社会，成为我们现代社会的基础。

对詹姆斯敦和普利茅斯的移民来说，这种令人振奋的故事并不完全真实。但是，他们被遗忘的英国祖先就更遥远了：一群鱼龙混杂的奴隶贩子、游客、漂流者和都铎王朝的骑士，跟西班牙征服者更类似，而不是饥饿的弗吉尼亚人或者虔诚的朝圣者。

1558 年，女王伊丽莎白一世登上了王位，英国将要统治北美洲的观念还很牵强，这种说法就好像今天的新西兰要殖民火星一样。伊丽莎白的岛国仅有三百万人口，还不包括苏格兰，更别提什么全球帝国了。英国刚失去加来——它在欧洲大陆最后的一小块立足点，除了加拿大的鳕鱼捕捞船只，英国人完全没有出现在北美洲。

英国人探索新世界的时候，也有很长时间徒劳无功的记录。1496年，在哥伦布第一次航行四年之后，另一位意大利航海家约翰·卡伯特（John Cabot）从英王亨利七世（Henry Ⅶ）那里获得特许，去"寻找、发现、找到"新大陆。第二年，卡伯特抵达了纽芬兰，但几乎没有冒险上岸，只发现了一些动物粪便和一个捕鱼的网。他把渔网献给亨利国王，国王便派卡伯特第二次航海去美洲。然而，这位水手再也没有回来。"人们相信他发现的新大陆不在别的地方，就在海底。"一位同时代的人说。

接下去的几十年，大部分尝试航海发现的英国人都半途而废。理查德·霍尔（Richard Hore）就是一个典型的例子，他是个皮革贩子和业余宇宙学家，1536 年，他跟三十位"渴望见到世界上陌生事物"的绅士一起航海。绅士们看见"当地的土著人"划着独木舟，便精力充沛地追了上去。他们的猎物逃走了，只留下一只靴子和一个"露指手套"留给观光客做旅游纪念品。

后来，食物吃光了，英国人被迫去寻觅野菜和根茎。一些上岸的人神秘失踪了。有一个人被来自食腐同伴的"烤肉香味"吸引，问他为什么不分享自己的食物。"假如你想知道的话，"厨师回答说，"我烤的肉是某个人的一块臀部。"

一艘法国渔船的到来，使得英国人免于进一步变成食人族，他们占领了渔船，取代自己的船只，航行回国了。当时的国王是亨利八世（Henry Ⅷ），他被迫"自掏腰包"赔偿愤怒的法国人。此后，亨利八世失去了对美洲探险仅剩的一点点胃口，回到毁灭婚姻和修道院的事业中去了。

伊丽莎白一世跟她的父亲一样，专心于处理国内问题，对插手西班牙对美洲的权利主张小心谨慎。但是，她悄悄煽动进行"小偷小摸之旅"的水手抢劫西班牙人的金银财宝。这些小偷中技艺最高超的是约翰·霍金斯，1565 年，这位私掠船船长拜访了卡罗琳堡的法国人。霍金斯的商机是从葡萄牙在非洲的船只和港口抓走奴隶，然后，把他们卖到西印度群岛，再在路上抢劫西班牙帆船。女王借给霍金斯一艘名为"卢贝克的耶稣"的皇家船只，后来封他为爵士。他的盾徽上就有一个被绳子绑着的非洲人。

1567 年，霍金斯在与西班牙人海战中吃了败仗，不得不扔下墨西哥湾岸上的一百个人。一些人往北走去，成为第一队进入美洲内陆的英国人。三位幸存者最终抵达大西洋，搭上一艘法国船回家。

起初，他们的探险没有引起多少注意。但是，到了 16 世纪 70 年代，一小群有影响力的英国人开始鼓吹开拓美洲殖民地。为了支持他们的提案，他们向最后一位还活着的遇难者询问了情况，他是戴维·英格拉姆（David Ingram），一位来自埃塞克斯（Essex）的水手。英格拉姆是一位有趣的讲故事的人，他讲述了戴着阴茎鞘的印第安人，"牙齿像犬牙"的食人族，还有大象、红羊和"火龙"之类的动物。关于美洲财富的故事深深吸引了询问者："橡子那么大"的珍珠、河流里的金块"像人的拳头那么大"、一座印第安城市的街道比伦敦的街道更宽，还有银柱上的宴会厅。

英格拉姆模糊的坐标似乎把他放在了一个称为"诺伦贝加"（Norumbega）的传奇富庶之地，这个地方在欧洲地图上出现了五十年，大体上是今天的新英格兰地区。在这个北部地区，英格拉姆说，有一条河向西流向海洋——显然是人们寻找了很久的西北航道 ①。他也提到了说威尔士语的印第安人。这种说法跟另一个传说吻合——12 世纪的时候，一位叫马多克（Madoc）的威尔士亲王航海去了美洲。

对于殖民主义的支持者来说，英格拉姆的叙述传递的信息很清楚。英国没有得到西印度群岛那唾手可得的财富，他们航行到了美洲很北面

---

① 指由格陵兰岛经加拿大北部北极群岛到阿拉斯加北岸的航道，这是大西洋和太平洋之间最短的航道。西北航道是经数百年努力寻找而形成的一条北美大陆航道，被认为是世界上最险峻的航道之一。

的地方，除了盐鳕鱼和愚人金（fool's gold①）一无所获。然而，中间的某个地方是诺伦贝加——一块可以抄近路通往东方的富饶土地，由于马多克亲王很久以前的航行和 1497 年约翰·卡伯特短暂的逗留，那里理所当然属于英国。

北美海岸的早期地图，包括"诺伦贝加地"

第一个试着实现这个主张的是汉弗莱·吉尔伯特（Humfrey Gilbert）爵士，一个把"Quid non"当作座右铭的鲁莽朝臣，意思是"为什么不？"吉尔伯特靠冷酷镇压爱尔兰人获得爵位；除了其他滔天大罪，他还让犯人走过亲人割下的头颅排成的小路到他的帐篷去。16 世纪，英国镇压和殖民爱尔兰的残酷战役成为许多后来去美洲的人的训练场，他们把那里的印第安人比作"野蛮的爱尔兰人"。

然而，吉尔伯特是个文艺复兴时期的凶手。他梦想开一所学校，教

———————————
① 一般指黄铁矿，因其浅黄铜色和明亮的金属光泽，常被误认为是黄金。

授剑术、希伯来语和其他适合有文化修养的骑士的技能。他还写了辞藻华丽的专著，描绘航海去中国（哥伦布的旧梦）和"女王陛下怎样惹恼西班牙国王"的样子。16 世纪 70 年代，他得到女王的许可，去发现尚未"被任何基督徒亲王占领"，换句话说，还没有被法国或西班牙殖民的"遥远、异教、野蛮的土地"。

跟西班牙人一样，英国人早期去美洲探险使用的是私人基金。但是，他们资金的来源不同。德·索托用他在美洲积累的一罐黄金支付远航队的费用；而吉尔伯特求助于英国新兴的创业阶层，把贸易垄断权让渡给南安普敦商业冒险者协会。他还向投机商和朋友们兜售他还没有看见、更别说拥有的美洲土地。

1583 年，吉尔伯特给女王留下了一幅自己的肖像，带着五艘船和 260 人，还有"安慰自己人和诱惑野蛮人"的音乐家、莫里斯舞 ① 舞者、木马和"琐碎的男子服饰用品"离开了。四艘船抵达纽芬兰后，吉尔伯特以一种英国古代典礼宣布了对此地的占领：人们献给他一根枝条和一片草皮。他也正式宣布了第一部在美洲的英国法律，其中包括一条法令：任何冒犯女王的人将"失去他的耳朵"。

但是，吉尔伯特并没有打算定居在阴沉的纽芬兰。他的目标是南部某个地方——诺伦贝加的黄金土地。在一路上的大雨和浓雾中，他最大的一艘船搁浅失事了，淹死了八十个人，船上大部分食物也不见了。另一艘船已经载着病人回到家乡。剩下的移民和日用品太少了，无法建立殖民地，吉尔伯特无可奈何地乘坐一艘名叫"松鼠号"的超载货船，转头朝英国驶去。

靠近亚速尔群岛的时候，松鼠号和它最后仅剩的僚舰———一艘由爱德华·海斯（Edward Hayes）指挥的船，驶入了"骇人的海域"。一个

---

① 英国传统民间舞蹈，舞者通常为男子，身上系铃。

下午，海斯"受到巨浪胁迫"，开到离开松鼠号能听到喊声的距离，却看见吉尔伯特在船尾平静地读书。"我们在海上离天堂，就像在陆地上一样近。"吉尔伯特喊道。当晚，松鼠号"被大海吞没，咽了下去"。

汉弗莱爵士英勇的死亡仅仅在早期美洲史上获得了一个脚注。但是，他的失败就像德·索托的失败一样，对美国的未来有着深远的重要意义。他的皇家特许由异母兄弟沃尔特·雷利（Walter Raleigh）继承，他的目光投向了一块"实际上还没有被任何基督徒亲王占领"的不同领土——西班牙人占领的佛罗里达以北的鲜为人知的海岸。

雷利当时大约三十岁，形象比他的哥哥更显奢侈。在肖像中，他的丝绸衣服、毛皮大氅、耳朵上、甚至长长的黑发上，都钉着珍珠。雷利是伊丽莎白女王最亲近的宠臣之一；他的宫廷职务包括"面首骑士"。他写诗赞美女王的美貌，还因为护送她经过格林尼治的一个水坑，赢得了不朽的名声。"在一个积水坑见面，"对于这场泥泞散步的唯一记录写道，"雷利扔出自己漂亮的新斗篷铺在地上，女王轻轻地踩在上面。"伊丽莎白对他的关心报以财产和有利可图的肥差。

雷利跟他的哥哥一样，是一位鼓吹战争的绅士，他参与决斗，在爱尔兰残酷地执行任务。但是，他容易晕船，留恋宫廷的舒适，而不是艰难的海上旅行。他也是一个耐心的策划者，不像吉尔伯特。他没有很快发起去美洲的大规模远征，而是派遣两艘船进行侦察，他的侦察员之一阿瑟·巴洛（Arthur Barlowe）对此进行了生动的描绘。

1584 年夏天，英国人抵达今天北卡罗来纳州的海岸。跟其他早期航海者一样，巴洛看见美洲之前，先闻到了它的气息：如此甜蜜的芬芳，"我们仿佛在某座优雅的花园里"。他发现沙滩也同样迷人。一声火枪，惊起一群鹤，"在我们下方飞起，一声鸣叫，引起无数回声，仿佛一队人马一起喊叫"。

岸边的土著人接受了衣服之类的礼物，立刻去打鱼，并将捕获的鱼给了来访者。更热情好客的是土著妇女，她们在一座"他们称为罗阿诺克"的小岛上，欢迎湿透了的、疲惫的英国人。土著人"脱下我们的衣服，洗干净，又烘干；有些妇女脱下我们的长筒袜，洗干净，有些人用温水给我们洗脚。"印第安人还对"我们皮肤的洁白"感到惊奇，"甚至想要碰我们的胸部，看是不是一样"。

愉快地待了几周后，英国人起航回国，带着毛皮、植物样本和"两名强壮的野蛮人，他们的名字叫万奇斯（Wanchese）和曼泰奥（Manteo）。"原文没有说明他们是自愿还是被迫来的。

雷利把印第安人带到家里，给他们穿上塔夫绸的衣服，让才华横溢的年轻学者托马斯·哈里奥特（Thomas Hariot）指导他们，这样他们便可以学习阿尔冈昆语，原住民也能学习英语。巴洛认为自己侦察的地区的印第安名字是温干达库阿（Wingandacoa）。哈里奥特很快得知这个词的意思是"你穿着上等的衣服"。

后来，雷利给他的美洲领土取了一个新的名字。他将其命名为弗吉尼亚（Virginia），以此来向童贞女王伊丽莎白致敬。根据雷利的特许条款，授予他的土地从计划中的殖民地出发，绵延六百英里，尽管不包括西班牙人占领的土地。因此，"弗吉尼亚"大致指的是从今天南北卡罗来纳到缅因的疆域。女王在"第十二夜"（Twelfth Night[①]）册封雷利为爵士，沃尔特爵士便造了一个印章，宣布自己是"弗吉尼亚的领主和总督"。这是一片仅存于纸上的地域，雷利永远不会去那里。

他也恳求女王除了她的名字之外，给予美洲事业更多支持。作为主要的说客，他招募了"一名优秀的鼓吹手"理查德·哈克卢特（Richard Hakluyt）——一位著名的欧洲航海发现编年史记录者，他想把英国从

---

① 指基督教主显节前夕，十二天圣诞季的最后一夜。

"无精打采的安全"中唤醒。在一本呈给女王的小册子中，哈克卢特阐明了"西部种植"——英国人这样称呼美洲殖民——的 23 条理由。这份意见书是精明思考的概要，将驱使英国扩张领土，并跟其他国家的作为区别开来。

跟西班牙人不同，哈克卢特没有参与关于美洲"自然人"权利的法律或神学辩论。相反，他强调了殖民地的经济利益。有了美洲的木材、矿产和其他资源，英国就可以不再依靠欧洲的资源。英国和其殖民地之间的贸易将极大地扩张商业。比如，在美洲移民中将出现一个有准备的羊毛市场，"对他们来说，温暖的衣服肯定很受欢迎"。

殖民地也能为英国"卸下"过剩的人口。这是伊丽莎白时期英国的巨大焦虑来源，人口的快速增长和经济变化极大地扩大了"流浪汉"阶层。在美洲，哈克卢特写道，这些流浪的穷人和失业人口将找到工作，为英国服务，而不是"被恐惧吞噬"。开拓殖民地也有战略上的价值，跟天主教的西班牙形成平衡，也是侵扰其船只的基地。

但是，在拓荒者看来，英国殖民地开拓主要是商业使命：关乎商业，而不是改变信仰；关乎市场，而不是军事征服。"任何掌握世界贸易的人，"雷利后来写道，"掌握了世界的财富，因此，也掌握了世界本身。"

尽管哈克卢特和雷利有先见之明，但那也超出了伊丽莎白时期英国的能力。女王对西班牙增长的海军力量和在北欧的野心感到警惕，但可能负担不起在美洲起主导作用所需的资金。所以，雷利不得不转而依靠自己的钱袋和送去弗吉尼业的水手通过海上抢劫得来的收益。靠公海抢劫赚钱会耽搁时间、引起纠纷，最终造成了殖民地的消亡。

1585 年，雷利的第一支殖民地舰队出海，由一位粗野的贵族理查德·格雷维尔（Richard Grenville）爵士指挥：他在街头斗殴中杀过一个人，还曾在客厅里表演嚼玻璃的把戏。在去弗吉尼亚的路上，格雷维尔袭击了西班牙船只；放下殖民者后，他很快离开去抢劫更多船只。他在岸上逗留的短暂期间，也烧毁了印第安人的居所和庄稼，因为他们无法归还"某个野蛮人"偷走的银杯。

他留在罗阿诺克岛上的108个人，包括一名热心制作新世界植物标本的药剂师、一位来自葡萄牙的犹太冶金家和美洲第一支科学研究队伍：在牛津大学受过教育的博学家、曼泰奥和万奇斯的导师（他俩都跟随英国人回到了罗阿诺克）托马斯·哈里奥特和一位给哈里奥特采集的标本画素描的天才画家约翰·怀特（John White）。

殖民地的指挥官拉尔夫·莱恩（Ralph Lane）是一位军队工程师，至少起初是一位称职的领导人。英国人很快筑起了一个堡垒，交易了足够的食物来应付冬天的气候。尽管打猎和捕鱼的运气都不佳，他们还是想办法种植了一些谷物。第一年，108人里面总共只有四个人死在美洲，在早期移民的编年史里是一个了不起的记录。

然而，移民们很快变得难以管束。跟之前的西班牙人和法国人一样，许多英国人想要轻松地获得财富，却失望地只发现少量的贵金属的踪迹。过多"娇生惯养"的人也给殖民地带来很多麻烦，哈里奥特写道，他们习惯于"珍馐美味"和"柔软的羽绒床"。他们发现弗吉尼亚没有这么舒服，"就觉得这块土地很悲惨"。

然而，哈里奥特却发现新世界令人愉快，他将大自然的慷慨赠予分门别类，起了这样一些标题："根茎类""水果类""走兽类""飞禽类"。他在所有事物中都能看到价值，从南瓜到松焦油，无不如此。他尤其赞美烟草，他认为这能清痰和"其他恶劣的体液，打开所有的毛孔和身体的通道"。哈里奥特认为抽烟解释了为何"印第安人能显著保持健康，不会生很多令人痛苦的疾病"。

他们的现状难以维持很久。哈里奥特写道，四名死在罗阿诺克的殖民者"去那里的时候，就已经是病人"。这也许能解释英国人在参观印第安人的居所后发生了什么。"我们离开每一个这样的村庄后，没过几天，人们开始迅速死亡，很多死去的人之间距离很近。"哈里奥特和印第安人都不知道原因。

"这种不可思议的事故"，他又添上一句，使印第安人深感恐惧，因而对英国人充满敬畏。这些陌生人不仅不受病痛折磨，他们中间也没有女人。一些印第安人"因此认为我们不是女人所生的，"哈里奥特写道，"而是许多年前古老时代的人，后来又兴起，成为神仙。"印第安人病死的时候，殖民地开拓者经常在几英里之外，因此，土著人也相信英国人能把"看不见的子弹射进他们"——在某种意义上，他们带着细菌，而不是枪支。

殖民者们也以更明显的方式带来毁坏。跟佛罗里达的法国人一样，英国人偷窃庄稼和鱼，跟邻居的关系也开始变坏。后来，拉尔夫·莱恩害怕这些行为遭到报复，先发制人，砍掉了一位印第安酋长的脑袋。1586 年夏天，他们抵达一年后，英国人开始出现食物短缺，期待进行反攻，焦急地等待许诺带着更多人和补给回来的理查德·格雷维尔爵士。

然而，最终出现的舰队由著名私掠船船长弗朗西斯·德雷克（Francis Drake）爵士指挥，他洗劫了西班牙船只和包括圣奥古斯丁在内的殖民地后，正在回国的路上。他的战利品包括几百名非洲和印第安奴隶；有些奴隶被放走，腾出地方给决定抓住机会跟德雷克回国的罗阿诺克殖民者。他们撤离后不久，格雷维尔终于来了，他路上忙着跟西班牙人争战和抢劫外国船只。他留下 18 个人待在罗阿诺克，守卫莱恩放弃的堡垒。

尽管移民们匆匆离开，罗阿诺克的第一个殖民地并非一败涂地。莱恩和他手下的人带回了有潜在价值的商品的报告和样本，尤其是烟草。

雷利开始喜欢上这种野草，普及了它的"饮用"方法——英国人这样称呼吸烟。哈里奥特也一样，他做了"许多稀有而奇妙的实验"论证烟草的药用价值。后来，他死于鼻癌。

雷利的第一个殖民地对后继者来说，是有着教育意义的实验，使得之后的尝试更能经过深思熟虑。实践证明，罗阿诺克周围的水域太浅，航行太危险。但是，莱恩手下的人在往北 8 英里的地方，找到一个深水港和当地部落"切斯比人（Chespian）的海湾"沿岸的沃土。开始为人所知的切萨皮克湾似乎是骚扰西班牙人、寻找内陆矿藏和梦想中的通往东方通道的理想基地。

殖民地迁移到别处，同时重新进行安排和布置。最重要的是，莱恩建立了军事岗哨：一支全体为男性的部队，由士兵和冒险家绅士组成，依靠印第安人和经常来自国内的补给生活。一个持久的殖民地需要移民才能自给自足。因此，接下去一队移民的核心将是家庭、自耕农和手工艺人，由 1585 年航海中的画家约翰·怀特带领。

一位插图画家似乎不像是这场不可思议的殖民地远航的领袖。但是，怀特属于画家和染色工人协会，能够招募想法类似的工匠，其中包括造砖工人和瓦匠阿纳尼亚斯·戴尔（Ananias Dare）——他跟怀特的女儿埃莱诺（Elenor）结了婚。远航队最终包括 17 名妇女、9 个孩子和 2 个有前科的人，他们曾经因为偷窃入狱。雷利提供了船只，创立了公司实体，堂而皇之地命名为"弗吉尼亚的雷利城"。他还设计了授予怀特和十二位统治"助手"的盾徽，使他们实际上成为了那个他们自己希望建立的"迷你英国"的小贵族。

1587 年 5 月的航海季晚期，第二支殖民地舰队出发，引航员花了几个星期在西印度群岛兜来兜去，表面上是寻找食物，但也盼着能找到抢劫西班牙人的机会。两样都没找到，船队便继续向罗阿诺克驶去，殖民者们计划在那里停留，然后前往切萨皮克。但是，引航员宣称夏天已经过去很久了，他无法带移民们继续往北。看上去更有可能的是，他热切渴望回去当海盗。

所以，殖民者们在罗阿诺克上岸，那里的景色一片凄凉。格雷维尔去年留在这里的 18 个人，除了白骨之外踪迹全无。堡垒的围墙被夷为平地；这块地方到处是吃甜瓜的鹿。约翰·怀特知道万奇斯——就是那个早年航行去英国的印第安人之一——带领的土著人袭击了小小的要塞。新殖民者到来的几天之后，埋伏的印第安人袭击了一个独自捕蟹的人；他们"用箭给了他十六道伤口"，"把他的脑袋砸得粉碎"。

殖民地开拓者剩下的唯一盟军是曼泰奥（旅行去英国的另一名印第安人）和他在一个叫克罗阿图安的堰洲岛上的亲属。根据雷利的命令，英国人给"我们的野蛮人曼泰奥"施洗礼，使他成为罗阿诺克的领主。接下去的一周又有另一个洗礼仪式。怀特的女儿埃莱诺·戴尔生了一名女婴，"因为这个孩子是弗吉尼亚出生的第一个基督徒，她的名字就叫弗吉尼亚。"

英国人仍然计划继续前往切萨皮克。"我们打算在那里找个地方建造堡垒。"怀特写道。但是，漫长的旅行已经耗尽了他们的供给，到了夏末，他们已经来不及播种和收割庄稼了。殖民者们于是决定派人坐来时的船回国，并向留下的人保证他们会得到更多帮助。一个明显的选择更是约翰·怀特。他很有影响力，知道去哪里找一艘补给船，不太可能抛弃殖民者，因为他的家人还跟他们在一起。

怀特一开始拒绝了，他担心自己的名誉；另外，在他不在的时候，"钱财和货物"可能被"糟蹋"或"偷窃"。所以，殖民地开拓者们签了一份协定，这是在英属美洲殖民地草拟的第一份公民文件。他们许诺保护怀特的财物，陈述他们恳求他离开时"违背了他的意愿"的事实，以保证"对我们良好而愉快地种植庄稼来说必需的"供给。

1587 年 8 月末，怀特航行出发了，留下他的女儿、他尚在襁褓的外孙女弗吉尼亚·戴尔和113名移民同伴。怀特和其他任何英国人都没有再见到这些殖民者。

罗阿诺克岛9英里长、2英里宽，大部分地方很低，树木繁茂，边缘都是沼泽。现在，岛屿跟北卡罗来纳大陆和外滩群岛（Outer Banks）以桥相连，一百英里长的沙洲像肘部一样弯进大西洋。岛上有两座小镇：曼泰奥和万奇斯；街道则以沃尔特·雷利爵士和伊丽莎白女王命名，其中的一小部分称为罗阿诺克殖民地。如今，这是一个很难迷路的地方。

小说家威廉·斯泰伦（William Styron[①]）在罗阿诺克以北75英里的地方长大。有一次他发现，当提供"少量"事实时，对于历史的想象反而会发挥得最好。对罗阿诺克的故事来说，这无疑是正确的。约翰·怀特的殖民地留下了贫乏的书面记载，几乎没有实物可寻。然而，这些吉光片羽般的史料滋养了长达几世纪的神话、传奇剧和投机活动，所有的一切都假装透露了罗阿诺克"失落的殖民地"的命运。

我从纪念消失的定居点的国家历史遗址雷利堡（Fort Raleigh），开始自己的秘密之旅。这座英国堡垒在被遗弃几个世纪后，被寻找石器的人翻了个遍，重新用作南北战争的堡垒，埋在伪造的伊丽莎白时期旅游景点下面。景点内则有一些小木屋，早期殖民者根本不知道这种建筑风格。人们从未发现16世纪的房子。由于海岸的侵蚀，考古学家认为当年的殖民地大部分沉在罗阿诺克海湾水下。

尽管如此，雷利堡的小公园仍是业余侦探们——和疯子们的圣地。"我们每年有35万参观者，以及与之几乎差不多数量的理论，"公园游客中心的护林员说，"外星人掳走了殖民者，把他们放在亚特兰蒂

---

① 美国当代著名小说家，代表作有《苏菲的抉择》（*Sophie's Choice*）等。

罗阿诺克及其周围

斯——这是个流行的理论。其他人则会谈论超维时间弯曲和殖民者如何穿越一个秘密的门道。"护林员耸了耸肩："我告诉他们：'是啊，我们以这种方式失去过很多人。'"

这种幻想也统治着毗邻雷利堡的土地，那里称为伊丽莎白花园。这个公园最初是 20 世纪 50 年代由"北卡罗来纳花园俱乐部"设想建立的，是罗阿诺克殖民者可能种植的那座花园的再现。但是，过于热情的捐赠者和景观设计师引入了修剪整齐的树篱、低处的花圃、露台和卡拉拉大理石喷泉，创造出温顺的、令人愉快的花园，这跟伊丽莎白时代简陋的农场大相径庭。

花园的一角，弗吉尼亚·戴尔的雕塑也富于幻想。它没有把弗吉尼亚塑造成一个婴儿，而是通过艺术家的想象变成了一名在美国长大成人的性感宝贝：挺拔的乳房、优美的臀部，腰间围着一片薄薄的渔网。尽管在荒野中生活了二十年，她浓密的秀发上戴着漂亮的头巾。她的脖子和手臂上环绕着印第安风格的项链和穗带。这座名为"戴尔维纳斯"的雕塑在 20 世纪 20 年代展出时，被认为过于猥亵，雪藏了几十年后，才在这座花园里找到一个家。

另一种不同的虚构盛行于雷利堡的另一面。1937 年，一部叫《失落的殖民地》(*The Lost Colony*) 的露天戏剧在罗阿诺克上演，受到热烈的赞扬，因此，这里每年夏天都会举办演出，共吸引 400 万参观者和许多著名演员［从 1949 年到 1953 年，安迪·格里菲斯（Andy Griffith[①]）饰演雷利］参加。这部戏剧如此伟大，由此生产出一个比历史公园广阔得多的"失落的殖民地"平行世界，包括一个带栅栏的仿古都铎王朝剧场、戏剧工作室和一位以戏剧性的小写字母"莱巴姆·休斯顿"(lebame houston) 署名的官方历史学家。

---

① 美国著名喜剧电视明星。

"雷利堡没什么可看的——这是美国最无聊的国家公园，"我在曼泰奥的一家咖啡馆见到莱巴姆时，她说，"这部戏剧使这座小岛活着。这是献给努力把这里变成美国的普通男女的赞歌。"

莱巴姆本人很普通，首先，她头发花白，戴着遮住半张脸的巨大太阳镜。孩提时，她在《失落的殖民地》里扮演了弗吉尼亚·戴尔；然后，她继续创作自己的戏剧。她还在曼泰奥跟一位红发女演员合住一所房子，大家都知道她叫"女王"或HRH[①]，因为她经常扮演皇室角色，包括《失落的殖民地》中的伊丽莎白一世。

女王——真名叫巴巴拉·赫德（Barbara Hird）——是个体格硕大的女人，带着皇室的优雅举止，一口约克郡的家乡口音。她是成年后移民到美国的，她承认，自己此前对失落的殖民地所知甚少。"在英国人的记忆中，一年后入侵的西班牙无敌舰队使罗阿诺克黯然失色，"她解释说，"在英国，也没有人像雷利那样。他是个暴发户，总是勇往直前——英国人并不赞赏这种品格。"

相比之下，巴巴拉发现罗阿诺克令人耳目一新。人们对君主政治充满好奇，被她的皇室表演逗乐了。"我们必须忍受一些磕磕碰碰。"一位经过的女招待打算行屈膝礼时，她说。巴巴拉和莱巴姆的起居室里还有一个宝座——一把贴着金叶子的直背高椅子，顶上有一个王冠。"特别不舒服，"巴巴拉说，"但是，当我穿着可怕的盛装、戴着假发的时候，必须坐在那里。"

另一方面，这两个女人并不认同传统。尽管她们研究并表演了罗阿诺克的故事，她俩都不希望真实的结局大白于天下。"假如有人解开了秘密，我们就得改掉戏剧的名字，"莱巴姆说，"它仅仅会是《殖民地》，毫无吸引力。"

---

① 全称为"His/Her Royal Highness"，意为"殿下"。

然而，跟其他人一样，两个女人对殖民地的消失有自己的解释。巴巴拉探过身来，对着我的耳朵轻声说："蚊子把他们带走了。夏天的时候，这里的蚊子绝对很可怕。"

"当然，"莱巴姆加了一句，"假如你告诉任何人，我们不得不砍掉你的脑袋。"

"遵照女王的命令。"巴巴拉说。

1587 年 8 月，约翰·怀特离开罗阿诺克后，遇到了拦路的风暴和海盗；他回国时，发现英国正准备应对西班牙入侵。伊丽莎白女王需要每一艘能找到的船保卫海岸，禁止船只离开港口。然而，怀特在雷利的帮助下，往两艘船上装载了补给和十几名殖民者，由私掠船船长指挥，保证把乘客带到罗阿诺克。但是，水手们遭到了抢劫，与西班牙人海战时败北，被迫撤退回国，受伤的人里包括怀特。

1588 年的夏天，英国击败了西班牙的无敌舰队，但是，海洋局势依然紧张，船只航行受到限制。怀特在等待时，完成了他在美洲看见的蝴蝶、萤火虫和蝉的图画。最后，很多次非法出海后，1590 年，他作为另一支劫掠远航队的乘客，再次起航前往罗阿诺克。

船只在加勒比海航行了几个月，到了盛夏才缓慢行进到大西洋海岸。"天气非常恶劣，经常下雨、打雷，还有龙卷风。"抵达充满危险的外滩群岛后，怀特看见沙丘上升起的炊烟，感到精神振奋起来。但是，等他上岸后，却"没有发现任何人，也没有最近留下的任何踪迹。"第二天，一艘英国船在汹涌的海浪中倾覆，淹死了七个人。怀特不得不恳求船长待久一些。

抵达罗阿诺克岛后，他和一群水手坐着小船沿海岸转悠，唱起"许多熟悉的英国小调"，并且吹起了喇叭。"但是，我们没有听到回答。"怀特写道。上岸后，他发现木墙依然竖着，"很像堡垒"。但是，殖民地的房子被拆掉了，一些大炮和弹药散落在周围，"几乎长满了野草"。搜寻的人还发现埋在地下又挖出来的箱子，包括属于怀特的三个箱子，里面的东西被"糟蹋"了，"我的盔甲几乎被锈穿了"。

怀特在海岸发现了另外一些东西：一棵树上"奇怪地刻着清晰的罗马字母 CRO"。堡垒的一根柱子上还刻着铭文："刻着漂亮的大写字母 CROATOAN①。"三年前离开时，怀特跟殖民者们约定了一个"秘密的记号"：当他们离开罗阿诺克，他们会刻下"他们将要扎根的地方的名字"。假如他们对"任何那些地方感到痛苦"，他们还会刻上一个十字架。他在罗阿诺克发现的铭文，没有一个有这样的 SOS 记号。

"我很高兴安全地发现他们在克罗阿图安平安的某些记号，"怀特写道，"那是曼泰奥出生的地方，我们在岛上的野蛮人朋友的地方。"

第三天，怀特说服船长起航去克罗阿图安。但是，一根锚缆断了，船几乎搁浅。"天气越来越糟糕。"怀特写道。食物和水开始短缺，他同意了船长的计划，船开到特立尼达过冬，到春天再启程回国。但是，风暴"猛烈地刮着"，破旧的船被吹到离海岸很远的地方，只能驶向"往英国的路线"。因此，在必要的绕道抢劫之后，他们回国了。

怀特冷冰冰地写道，1590 年的航行并不是"我第一次"跟弗吉尼亚"擦肩而过"。但是，这是他最后一次。"我到此为止了，"他在 1593 年写道，"不再为我不安的同伴、弗吉尼亚的大农场主提供救援，一切交托给上帝仁慈的帮助，我谦卑地恳求上帝帮助和安慰他们。"

后来的几个世纪，少量描述怀特辛酸旅程的新闻报道成为搜索者的出发点，以寻找罗阿诺克失踪的殖民者。但是，那里怀特写作中的问题跟线索一样多。他在树上刻下的标记引导下，得出殖民者们去了克罗阿

---

① 即克罗阿图安。

图安——罗阿诺克往南 40 英里的一个堰洲岛——的结论。然而，他在同一个笔记中写道，1587 年他离开殖民者们的时候，"他们正准备从罗阿诺克往内陆迁移 50 英里"。换句话说，往西。然后，他关于 1587 年航行的早期报告称，殖民者们计划去往北 80 英里的切萨皮克湾。无论你如何分析怀特的文章，殖民者除了直接出海，可能通往任何方向。

在怀特最后见到殖民者们的二十年后，在詹姆斯敦定居的英国人采取了其他线索。印第安人说起七名白人在内陆被俘虏，成为铜矿工人，还说起在一个地方，"人们建造石墙的房子，一层上面盖一层"，是从罗阿诺克来的"英国人教他们的"。从詹姆斯敦派出的搜索队报告说，在树上发现了十字架刻痕，但是，那里没有发现英国人。根据另一份叙述，殖民者们跟切斯比人或切萨皮克人——海湾口的一支部落"和平地生活，混杂在一起"。大约在 1607 年詹姆斯敦的移民抵达的时间前后，他们被弗吉尼亚酋长波瓦坦（Powhatan）屠杀。

戴维·奎因（David Quinn）是罗阿诺克的学术带头人，花了几十年时间筛选能找到的证据，得出结论说最后一种情节是最有可能的。殖民者们像最初计划的那样，往北去了海湾，被切萨皮克印第安人接纳，那是弗吉尼亚东部一个反抗波瓦坦统治的人数稀少的部落。詹姆斯敦的移民抵达时，波瓦坦也许害怕切萨皮克印第安人和罗阿诺克的幸存者会帮助新来的人。所以，他下令把他们杀死，就像后来詹姆斯敦的移民被告知的那样。

至于约翰·怀特在罗阿诺克发现的刻痕，奎因推理说，殖民者们离开小岛的时候，已经派了一小队人去了克罗阿图安，守望英国船只的到来。这部分人也许已经融入土著人口，重新加入切萨皮克的其他人，或者被杀死。

奎因有条理的论文胜过了其他学者，但由于至今缺乏考古学依据，所以这些结论无法得到证实。随着弗吉尼亚城市东南部的拓展，切萨皮克人的家乡消失了，如今成了繁忙的船运和海军中心。我在雷利堡交谈的护林员告诉我："假如奎因的理论是正确的，那些失踪的殖民者就埋葬在诺福克（Norfolk）的一家购物中心底下。"

奎因的解释和怀特回去寻找殖民地时神秘莫测的陈述也不一致，怀特称移民"正准备从罗阿诺克往内陆迁移 50 英里"。奎因摒弃了这种说法，认为怀特混淆了"内陆"和切萨皮克地区。罗阿诺克往内陆 50 英里的大部分地区是荒野的沼泽，离海岸或其他有利条件很远。罗阿诺克的移民没有理由去那里。

但是，有人表示强烈反对："失落的殖民地"科学研究中心主任弗雷德·威拉德（Fred Willard）就是其中一位。我来到罗阿诺克往西 80 英里的总部办公室访问他。弗雷德是个大腹便便的男人，有着灰色长发，纤细的胡须看上去像寄生藤。他从前是位游艇船坞主，现在全职工作，试图解开罗阿诺克案件的秘密。

"罗阿诺克岛上的大部分人恨我，"他说，"他们说：'你会发现失落的殖民地，毁灭我们。'他们想要拥有故事。"弗雷德也没有时间当职业考古学家。"某个领域的极客，"他这样称呼他们，"他们的研究范围很窄。"弗雷德的方向比较宽泛。"我们所做的是，"他谈到"失落的殖民地"研究中心的任务，"开创全范围、整体的、多学科的研究方法。"

为了演示他的技术，第二天，弗雷德带我出去做田野调查。他带着弯刀、地图、全球定位系统和其他装置从家里出来。"我们的研究地区是 150 万公顷的沼泽地。"他解释说。

弗雷德找来了苏珊·珀塞尔（Susan Purcell）——一个兴奋的红发女人——当司机，她在当地的一个游艇俱乐部认识他，被吸引来跟他一起探索。"弗雷德才华横溢，"她告诉我，"假如他在寻找彗星，我也会跟随他去的。"她加速往东驶向乡村，这时弗雷德陈述了他的基本论点。被遗弃的罗阿诺克移民往内陆迁移了 50 英里，逃离印第安敌人和西班牙人，他们派出好几艘船寻找英国人。"殖民者们是在逃命，"他说，"内陆是他们躲藏的最好地方。"

他们的克罗阿图安盟军加入了战斗，克罗阿图安人的疆土深入内陆。弗雷德的证据是一卷杂乱的纸质文件，显示最后的克罗阿图安人——当时叫哈特勒斯（Hatteras）印第安人——18 世纪时，从外滩群岛迁徙到内陆。他认为，他们这样做是为了加入本来就存在的定居点。

弗雷德也使用人造卫星和红外线影像，影像显示，罗阿诺克往内陆50 英里的地貌"异常"。现在，他的任务是探测这个区域的古代器物或堡垒的迹象，并给该地区现在的居民做 DNA 检测，他认为他们有克罗阿图安血统。

起码，这是我从他连珠炮似的独白中总结出来的，他的独白穿越了许多世纪、国家和部落，串联起对他来说很明显的知识点，但对我来说并不总是如此。"你得无条件地相信弗雷德，"苏珊说，"我并不总是知道他的想法往哪里前进，但是，你知道他最终总会到达那里。"

开车一小时之后，我们停下来接弗雷德的两个助手，埃迪（Eddie）和维基·斯夸尔斯（Vickle Squires）。埃迪是个肌肉发达的技工和焊接工，有一双深陷的棕色眼睛，他从弗雷德那里得知，他的家族可以追溯到 1739 年一份档案里确认是哈特勒斯"国王"的人。维基是个热情的系谱学者，他研究了埃迪的家谱，发现他祖先的肖像有着黑头发、橄榄色皮肤和宽阔的高颧骨。

"我真的为此骄傲，"埃迪说起了自己的血统，"我们一直知道我的祖母是印第安人，但是，20 世纪五六十年代，我还是个孩子的时候，这件事是要保密的。当时，印第安人跟黑人一样糟糕。"

我们继续开车，穿过海德（Hyde）县，那是北卡罗来纳州最贫穷、人口最少的县之一。玉米田和棉花田前面有一些拖车和沥青布棚屋。然后，在阿利盖特河（Alligator River）的源头附近，我们一头扎进贫瘠的沼泽地带。一条泥泞的路通向一道锁上的门，另一条则通向一座孤独的岗哨，离开我们出发的地方三分之一远。"弗雷德精通古代地图，对现代地图却无计可施，"苏珊说着俏皮话，耐心地载着我们绕圈，"他发现了失落的殖民地，然后，他迷路了。"

最后，我们选择了一条围绕田野的尘土飞扬的小路，开上了一道低矮的、长满植被的山脊。"殖民者躲藏的完美地方。"弗雷德说。他带着我们走进树林，谈论着这块地形中所有的"异常"。比如说，一排胡桃树。"树得有人栽种，但是，这里从未有任何为人所知的社区。"土壤也不一样，这块土地比周围的平原高出 16 英尺。"英国人得在离水面足够高的地方种植谷物。"他解释说。

然后，他带我们去他称为护道的地方，那是一条几乎无法辨认的路堤，在石楠和葡萄树之间延伸了一百余码远。"我想这是堡垒的一部分。"弗雷德说。他大致画了一张罗阿诺克的草图，举起它对照着这片地貌。"这条护道可能是他们在这里建造的堡垒当中最长的界线。"

"这也可能是一条伐木的集材车道。"埃迪指出。

"我们必须带着探地雷达低空飞行。"弗雷德回答说。他研究着一张地图，并让埃迪放下 GPS 读一下。弗雷德意味深长地点着头，说："我们确实是深入内陆 50 英里。"

根据汽车的里程表，我们在路上也开了 162 英里，离开斯夸尔斯的房子却只有 25 英里，我们是四小时前离开那里的。我们花了另外几小时开车回来，绕了远路去一个遥远的墓地，弗雷德记下了一些家族的名字，他认为跟从克罗阿图安迁移到这里的印第安人有一些联系。

"今天，我们离目标更近了！"他欢欣雀跃，苏珊开车送我们穿过暮色，回到弗雷德的房子。他的妻子卡罗尔给我们端上冷盘，谈起了她对雪貂的热情。然后，弗雷德带我上楼，去他的计算机站——跟卡罗尔关在笼子里的宠物共享空间。弗雷德放出卫星图像时，我不知道该拿它们怎么办，或者，该拿他怎么办。尽管夸大其辞，"失落的殖民地"科学研究中心似乎是一个人的乐队，在一个充满雪貂的房间里的一台电脑上表演。

但是，弗雷德某个方面的探索激起了我的好奇心。无论殖民地开拓者们往哪个方向走，他们都很可能跟印第安人居住在一起。大部分英国人年轻且单身，包括 6 名妇女；还有 11 名孩子。1587 年，当约翰·怀特离开时，弗吉尼亚·戴尔生下来刚满一个星期，假如她生存下来，詹姆斯敦的移民抵达时，她应该是一个二十岁的女人。她在美洲长大，跟印第安人亲密相伴，她还是真正意义上的英国人吗？她的孩子们呢？

"那里有一整个英国，是留下来的人所生的，"1605 年上演的伦敦戏剧《向东方去》（*Eastward Hoe*）中一位角色如此宣称，作者之一是本·琼森（Ben Jonson[①]），"他们跟印第安人结婚，让她们生下跟英国人一样漂亮的脸蛋。"

1701 年，一位名叫约翰·劳森（John Lawson）的博物学者提起了异族通婚的话题，尽管他的观点没有那么乐观。劳森在探访外滩群岛和罗阿诺克堡的残余时，碰到了一群海岸边的印第安人，印第安人告诉他"他们有几个祖先是白人，像我们一样，能在书里说话；在这些印第安人中间经常能发现灰色的眼睛，其他印第安人中没有，因此，真相可以确定。"劳森得出结论，罗阿诺克的殖民者们"为了救援物资和交际""被迫"跟土著人"同居"："在时代的进程中，他们顺从了印第安亲属的待人接物方式。由此可见，人性是多么容易堕落。"

19 世纪，维多利亚时期的感伤主义者（Sentimentalists）复兴了罗阿诺克的故事，这个民族再次占据了舞台的中心。一位北卡罗来纳州作

① 英国文艺复兴剧作家、诗人和演员，《向东方去》（*Eastward Hoe*）为其与乔治·查普曼（George Chapman）、约翰·马斯顿（John Marston）合作的作品。

家萨莉·索撒尔·科滕（Sallie South all Cotten）创办了一个协会纪念"第一位降生在美洲土地上的白人孩子"，还写了一首史诗《白鹿》（*The White Doe*），诗中想象了弗吉尼亚·戴尔从一个"娇柔的白色"婴儿长成有着金发和"清澈的蓝色"眼睛的少女——跟她周围"肤色暗淡的印第安女子"形成鲜明对照。她受到印第安人的崇拜，不仅因为她苍白的美，而且因为她传授给"粗鲁、未受教育的野蛮人"一种"更高形式的人类"的进步与智慧。

换句话说，弗吉尼亚·戴尔已经成为种族纯正和进化的象征。她的名字甚至成为一种香草精油品牌，近年来，一个反移民组织也使用了她的名字，还将白鹿作为他们的徽章。

在北卡罗来纳州，罗阿诺克失踪白人部落纪念活动的兴趣也集中在东南地区的印第安人身上，他们许多人有浅色的眼睛和皮肤，以及跟罗阿诺克的殖民者对得上号的英国姓氏。1885 年，北卡罗来纳州议会将他们定名为"克罗阿图安印第安人"——曼泰奥的子民的后裔——给予这个部落比其他非白人人口稍多的权利。

克罗阿图安人后来改称拉姆毕族（Lumbee），他们很少有人在乎跟罗阿诺克的所谓联系。但是，弗雷德·威拉德给了我一个人的名字，他把自己的谱系追溯到了曼泰奥的子民。查尔斯·谢泼德（Charles Shepherd）住在自由联盟的农村社区，从罗阿诺克往西开车约一小时路程。他的工作是联邦快递（FedEx）的派送员，他邀请我在他放假的时候，去他跟父母同住的砖头房子拜访。

"嗨，我是查尔斯，"他在门口欢迎我，穿着短裤、T 恤、莫卡辛鞋 ① 和一顶印有"土著自豪感"字样的帽子。有些令人吃惊的是，查尔

---

① 指北美印第安人穿的一种无后跟的软皮平底鞋，现为一种休闲鞋款。

斯很像年轻版的非裔美国人活动家阿尔·夏普顿（Al Sharpton）：黑皮肤、体格魁梧、有斜度的高前额、微微的胡茬和往后梳的头发。他还有一口纽约口音。

"起初，我来自布鲁克林，"查尔斯一边解释说，一边带我去一条侧廊，"但是，我从来不属于那里。"他笑着，擦去额头的汗水，"我并不真正属于任何地方"。

35 岁时，查尔斯仍然试图搞清楚自己复杂的身份。自由联盟是他母亲的家庭长久以来居住的地方，那是占据着旧地图上标注着印第安人定居点的地方。这里早期居民中有一些是从海岸来的克罗阿图安难民，他们由于战争和疾病被削弱成了一小群人。后来，其他部落的残余混合进来，还有自由的黑人。在 19 世纪的进程中，他们的人口普查名称从"其他自由民"变成了"有色自由民"，到"黑白混血儿"，再到"黑人"。有些印第安习俗和词汇存留到 1900 年左右，但是，自由联盟的几百名居民逐渐跟土著历史失去了联系。

"我们知道自己不一样，但是，其他人把我们归入黑人一类，我们就接受自己的身份，"查尔斯的母亲珀尔（Pearl）说，她是一个古铜色皮肤的女人，十几岁的时候搬到了纽约，嫁给了一名黑人造船厂工人。

查尔斯在纽约和康涅狄格州长大，他从来都很难适应那里。他的大部分同学都是波兰或意大利血统。他的黑人同龄人也不一样，"进入说唱音乐和内陆城市文化，这不是我骨子里的东西"。只有去自由联盟探望家人时，他才真正感觉回到家乡。他喜欢听关于祖先们的故事，他们拿着弓和箭打猎，用草药和膏药治病。16 岁时，他申请了第一份工作，并在回答关于种族的问题时填了"其他"。后来，他在康涅狄格州的一个印第安人保护区当药剂师，开始参加印第安人的帕瓦仪式。

"我第一次听见别人击鼓，感到自己的心脏快要爆炸了，"他说，"那就是我，我来自那里。"他开始在表格里填自己是"美国印第安人"，尽管他还是觉得这种分类不能令人满意。"我可能是五分之二的非洲人、五分之二的印第安人和五分之一的欧洲人，"他说，"这个国家的种族分类太死板了。我是所有的一切。"

五年前，查尔斯搬到了自由联盟，但是，他也并不真正适合那里。当地人很少像他那样，对重新找回隐藏的印第安人传统充满热情。这个州其他地方的帕瓦仪式上，查尔斯感到人们悄悄地避开他。"我能感觉他们并不真正认为我是土著人，"他说，"我太黑了，即便在印第安人中间，还是存在着某种种族隔离。"

后来，他听说弗雷德·威拉德正在寻找可能跟罗阿诺克有关联的印第安人群体。查尔斯联系了弗雷德，比较了两人的笔记：两个相关探索的自学者。"自由联盟是个与世隔绝的地方，跟外面的世界并不混杂很多，"查尔斯说，"所以，这里也许是解开谜团的关键。"

他带我去多余的卧室改成的办公室，里面杂乱地堆满了书、人口

英国人约翰·怀特的版画作品——"印第安舞者"（出版于 1590 年）

普查报告、地图、旧的教堂记录和人类学研究论文。他搜寻到大量约翰·怀特画的北卡罗来纳州印第安人的素描和水彩画。怀特绘制的栩栩如生的阿尔冈昆人肖像，1590 年第一次出版时在欧洲引起了轰动。他没有把印第安人描绘成"野蛮人"，而是描绘成富有同情心的人。他们或在做家务或在休闲娱乐，围着篝火坐着，跳着舞。怀特笔下的印第安人经常微笑：在一幅肖像中，一个女孩喜气洋洋地抓住殖民者给她的伊丽莎白时代的娃娃。

"我喜欢想象这些人是我的祖先。"查尔斯说。他以有流苏的鹿皮衣服做模板，做成礼服穿着去参加帕瓦仪式，并给自己取名"甜药"（Sweet Medicine），以此向家中的传统行医者致敬。查尔斯也希望使用怀特的艺术作为他终极梦想的蓝图：按照怀特绘制的一个叫塞科坦（Secotan）的村庄，全面地重建一个印第安人的村落。

"从某种程度上说，我们正在半路。"他开车带着我在自由联盟兜了一圈，那里散布着一些普通的房子，中间隔着大花园和耕过的田。"大部分是烟草、玉米和大豆，"查尔斯说，"跟印第安人种的一样。"怀特画的塞科坦展现了栽种着这些庄稼的整齐的田野，旁边有面包状的长屋。"我们也能建造一些这样的房子。"

在查尔斯想象中，复活的塞科坦成为了一个旅游景点，像印第安人一样生活的孩子们也许正在举办一场夏令营。这个村庄可能还会激励他的邻居们恢复土著身份。他继续兴奋地讲着 16 世纪晚期卡罗来纳海岸附近的生活细节，只漏掉了一件事：罗阿诺克失踪的殖民者。

"对我个人来说，他们没那么重要，我已经知道自己有苏格兰和爱尔兰血统，"他说，"但是，假如结果证明我们有联系，这会是个大惊喜。"查尔斯笑了："我会很高兴看到电视新闻播音员宣布'失落的殖民地'最后找到了。然后，摄像机会绕着自由联盟拍摄。你猜会有什么反响？人们会一边看着电视一边想：'什么？弗吉尼亚·戴尔的后代是黑

罗阿诺克附近的塞科坦印第安村落（约翰·怀特于 1590 年发表的作品）

人？绝不可能！'"

我问查尔斯，假如摄像机对准他，他会说什么？

"我会说，'是的，我们是黑人，也是白人，也是印第安人。一个大熔炉。成为美国人不就是这个意思吗？'"

1591 年，约翰·怀特从最后一次罗阿诺克之旅回来一年后，沃尔特·雷利爵士让伊丽莎白女王的一位侍女怀孕，并跟她秘密结婚。女王对这对情侣的偷情以及没有得到她的允许擅自结婚愤怒不已。她似乎也很嫉妒两人的结合。出于怨恨，她把雷利和他的妻子关进了伦敦塔。

尽管他们很快被释放，雷利花了几年时间，才重获女王的欢心。他的注意力也离开了他以女王命名的殖民地。相反，他沉迷于寻找埃尔多拉多——南美洲传说中的黄金国。但是，他仍然持有弗吉尼亚的特许，晚到 1602 年，他派遣了一支远航队去寻找罗阿诺克的殖民者，搜索海岸寻找可能的交易地点。

伊丽莎白死于第二年，王位传给了詹姆斯一世（James I），他不喜欢也不信任雷利——并且鄙视他弄来盛行于宫廷的烟草。詹姆斯甚至写了一本名为《抵制烟草》小册子，把抽烟描绘成"冒着臭气熏天的黑烟，一种使眼睛讨厌、鼻子厌恶、有害大脑、危害肺部的习俗"，并将抽烟比作下地狱。

詹姆斯即位后不久，雷利因为密谋反对国王被捕，定为叛国罪，还有"信奉异教、亵渎上帝、无神论和不敬神的观点等罪名"。从法官判决的潜台词可以看出英国人和其他欧洲人对待印第安人的野蛮行径。"绞死和千刀万剐，"法官告诉雷利，"你的身体会被开膛，你的心脏和肠子会被挖出来，你的阳具会被割下来，当着你的面扔进火里；然后，你的头会被砍掉，你的身体会被切成四块，随国王的兴致处理。"

雷利被执行死刑的那天，获得了缓刑，但是，他回到了伦敦塔，接下去的 15 年里，大部分时间都在那里度过。接着，1618 年，詹姆斯找了个借口恢复死刑——这次是简单的砍头，而不是开膛破肚和大卸八块。雷利最后作了一首诗，抽了最后一支烟斗，穿上他最好的衣服（黑色天鹅绒斗篷、塔夫绸裤子和丝质长袜），爬上断头台，恳求犹豫不决的行刑者："砍啊，砍啊！"他的寡妇保存了他砍下来的脑袋，放在一个天鹅绒袋子里，留作纪念。

雷利被执行死刑的 16 年前，伊丽莎白还是女王，他的殖民地特许仍然有效。当时，他这样写到弗吉尼亚："我会活着看到它成为英国人的国家。"严格来说，他从未实现这个梦想，他恢弘构想的"弗吉尼亚的雷利城"随着罗阿诺克的移民消失了，他定为叛国罪后，失去了殖民地的特许。

但是，雷利的失败，就像他的异母哥哥汉弗莱·吉尔伯特一样，还是取得了成果。当他坐在伦敦塔里的时候，其他人接过了他的殖民地职责，再次前往切萨皮克。他们招募了雷利的"吹鼓手"理查德·哈克卢特，并参考了托马斯·哈里奥特和约翰·怀特的文字和绘画。很快，切萨皮克的殖民者也发现了能够保证他们生存的农作物：沃尔特爵士热爱的烟草。1618 年 10 月，雷利爬上断头台的时候，弗吉尼亚发展为永久的定居点，成为在美洲的英国人国家的开端。

我从自由联盟往东开车回来，跨过连接罗阿诺克岛和外滩群岛的桥，那里跟沼泽林地与在内陆奋斗着的城镇是完全不同的世界。那里很少有树木，只有庞大的公寓楼和商业区：海滩商店、购物中心、迷你高尔夫球场和名为"酿造高速公路"的酒类市场，我没离开汽车就买了一箱六瓶装的啤酒。所有的一切都建造在沙地上，海浪和海风猛烈地吹打着群岛变幻的海岸线。

我沿着海岸高速公路往南朝克罗阿图安驶去，罗阿诺克千头万绪的故事似乎都把我引向那里。公路带着我穿过空荡荡的沙丘和猛烈的风道，我的汽车在风中摇晃着，沙子像胡椒粉一般洒来。到了哈特勒斯（Hatteras）岛后，我找了一家汽车旅馆过夜，然后，去寻找克罗阿图安主要定居点的遗迹。但是，弗雷德·威拉德给我的坐标特别模糊。在海岸边闲逛了一个小时无果后，我一路开车到一个叫弗里斯科美洲土著博物馆的地方问路。

博物馆内，欢迎我的是绕梁三日的平原印第安人音乐，还有墙上装饰着的纳瓦霍人的毯子。一个男人从后面的办公室出来，挂着一根弯曲的树枝雕刻的拐杖。他穿着牛仔裤、牛仔靴，银皮带搭扣，蝴蝶形领结上有个绿松石扣子，灰色的长发扎成马尾辫。从他的外表和博物馆的外观，我猜他是西部移民，也许是一个美洲土著人。我问起克罗阿图安，他的回答使我迅速意识到自己的想法是错误的。

"你姓什么？"他问。

"霍维茨。"

"那么，你在寻找失踪的部落。你疯了吗？"

我笑了，告诉他也许我是疯了，但是，我希望看到所有跟罗阿诺克殖民者有关的地方。

"我很高兴他们失踪了，"他回答说，"英国人在浪费口舌之前，土著人就应该把他们杀了。恰恰相反，土著人是些傻瓜，还说'做我们的朋友'。他们可就遭殃了。"

卡尔·博恩弗兰德（Carl Bornfriend）很像印第安人，就跟梅尔·布鲁克斯（Mel Brooks[①]）的电影《灼热的马鞍》（Blazing Saddles）里那个说意第绪语[②]的酋长一样。尽管他的美洲土著包括一切，他是查尔斯·"甜药"·谢泼德的亲戚。"我不会挖掘白人的历史，"他说，"我

---

① 美国著名导演、喜剧大师，犹太人，曾获托尼奖、艾美奖、格莱美奖和奥斯卡奖。
② 一种日耳曼语，主要使用者为阿肯纳西犹太人，很多移民美国的犹太人会说意第绪语。

只关心土著的文物。"他是费城一名犹太皮货商的儿子，从年轻时就开始从事这个职业。"我在死去的动物中间长大，我会拎起淹死的老鼠，问我父亲：'这是什么？'我十岁的时候，开始收集和保存文物，随着时间流逝就积累了这么多。"

他带我穿过由贝壳商店改建成的博物馆，现在里面是一些狭窄拥挤的房间，从地板到天花板塞满了展品，看上去几乎杂乱无章。美洲印第安人的战斧、蛇皮、野牛头骨、短吻鳄标本、绿松石珠宝、烟斗、莫卡辛鞋、霍皮鼓——有一些很贵重，很多毫无价值。"所有博物馆的策展人都会告诉你限制每场展览的展品数量和说明文字的长度，因为人们无法照单全收，"卡尔说，"我完全忽略了那样的建议。"

他也忽略了参观者，比如我对罗阿诺克之谜的兴趣。"那是人们来到这里总是会问的第一件事，"他说，"你能告诉我哪些关于失落的殖民地的故事？"

他带我去了唯一跟罗阿诺克有关的展览——一面墙上挂着约翰·怀特画的印第安人素描的复制品。跟查尔斯·谢泼德不一样，卡尔并不尊崇怀特的艺术。"他画的土著人看上去像相扑摔跤手，或者可能是怀特在伦敦拦下某些家伙，说'围上土著的腰布'，然后画的。我不认为土著人长得像那样。这都是怀特的想象。"他轻声笑着，"或者，我应该说，白人社会的想象。"

卡尔还鄙视起了怀特留下的殖民者们。"我们应该同情这些人？天哪。英国人是来抢劫的，他们罪有应得。"

"甚至弗吉尼亚·戴尔？"我问道。

卡尔笑了。"也许，土著人把她吃了。她是新生儿，又丰满，又柔嫩。那个意大利人哥伦布，土著人也应该把他杀掉。"

卡尔的博物馆里还有另一个跟罗阿诺克的故事有点关联的展览。他给我看了一个盒子，里面装满了弗雷德·威拉德在1993年的一场飓风后，在我要寻找的克罗阿图安定居点找到的碎片、骨头和贝壳。后来，考古学家挖出了一枚早期英国的戒指和其他一些来自欧洲的器物，尽管人们不清楚这些是印第安人交换得来的货物，还是来自罗阿诺克的难民留在克罗阿图安的物品。

卡尔不在乎是哪一种。"我希望展示这里的土著人在可怕的白人故事开始之前留下的遗迹，"他说，当天就这样闭馆了，"他们才是我们应该关心的失落的人群。"

回家路上，他带我去克罗阿图安的遗址，靠着小岛的避风面，沿一条泥泞的小路开下去。尽管有曼泰奥的友谊，罗阿诺克的殖民者很少写到克罗阿图安，仅仅提到印第安人去那里捕鱼和打猎。到了18世纪中期，很少有土著人留在岛上。现在，那里只有榭树、绿蔷薇和毒葛的灌木丛，很多从前的印第安人定居点被埋在海滩房屋下面。

"白人的垃圾，"卡尔说着，驱车扬长而去，"通常只剩下这些了。"

我在海岸边漫步了一会儿，穿过马路走到小岛靠海的一面。岛上最重要的是两百英尺高的哈特勒斯角灯塔，它是美国最高的砖砌灯塔。灯塔上的一块公告牌作了特别的天气预报："晴天。亦是多云。可能下雨。"海角变幻无常的暴风雨天气，加上洋流常把船只冲上12英里长的浅滩，给了哈特勒斯这样一个绰号："大西洋的墓地"。这里长眠着六百多艘船，包括南北战争时期的装甲舰和强大的蒸汽轮船。

在阅读有关罗阿诺克的材料时，我经常疑惑为什么16世纪的水手们不愿意为殖民地提供物资或救援；即便到达，也不愿意在那里逗留。贪婪是一种通常的解释：在岸上的时间无法进行海上劫掠。但是，从灯塔眺望哈特勒斯周围白色的海浪，伊丽莎白时代的航海家们乘坐木船、没有天气预报、合适的航海图、现代导航装置，甚或一个灯塔，却勇敢地登上这里的海岸，确实是了不起的。在海角的各种危险之中，最危险的莫过于那些来到罗阿诺克的英国船只——它们经常在飓风季节抵达这里。

我冒着倾盆大雨，从灯塔跑到面对大洋的宽阔海滩上。在这里，在外滩群岛的弯曲处，我可以从南面到东面到北面，270度扫视海洋。假如任何失踪的殖民者来到克罗阿图安，这个地点将会是观察船只的瞭望台所在之处。

1701年在岛上探访灰眼睛土著人的英国博物学家约翰·劳森，记录了"一个在居民中作为无可争议的真相流传的令人愉快的故事"。带来第一批英国人的船只，他写道，"经常在他们中间出现，以堂皇的姿态扬着帆，他们称之为沃尔特·雷利爵士的船。"假如，像劳森认为的那样，这些岛民是失落的殖民者们的后代，幽灵船的传说也许表达了他们的英国祖先的渴望，他们眺望着，徒劳地等待沃尔特爵士来营救他们。

罗阿诺克的故事充满了这样的阴影：蛛丝马迹、传闻和线索，都滋养着殖民者命运的谜团。但当我调查了十天后，便开始怀疑试图解开谜团不仅徒劳，而且误入歧途。对所有围绕着罗阿诺克的诱人的未解之谜而言，这个故事可怕的力量源头是已知的一切。

罗阿诺克的殖民者们不是失踪，而是被遗弃了——被他们的赞助人雷利；被把他们留在罗阿诺克而不是切萨皮克的引航员；被许多其他在往弗吉尼亚的路上因为海上抢劫耽搁或绕路的水手；被一个把营救他们放在次要地位考虑的英国；甚至被约翰·怀特，他似乎很容易受到威吓，对遗弃他们听天由命。

17世纪的美洲，殖民者船只搁浅并不罕见。这块大陆上充满了失踪的人口。西班牙猎人们从得克萨斯平原的峡谷营地离开，消失在一片草海中。水手们经常因为船只失事被冲上海岸。胡格诺派逃离第一个未建成的殖民地时，留下了一名法国男孩。拉尔夫·莱恩从罗阿诺克派了三个人去内陆，殖民者们匆匆跟着弗朗西斯·德雷克航行回国时，就把他们扔下了。德雷克把几百名奴隶扔在岸上，腾出地方给他们。

这些失踪的人很少再有人看见或者听说他们，也没有人为他们的失踪悲叹。在早期美洲，被遗弃是一种职业危险：做生意的代价，比如腌肉或者铁钉。

至少，罗阿诺克的殖民者被人记得和纪念。他们消失几个世纪后，人们依然把他们视作本义上的或精神上的祖先，寻找跟他们的联系。作为美国人种的起源：第一个英国人、第一个白人婴儿、第一个跟印第安人结婚的人，或者，对查尔斯·谢泼德来说，一个种族身份的源头。我甚至在《克罗阿图安研究杂志》上读到一篇文章，宣称来自杜布罗夫尼克（Dubrovnik①）的海难水手已经跟外滩群岛的印第安人混杂在一起，"他们后来取了克罗阿图安这个名字"。

这听上去难以置信，从某种程度来说，许多其他关于罗阿诺克的幻想也是如此：几乎所有传说都想象殖民者和平地被土著人和他们的乡村乐园同化。但是，罗阿诺克的故事的已知元素使它很难变成这样一个浪漫或救赎的结局。我在雷利堡读到一份最近的树木年轮研究显示，怀特的殖民地小队抵达的那年经历了严重的干旱，是北卡罗来纳海岸八百年以来最严重的旱灾。饥饿的殖民者不得不跟印第安人交换或者从他们那里偷窃，而印第安人自己的庄稼也歉收了。而且，假如弗吉尼亚的切萨皮克部落确实吸收了英国人，那么土著人在被波瓦坦屠杀之前，很可能早就被疾病蹂躏了。

那么，殖民者们来这里做什么呢？来到曼泰奥的家乡，一直眺望英国船只？我俯首朝向哈特勒斯的沙滩，从北往东，再往南扫视，然后，目光转回来，好似现代灯塔的光柱。现在是潮湿而多风的春天，但

① 南斯拉夫中世纪的城市共和国，位于亚得里亚海南岸，形成于15世纪，19世纪初消亡。

是，跟经常袭击海岸的冬天风暴和夏末飓风比起来，这样的天气算是温和的。即便如此，我发现自己很难集中目光看着海平面超过十分钟，我怀疑自己是否能在浑浊的灰色海面和低垂的云层之间，看见一艘遥远的船只。

殖民者们眺望了多久？一天接着一天，一个月接着一个月？他们什么时候最终放弃了从海那边来的救援希望，把自己的命运交给这片土地和这里的人们？

还有更多我无法回答的问题。天气变得更糟了，我放弃了海滩，回到汽车里避风，调转车头往北，向切萨皮克开去。

第十二章
詹姆斯敦：上尉与土著

弗吉尼亚——

地球上唯一的天国！

——迈克尔·德雷顿[①]，《弗吉尼亚之旅颂》，1606年

约翰·史密斯是建立英属美洲殖民地的关键人物，也是最耀眼的人物：一个毛发浓密的爱吹牛的矮个子、骗子、逃跑的艺术家和熟练的杀手。史密斯拯救了詹姆斯敦，送朝圣者们前往普利茅斯。他以言语和行动展示，新世界需要新的一类人——像他一样的人。白手起家、鄙视阶级、永无休止地推销，史密斯是美国梦的倡导者和典范。

假如这听上去很夸张，就应该如此：关于史密斯的一切都是夸大其辞——通常被他自己。他以第三人称写了英国第一部自传，领衔主演史密斯上尉成为一位早期现代超级英雄，战胜妖魔鬼怪和难以忍受的逆境。英国在美洲的优势全都归功于他：他发现其他人，他写道，"是我自己的母猪下的猪猡"。

史密斯同时代的人也许会说，"那就麻烦了"。"美洲英国"诞生的故事，依赖于一个很容易不讨人喜欢，甚至很容易被怀疑的吹牛者的杜撰。

史密斯声称，被宝嘉康蒂搭救是他最著名的英雄故事，但这不是他的第一桩功勋，也不是最不可思议的。他是一名自耕农的儿子，16岁

---

① 英国诗人，作有长诗《多福之国》等。

时，他在给一名商人当学徒期间逃走，"去大海的另一边"。他成为一名雇佣兵，熟练使用大炮，加入基督徒的军队迎战奥斯曼土耳其人。在匈牙利，史密斯升职为上尉，被授予盾徽，纹章上装饰着他在连续战斗中砍下的三名土耳其人的头颅。

后来，他负了伤，在特兰西瓦尼亚（Transylvania①）被俘，被卖作奴隶，用锁链捆着带到君士坦丁堡，他在那里迷住了他"美丽的夫人"——几位"对他充满同情"的出身高贵的女人中的一个。但是，她把史密斯送到鞑靼地区，为她的弟弟工作，这位上尉自降身段，成为农场工人。有一天，由于受到过多虐待，史密斯用一根打谷棒把他的主人打得脑浆迸裂，偷走了他的衣服和马匹，骑马"进入了沙漠"。

他往北漫游到俄国，往西到达波罗的海，往南穿过神圣罗马帝国，横越了很多过去公国的地图。"对欧洲和亚洲感到如此满意。"史密斯写道，他扬帆去了非洲，最后到了一艘从巴巴里海岸（Barbary Coast②）开出的海盗船上。他在二十多岁的时候，经历了所有的一切和许多其他历险，他回到英国，后来很快航行到他的第四块大陆：北美洲。

1606 年 12 月，史密斯出发去弗吉尼亚时，英国仍在这块大陆上你追我赶。西班牙巩固了它对佛罗里达和西南部的控制。法国人沿着圣劳伦斯河建立了贸易点，正在探索缅因、马萨诸塞和纽约的乡野地区。英国只是模糊地声称拥有弗吉尼亚——还有弗朗西斯·德雷克爵士乘坐"金鹿号"进行环球航行时，在 1579 年登陆的太平洋沿岸的一小块地方。德雷克深受"讨厌的臭熏熏的浓雾"困扰，他在加利福尼亚北部登陆，在木桩上钉一块黄铜片，把海岸命名为"新不列颠"。两个世纪以来，没有英国人愿意回到那里。1606 年，没有一个英国移民占领未来的美国——除非有些罗阿诺克的殖民者在荒野中待了二十年后还活着。

---

① 指罗马尼亚中西部地区。
② 从埃及延伸到大西洋的北非海岸线。

然而，自从雷利在 16 世纪 80 年代的冒险失败后，英国国内很多情况发生了改变。英国击败西班牙无敌舰队后，大大提升了自信和海上力量，1604 年，詹姆斯国王和西班牙达成了胆战心惊的和平。英国的殖民地哲学也成熟了。商人们成立了股份公司，筹集资金，合伙承担风险和积累利润，取代了雷利依靠海盗和富有骑士财力的模式。1606 年，弗吉尼亚公司（Virginia Company）获得许可，在伦敦和普利茅斯设有分公司，前者集中在切萨皮克，后者则在"弗吉尼亚北部"——大致上在从纽约到缅因的海岸开展活动。

尽管有团体的关系和王室的支持，公司在切萨皮克的商业冒险一开始很糟糕。1606 年，三艘船载着 105 名殖民者离开伦敦，马上遭遇恶劣的天气，耽搁了舰队的行程，人们的脾气变得暴躁。约翰·史密斯被指责密谋反对船长，接下去的航行中，他被拴上了锁链，几乎被绞死。

在西印度群岛，舰队停下来补充粮食，英国人遭受了第一场可怕的横祸，接踵而来的还有许多伤亡事故。一位"绅士"在"极为窘迫的境地"中死去，他"因为这块土地的炎热和干旱，脂肪在体内融化"。1607 年 4 月下旬，英国人最终抵达切萨皮克，他们刚登上陆地，印第安人晚上就悄悄逼近，有两个人严重负伤。

当殖民者们打开弗吉尼亚公司的密令后，面临另一件意外的事：公司任命了七个人在上岸后治理他们。其中六个是杰出的、血统高贵的人物，大部分从 40 岁到 50 岁。第七个人是约翰·史密斯：一个平民，年仅 27 岁，因为反抗上级仍被拘禁。

英国人选择了从海湾往河上游 35 英里的一块地方，深水离岸边如此之近，船只可以系在树上。这块半岛上没有印第安人居住，由一条随潮水涨落出现的地峡连接大陆，显然很容易防守。到了春天，周围看上去就像一个"天堂"，一名殖民者写道，覆盖着"美丽的花朵"、草莓和"最令人愉快的金银花"。

殖民者建立起一座堡垒，派出一队人沿河上游搜寻财富和梦想中的西北航道。6 月下旬，他们在两艘船上装载了他们认为是黄金的样品、一些木板和赞美弗吉尼亚定居点的信件，他们将其称之为詹姆斯堡、詹姆斯市，最终定为詹姆斯敦。"你也许能活着，"威廉·布鲁斯特（William Brewster）写信给一位朋友说，"看到英国比欧洲所有王国更有声望。"

六周之后，布鲁斯特死了。几十个殖民者同伴很快把他拖进浅坑埋葬。"从来没有英国人留在外国，"一位幸存者写道，"在新发现的弗吉尼亚，我们陷入如此悲惨的境地。"

传统上认为，詹姆斯敦之所以迅速从天堂变成地狱，要怪殖民者们自己。他们的第一个错误是选择了一块贫瘠的土地。詹姆斯敦半岛到处是沼泽，缺少泉水或溪流，人们只能从河里喝水，河水不仅有盐味，而且"在潮水低落的时候，充满了淤泥和污秽。"这引起痢疾、伤寒和盐中毒。

"我们的人被残酷的疾病毁了，比如，浮肿、流脓、发烧，"殖民者乔治·珀西（George Percy）写道，"早晨，他们的尸体像狗一样被拖出小木屋去埋葬。"詹姆斯敦有记录的其他疾病包括中暑和热病——一种热带的谵妄，导致人们跳海时认为那是一片绿色的牧场。

弗吉尼亚威胁着新来者的健康，并不仅仅是第一个夏天，而是未来的好几年情况都将持续恶化——英国人把这个过程称为"适应期"。殖民者们登陆、病倒，要么死去，要么"适应"他们的环境。很多人没有挺过这个残酷的开端。殖民地最初的几十年里，送到弗吉尼亚的两万名英国人中，大约四分之三的人死亡。历史学家埃德蒙·摩根（Edmund Morgan）注意到，这个死亡率"只能跟欧洲在瘟疫的高峰年代相比"。

印第安人的袭击增加了伤亡人数。土著人知道不能在詹姆斯敦到处是沼泽的半岛上建立村庄，但是，他们在那里打猎，并认为那是他们的领土。殖民地的第一个夏天，印第安人用高高的沼泽草作掩护，匍匐前进、伏击定居者。有人在某一次"出来方便"的时候，还有一次"在堡垒外面脱离队伍"的时候被箭射中。在一次对堡垒的"暴烈袭击"中，印第安人杀死两人，伤及十人。

移民们也发生了内斗。詹姆斯敦自从建立的那一刻起，成了一个全部是男性的离婚法庭，欺诈、背叛、卑鄙的指控很普遍。政务委员会的第一个主席被指控拒绝给另一个人"一勺啤酒"和"一把便宜的小刀"，因此下台。他还被指责贮藏匮乏的食物，他回答说："我仅仅烤过一只松鼠。"替补他成为主席的人遭遇也好不到哪里去；他被曝光使用化名。他以叛国罪处死了揭开他的真面目的人，在后来所有于詹姆斯敦被绞死、枪击、烧死或者折磨的人中间，那人是第一个。

这种斗争的一个原因是殖民地的本身的社会结构。顶层的绅士期望别人顺从，甚至在其他人挨饿的时候，想得到舒适的物质享受。乔治·珀西——殖民地走马灯似的领导人之一，写信给他的哥哥诺森伯兰伯爵（Earl of Northumberland）请求借款，这样他就能买得起比通常配给更多的燕麦片。"这是为了维护我的荣誉，"珀西解释说，"像我这样的时髦绅士，餐桌上得不断有食物才行。"

珀西和他的家族把詹姆斯敦的社会下层当作乌合之众，有些人显然就是：欠了债的人、喝醉的水手和士兵、从监狱里放出来的犯人以及从港口和伦敦街头强征来的劳工。任何人都很难激励和控制这些暴徒，委派来的绅士们尤其不适合这个任务。

1607 年 9 月，殖民地建立四个月后，大部分最初的移民死了。剩下的少数人只能撑几个星期。饥饿、疾病和彼此对立，被围攻的英国人几乎没有防御能力，"我们的人白天晚上在堡垒的每个角落呻吟"，珀西写道。

然后，奇迹发生了——把詹姆斯敦从迫在眉睫的厄运中拯救出来的干预行动中的第一个。"上帝保佑，"珀西写道，"派那些不共戴天的敌人来供给我们饮食，比如，大量的面包、谷物、鱼肉，安顿好我们这些虚弱的人；否则，我们就全死了。"

约翰·史密斯肖像（来自其有关弗吉尼亚历史的著作的卷首插画，1624 年）

先前敌对的印第安人选择拯救英国人的原因还不清楚。也许，他们认为这些幸存者活着比死去的价值更大。英国船只带来了铜壶、斧头和其他货物，殖民者熟练使用大炮和火枪，可以招募来对付敌人部落。而且，欧洲人以前就在切萨皮克出现过：西班牙耶稣会会士（一代人之前就在詹姆斯敦遭到屠杀）、勘探航行中的水手和可能从罗阿诺克来的难民。迄今为止，这些闯入者没有摆出什么威胁，很容易饿死，或者必要的时候能把他们驱赶出去。1607 年夏末，印第安人密切注视这 50 名垂死的人，他们似乎蠢到极点，因为他们喝脏水、无法喂饱自己，印第安人这样认为也合情合理。

　　土著人不知道的是，他们救援英国人的时候，也助长了约翰·史密斯的势力，他有能力鼓动受到围困的殖民地。在领导层重新洗牌后，史密斯开始负责堡垒的供给，他立刻出发去交换食物，这是他的许多旅行中的第一次，接下来的两年，他穿越了弗吉尼亚东部、马里兰，还可能去了特拉华。史密斯面临着许多障碍，他的旅行是早期美洲生存与即兴故事组成的伟大英雄史诗之一。

　　在罗阿诺克，英国人居住在相对较小的部落之间，和平地欢迎外来者；相比之下，詹姆斯敦的殖民者则将堡垒建在东海岸最强大和人口众多的社会群体中间。波瓦坦的首都离开詹姆斯敦仅 12 英里，他统治着一个从北卡罗来纳延伸到马里兰的帝国。他向几十个部落和 15000 名或更多印第安人收取贡品。

　　大部分土著居住在四条宽阔的河流沿岸的小型定居点，那些河都流向切萨皮克：今天的詹姆斯、约克、拉帕汉诺克（Rappahannock）和波托马克（Potomac）。这是 17 世纪弗吉尼亚的高速公路，史密斯乘坐一条以帆和桨为动力的敞篷船，一般带着十来个人，走遍了这些地方。他停泊的第一站在詹姆斯敦附近的村庄，为接下去的几十次奇遇开了先河。

　　"印第安人认为我们快饿死了，"史密斯写道，只肯用"几小把豆子或麦子，换一把短柄小斧或一个铜币。"为了避免看上去绝望了——他确实如此——史密斯不屑接受出价，并在附近抛了锚。第二天，他"开了枪，把他的船开上岸"，然后，向村庄进军。土著人很快以令人喜悦的交换比例，提供了野味和谷物。

　　史密斯的炮艇外交违反了伦敦的弗吉尼亚公司的命令，公司下令让移民们"万分小心，不要惹恼土著人"。但是，史密斯"热爱行动胜过语言"，他写道，他认为亲身经历比 3700 英里之外"温柔的教育家们"

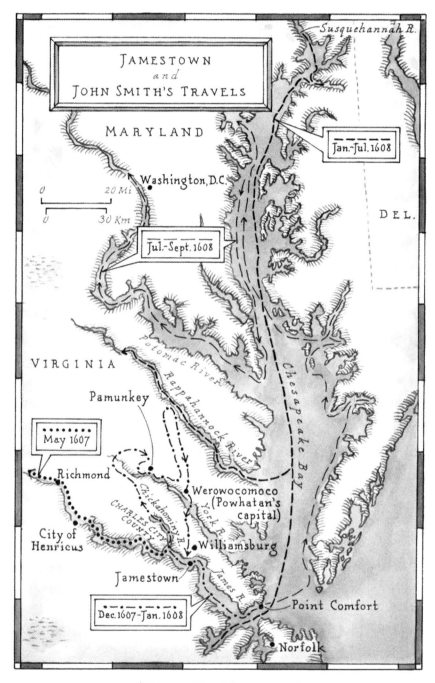

詹姆斯敦与约翰·史密斯的行进路线

的意见更有价值。"我相信自己的眼睛，胜过任何人的想象，除此以外，别无理由。"

这种轻蔑有些不够真诚：史密斯阅读丰富，欣赏马基雅维利的权谋政治。他相信向"土著"示弱会引起他们的蔑视，最终会受到攻击。为了达到清晰的目的，他试图通过威胁土著人，获得他们的尊重，避免背水一战。"唯有吓住他们，"他写道，"我们才能得到他们拥有的。"

为了使印第安人敬畏英国人，史密斯使出了他做雇佣兵时磨炼出来的摆弄大炮和欺骗诡诈的手段。他把船上的大炮对准一棵结满雾凇的树开火，夸大射击的冲击力；他利用河流和围绕的树林创造出可怕的回声；把士兵们的头盔挂在棍子上，"使我们看起来有很多人"。他也重拾剑术，在单打独斗中战胜过几个酋长。

但是，史密斯不只通过虚张声势和威胁恐吓获得成功。他机智地做买卖，在村庄之间散布货物，挑旺需求，却不降低价格。他在国外的经历也使他成为熟练的语言学家。他编撰了一部广泛的阿尔冈昆语词典，包括一些流传久远的词语，比如 mockasin 和 tomahack，以及用来称呼朋友的 chammay，这可能是"chum"① 一词的来源。

史密斯有种在紧要关头脱身的天赋。1607 年末，在一次探险之旅中，他离开自己的小部队，独自跟随一名印第安向导去侦察，却遭到了埋伏，腿上中了一箭。他一把抓住向导，将其当成人盾，同时开枪射击，但是，他重新装子弹的时候被包围了，被迫投降。

捕获史密斯的人是波瓦坦的弟弟欧帕查纳卡纽（Opechancanough）——一位骄傲的武士，未来的几十年里，他一直折磨着英国人。但是，至少据上尉自己说，他成功吸引了酋长。"我给了他一个罗盘，"史密斯写道，"尽我所能向他描述怎样使用，他对那个东西如此着迷，一边痛苦地听

---

① 英语，指朋友、伙伴。

我谈论地球是圆的，以及太阳、月亮、星辰和行星的航线。"

后来，史密斯走了很长一段路，经过很多印第安村落，被带到波瓦坦面前。这位"重要而威严"的统治者大约60岁，"脖子上戴着大颗的珍珠项链"，坐在精美的台子上，被妻妾和仆人簇拥着。史密斯记述他们见面的情形第一本书出版于第二年，他写道，波瓦坦用"美好的话语和大浅盘上盛着的晒干的食物"来欢迎他。

直到1624年，史密斯被俘17年后，他才出版了那些一代代美国小学生熟悉的故事。"两块巨石被带到波瓦坦面前。"他写道。然后，酋长的仆人抓住史密斯，把他的脑袋放在石头上，"准备好用他们的棍子

宝嘉康蒂救下约翰·史密斯（来源于史密斯于1624年的记述）

打出他的脑浆，国王最亲爱的女儿宝嘉康蒂苦苦哀求，却无法说服国王，就用双臂抱住他的脑袋，把她自己的脑袋放在上面，拯救他免于一死"。

史密斯最初对被俘的描述写于 1608 年，在伦敦经过很大幅度的改编后，作为弗吉尼亚公司的宣传品出版。书中没有提到他差点被处死，尽管这个场景有可能被编辑删掉了。也有可能史密斯从胡安·奥尔蒂斯惊人地相似的叙述中剽窃了这个故事，这个西班牙人在佛罗里达被俘，他后来成为德·索托的翻译。1624 年，史密斯出版他获救经历的戏剧性版本时，在英国也能找到奥尔蒂斯的叙述，宝嘉康蒂从而成为一个著名的、令人钦佩的人物。

即便史密斯真的经历了他所描述的苦难，他也可能误解了这些考验的意义。他初次来到弗吉尼亚，他的其他伙伴刚经历了大屠杀，在所有的叙述中，波瓦坦的武士都是魁梧而可怕的人。他们剃光了半边头发，另一边头发留得很长，用"他们敌人晒干的手"来装饰。他们穿刺的耳朵上，戴着爪子、死老鼠和活蛇。波瓦坦的亲兵也是"他的国家能找到的最高的人"，史密斯写道。当这些"冷酷的侍臣"抓住他，把他的脑袋搁在石头上，他有充分的理由相信他们会把他的脑浆打出来。

但是，波瓦坦也许从未打算杀死他的俘虏。人们相信，假处决是土著人仪式的一部分，这是为了在接纳囚犯之前考验他们的勇气。根据史密斯自己的叙述，宝嘉康蒂刚出面阻止，前一刻看上去还打算杀死俘虏的波瓦坦立刻"同意让他活下来，给他制造短柄小斧，给她制造铃铛、珠子和铜币"。

假如史密斯被宝嘉康蒂"救助"存在某种疑问，两人之间的浪漫故事就更没有基础了。在迪士尼的动画片 ① 版本中，宝嘉康蒂是一个胸部

---

① 指《风中奇缘》。

丰满、稍微有点像亚洲人的芭比娃娃，史密斯则是一个金发的肯娃娃（Ken Doll[①]）。最近一部成年人的电影《新世界》中，英俊而黝黑的科林·法瑞尔（Colin Farrell[②]）跟一位穿着暴露的鹿皮衣服的年轻女演员无忧无虑地嬉戏。

从肖像来看，真正的史密斯毛发浓密、相貌平庸。对宝嘉康蒂则有许多描述，从史密斯自己的开始："一个十岁的孩子。"他写道，她的"容貌、面孔和身材"很美丽，拥有使她成为弗吉尼亚"无可匹敌的人物"的"智慧和精神"。

这是对一个孩子奉承的描写。后来，另一名殖民者把她描绘成一名赤身裸体翻着筋斗穿过詹姆斯敦的"年轻女孩"——年纪还不够大，不需要穿上印第安女子青春期的围裙。她正式的名字是马图阿卡（Matoaka），"宝嘉康蒂"是女孩的绰号，意思是"活泼的小家伙"。史密斯以成年人的目光看待她的唯一迹象是，几年后，他提到自己在詹姆斯敦的敌人毫无根据地散布谣言说，他打算跟宝嘉康蒂结婚，使自己成为弗吉尼亚的国王。结果，她嫁给了另一位约翰。史密斯到死仍是一个单身汉。

无论宝嘉康蒂是否从刑场上救了史密斯，她确实拯救了詹姆斯敦。一天晚上，她来到堡垒警告英国人，波瓦坦设下了陷阱。其他时候，她给英国人做信使，救了一个被俘的男孩，跟他一同关押的犯人都被处死了。她也充当了中间人的角色，经常拜访堡垒，带来急需的食物，交换小装饰品。史密斯的阿尔冈昆语词典包括一个短语，翻译为："告诉宝嘉康蒂带两个小篮子到这里，我会给她白色的珠子，来做一根项链。"

在宝嘉康蒂的帮助下，加上史密斯的主动精神，以及更多移民来到，困难重重的殖民地开始找到立足点。随着其他政务委员死去或被罢

---

① 芭比娃娃的男朋友。

② 爱尔兰男演员，曾主演《龙虾》《迈阿密风云》等电影。

免，史密斯上台成为主席，迅速动员起无精打采的殖民者们。"不工作的人也不应该吃饭，"上尉说了这样著名的话，"因为三四十名诚实而勤奋的人的劳动成果，不应该养活 150 个游手好闲的人。"

在史密斯严厉的统治下，殖民者们进行军事训练、建造房屋，并且挖了一口井，涌出"极好的甜水"。但是，史密斯的杰出之处在于，他承认在美洲生存意味着学会像美洲人一样生活。移民们在两名印第安囚犯指导下，播种了 40 英亩玉米，他们"教我们如何整理和种植田地"。土著人还教给他们如何清除土地上的树木的方法：在树干上划下刻痕，剥去树皮，这样树就会腐朽。有一段时间，史密斯让他手下的人分散在各个村庄，以土地为生，向印第安人学习"如何跟他们一样熟练地采摘和使用果实"。在他担任领导职位的一年期间，几乎没有英国人死去，这是前所未有的成功。

史密斯也是第一位看出人们追求矿产财富的"镀金希望"和梦想有一条太平洋通道是种蠢行的英国殖民者。他相信，美国真正的希望在于它的土壤、木材、鱼类、猎物和其他资源。开发这些财富需要耐心和谦卑的劳动，而不是游手好闲的"时髦青年"、淘金者、香料商和其他弗吉尼亚公司不断送来的多余人手。

"我恳求你，"史密斯写信给他在伦敦的上级，"派三十个木匠、船舶管理人、菜农、渔夫、铁匠、石匠和挖树、挖根茎的人过来，妥善安排；然后，再送一千名我们现有的那样的人来。"

史密斯不是一个民主的人：他像暴君一样统治，重视自己的封建盾徽。但是，他相信权力和特权应该由功勋而来，而非与生俱来。继承财富和荣誉"是一件愉快的事，"他写道，"但是，从英勇和宽宏得来的才是真正的光荣。"

史密斯自视甚高，鄙视阶级继承人，使他与弗吉尼亚公司送到詹姆斯敦的出身高贵的人不和。典型的是伯爵的儿子乔治·珀西，他痛斥暴发户上尉是"一个野心勃勃、卑劣、不负责任的家伙，试图从他们手里获得统治权"。1609 年，史密斯的敌人设计免去他的领导职务，也许还试图杀了他。有一次在河里航行时，史密斯在船里睡觉，这时有人"意外"点燃他的火药包，"把他的一块肉从身体和腿上炸下来，9 或 10 英寸见方，模样惨不忍睹。"这艘船正准备开往英国，史密斯航行回国，再也没有回到詹姆斯敦。

那些接替上尉管理殖民地的人很快又到了毁灭的边缘。史密斯离开前不久，他们开始对印第安人采取恐怖行动，烧毁村庄、抢劫"死去的国王们"的坟墓，砍下土著人的脑袋和四肢，迫使土著部落交出食物。史密斯尽管冷酷无情，但他知道这种手段会招来报复。果然，土著人以屠杀贸易团队来回应，有一次他们往英国人的尸体嘴里塞满食物，警告任何"他们中间来寻找面包和救援物资的人"。

乔治·珀西是殖民地的新领导人，他也没有成功贮存谷物，渔网烂掉了，还激怒了印第安人，他们杀死了史密斯作为食物储备饲养的几百头猪。结果到了 1609 年底，英国人发现自己倒退回了两年前，被敌人包围，他们悲惨的堡垒里面生活物资困难。除此之外，现在有五倍多的移民竞争匮乏的食物，一起度过称作"饥饿时期"的漫长冬天。

食物配给耗尽后，殖民者们开始食用马、狗、猫和老鼠。后来，他们吃皮鞋，用他们衣领上的淀粉煮"一碗胶水般的粥"，并且吞下排泄物。当没有其他东西剩下时，他们就互相吃对方。"有人舔干了他们虚弱的同伴流下的血。"珀西写道。其他人掘出尸体。有人杀死自己怀孕的妻子时，情况糟糕到了极点，那人"把母亲剁成碎片，把她腌成食物"。珀西把这个人套住大拇指吊起来，逼供后将其处死。

1609 年秋天，史密斯离开时，詹姆斯敦有五百名殖民者，到了来年的 5 月，补给舰队抵达时，只剩下六十人。新来的人经历了自己的苦难，一场暴风后，船只在百慕大失事，几乎耽搁了一年（船只搁浅为莎士比亚的戏剧《暴风雨》带来了灵感）。在詹姆斯敦，他们发现堡垒的大门吊了起来，墙被拆下来当柴火，疯狂的幸存者"瘦得好像骷髅"，赤身裸体奔过堡垒，喊着"我们饿极了。我们饿极了。"

即将就任的总督认为已没有希望复兴詹姆斯敦，下命令撤离。这个消息受到了"普遍的喝彩和欢呼"。1610 年 6 月 7 日，詹姆斯敦建立三年后，"一声枪响之后"，英国人放弃了这个堡垒。就像许多从前的新世界一样，弗吉尼亚失败了。

然后，又一股扭转乾坤的力量来临。向大海航行了一小段路程后，珀西写道，"突然，我们看到一艘船向我们驶来。"船长是英国人，他宣布一支舰队带着 150 名新移民和一年的食物补给即将抵达。"于是，"珀西写道，"我们又全部回到了詹姆斯敦。"

四个世纪前，错误地规划、被遗弃，又被奇迹般救援，詹姆斯敦感觉仍像早期美洲的孤儿。13 年后建立的普利茅斯是游客眼中的摇滚明星。离开詹姆斯敦 12 英里的威廉斯堡（Willamsbury）也是如此，1699 年，它取而代之成为弗吉尼亚州的首府。詹姆斯敦失败的前身——罗阿诺克岛留下的遗迹更少，但作为美洲的第一个稳定的英国殖民地，每年吸引了许多游客。

相对被人们忽略的一个理由是，一代又一代的历史学家，尤其是 19 世纪的新英格兰人，对詹姆斯敦的猛烈抨击。他们渴望把普利茅斯选定为美国的诞生地，把这个国家的英格兰起源塑造成一个宗教道德剧。朝圣者们在寒冷的马萨诸塞州，凭借虔诚、共享的劳动渡过困难。他们堕落的南方双胞胎——弗吉尼亚人贪婪、不信神、受阶级困扰，并且懒惰，当定居点在他们周围腐烂时，他们在街上玩保龄球。

在美国人看来，不仅詹姆斯敦不光彩，它的建城英雄也是个大骗子——根据他被宝嘉康蒂搭救的许多版本，这很明显。南北战争之后，亨利·亚当斯（Henry Adams）发表了著名的针对史密斯的猛烈抨击，将其当年的奇袭当作他极度鄙视的"对弗吉尼亚贵族的背后攻击"。尽管地区性的激情后来冷却了，许多 20 世纪的历史学家也同样严厉。1975 年，埃德蒙·摩根给詹姆斯敦打上了"彻底失败"的标签，尽管殖民者们做了最坏的努力才忍受下来。

詹姆斯敦的物质世界几乎依旧跟它的名声一样糟糕。17 世纪晚期，殖民地大部分地方都栽种了庄稼，然后被埋葬在一个南方联邦的堡垒下面。连接半岛和大陆的地峡被冲走了，詹姆斯敦成了一个岛屿。直到 1893 年，名字古雅别致的"弗吉尼亚古迹保护协会"买下了这座岛屿的一角，那里成为一个小型历史公园，依然使人想起它的维多利亚时代的起源。

公园里的宝嘉康蒂雕像，把赤裸的印第安小女孩塑造成二十岁左右的女人，端庄地穿着鹿皮衣服。附近矗立着约翰·史密斯高大的雕像，手放在剑柄上，坚毅地凝视着河水。修复的殖民地年代的教堂挂着国家殖民地妇女协会之类团体赠送的陈旧匾额，以纪念那些"弗吉尼亚的古代种植园主"。

直到最近，那里没有什么其他可看的。20 世纪 60 年代，考古学家威廉·凯尔索（William Kelso）第一次拜访，问起英国人的堡垒，一位公园护林员指了指河里的一棵柏树，说"你来得太晚了——它在那里"。人们认为堡垒所在的一小块土地已经被侵蚀，消失在詹姆斯敦。

40 年后，我找到了凯尔索——一位修长的白发老人，穿着短裤和平底帆布鞋，在河边的一个坑里筛泥。"我猜自己质疑他的话，"他说。凯尔索在俄亥俄州长大，学校教的是老生常谈。"詹姆斯敦是失败的，"他背诵道，"是普利茅斯胜利的脚注。"后来，他在弗吉尼亚成为一名考古学家，不断听说詹姆斯敦的遗址是一口枯井，就像他第一次参观时被告知的那样。但是，在 20 世纪 90 年代，他和一队同事决定来这里再看一眼。

经过十年，他们挖掘出了壕沟和立柱子的洞，勾勒出詹姆斯敦堡垒的地基，仅有 15% 被冲刷走了。他们还发现了房屋的遗址，内有几十个坟墓和上千件器具。结果表明，詹姆斯敦的历史遗迹比在罗阿诺克或最初的普利茅斯殖民地发现的更多。以凯尔索的相反眼光来看，考古学发现也跟关于早期弗吉尼亚的传统知识很矛盾。

"在这里很容易发现失败，"他说，"但是，这不是全部的情况。那里有能干、勤劳的人们，作了很好的决定。"

凯尔索用小铲子当教鞭，划出了堡垒的轮廓。它是三角形的，占据着岛上最高处的地面，建筑有堡垒、壕沟和拱形的防御工事，体现了 17 世纪军事工程的最高水平。殖民者们用三周时间修建了堡垒——考虑到他们得挖一条一千英尺长的壕沟，切割和竖立一道十四英尺长的栅栏，这个速度快得令人惊讶。"游手好闲和杂乱无章的人不可能完成这些。"

还有迹象表明殖民者迅速适应了他们的周围环境。他们脱下炎热、沉重的盔甲，重新做成水桶和其他物品。他们在房子侧面装上印第安风格的树皮墙面板，这比英国常见的厚厚的黏土墙更凉爽。考古学家发现了大量手工艺和工业的迹象，包括当地人做的砖、玻璃、钉子和木桶。"他们的使命是生产出口的货物，"凯尔索说，"他们肯定得像大学生那样试一下。"

假如说殖民者懒散是言过其实，他们遭受的苦难则并不夸张。凯尔索给我看追踪墓地的泥土标记，就像犯罪现场的粉笔线。迄今为止，人们发现了 72 个人的遗体，经常一起堆在浅坑里，没有穿衣服或者裹尸布。有一半的人二十多岁或者更年轻。他们的骨骼显示出艰苦劳动、营养不良和暴力的痕迹。一个女人的头颅中有五颗牙齿。一个年轻人的膝盖被子弹打碎，另一条腿被箭头刺穿。垃圾坑里发现一块被钝器击碎的头盖骨，人们试图在头盖骨上钻孔，拯救这个人的生命，失败后就扔在了那里。考古学家们还发现了简陋的医疗工具，比如，spatula mundani，这是一种治疗极端便秘的细长勺子，用来把坚硬的大便挖出来。

到了 1610 年，"饥饿时期"的末期，詹姆斯敦的幸存者活在真正的大墓地里：死人的数量比活人多了将近十倍。"假如你在寻找失败的证据，"凯尔索说，他挥着铲刀掠过拥挤的坟墓，"那就是。"

但是，现场勘探又一次给这个故事带来细微的不同。树木年轮分析显示，詹姆斯敦跟罗阿诺克一样，在英国人定居期间遭遇了严重的干旱。人们只发现了两把锄头，证据显示弗吉尼亚公司没有为殖民者们耕种提供好装备。无论英国人种什么庄稼都会失败，增加了从印第安人那里获取食物的压力，印第安人自己也歉收；1608 年，史密斯注意到土著人没什么可以用来交换，"那一年，他们的谷物收成很糟"。起码在某种程度上，殖民者们和印第安人之间的斗争是一种绝望的、达尔文式的挣扎。

"底线是詹姆斯敦坚持下来了，"凯尔索说，话题转向他的工作，"那就是成功，尽管并不很漂亮。考虑到人们在这里需要克服的困难，他们任何人活下来都是奇迹。"

1610 年，阻止人们离弃詹姆斯敦的补给舰队带来了一位新总督特拉华（De LaWarr）爵士，并且在政策上有了重大转变。为了结束混乱，伦敦的殖民地委员会许可对内忧外患进行无情镇压。特拉华和他的继任者引入了军事法，对没去教堂等违反规定的殖民者进行鞭打。第二个罪状则是亵渎上帝，惩罚是用小刀刺穿舌头。看守仓库擅离职守或盗取仓库货物的殖民者被绞死、烧死、"轮刑"或绑在树上饿死。甚至从另一个殖民者的花园里偷花也是一项死罪。

对印第安人来说，新政权变本加厉地残酷。特拉华抵达后不久，英国人攻击了一个自殖民地建立之后曾经侵扰他们的邻近部落。乔治·珀西领导的一支部队"用剑刺死了十五六个人"，烧毁房屋和谷物。珀西将一名囚犯砍头后，把这个部落的"王后"和她的孩子带到一艘英国船上。但是，他的士兵开始"私下抱怨"自己得腾出地方。"我们达成协议，"珀西写道，"把那些孩子扔出船外处死，在水里把他们的脑袋打开花，是那个女巫招来的死亡。"

珀西回到詹姆斯敦，特拉华爵士很不高兴；他说，"女王"应该被烧死。起初，珀西表示异议。"当天流了那么多血，"他写道，"我不想看到更多死亡，我不认为烧死她很合适。"珀西给了女王一个"更痛快的处决"，在詹姆斯敦，这是心慈手软的表现。士兵们把她带到树林里，"用剑刺死了她"。

几年的野蛮战争接踵而来。然后，1613年，宝嘉康蒂又来营救了——尽管不是出于她自己的意愿。英国水手塞缪尔·阿高尔（Samuel Argall）得知她去探访波托马克河畔的一个部落，决定"使出所有计谋抓住她"，用她来交换波瓦坦从英国人手里俘获的囚犯、武器和工具。阿高尔通过威胁和贿赂，劝诱波托马克酋长把宝嘉康蒂带到他的船上，他设宴招待她，然后把她幽禁起来。"她开始沉默寡言，不高兴。"一位殖民者写道。阿高尔派了一名信使去找波瓦坦，告诉他绑架的事情，要求交换英国俘虏和财物，还有大量的谷物。"然后，他可以让女儿回到身边，否则不行。"

波瓦坦归还了七名囚犯、一些工具和武器，还有一点谷物。但是，英国人并不满足。他们想要全部赎金，等了差不多一年。然后，他们带着宝嘉康蒂和150人亲自去取。紧张的僵局之后，波瓦坦没有任何回答，宝嘉康蒂上了岸，见了她的几位亲属，简短地告诉他们："假如她父亲爱她，他为她付的代价不应少于旧的剑、枪或斧头；不然，她仍旧会跟英国人住在一起，他们爱她。"

有一个殖民者确实爱她。宝嘉康蒂被俘期间，她跟一位牧师生活，学习英语和基督教教义。等她长到 17 岁，她也认识了约翰·罗尔夫（John Rolfe）——一个最近丧偶的移民，大约二十七八岁。几年前来到弗吉尼亚后，罗尔夫试验栽种了从加勒比海带来的烟草种子。他不顾一切地爱上了她。

在给殖民地总督的特别信件里，罗尔夫表示，他对宝嘉康蒂的感情使他"很长时间心乱如麻"，"为如此难以理解的努力迷醉，我甚至厌倦了从里面解脱自己"。罗尔夫冒着一定的风险，坦白了"折磨我灵魂的激情"。英国人认为跟不信上帝的土著人联姻是重罪。罗尔夫是一个虔诚的人，他知道"利未人和以色列人的儿子娶了外邦人做妻子，全能的上帝怀着怎样严厉的不满"。他爱上"野蛮"和"被诅咒"的种族的一个成员，也使他成为移民们的笑柄，他们会"谴责和嘲讽我"。

但是，罗尔夫沉醉其中，无法控制自己的"许多激情和痛苦"。"我每天、每时刻骨相思，辗转难眠。"他向总督保证，他的痛苦并非"不受约束的肉体欲望"。相反，他感到不得不跟宝嘉康蒂结婚，以拯救她和他自己的灵魂。她希望成为基督徒，他写道，拥有这样做的"理解能力"，并且"强烈地表现出爱我"。

我们只能看到罗尔夫的话，并作为她钟情的证据。根据另一名殖民者的说法，宝嘉康蒂已经是一个叫高刚（Kocoum）的印第安武士的妻子，关于此人没有更多记载。无论她对罗尔夫怀着怎样的感情，所有其他人都对他们的婚姻满怀期待。印第安人和英国人都被战争弄得筋疲力尽，想方设法挽回面子。总督没能收到宝嘉康蒂的全部赎金，"为了种植园着想"，同意了她的婚姻，波瓦坦也一样。

1614 年 4 月，她受洗后，起了教名"丽贝卡"（圣经中以撒的新娘的名字，上帝告诉她"两国在你腹内"，"这族必强于那族"），嫁给了罗尔夫，她的两个兄弟和一位叔叔参加了婚礼。"后来，"一名殖民者于那年年末写道，"我们开始友好地贸易，不仅跟波瓦坦本人交易，而且跟我们周围的他的臣民交易；如今，我认为殖民地没有理由不迅速兴盛。"

殖民地确实开始繁荣起来，这不仅得益于联姻带来的和平，也得益于罗尔夫引进的西印度群岛的烟草。一位殖民者写道，弗吉尼亚的当地品种"柔弱而且味道辛辣"，每株植物只产出一小片叶子。进口的品种味道更饱满、甜润，长得又高又茂密。几年后，移民们种植烟草，杜绝了其他作物，成吨出口，获得极大的利润。烟草就是欧洲人长久以来在北美洲寻找而从未找到的金子。

1616 年，罗尔夫夫妇带着他们一岁的儿子托马斯扬帆去了伦敦。航行由弗吉尼亚公司赞助，来宣传殖民地的成功和对土著人的"教化"。这次旅行暗中也给波瓦坦机会侦察英国。他派了信得过的祭司托莫科莫（Tomocomo）随行，告诉他用"棍子上的刻痕"记下他看到的英国人的数目，这样波瓦坦就能判断他听说的"众多人口"是否真的存在。祭司不得不很快放弃人口普查，同样也对英国繁茂的庄稼和树木惊呆了；他说印第安人相信殖民者"来到他们的国家是为了弥补这些缺陷"。

托莫科莫也受托来打听约翰·史密斯的命运，波瓦坦和他的子民显然很欣赏他。罗尔夫抵达后几个月，上尉都保持距离。当他最终出现时，他跟宝嘉康蒂的重逢很是尴尬。十年前，史密斯最初遇到的赤裸的印第安小女孩现在是一位妻子、母亲和基督徒，"按照我们英国人的教养，变得很懂规矩、彬彬有礼"。见到史密斯后，他写道，她向他"端庄地致敬"，"她没说一句话就转身走开了，遮住了她的脸，似乎并不很高兴"。

后来她才开口，跟史密斯提起他对波瓦坦许下的很多诺言。"你所有的应该是他的，"她说，"你称他父亲，在他的土地上是个陌生人。"然而，史密斯离开了弗吉尼亚，后来，英国人"总是告诉我们你死了"。印第安人怀疑这一点，她加上一句："因为你们国家的人经常说谎。"写完这句酸溜溜的话，史密斯结束了他对他们拜访的简短记述。

然而，他愉快地记下宝嘉康蒂对她在伦敦遇到的"各种国家的人"留下的深刻印象。"他们见到许多英国贵妇不如他们受优待，身材和举止更糟糕。"她跟着爵士和贵妇参加舞会和看戏，包括在怀特霍尔宫（Whitehall Palace① ）举办的第十二夜假面舞会。

宝嘉康蒂还坐着让人给她画了一张像，这是唯一流传下来的她同时代的肖像。画家或者他的赞助人意图把宝嘉康蒂画成一个彻底的英国贵妇人。她面无笑容，僵硬地坐着，她用温文尔雅的衣服裹起来坐着——蓬松的袖子、绣花的天鹅绒斗篷、浆硬的蕾丝衣领、高耸的河狸帽——紧紧抓住一把鸵鸟毛的扇子。除了她凸出的颧骨和锐利的杏仁色眼睛，人们几乎很难认出她是印第安人。

宝嘉康蒂在伦敦的肖像，1616 年

---

① 又译白厅宫，前身是历代约克大主教的住宅，亨利八世没收后改为皇宫，1698 年毁于一场大火。

那时，也许她还没有感觉自己像那么回事。二十岁的宝嘉康蒂人生有一半时间认识英国人，跟他们生活在一起，过去的三年，她作为丽贝卡·罗尔夫生活。她是个特别英勇无畏的女人——约翰·史密斯的镜像——在她短暂的一生中，她在三个不同的世界生活：特纳科马克（波瓦坦的王国的印第安名字）、弗吉尼亚殖民地和斯图亚特王朝的英国。横越大西洋后，她流露出希望留下的想法。1617 年 1 月，一位伦敦人写道，约翰·罗尔夫打算跟妻子回到弗吉尼亚，"使人伤心地违背她的愿望"。

然后，在他们等待顺风时，宝嘉康蒂和托马斯病了。没有关于症状的记录，但是，罗尔夫夫妇早已从伦敦搬到一处乡村，"对城里的烟感到不舒服。"宝嘉康蒂和她的儿子也许患了呼吸道疾病，可能是肺结核。

最后起航的时候，罗尔夫夫妇只沿着泰晤士河航行了一小段路程，宝嘉康蒂的病就严重得无法再前进。她在格雷夫森德（Gravesend[①]）上岸，被带到码头边的村舍或客栈。根据当地教堂的登记："3 月 21日——丽贝卡·罗斯，托马斯·罗斯先生的妻子。一位出生在弗吉尼亚的夫人，埋葬在这里的教堂圣所。"

这个简短的登记拼错了她的名字，混淆了她的丈夫和儿子的名字——是在格雷夫森德的关于宝嘉康蒂死亡的唯一记录。她是一位印第安国王的女儿、伦敦的名流，也是繁忙的泰晤士河码头的一位匆匆过客。一个世纪后，她葬身的教堂毁于大火，里面的许多坟墓混在了一起。直至今日，没有人确切知道宝嘉康蒂的尸骨何在。

"我的妻子去世令人悲伤。"在她的葬礼两个月后，约翰·罗尔夫在一封信中写道。她走得很安详，他说，她看到他们两岁的儿子康复。"所有人都会死去，"她告诉丈夫，"但是，她的孩子活着就够了。"

他几乎没能活下来。船只离开英国海岸之前，托马斯的健康状况不

---

① 位于英格兰东南部的肯特郡的港口城市，坐落在泰晤士河南岸。

稳定。罗尔夫不情愿地把他留在普利茅斯，由一名海军将领照顾，安排了一个弟弟来接他。然后，罗尔夫回到了弗吉尼亚，在那里成为一名杰出的官员，跟一个英国女人第三次结婚，在他 1622 年死去之前有了一个女儿，再也没有见过托马斯。

托马斯·罗尔夫恢复了健康，大约二十岁的时候搬回了弗吉尼亚，继承他父亲留下的一个大种植园。他似乎完全认为自己是英国人，也如此被人接受。他娶了一个殖民地领袖的女儿，仅在 1641 年拜访过他的印第安亲戚。后来，他很快成为殖民地民兵组织的一名官员，1644 年，该组织平定了一次印第安人叛乱，事实上破坏了他母亲长大的世界。

托马斯·罗尔夫大约于 1675 年去世，一位早期弗吉尼亚历史学家写道，"在这个国家"，他成为了"拥有财富和荣誉的人"。

作为宝嘉康蒂的丈夫和种植烟草的先驱，约翰·罗尔夫对弗吉尼亚的生存至关重要——跟他的妻子，或者，跟那位据说被她拯救的上尉一样重要。罗尔夫通过试验烟草，将詹姆斯敦从奋斗中的创业公司变成了兴旺的企业。他的婚姻伴随着一段时间的和平，给殖民地带来发展繁荣的喘息空间。他们的联姻也给英国人带来希望，他们的印第安人邻居是可以和平地被"教化"和基督教化的。

但是，罗尔夫死后的几个世纪，他的形象如用喷枪那样，逐渐从美国人的记忆中抹去。到了新生的美国作家们开始纪念詹姆斯敦的时候，许多州已经禁止印第安人和白人通婚，这使罗尔夫夫妇的联姻显得不合时宜。另一方面，约翰·史密斯似乎完美契合了美国英雄的角色：一个有行动力和勇往直前的人、白手起家、个人主义、破除传统观念。他被宝嘉康蒂"拯救"，也缓和了欧洲人征服印第安人的故事。在绘画和文学作品中，她长成了一名性感的少女，将勇敢的上尉紧紧抱在怀里。后来的故事——她被绑架，嫁给另一个男人，过早去世——全都被忘记了。

"约翰·罗尔夫不是我们的祖先，"维切尔·林赛（Vachel Lindsay）在 1917 年的一首诗《我们的母亲宝嘉康蒂》里写道，"我们从她的灵魂中成长。"

詹姆斯敦的历史公园里没有罗尔夫的雕像，只有史密斯和宝嘉康蒂。附近的教堂里，史密斯和宝嘉康蒂的青铜和大理石纪念碑并排悬挂在一起，就像一对夫妇的墓碑；美国烟草协会立的纪念罗尔夫的小匾额在对面的墙上看着他俩。

我在纪念 1607 年 5 月詹姆斯敦建立的年度仪式——登陆日（Landing Day）回到公园，其中一项活动是理查德·奇塔姆（Richard Cheatham）引导的观光之旅，他穿着殖民地的服装，扮演约翰·罗尔夫的角色。另外只有三个观光者跟他穿过公园，"至少，你会在几本彩色图书中发现罗尔夫，"理查德后来在詹姆斯敦的"饥饿时期"咖啡馆吃三明治时抱怨说，"罗尔夫是一位创新者，在工作和爱情中思想开放。你会认为这是美国人应该欣赏的品质。但在詹姆斯敦，所有人关心的唯一的那位'约翰'是史密斯。"

这个规则只有一个例外。由于史密斯去世后没有留下后代，重视自己跟早期弗吉尼亚的血缘关系的美国人对他少有兴趣。那些早期移民后裔出席登陆日时引人注目：他们穿着优雅，在詹姆斯敦建立者的纪念碑旁边组成了一个"女巫团"，一边忙碌地交换着家谱证书，一边研究彼此西装和裙子上的胸章。

"我追溯到罗尔夫夫妇、佩因夫妇、韦尔夫妇和伍德森夫妇。"

"真的？我跟温斯顿一脉有血缘关系。我也有博林的血统。"

"你是美国革命女儿会 ① 的成员吗？"

---

① 简称 DAR，是美国的一个妇女组织，其成员均自称为美国革命参加者的后裔。

"阁下，我的胸口别不下那么多胸章。"

我偷听着他们的谈话，想起了新西兰的毛利人，他们在仪式上介绍自己时，会背诵三十代祖宗的名字。假如可能的话，弗吉尼亚家谱似乎更像一座迷宫。

"这里有殖民地贵族夫人、古代种植园主的后裔、詹姆斯敦上流社会和弗吉尼亚第一家庭。"登陆日出席者之一贝蒂·菲茨杰拉德（Betty Fitzgerald）一边解释，一边在一个有关祖先的团体名单上打着勾。每个群体都有自己的加入规则，通常跟到达日期和祖先的身份有关。有些协会要求"双重遗产"或者跟两个显赫的弗吉尼亚家族有血缘关系，他们中有许多人在殖民地时代通婚。"这就像你院子里的田鼠，"贝蒂说，"线条纵横交错，地道到处都有。"

最尊贵的血统追溯到约翰·罗尔夫和宝嘉康蒂。他们的独生子托马斯也是一脉单传，只有一个叫简的女儿。她嫁给了一个富有的种植园主罗伯特·博林（Robert Bolling），生了个儿子后，在同一年去世，也许是死于产后并发症。博林再婚后，又生了七个孩子。这意味着有些姓博林的人是宝嘉康蒂的后代，也有许多人不是。

"你不得不问别人，'你是个"红博林"还是个"白博林"？'"萨姆·塔里（Sam Tarry）解释说。他的"博林线"是红色的。

"我也是！"一位妇女插嘴说，"宝嘉康蒂是我的第八代曾祖母。"这意味着在"祖母"前面得加上八个"曾"来跨越她和宝嘉康蒂之间的几代人。

通常来说，这么弱的血缘关系几乎毫无意义：往前推十代人，产生的祖先群体多达数千人。但是，即便跟宝嘉康蒂有微弱的联系，在弗吉尼亚也能长久地受到尊敬。1924 年，美国通过了《种族完整法》，隔离了任何有"非白人"血统的人。立法者附加了一个"宝嘉康蒂例外"的条款，豁免了有"十六分之一或更少"印第安人血统、并且"没有其他非白人血统"的弗吉尼亚白人。

　　更具巴洛克风格的是一个叫"宝嘉康蒂之女"的组织，他们每年在詹姆斯敦举行"宝嘉康蒂公主纪念日"。登陆日之后，我去这个组织的一位当地领导人家中拜访她，她家在历史公园往东 20 英里。桑德拉·戴伊（Sandra Dye）是个六十多岁的女人，高个子、修长、深色眼睛，她白天在一个移动板房小区上班，但在许多个晚上，她坐在奥纳瓦市议会的第 38 号座位上，扮演着"在位的宝嘉康蒂"。

　　"我的父亲和祖父是红种人，"她说，我们在她书房的沙发上坐下，"所以，我猜自己的血液中有宝嘉康蒂的基因。"

　　从字面上看，桑德拉的意思并不是那样。她的咖啡桌上有一本九百页厚的叫作《红种人改进会和宝嘉康蒂之女的历史》的书，我从里面读到，"红种人"协会是一个秘密兄弟会，成立于 1813 年，是从一些把印第安人的王权当作自由和反抗象征的殖民地团体流传下来的（"自由之子"协会 ① 在非常著名的波士顿倾茶事件中就是这样做的）。

　　"红种人"协会里只有白人男性。他们形成了"部落"和"棚屋"，由一位"酋长"或"伟大的高级酋长"领导。在 19 世纪晚期，这个社团发展出了女性分会，拥有自己的名称"宝嘉康蒂之女"。

　　"我是过去的'伟大的宝嘉康蒂'和'贝壳串珠（Wampum②）的伟大守护者'。"桑德拉说。这意味着她任职州议会的首脑和财物主管。其他头衔包括"伟大的女先知"和"伟大的明尼哈哈"。新成员加入时会举行"印第安人"仪式，戴上印第安人标志。桑德拉不愿意告诉我更多。"那是秘密。"

　　不久以前，"红种人改进会和宝嘉康蒂之女"还曾公开露面，代表议会参与游行和其他市民活动：男人们戴羽毛头饰，穿雄鹿皮衣服；女

---

① 美国独立战争中的一个普遍的激进民主主义组织，反对英国殖民统治，谋求解放的革命战争。波士顿倾茶事件就是波士顿"自由之子"所领导的政治示威事件。
② 北美洲东部林地印第安人使用的一种类似货币的物件，由沟螺的壳轴制成。

人穿母鹿皮衣服，戴束发带。后来，20 世纪 90 年代，真正的印第安人开始抱怨这种现象。"他们不喜欢那些苍白的面孔穿戴他们的服饰，因为那有特殊含义。"桑德拉说。詹姆斯敦的公园行政官员要求"宝嘉康蒂之女"的成员停止在"宝嘉康蒂公主纪念日"穿鹿皮衣服的行为。现在，他们开始改穿白人的服装。

"这很悲哀，因为当我们穿戴特别的服饰时，容易吸引一大群人，"桑德拉说，"观光者会问'你是哪种印第安人？'我会说，'我不是，我是德国人和英国人的后裔'。但是，我想我们这样做是为了吸引人们注意到印第安人的困境，这并不失礼。"

我问桑德拉，她是否还有那套服装。"噢，是的，"她的脸明亮起来，"我去拿来。"她上了楼，几分钟后戴着珠子项链、穿着莫卡辛鞋、开衩到大腿的有流苏的皮裙子回来。"我拥有这件漂亮的服装，但我永远都不能穿了，"她说着转了一圈，"头发更长的时候，我会扎起马尾辫穿上它。"

桑德拉坐在沙发上，我们重新开始谈话。我看到她变成印第安少女时有些激动不安，便问她是否认同宝嘉康蒂。

"毫无疑问。自由、友谊和慈善是'宝嘉康蒂之女'的箴言，这些品质来自宝嘉康蒂本人。"

"你们为什么认为她帮助了英国人？"

"她对约翰·史密斯着迷，并且，恰如其分，"桑德拉说，"我听腻了浪漫主义者认为她不想让这位英俊的陌生人被砍头的说法。"

"宝嘉康蒂之女"发扬了她本人乐善好施的精神。有一段时间，它为印第安儿童提供食物和衣服；现在，它的大部分慈善捐款进入了一家名为"许愿"的基金会。成员们也为宝嘉康蒂的埋葬地格雷夫森德教堂庭院的维护捐款。

但是，"红种人"协会和妇女会正在经历一段艰难时期。20 世纪 20年代，协会和妇女会达到了 50 万名成员的顶峰，现在，其规模缩小到不到两万名成员。桑德拉所在的委员会成员下降到 35 人，而她在 20 世纪 70 年代加入时有两百人。当地的红种人"不再有正常运作的部落"，她说。

桑德拉将这种衰落归咎于现代的家庭生活。"我们无法跟《幸存者》（Survivor）和《美国偶像》（American Idol）这样的电视节目竞争，"她说，"这么多妇女要工作，而且在家时还有额外的活动。没有人有任何时间。国际狮子会（The Lions①）和其他兄弟组织也有同样的问题。"

桑德拉用手掌压着有流苏的裙子。"至少，跟驼鹿和神麋比，"她说，"我们有最漂亮的服装。"

第二天，我碰到另一个穿皮衣服的女人，她是一个确实会被误认为是宝嘉康蒂的女人。1611 年，殖民者们渴望建立一个比臭气熏天的詹姆斯敦更好的基地，在詹姆斯河源头往西 80 英里的高地上建立了亨里克斯（Henricus）城。他们建立了大型定居点，包括英属美洲殖民地的第一座医院；在朝圣者们登陆的前一年，还给第一所大学颁发了许可证。约翰·罗尔夫就是在亨里克斯试验烟草，并遇到宝嘉康蒂的。

1622 年，印第安人的暴动摧毁了这座方兴未艾的城市，它再也没有复原。现在，唯有一座重建的堡垒和印第安村落依旧矗立。一个凉爽的春天早晨，我到达时只看见一位橄榄色皮肤的漂亮年轻女人，黑色的长发、深棕色的眼睛。她穿着有流苏的鹿皮衣服，戴着贝壳串珠项链，她在菜园里跪下，照料泥做的金字塔。

"我是克里克（Creek②）印第安人，我们是建造土丘的人。"她开起了那些土堆的玩笑。实际上，她像弗吉尼亚印第安人一样，通过在圆锥形的小土丘上种植庄稼来保存水分。她也把小土丘弄得很分散，因为土著人缺少耕种的牲口，也没有犁来耕出匀称的田垄。"我不会抽这个——只

---

① 全名为 Lions Clubs International，于 1917 年成立，是世界最大的服务组织之一。
② 北美印第安人的一支，原居住在佐治亚和亚拉巴马的大片平地。

有男人会抽，大部分在仪式上，"她说，摘了一片拇指形状的烟草叶片，"但是，当你用手采摘时，它会进入你的皮肤毛孔，让你感觉很兴奋。"

梅拉尼·赖特（Melanie Wright）在詹姆斯敦附近长大，她的家庭带有佐治亚克里克人的血统。但是，她感到扮演弗吉尼亚印第安人的角色更舒服。一开始她在詹姆斯敦，如今又到了亨里克斯。"你很难解释你自己的历史：它太个人化了，尤其是那些失败的经历，"她说，"在这里，我是另外一个人，而这个村庄全部属于我自己。"

她带我穿过种着玉米、西葫芦和大豆的土丘，她将这些作物和烟草一起种植。很少有参观者对印第安农业感到特别兴奋。"但是，当我从兽皮上把肉刮下来，浑身沾满鲜血和内脏时，"她说，在一根挂着生皮的棍子边停下，"那真的会让那些家伙兴奋起来。他们站在周围，痴迷地看着。"

而当她用鹿脑鞣制皮革的时候，他们的激情就快要冷却了。她那齐膝的皮裙和遮住她的肩膀的带流苏的斗篷，比17世纪土著人的服装端庄多了。"他们没有给我足够的钱，让我只穿一条皮围裙，"她说，"无论如何，我是个现代的、小熊维尼般的印第安人。可等到这里天冷了，我却没有任何熊脂肪。"

我们低头进入"耶霍肯"（yehawken）——一个树枝搭的椭圆形建筑，泥地上铺着编织的席子。梅拉尼用火鸡羽毛扇起了火，升起的烟通过屋顶的开口出去。"欢迎离开'家'，来到我的家，"她坐在一块毛皮上说，"从所有的意义上来说，我生活在17世纪。"

梅拉尼喜欢她的工作，但是，她并不理想化地描述土著人，或是带着敬畏感看待他们。"他们确实喜欢表现和炫耀，"她说，"波瓦坦总是试图以他拥有的女人和财产给英国人留下深刻印象。当你参加战斗时，你得显得伟大——你在你的'耶霍肯'周围，不可能穿同样的东西。"她也被土著人对英国镜子的钟爱逗乐了，印第安人的坟墓里经常发现这个。"我喜欢这些人的虚荣！别把它们变成乏味的完美样品。"

这种质朴的态度扩展到宝嘉康蒂身上。梅拉尼怀疑，波瓦坦的女儿之所以被吸引到詹姆斯敦，只是碰巧为了收集珠子和其他小装饰品。宝嘉康蒂肯定也喜欢英国人的宠爱——因为在他们中间没有小女孩。

"波瓦坦有 80 个孩子。可他们总是说宝嘉康蒂是他最喜欢的孩子。但是，直到什么时候？下个星期？"梅拉尼耸了耸肩，"英国人绑架她的时候，爸爸似乎并不难过。她肯定会想，'无论如何，我会跟白人待在一起。他们认为我很特殊，给了我很多东西'。"

这不是一个高贵的形象：似乎更像帕丽斯·希尔顿（Paris Hilton①），而不是宝嘉康蒂母亲。但是，这似乎跟"宝嘉康蒂之女"之类组织的浪漫想象，或者学者从稀少的历史迹象杜撰出来的许多理论一样貌似真实。

尽管梅拉尼并不虔诚，但有一件事她无法容忍：参观者经常问，"你是真的印第安人吗？"

"我告诉他们，'不，我完全是塑料的'。假如我说'是的'，然后，他们便总会问，我是不是'纯种'。我很想回答他们，'不，我上周献了一品脱血，所以，我现在有点缺血'。"

梅拉尼的祖母是一个"纯种"印第安人，但是，她告诉邻居，她的家族是古巴人——比说是印第安人少一点耻感。"现在，人们希望你是真的，不像美国其他所有人一样是混血儿。没有人会来到这里的堡垒，问一个殖民地翻译，'嗨，你是不是纯种英国人？'"

她拨弄着火。"当我不得不填写表格，问到我的种族时，我会写上'人类'。"

一辆校车停在外面，梅拉尼平静了下来。我们走回去时经过菜园，她停下来捡起了一个汽水罐拉环。"我是印第安人，我们喜欢闪亮的东西。"她说完又笑了。然后，我前往堡垒，她警告说，"别让那些肮脏的

①　美国模特、演员、歌手，希尔顿集团继承人。

英国人朝你咳嗽！"

我从亨里克斯出发，沿着蜿蜒的乡间小路，寻找宝嘉康蒂真正的子民。他们的遗迹就像早期詹姆斯敦的生存一样不可思议。1618 年，波瓦坦死后不久，他的兄弟欧帕查纳卡纽成为统治者，1622 年，他领导了暴动，摧毁了亨里克斯，杀死了整个弗吉尼亚的 350 名英国人——几乎是全部殖民者的三分之一。但是，自从 1607 年，第一批移民在詹姆斯敦的堡垒忍受饥饿和疾病以来，权力的平衡已经发生了倾斜。

新的殖民者迅速取代了那些在暴动中被杀的人，他们狠狠地反击了印第安人。移民对烟草的嗜好（一种迅速消耗土壤的庄稼）和对放牧牲口的引进也侵占了印第安人的田地和狩猎场地。1644 年，欧帕查纳卡纽领导了另一场大规模起义，结果以他的死亡及他和兄弟们统治的帝国的毁灭告终。

"在死亡的痛苦中"，1646 年，弗吉尼亚的立法机构宣称，将印第安人被圈禁在约克和詹姆斯河之间的地域。波瓦坦先前的联盟被剥夺了许多土地，战争和疾病使人口大量减少，凋零成一些小群体——就像詹姆斯敦的居住者过去那样，被敌人包围，寡不敌众。在 17 世纪初，约翰·史密斯记录下他在旅行中遇到的四十来个部落的名字。一个世纪后，一位叫罗伯特·贝弗利（Robert Beverley）的殖民者发现只剩下八个部落。"弗吉尼亚的印第安人几乎疲惫不堪。"他写道。他对印第安村落的大致人口普查包括"还有少数人活着"或"近来很多人死于天花"之类的记录。他列出，很多史密斯探访过的部落已经"绝迹"。

幸存下来的有帕芒基人（Pamunkey），这是波瓦坦的疆土内的核心部落，人们相信他出生在那里。1677 年，帕芒基人跟"可怕的君主查理二世"签订和约，保证他们无忧无虑地留在依然拥有的土地上，也有权采集野燕麦、灯芯草和其他"对英国人无用"的植物。作为交换，印第安人发誓和睦相处，臣服于国王，每年进贡 20 只河狸的毛皮，由部落领袖递交给殖民地总督。

这个传统从此延续下来——尽管现在帕芒基人用鹿代替河狸，在州议会大厦的台阶上呈献给弗吉尼亚州州长。帕芒基人也仍然占据河边剩余的土地——里士满（Richmond）往东 20 英里一块牛轭形的地方。为了到达那块保留地，我沿着一条乡间小路走去，路尽头有一些朴素的房屋。除了一个小型博物馆，帕芒基人的飞地跟弗吉尼亚其他几百个乡村社区几乎没有什么区别。我碰到的第一个人——穿着蓝色牛仔裤，浅褐色皮肤，柔和的弗吉尼亚慢声细语——也跟他们的非印第安人邻居没多大区别。

有人指给我部落代理酋长沃伦·库克（Warren Cook）的家，他是一个英俊、强壮的男人，花白的黑发，有着长睫毛的绿色眼睛。"这个保留地跟大部分不一样，"他说，"这不是给我们的——这是永远无法从我们手里夺走的地方。"在这方面，帕芒基人和祖尼人一样，都是依然居住在欧洲人抵达时他们占据的土地上的特殊部落。

跟沃伦聊天时，我感觉到另一种相似之处。像祖尼人一样，帕芒基人跟非印第安人和其他部落都保持着某种距离。他们在地理上和社会上相对隔绝，这是帕芒基人幸存下来的一个原因。"我们很坚持自己，"沃伦说，"那些日子，其余的世界远离了我们。"

他似乎明白无误地希望我也一样。但是，当沃伦说他有件差事要做，我问能否跟着他，看看保留地时，他耸了耸肩，说："那不会花很长时间。"

我们开车经过空间宽敞的安装了护墙板的房子和齐膝高的麦田。房子归居民们所有，但他们并不拥有土地——他们去世后会归还给部落。保留地仅有 85 人生活，大约是帕芒基人总数的十分之一。"那还没算上所有认为自己是其中一员的人，"沃伦说，"这世上最大的部落是'模仿者'。"

人们从世界各地写信给帕芒基人，声称自己的祖先是宝嘉康蒂，因此，他们有资格拥有部落的成员资格——他们经常认为这会带来某些经济利益。然而，帕芒基人没有特定的俱乐部，仅受到州政府的适当补助。而且，人们要加入部落，得证明一位最近的祖先是帕芒基人。

沃伦在一座宝嘉康蒂的纪念碑旁边停下，上面刻着"她高尚而仁爱，是最早奋斗在此的英国殖民者的朋友，她勇敢地拯救、保护和帮助了他们"。一座浮雕描绘了一位戴着束发带的长发女子。一位当地艺术家以沃伦的祖母宝嘉康蒂·库克（Pocahontas Cook）在20世纪20年代的一张摄影棚照片为模特雕塑了她的脸。

"我喜欢这件艺术品，但从我个人而言，我会拆掉这个纪念碑，"沃伦说，"宝嘉康蒂是一位杰出的年轻女性，聪明，有适应能力，但是，她被英国人带走了。"他说大部分帕芒基人跟他一样有矛盾心理。有些人认为宝嘉康蒂是叛徒，帮助了侵略者，然后，还嫁给一个侵略者。"然而，我们主要是厌倦了一直听到她，"他说，"而不是更能代表我们民族的人。"

沃伦带着我开车沿河往下游驶去，来到一个长满青草的土堆旁，上面装饰着羽毛和一个皮革烟草袋。帕芒基人认为，欧帕查纳卡纽把哥哥波瓦坦的骸骨埋在这里，后来，他被俘获后，在詹姆斯敦被人从背后开了一枪，他也埋葬在这里。一位殖民者把欧帕查纳卡纽描述为"一个体形魁梧、仪表高贵、样样超凡脱俗的人"。但是，1644年，他是如此衰老羸弱，当他领导起义时，不得不被人用担架抬上战场。

"假如来詹姆斯敦的参观者更多地注意到波瓦坦和欧帕查纳卡纽就好了，"沃伦说，"他们不在去美洲的船上——他们遇到了那艘船，尽一切努力把英国人赶回海上。"

从我们的河边与世隔绝的栖息处来看，他们胜利的遗产太显而易见了。沃伦花了20分钟，向我展示了波瓦坦一度强盛的王国还剩下什么：1200公顷的小块地区，大部分是无人居住的湿地。"你得到水上去，才能真正感受这块保留地。"他说。

我们安静地坐了一会儿，然后，我问起之前看见的停在他院子里的那条船。沃伦第一次露出笑容。"甩掉你很不容易，"他说，"就像那些该死的英国人。"

几天后，在他19英尺长的小艇的方向盘边，沃伦开始畅所欲言，景色也变得开阔起来。那是5月下旬，弗吉尼亚的树林和灌木丛开始变得浓密，把州内很多地方变成闷热潮湿的地狱。但是，当我们发动马达驶入帕芒基河，树林让给我们一片微风习习的棕色的宁静水面。沃伦在遍布沼泽的小岛上靠岸，指给我看高秆的野米和一种叫萍蓬草的睡莲。一种晚些时候开花的植物叫蜀葵，印第安人过去常用来提取糖浆，是今天的甜点——棉花糖的前身。

一只鱼鹰从巢里飞起，展开硕大的翅膀掠过水面，然后，潜入水中攫获一条鱼。还有白鹭、老鹰和加拿大黑雁从头顶俯冲下来。"鱼类、鸟类、植物、田地、猎物——印第安人生活需要的一切，"沃伦说，"假如政府把保留地给了我们，大部分部落都是这样，我们永远不会住在如此美好的地方。"

沃伦驶向河面最宽阔的地方，然后关掉引擎。除了我们的小船，四周没有人类的踪迹。"四百年前，这里看起来一模一样，"他说，"当时英国人开始在这里瞎搞。"

在弗吉尼亚，我第一次感受到约翰·史密斯在到处是水的荒野中航行是多么困难：这里几乎没有任何陆上的地标。浓密的树叶遮住了河岸，形成了一道绵延几英里的低矮的绿色。高高的芦苇遮蔽了流入河的小溪。假如不是沃伦告诉我，我根本不会知道那些地方有通道。

单调、浓荫遮蔽的地形使得弗吉尼亚东南部非常适合埋伏。有一次，史密斯描述印第安人像雨一样向他的小船"射来一千多支箭"，当时他已经学会用树枝、大麻和草密织起来的盾牌防御。在我和沃伦漂流的地方附近，他的十六人队伍遭到欧帕查纳卡纽率领的七百名帕芒基人伏击。史密斯在河里的一个岛上跟酋长决斗，用铜币赌玉米。"我们的游戏规则是征服者通吃。"他虚张声势地宣布。然后，他抓住酋长的一缕长发，用枪抵着他的胸口。这位"颤抖的国王"命令武士们放下弓箭，送上一篮篮谷物——后来，史密斯这样声称。

他并不熟练于逃脱旅行中碰到的另外一些险境：涨潮时被海水淹没的软泥滩，他称之为"泥淖"——一种陷阱般困住英国人和他们的船只的肮脏咒语。帕芒基河上的一次旅行中，史密斯"陷进泥淖动弹不了"，只能等土著人来救援，"他们把我举在头顶抬出来"。

他没说他们是如何接近他的，但是，20世纪20年代，一位人类学家描述说，帕芒基人是蹦蹦跳跳地跑过污泥的，腿屈着，重量压在小腿上，每条腿只有一瞬间往下放。在称为"流泥"的最黏稠的泥潭里，他们俯卧着匍匐前进。

"假如你直着站起来，像英国人那样，你会一直沉到屁股，"沃伦说，"我父亲知道如何越过去，但我从来不会。"

他父亲当了42年的酋长，也是以传统方式设陷阱捕猎的最后的帕芒基人之一。保留地里依然有大量史密斯描述过的毛皮动物："鸡貂、黄鼬和水貂"，还有他只知道印第安名字的奇异动物："阿罗昆（浣熊）"、"欧帕森"和"穆萨卡斯"——一种他比作"水鼠"的野兽，闻起来"有一股特别浓烈的麝香味"。沃伦的父亲追逐过所有这些动物，但其中的大部分是麝鼠。退潮的时候，在沃伦的帮助下，他放了一个叫作"死亡陷阱"的木头装置。当麝鼠来咬野生防风草的诱饵时，一根木头从开叉的棍子上掉下来，把动物敲打进淤泥里。跟金属的捕捉机不一样，"死亡陷阱"不会生锈，也不会撕裂毛皮，沃伦的父亲把毛皮以3美元卖掉，麝鼠肉卖了25美分。

"他把卖肉的钱给了我们这些孩子，"沃伦说，"我用卖麝鼠的钱存了大约 250 美元，买了我的第一辆汽车。"

没有人继续使用"死亡陷阱"，或者，像沃伦的祖父一样，用柏树做独木舟。但是，帕芒基人用手工制作的渔网捕捉美洲西鲱，在保留地的孵化场把它们的鱼卵和精子挤出来，以增加河流里的鱼。他们也在古老的地区捕猎鹿和野鸭，并从河岸挖黏土制作陶器。

"没有神秘的传统、仪式或语言流传下来——那些在我祖父母的时代早已离去，"沃伦说，"对他们来说，印第安人只是一种生活方式，以土地和水为生。我们所做的只是仅剩的很少的部分。"

沃伦发动了马达，回到河的上游。把船拖出来后，他邀请我去他的房子吃烤鱼。烹鱼的时候，他给我看了他的家庭照片：从面无笑容的黑发祖先的黑白摄影棚照片开始，以他的五个笑容满面的女儿的彩照结束，她们中有好几个是金发。"印第安人的血液正在消失。"他说。

在过去好几代人之中，很少有帕芒基人跟其他印第安人结婚。在弗吉尼亚没有很多印第安人可以选择。沃伦的妻子是白人，他所有的女儿都嫁给了非印第安人。"越来越难以血统来定义我们自己了。"沃伦说。

当部落成员搬离保留地，或者经常往返城市时，也很难保持印第安人的身份。沃伦曾经在里士满当过艺术治疗师和职场顾问，还做过其他工作。"人们希望让印第安人定格——他们不希望我开一辆好车，住在漂亮的房子里，"他说，"但是，我父亲不希望我钓鱼和捕猎。他希望我接受教育，走进外面的世界。"

沃伦走向书架，取下一卷约翰·怀特所作的 16 世纪阿尔冈昆人的画册。他迅速翻过那些有着刺青、缠着腰带的土著人，说："他们是我的历史的一部分，我对他们很感兴趣。但是，我无法把自己跟这些人联系起来。我们在讨论石器时代。你怎么能把自己等同于他们？"

尽管如此，沃伦在自己的名片上印了一张怀特的画。他是一位有天赋的艺术家，他用猫头鹰、蜘蛛和乌龟制作珠宝，给穿着传统服饰的土著人画像。当我指出这似乎暗示了他跟遥远祖先的强烈认同感时，沃伦点了点头。"也许，我比自己意识到的更像印第安人，"他说，"这既是我的一部分，又不是。我们都是两个世界之间的混合。"

春雨倾盆而下，我中断了波瓦坦的国度之旅，驻足在里士满的国家档案馆。我没花多少时间就意识到，为什么沃伦和我碰到的其他印第安人一样，一开始便对问东问西的陌生人很警惕。祖尼人对爱打听的人类学家感到愤怒，弗吉尼亚八个幸存下来的部落受到一类更极端分子的迫害：那些完全否认他们是印第安人的白人。最恶毒的攻击伪装成科学，发生在我们有生之年的记忆中，几乎达到了它的目的。

"野蛮的土著人。"沃尔特·普莱克（Walter Plecker）在 1925 年的一份医学杂志中写道，他在开发美国的自然馈赠方面"完全失败"，而只有"伟大的北欧人种"有能力做到这些。但是，早期移民犯下了一个"致命的错误"，引进了"其他野蛮人，很多人最近还是食人族"。随着时间流逝，非洲人、印第安人和高加索人的混血使美国变得虚弱，从而威胁到它的纯洁和进步。"人种自杀"即将发生，"除非团结一致、下定决心，采取激进的措施，那么现在还不太晚。"

普莱克的"人种改良"不是一个孤独怪人的作品。他是一个名为优生学的运动的领导人——一个达尔文主义的扭曲分支，企图通过除去"劣等"血统来巩固基因库，普莱克也是弗吉尼亚重要统计数字的登记员：人口出生、死亡、结婚和其他记录的保管员。这给了他权力和手段，使国家成为他狂热的种族清洗思想的实验室。

印第安人对普莱克表现出了最严厉的威胁。1924 年的《弗吉尼亚种族完整法》否认了任何有"非高加索人"血统者的白人地位，但是，法案允许白人和印第安人之间的婚姻。普莱克认为该州的印第安人实际上是跟非洲裔祖先的混血，这使他们成为"弗吉尼亚杂种"和种族传染病的"秘密特工"。

他的解决办法是揭露、迫害、清除所有他认为血统不纯的人，甚至提醒公墓管理者对埋葬在白种人边上的尸体保持种族上的怀疑。普莱克甚至挖掘出南北战争前的记录，上面经常把土著人和自由黑人都列为"有色人种"。通过使用这个和其他"证据"，他着手把弗吉尼亚印第安人重新归类为"黑人"。他篡改了出生证明，迫使当地的登记员、产科医生和助产士也这样做，这样印第安人的孩子就不再是印第安人。实质上，普莱克对早年的战争、疾病和驱逐中幸存下来的弗吉尼亚的少数部落进行了统计学上的种族灭绝。

"希特勒的对犹太人的宗谱研究也没有这么完整。"普莱克在他1943年的"种族完整"文件中如此扬言。其中对弗吉尼亚人的"血统"追溯到一个世纪以前。

纳粹的滔天大罪败坏了优生学的名誉，1946年，普莱克最终在84岁退休。但是，他34年的恐怖统治仍有很久的影响力。他通过改变和破坏记录，毁掉了印第安人获得联邦认可需要的追溯文件。很多原住民为了避开骚扰逃离该州，大部分人再也没有回来。其他人隐藏起他们的印第安血统，融入了白人群体。到了20世纪末，弗吉尼亚州只剩下几千名印第安人：占全体人口的千分之三。

更阴险的是，普莱克挑拨了印第安人和黑人之间的关系——他们在弗吉尼亚州经常混居在一起。为了避免被怀疑任何轻微的"血统不纯"，从而被归入黑人的第三阶级公民身份，20世纪前半叶的印第安人把自己隔离开来。他们建立了自己的教会和学校（或者把孩子们送到其他州的印第安人学校），避免跟黑人社会接触，并制定部落法规禁止成员跟他们结婚。

"你得小心自己的伙伴。"格特鲁德·卡斯塔洛（Gertrude Custalow）告诉我。她是个上了年纪的马特波尼（Mattaponi）印第安人，住在从帕芒基沿路往下的一个保留地。"假如你跟黑人关系太密切，你会被部落排斥，因为那样会给州政府借口拿走我们的土地。"

普莱克运动留下的伤痕如今阴魂不散，习惯和传统也是一样。很多印第安人依然跟黑人保持距离，有些部落仍旧禁止通婚。跟白人接触则没有这样的约束，结果造成一种奇怪的重组。印第安人的祖先为了生存跟欧洲人作战，现在他们跟历史上的迫害者凑到了一起。限制白人和黑人接触的法律和禁忌已经消退了，隔开土著人和黑人的禁忌仍然存在。

这种分隔在詹姆斯敦西边的查尔斯城（Carles City）县最明显，在雨势减弱之后，我决定前往那里。跟帕芒基人不同，17 世纪居住在该县的奇克哈默尼（Chickahominy）印第安人被从他们的土地上完全驱逐出去。但是，在 19 世纪，有一些人回来了，该县已经变成一个种植园，黑人数量也超过了白人。19 世纪末，土著人在那些希望使该县占大多数的非白人群分裂的白人的帮助下，正式复原了奇克哈默尼部落。但是，成为奇克哈默尼人的资格标准并不完全清楚。这使得家族分裂了，有些成员加入部落，有些没有。

"这是我祖母的表哥；他是奇克哈默尼的酋长，"理查德·鲍曼（Richard Bowman）说，给我看他的起居室壁炉架上的照片，"这是我的岳父，戴着羽毛头饰的那位。他的祖母和我父亲的祖母是姐妹。"

显得有些古怪的是，理查德也展示了一块美国全国有色人种协进会（NAACP）颁发的奖章。20 世纪 60 年代，他领导了民权组织的当地分支，为该县的学校内融合而奋斗，这是印第安人加入他们曾经反对的白人的一次努力。

如今，理查德是一位修长、秃顶的八十多岁老人，浅棕色的皮肤、棕色眼睛、高颧骨——并非不像他的起居室照片里戴羽毛头饰、穿鹿皮衣服的人们。"1860 年，我的祖母出生于这里附近的一个种植园，生来是一个奴隶，"他说，"我的家族其他人是自由黑人。我也为是他们的后代感到骄傲。"

理查德开卡车带我去外面转了一圈，路上经过奇克哈默尼部落中心和举行帕瓦仪式的地方。生活在他所属乡村社区的大部分人是部落成员，包括现任酋长，和理查德的另一位亲属。"他们是再好不过的邻居，"他说，"但是，我们不怎么来往。他们仍然害怕有人会叫他们'有色人种'。"

理查德承认他也可能有印第安血统。"我身上也许有所有主要群体的血统，"他说，"人种是一种心态。你认为自己是谁，你就是谁。美国是个自由的国家。"但是，美国并不一直如此，他希望保证对早期弗吉尼亚的纪念能够包括这类遗产。"詹姆斯敦并不只是关于英国人和印第安人，"他说，"许多其他民族也深深扎根在这里。"

这是詹姆斯敦历史的一个方面，直到最近都很少吸引别人的注意。在殖民地建立的一年后，一艘补给舰队带了八名波兰人和德国人来到堡垒。他们被招募来是因为擅长制作出口产品，他们在詹姆斯敦成立了一家玻璃工厂，是这个大陆的第一家工业企业。在某种意义上，这些被遗忘的德国人和波兰人是19世纪填满美国工厂的移民潮的先驱。

1619年，另一批新的劳动力抵达。一艘荷兰和英国联合指挥的船只在詹姆斯敦东面的波因特康福特（Point Comfort）登陆。约翰·罗尔夫写道，这艘船"除了20多名黑人，什么都没带来"，殖民地总督用食物交换了他们。另一次派人来时，罗尔夫提到货物时称其为"黑鬼"（Negars），在美洲第一次有记录地使用这类词。

这些非洲人是从一艘从安哥拉前往墨西哥的葡萄牙奴隶船上抢劫来的。他们在弗吉尼亚的命运鲜为人知，直到1661年，那里才开始把奴隶制编入法典。有些非洲人可能终身成为奴隶，其他人则像贫穷的白人一样成为契约仆人，通过劳动7年或更久的时间来获得自由。一些早期非洲人成为大地主，例如有一个家庭迁移到马里兰，把他们17世纪的土地命名为"安哥拉城"。

但是，随着弗吉尼亚种植园经济的迅猛发展，黑人的生存状况开始恶化。1705年，殖民地宣布奴隶"应该被当作不动产来保留、获得和判决"。到了1790年，新成立的美国进行了第一次人口普查，弗吉尼亚州有大约30万名奴隶——占该州人口的40%。

假如非洲人首次被卖到弗吉尼亚的波因特康福特是奴隶制的普利茅斯岩，查尔斯城县则代表了它的第一个中心枢纽。理查德带着我沿詹姆斯河行驶，早期殖民者在这里建立了广阔的种植园，使用非洲人种植番茄，并建造南方最古老和最宏伟的房屋。这些种植园中的一座被传给了《独立宣言》的一位签署者，他给自己的110名奴隶仔细地编了目录，包括几名列为"疯狂""残废"或"没有价值"的人。后来，这些位于河边的地产哺育了几位被人遗忘的总统：威廉·亨利·哈里森（William Henry Harrison①）和约翰·泰勒（John Tyler②）。有几个庄园现在是旅游胜地，由穿着带裙撑的裙子的女人们带队导游。

"现在人们付钱去看奴隶们建造的东西，"理查德说，"你在旅游中不会听到这些的。他们多半会告诉你关于家具的事情。"

他开车离开河边，拐过一条街，通向一座有石柱廊的砖头房子，比河边的那些房子更朴素。在旁边的院子里，我们发现一位面色红润的白发老人正在努力拉上泳池覆盖布。理查德大步走过去伸出了手。"我叫理查德·鲍曼，"他说，"我的祖母出生在这座种植园。"

"真是太巧了，"那人回答说，笑容满面地抓住理查德的手，"我叫詹姆斯·贝利（James Bailey），很高兴认识你。"

---

① 美国第九任总统，他的父亲本杰明·哈里森是弗吉尼亚的一位农场主，第一届大陆会议代表，《独立宣言》签署人之一。
② 美国第十任总统。

　　詹姆斯是里士满一位退休的股票经纪人，他买下了曾经占地 1.2 万公顷的种植园中的 1000 公顷土地。他给我们看了一座漂亮的黄杨木花园，然后，他带我们来到了一个木头外屋，里面只有一个大房间，上面有个睡觉的阁楼。"这里是奴隶的住处之一，"他说，"我们发现有记录表明其历史起码能追溯到 1720 年。"

　　理查德走了进去，站在石头灶台边。"我的祖母也许在这里住过，"他说，"她的足迹也许踏过这里的地面。"

　　詹姆斯点了点头："你差不多能回到过去，触摸历史。"

　　假如说他们的相遇有哪些不舒服的地方，我仍难以察觉。他们友好地聊着打猎和捕鱼的事情，还有共同的熟人。然后，理查德说他是该县组织即将到来的詹姆斯敦四百周年纪念活动的委员会成员。他问能否带人来这里看他们的祖先曾经生活和劳动的种植园。

　　"那是个好主意！"詹姆斯说。两人交换了电话号码，理查德沿着长街开车回去，穿过树林，回到他朴素的木屋。"一代人之前，我不知道自己是否有勇气这样做，他也不会这样回应，"理查德说，"时代肯定已经改变了。"

　　当我完成波瓦坦那消失的王国之旅时，理查德临别的话萦绕在我耳畔。随着黑人民权运动和它给这个州带来的变化，时代确实像理查德所说的那样改变了。但是，透过弗吉尼亚开端的镜头，通过我漫长而陌生的穿越美国之旅，看这同一片风景，使我不断看到遥远过去发生的事件所投下的阴影。

　　约翰·罗尔夫和宝嘉康蒂结婚后四个世纪，与"外族"通婚依然是弗吉尼亚东南部的真实问题。罗尔夫种植的烟草大部分消失了，但是，无论是过去还是现在，它培养的种植园奴隶制使得三个种族依然互相争执。我遇到的每个人和每个群体——理查德·鲍曼、帕芒基人、古老种植园主的后代——都对同一片有历史影响的土地提出了某种要求，仿佛给伍迪·格思里（Woody Guthrie[1]）关于美国的著名歌曲增添了新的副歌："这片土地是*我的*土地。"

我在旅途中从头到尾都能听到类似的"合唱"：西班牙人和新墨西哥的印第安人村庄、佛罗里达的天主教徒和新教教徒、北卡罗来纳的黑人、白人、红种人和他们之间深浅不一的肤色。关于这个国家建立的往事，格思里歌曲里那缎带般的高速公路蜿蜒着回到了一片由*我*创造的土地。

我是纯粹的第三代美国人——在这场奔向起跑线的赛跑中，我的身边并没有一匹马帮助我。埃利斯岛（Ellis Island[2]）是我家族的普利茅斯岩。这给了我某种自由，我想自己可以不带偏见地翻检其他人的"阁楼"。也许，我也在兜着圈子纪念自己的传统——我在沙皇俄国的某个祖先是持不同政见的"掷弹者"，或者我的家族是这样宣称的。为了表示敬意，看起来我也喜欢"炸掉"美国的偶像和神话。

但是在弗吉尼亚，这种"血清管理员"一般的角色开始让我感到别扭。在拜访理查德·鲍曼后的几天，我去里士满旁听一个关于宝嘉康蒂的博物馆讲座。在一群戴着领结和大礼帽的老年白人中间，我发现三个看上去与众不同的女人。我跟她们坐在一起，并听说她们是奇克哈默尼部落的成员。我们友好地谈论着这个部落，直到我意识到其中一个女人是理查德·鲍曼告诉过我的远方亲戚。当我提起这个时，她的笑容变得僵硬了。

"有很多人是印第安人，但不想承认。"她说。

"他跟你是亲戚吗？"我问。

---

① 美国民歌手、作曲家，作品有《这是你的国土》等。

② 美国上纽约湾的一个人工岛，曾是纽约州的堡垒、火药库，和美国主要的移民检查站，被视为美国移民的象征，岛上建有移民历史博物馆。

"有些人走向了另一边，变成了黑人。那是他们的选择。"

我打算冒失地追问下去——一位记者嗅到了血的气味，但我内心中的讯问者却偃旗息鼓了。她不是政府官员或者罪犯。她是一个87岁的女人，经历了邪恶的种族政治迫害。假如房间里有一个犯罪分子，那非我莫属：一位后来的普莱克，要求知道谁的血统是十六分之一，或者三十二分之一。

"这些都是文件，"讲座开始时，她轻声说，温柔地完成了我的访谈，"能够杀死你的文件。"

听完讲座，我决定离开弗吉尼亚和它背后的幽灵。从这里开始，早期美洲的故事开始指向北方，来到传统的国家叙事的起始点，也是我的最后一站。

但是，詹姆斯敦也给这个故事投下了阴影。在美国对其开端的许多错误记忆中，这是最显眼的错误之一。新英格兰的开创者并非威廉·布拉德福德、迈尔斯·斯坦迪什或者五月花号上的其他人。他是美国历史学家长期痛斥的一个人：漫游的约翰·史密斯。

1614年，史密斯离开詹姆斯敦五年后，航行到了大西洋东北海岸，他坐一条小船侦察了岸边，就像他经常在切萨皮克周围做的那样。"很少有人不辞辛劳冒险来此。"他如此写到这片北方的地区。他对海岸的描述解释了原因。这里到处是石头和贫瘠，"恐怖而不是快乐的一个地方"。他也越过了海岸的沙丘，那儿也一样荒凉。"高耸的山丘，"他写道，"长满了灌木般的松树，扎痛人，而且毫无价值。"

但是，史密斯在这片令人生畏的土地上看到了希望。岩石可以提供建筑材料；鳕鱼、蚌和龙虾之类的食物充足；那里也有丰富的木材和土地。"文弱书生"可能会"抱怨刺骨的寒冷"，史密斯写道，但是为了"健康和肥料"，这个地区对英国人来说很合适。他成为殖民地开拓的热切推广者，写了好几篇关于如何实现目标的短文。实现定居点繁荣所需的一切，便是"诚实的产业"和一个像他那样的领导人。

这个地区需要另一样东西：一个新的名字。尽管在英国广为人知的是"弗吉尼亚北部"，这个凉爽、崎岖的海岸一点都不像切萨皮克。而且，在1614年，"弗吉尼亚"在英国人的头脑中依然是疾病、饥饿和敌对的印第安人的同义词。

史密斯在绘制北部海岸地图的时候，发现它的纬度跟弗朗西斯·德雷克爵士在1579年航行到达并命名为"新不列颠"的太平洋海岸是一样的。因此，史密斯灵光一闪，想出了堪比红发埃里克命名格陵兰的地理推广法，他把德雷克起的名字英国化，将它赋予那个他希望推销给同胞的既寒冷又到处是石头的地区。他称此地为"新英格兰"。

史密斯从未实现开拓这个地方的梦想。其他人跟随他的建议和精美的地图，但是，航行中却没有这位固执的上尉。他被留在远方观望这一切，并把闲事管到底，给他最后的著作起名为《给新英格兰或任何地方的没有经验的种植园主做广告》。

1631年，51岁的史密斯在贫穷中死去，临终前，他希望自己微薄的财产可以支付葬礼费用。"这里躺着一位征服过国王们的人，"他的墓志铭写道，"他征服了大片土地，而他所行的事迹，这个世界无缘见到。"

第十三章
普利茅斯：两块石头的故事

这块石头构成了整个美国的基础；它只露出在这里的地面上。

——温德尔·菲利普斯，《致普利茅斯的朝圣者社会的演讲》，1855 年

在第一次短暂访问的三年后，回到普利茅斯的我，感到这个地方已完全不同了。普利茅斯岩、五月花号的仿制品、钉在海岸线上的纪念碑——我对它们很熟悉，却又并不尽然，就像成年后参观童年魂牵梦萦的东西，仅仅是为了发现记忆欺骗了我。

我花了一段时间才弄明白为什么。普利茅斯并没有改变；我改变了。之前，我作为路过的旅行者在城里漫游，一位 21 世纪的汽车司机停下来瞥一眼海岸，很久以前，朝圣者们从木船上下来，在这里建立一个新的国家。现在，我走到了跟随历史脚步前进的漫长旅行的尽头，带着偏见看待普利茅斯。我并没有把它当作早期美国的奠基石，而是将其视为所有从前来到这里的人竖立起来的石堆上的顶石。

一两天后，这种心态使我成为脾气暴躁的旅行者。我得忍着不跟店主诡辩，他的 T 恤衫上写着普利茅斯的格言："美国的故乡。"对弗吉尼亚人来说不是这样，对西班牙人和印第安人来说也不是。在朝圣者博物馆，我几乎看也不看博物馆里发掘出来的殖民地遗物，我反而一直在寻找，直到发现一小块墙板上鸣谢五月花号之前来美洲的访问者们。就这些了？

回到那块岩石时，我很想给努力把硬币放在它不平整的表面的旅游者们上一课，普利茅斯的传说认为这是好运的象征。扯淡，就像关于这

445

块石头的一切。然后，我离开这里，去了普利茅斯主要街道上的一家酒吧，试图刺激坐在旁边高脚凳上的男人，他是一位当地的旅游巴士司机，穿着一件红白蓝色的夹克衫。詹姆斯敦怎么样，我问。或者圣奥古斯丁？

"忘掉其他的一切！"他最后喊道，在吧台上拍着手，"这就是美国该死的开端。"

我偷偷从酒吧溜走，来到布拉德福德汽车旅馆里我的房间。向当地人指出历史传说中的错误是没有用的，更别提这种行为多么惹人讨厌了。最好，我应该像其他所有人一样，欣赏普利茅斯的表演，并努力领会为何朝圣者的故事如此盛久不衰。

我也有一些关于英国人第一次航行到马萨诸塞的研究要完成，这次航行为朝圣者抵达普利茅斯和在那里生存铺平了道路。这起码是一种恶毒的安慰来源，给我提供了另一个比虔诚的朝圣者神话更丰富多彩的故事。大部分居于马萨诸塞的英国人是殖民地的清教徒，而他们最初定居下来的原因是——梅毒。

在 16 世纪，欧洲人相信治疗疾病的方法可以追溯到这种病症的地理源头。由于人们认为梅毒来自美洲，所以解药也肯定在那里。1577 年，欧洲研究新世界植物的主要专家极力赞扬檫木——一种印第安人用于治疗目的的芳香植物的价值。西班牙医生尼古拉斯·莫纳德斯（Nicolás Monardes）写道，"这种树的根"治愈了很多疾病，其中最重要的是"邪恶的梅毒"。

莫纳德斯热情奔放的草药书名为《来自新发现的世界的好消息》，它帮助檫木的价格上涨到 20 先令一磅。罗阿诺克的殖民者发现这种树资源很丰富，他们充满了希望。因此，檫木也在"弗吉尼亚北部"兴盛起来。在英国人的想象中，这块鲜为人知的地方总是跟传说中的财富之地诺伦贝加联系在一起——这块地方也可能生产矿藏。

因此，1602 年，巴塞洛缪·戈斯诺尔德（Bartholomew Gosnold）带着 31 个人从英国起航，包括一位药剂师和 20 名移民，来建造一年四季的贸易站。他的水手"并不是最好的"，戈斯诺尔德的"和谐号"船上的一位绅士写道。横越大西洋后，他们探测了几天，然后，"在一片未知的海岸"着陆。在第一批有记录的英国来访者眼中，缅因州南部到处是石头——浓雾笼罩的海岸就是这样。

在他们抵达的几小时后，另一艘船出现了。船上装着桅杆和风帆，英国人觉得这看上去像欧洲的渔船。更加令人吃惊的是船员：脸上涂着颜料的印第安人，其中一人穿着黑色哗叽马裤、背心、紧身裤和皮鞋。土著人"大胆地"爬上和谐号，丝毫没有表现出害怕或惊奇。"他们说各种各样的基督教词语，"一位惊呆了的英国人写道，"似乎比我们懂得更多。"

印第安人用单词和手势解释他们跟巴斯克（Basque①）渔民做过交易，巴斯克人的船只在大西洋海岸东北部捕了几十年鱼。过去经常如此，对晚到的英国人来说"未知"的土地，对其他欧洲人并非如此。

戈斯诺尔德理智地"怀疑"缅因的"天气"，决定去其他地方碰运气。他往南航行，到达了一片沙岬角，水手们捕到大量的鱼，因此，戈斯诺尔德称之为科德角。他的下一站是一座可爱的覆满葡萄树的岛屿，他命名为"玛莎葡萄园"，以此纪念他的女儿。更加迷人的是附近的一个小岛，戈斯诺尔德命名为伊丽莎白群岛。"岛上到处是丰富的檫树，"一位旅客欢喜雀跃，"一种高价、高利润的树。"英国人选择在这里建立贸易站和堡垒。

岛上的土著人——今天的卡蒂航克岛，依然称为伊丽莎白群岛的一连串岛屿的最外面一座——用毛皮交换小装饰品，帮助砍伐和运输檫

---

① 西南欧民族，主要分布在西班牙和法国，系古代伊比利亚部落巴斯孔人的直系后裔，是欧洲最古老的民族。

木，直到超过一吨檫木装上了和谐号。此刻，有些同意跟戈斯诺尔德留
下来的移民改变了主意；他们的生活物资很少，害怕其他人会骗取船上
货物的利润。所以，戈斯诺尔德只待了几个星期，就不情愿地离开岛屿
和热情的土著人——他们乘着独木舟护送船只出发。

"他们向我们发出巨大的喊声和欢呼，"一位英国人写道，"我们吹
起了喇叭和短号，把我们的帽子抛向空中，向他们致以最好的告别。"

与许多早期遇到土著人的经历一样，"和谐号"温和的岛屿之旅很

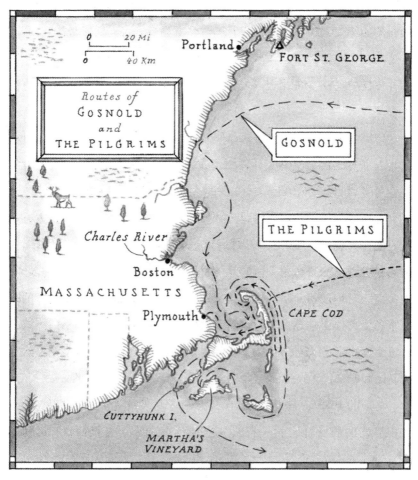

戈斯诺尔德与朝圣者的登陆路线

快让位给更残酷的接触。戈斯诺尔德的目标转向詹姆斯敦，他在殖民地的第一个夏天去世。在他之后航行去新英格兰的人们抓住了一种新的商品，水手们像捕捉龙虾或鳕鱼一样，把原住民拖上船。

"他们很强壮而且浑身赤裸，我们最好的办法是抓住他们的长头发，"一位水手描述 1605 年英国人绑架的五名土著人。一位船长在伦敦街头展示他从异国他乡捕获的猎物，来收回他部分的航行费用。另一些人把印第安人带到西班牙当奴隶卖掉；其中，有一位来自马萨诸塞的年轻土著名叫提斯匡特姆（Tisquantum）。

1614 年，提斯匡特姆被抓，他在西班牙做奴隶时逃了出来，想办法去了伦敦，然后到了纽芬兰，他在那里坐上一艘英国船，朝家乡驶去。他不在的五年里，新英格兰海岸被一场也许是欧洲渔民或水手带来的毁灭性瘟疫袭击。托马斯·德尔默（Thomas Dermer），1619 年载着提斯匡特姆南行的船长，描述这些村庄"不久前还人口稠密，现在空无一人"，或者仅剩浑身"伤痕"和"痘疤"的垂死的土著人居住。到了提斯匡特姆的家乡，一个从前广阔而繁荣的定居点帕图西特（Patuxet），德尔默发现居民们"全都死了"。

第二年下半年，五月花号的乘客们来到这片毁灭了的海岸线。他们一开始前往哈得孙河（Hudson River），被狂风吹离航道，来到科德角，开始探索马萨诸塞海岸，找一个地方定居下来。在帕图西特，他们发现了淡水和现在消失了的印第安人清理的树林。他们从船上卸下物资，在人口灭绝了的定居点建造居所。

3 月，当残酷的冬天杀死了一半英国人后，一个孤独的印第安人出现了，除了一条皮围裙，他全身赤裸。使殖民者们惊讶的是，"他用英语跟我们打招呼，向我们表示欢迎。"他自称萨默塞特，是从缅因来的难民，他以前在那里遇到过英国人，懂一些他们的词语，尝过他们的啤酒。

五天后，他回来时带来了一个更令人惊讶的数字："帕图西特唯一的土著人。"这就是提斯匡特姆，1614 年，他被英国人绑架，使他逃脱了杀死他全部亲属的流行病。这就是美洲，这位奇迹般的幸存者到来，让虔诚的移民们感到很幸运。一场瘟疫使得帕图西特成为他们的家，现在最后一个人终于出现，能够给他们当荒野里的向导。提斯匡特姆说英语，愿意充当翻译和跟其他印第安人的中间人，教移民们如何种植谷物，用鱼来施肥。

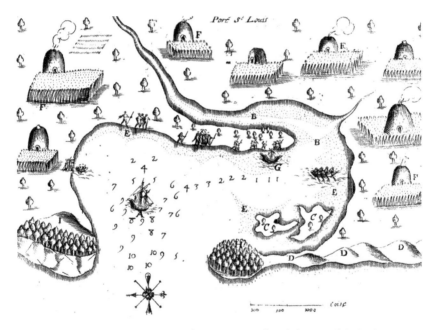

1605 年，萨米埃尔·德·尚普兰绘制的圣路易斯港（帕图西特）地图，
描绘了疾病到来之前土著人的田地和家园

"斯匡托，"殖民者的领导者威廉·布拉德福德写道，使用了提斯匡特姆名字的缩写，"是上帝派来的特别工具，给他们带来的益处远超过他们的期望。"

18 个月后，斯匡托"患了一种印第安热病，鼻子流了很多血"，布拉德福德写道。没过几天，他就死了。尽管在美国人的记忆中，斯匡托是朝圣者们的救星，他的家乡的名字还是随着族人消失了。1605 年，法国探险家萨米埃尔·德·尚普兰（Samuel de Champlain）探访了帕图西特，称之为圣路易斯（St. Louis）港。然后，约翰·史密斯来了，他起的地名流传甚久。他在 1614 年画的新英格兰地图上，海岸变成了"普利茅斯"（Plimouth）。朝圣者们保留了史密斯的地名，尽管他们也把自己的家园称为"新普利茅斯"或"普利茅斯种植园"。

正如之前的圣奥古斯丁和詹姆斯敦那样，普利茅斯对永久定居点来说是个糟糕的选择。海港很浅，难以航行，适于耕种的土地仅限于海岸边。继五月花号到达十年之后，清教徒殖民者大批到来，他们定居在往北 40 英里的好得多的海湾，位于约翰·史密斯命名为查尔斯河（Charles River）的河口。这个殖民地很快使朝圣者的定居点相形见绌，后来变成了更大的波士顿，普利茅斯（Plymouth，最终是这样拼写的）成为一座卫星城市。这座城市一直保留到现在，原来的工业城镇如今重获新生，成为离这里一小时车程的大都市的城郊住宅区。

回程中，一旦克服了对普利茅斯声称的那"首要历史地位"的恼怒，我开始越来越喜欢这座城市。跟圣奥古斯丁不同，这里古老的商业区没有经过特许经营的整容术。普利茅斯也没有被过分装扮、弄得古色古香——像许多位于新英格兰地区的城镇那样。几世纪前的房子看上去属于它们的时代：油漆剥落、护墙板变形，但仍然富于生活气息。城里的大部分历史遗迹同样古老而未加改良，它们不仅是朝圣者的纪念地，还带着过去的旅游观光感。

在能俯瞰普利茅斯岩和海湾的科尔山（Cole's Hill）上，我把硬币扔进一架古老的望远镜，"将遥远的有意思的景点纳入视野范围内"。附近的蜡像馆已经关门，我没有机会去看石蜡的朝圣者们种植玉米了。但是，科尔山的其余部分依然是博物馆的一角，它的每一块石头、长凳和青铜艺术品都带着夸张的感伤。

"读者！"收敛移民骸骨的石棺上铭刻的碑文劝告，他们在殖民地最初几个月死去，"朝圣者队伍为了信仰和自由的冒险来到这里，历史记录中没有比这个更崇高的。"墓志铭引用了移民们忍受的"疲倦和痛苦""饥饿和寒冷"后，总结道："愿他们的榜样激励你做好自己的分内事，使我们共和国的崇高理想永垂不朽，传遍全世界！"吃饱喝足的旅游者开着有空调的汽车经过这里时，这个思想似乎快要丢失了。

在科尔山的顶上矗立着最大的一块纪念碑，那是一座高耸的马萨索伊特（Massasoit）青铜像，刻着"万帕诺亚格人的伟大酋长"和"朝圣者的保护人"。这座塑像是由我在弗吉尼亚遇到的白人兄弟会——红种人改进会在1921年竖立的。塑像有十英尺高，底座是一块比普利茅斯岩更大的石头，雕塑中的酋长有六块腹肌和紧绷的、波浪般起伏的臀肌。山脚下有一座陪伴着他的威廉·布拉德福德塑像，它的渺小正如马萨索伊特的高大那样：一位4英尺6英寸的朝圣者，因为纪念碑预算匮乏而缩小。

我发现，大部分市民对普利茅斯的各色大理石和花岗岩收藏品有种幽默感。他们取笑宏伟的普利茅斯岩、新古典主义的华盖和它的沙坑，给它起绰号叫"希腊外屋"。并不是所有的当地人都像酒吧里的旅游车司机那样，坚定地捍卫普利茅斯"美国第一"的地位。相反，他们指出了这座城市作为重要圣地的恰当开端。

"公共关系，"罗杰·西尔弗（Roger Sliva）说，"那是人们纪念我们的原因。我们在五月花号上有很好的公关人员。他们写出了我们的故事。"

我在一家咖啡馆见到西尔弗，当地人每天早晨聚在那里喝咖啡。像大部分普利茅斯人一样，他的祖先没有追溯到朝圣者。他是一位葡萄牙移民的儿子，跟随他父亲进入普利茅斯的绳索工厂，此后，他成为小镇的行政委员。小镇的工业也吸引了爱尔兰人、意大利人、德国人和芬兰人。尽管因为五月花号而声名远扬，普利茅斯更像一座蓝领城市，而不是清教徒式的城市。

咖啡店里有着清教徒祖先的一个男人是人们温和嘲笑的对象。"埃弗里特这么老，他是坐五月花号来的，"他的一个朋友嘲笑道。"埃弗里特，"另一个人喊道，"一定要告诉他，第一个冬天有多么艰难！"

作为一座城市，普利茅斯要戳穿围绕着早期移民的浪漫神话是很痛苦的。绘画和传说描绘朝圣者们从五月花号上走下来，直接登上了普利茅斯岩，许多游客依然相信这真的发生过。但是，普利茅斯岩附近的历史标识和博物馆商店里卖的小册子，详细地阐明了这块石头被供上神龛背后有趣的真相。

五月花号在普利茅斯登陆的第一批乘客是侦察员，他们坐着小船到达岸边。五月花号跟着过来，在浅水海湾的一英里外抛锚，英国人坐着穿梭的小船上岸。无论如何，朝圣者在他们大量关于普利茅斯的文字中，从未提起过普利茅斯岩——或者海岸边的任何石头。相反，这块神圣踏脚石的故事起源于口头传说，历经很多代人之后才记录下来，就像冰岛的萨迦一样。

"大约1741年"，故事是这样的，一位叫方斯（Faunce）的教堂长老让人把他抬到海岸边，那里很快将建起一个码头。他指着一块大岩石，说它就是那块"迎接我们的父辈第一次抵达时的足迹"的石头。然后，方斯"泪洒在上面，跟它作了永别"。

当时，方斯长老95岁。即便他的记忆完好，他也是朝圣者们登陆四分之一世纪后出生的。他的父亲，告诉他这个故事的人，也不是目击者；他是五月花号抵达三年之后来到普利茅斯的。方斯验明这块石头的故事本身，也是根据童年记忆，好几十年之后，一位教堂执事想起曾经目睹一位老人流泪告别的"有意思的场面"。

方斯辞世时，没有其他人关心这块岩石，它被毫不迟疑地埋在新的码头下面。但是，美国独立战争前夕，"受到光荣的自由精神的鼓舞"，普利茅斯人用30对牛的力气解放了这块石头。他们在这么做的时候，把石头分成了两半。他们撬不动底下的半块，就把顶上的部分搬到了市镇广场，它变成了受到敬仰和肆意破坏的自由象征，寻找旅游纪念品的人们从上面凿下一片片石板带回家。

后来，当地人把残缺不全的石头搬到更安全的地方——在朝圣者博物馆的一个围栏后面，他们把它从马车上放下来，又增加了一道新的裂缝。最终，这块流浪的石板跟海滨的另外一半重聚，用水泥粘了上去。码头拆掉了，希腊式的外屋建造起来，从此以后，旅游者就在那个创造出来的地方低头看这块饱经风霜的岩石。

"我总是告诉游客，它过去更大，"丹·奎特拉（Dan Cuetera）说，"无论如何，水手不会在一块石头上让船靠岸。他们总是努力避免石头。"

丹的工作是停泊在普利茅斯岩附近五月花号仿制船上的历史讲解员。他工作的一部分是扮演众多"初到者"或非清教徒乘客的角色之一：他们乘坐五月花号航行，寻找赚钱的机会，而不是宗教自由。"我不是来自荷兰的分离主义者之一，"丹说，"尽管上帝的恩典和利润确实完全一致。"

跟其他讲解员一样，丹在城外逼真的历史公园"普利茅斯种植园"里接受了方言训练。他们有很多口音要学，因为最初的移民来自英国不同的地区。丹最喜欢东英吉利亚的方言，那是海盗口音的来源。"我咽下了'r'音，快乐地把音节念出来，"他笑了，"这是工作中有趣的部分。假如不是巨蟒剧团（Monty Python①），没有人会这样做。"

---

① 英国六人喜剧团体，主要作品有电视喜剧节目《飞翔的马戏团》和电影《巨蟒与圣杯》等。

丹对工作中的服装部分并不十分热心，虽然那也经过了精心的研究。男性朝圣者的典型穿着——黑衣服、有搭扣的高顶硬边帽——是有钱人的服装、肖像画的素材，而非用于日常生活。普利茅斯的移民大部分是淳朴的乡下人，丹扮演其中一人时，戴了一顶软帽，穿着松垮的裤子和不成样子的短上衣，都是枯叶的颜色。"模样不讨人喜欢，"他说，"马裤的臀部很宽松，上衣会让阿多尼斯（Adonis①）看上去驼背。"

丹在一个历史剧团中参与表演，朝圣者的朴素也影响了表演的配乐。在教堂中，朝圣者们只唱赞美诗，从来没有协调的和声。"赞美诗是上帝的语言，不需要人的作品来美化，"丹解释说，"那是天主教徒所做的。"所以，他的乐队大多唱英国乡村民谣，没有音乐伴奏。歌手们自称为清教徒。

当丹沉浸于嘲弄朝圣者时，他认为他们乏味的加尔文主义解释了为何普利茅斯，而不是詹姆斯敦，被选为这个国家的诞生地。"弗吉尼亚的故事更令人激动，但是，作为建国神话，那太污秽了，"他说，"没有人希望一个国家的故事建立在一个男人杀死和吃掉自己怀孕的妻子，或者殖民者懒到不会自己耕种食物之上。懒惰不是美国自身形象的一部分。"

相反，普利茅斯传达了跟一个努力奋斗的移民国家相适应的信息。"这里的故事情节是'生活是多年极度的贫穷，努力工作，最终你的家庭会兴旺起来'。"

使人振奋的叙述需要谨慎的编辑才能实现。最初在科德角登陆后，饥饿的英国人抢劫了印第安人埋藏的谷物。而且，在英国人之前先抵达普利茅斯的流行病不仅给他们提供了海港、淡水和播种的空地，也给他们机会定居下来，不像先前的滩头堡经常发生的那样，很快惹恼土著

① 古希腊神话中的美男子，春季植物之神。

人。朝圣者们最近的邻居、马萨索伊特的子民们居住在几英里以外的内陆，并且已经遭到疾病的蹂躏。他们没有办法抵抗新来的人——即便他们过去很容易这样，因此，他们友好地欢迎朝圣者们。

"假如不是因为瘟疫，"丹说，"这里的故事从开始就会丑陋得多，就像詹姆斯敦那样。"

不久以后，情况就变得如此。五月花号抵达几年后，殖民者们还是跟印第安人发生了冲突，他们把一个战败的敌人血淋淋的头颅刺在普利茅斯堡顶的一根长矛上。但是，大多数美国人熟悉的朝圣者故事把这些完全删除了，仅仅包括殖民地的第一年：朝圣者们航行，签署《五月花号公约》，在普利茅斯岩登陆，艰难地度过冬天，在好心的印第安人帮助下庆祝第一个丰收。

"感恩节，我感激不尽，"丹说着，戴上土褐色的帽子，穿上枯叶色的外套，跟清教徒们一起在门票销售一空的秋宴上表演，"这就是朝圣者让我们感到厌倦的地方。"

感恩节是"普利茅斯三件套"中最崇高的第三件事，甚至比五月花号和普利茅斯岩更神圣。它把美国建国的故事带出普利茅斯，带进数百万的家庭，每年秋天通过火鸡、甜番茄和南瓜派，更新对朝圣者们的记忆。

唯一会对此感到惊讶的，也许是朝圣者们自己。关于殖民地的第一年，他们写下洋洋万言，仅有两段提到了他们著名的盛餐。他们没有记下日期，或者称之为感恩餐——那对加尔文派来说意味着庄严的宗教仪式。他们甚至没有明确说火鸡是其中一道菜。

"我们收割了庄稼，"一位移民写道，"我们的总督派了四个人去捕鸟，那样我们就能以一种特别的方式庆祝了。"猎人们满载而归。但是，他没有提到他们捕获的是火鸡，还是大雁或野鸭。

朝圣者们一开始也没打算跟印第安人分享丰盛的猎物。马萨索伊特带着 90 个人不请自来，嗷嗷待哺的嘴几乎多了三倍。印第安人出去猎鹿，接下去三天的宴会菜单加上了鹿肉。鱼类也很丰富，还有谷物，毫无疑问上述这些都以某种形式吃掉了。但是，许多熟悉的配菜——南瓜派、甜番茄、蔓越橘酱——却没有书面的依据。

跟普利茅斯岩一样，朝圣者的宴会也被几代人遗忘了。后来，新英格兰人继续举办丰收宴会和宗教感恩节日——还有其他活动，来庆祝对印第安人的血腥胜利。但是，直到 19 世纪早期，作家们重新发现了 1621 年的盛餐，把它重塑为"第一次感恩节"——美国人回家省亲的传统宴会的前身，火鸡经常是餐桌中央的主菜。

这场复兴的关键人物是新罕布什尔州土著人萨拉·约瑟法·黑尔（Sarah Josepha Hale），她曾著有《玛丽有只小羊羔》（Mary Had a Little Lamb）一文。作为一份有影响力的妇女期刊的编辑，她发起了一场长期的运动，把新英格兰的仪式变成国家节日。最后，在美国南北战争期间，亚伯拉罕·林肯正式宣布，1863 年 11 月的最后一个星期四是感恩节：庄严地感谢为联邦作出的牺牲和"为我们国家的堕落作出谦卑的忏悔"的一天。当时，他没有提到火鸡或者朝圣者。

于是，感恩节扎下根来——尽管南方人抵制——演化成一种对美国昌盛的长久庆祝。普利茅斯的故事也成为移民的试金石。根据 1934 年的一份公民手册，"每个新美国人都需要知道"朝圣者的故事，他们是努力工作和自由的民族精神的典型例子。

购物也是美国梦的一部分。1939 年，由于商人的强烈要求，富兰克林·德拉诺·罗斯福将感恩节往前移了一个星期，以延长圣诞节购物季。如今它依旧是全国人暴饮暴食、疯狂购物、观看橄榄球直播，以及纪念朝圣者——这群人如此简朴，以至于他们认为圣诞节是堕落的天主教节日——的一天。

朝圣者和他们节俭的生活方式从美国风景中逐渐消失，1621年跟他们一起吃饭的印第安部落却依然在场。1970年，在朝圣者登陆350周年之际，一位万帕诺亚格首领在科尔山山顶马萨索伊特的塑像旁，召开了一场感恩节抗议活动。抗议者们宣布11月的第四个星期四是"哀悼日"，他们发表演说谴责朝圣者，从五月花号仿制船上扯下英国国旗，往普利茅斯岩上扔沙子，在他们被邀请到普利茅斯种植园参加感恩节晚餐时掀翻桌子。旨在庆祝新来者和土著人之间和平的节日走向了它的反面。

哀悼日变成了一个每年的仪式。1996年，抗议者们通过扰乱一项安静的普利茅斯传统——被称为"天路历程"的列队前往教堂的当地游行——来纪念它。第二年，活动家们打算故技重施，警察带着辣椒粉喷雾和手铐赶来了，激起了一场被广为宣传且令人尴尬的混战。后来，小镇官方承认了哀悼日，在科尔山上竖起了另一块标牌，承认对印第安人来说"感恩节使人回忆起对他们数百万人民的种族灭绝，偷窃他们的土地，不断侵犯他们的文化"。

后来，紧张的气氛缓解了，现在，普利茅斯人用精心准备的"美国家乡感恩节游行"来庆祝这个秋季节日之前的周末。我来到那里时，发现数千人排队在街上，彩车和行进的队伍像流水一般经过，代表周围几英里的每个时代和每个组织。朝圣者们在仿造的五月花号上欢乐地挥手，与独轮车手、古董老爷车、游行的乐队、独立战争士兵和穿苏格兰短裙、吹风笛的波士顿警察挤在一起，观众们穿着防风夹克、戴着波士顿红袜队的帽子为他们喝彩。

在这个欢乐、花哨的场面上，一群游行者站了出来。游行者为清一色的男性，穿黑西装，戴高帽，两两大踏步过来，拖着一门大炮和一面标志着"旧殖民地俱乐部"的旗帜。他们看上去像维多利亚时代的哀悼者拐错了弯，跟一群普利茅斯市民混在了一起。

"这不是我们的重要日子。"其中一个穿黑西装的人说。我努力在拥挤的路上前行，试图跟上他。

"什么是?"我问。

"祖先纪念日（Forefather's Day①）。比感恩节古老得多，而且更重要。"

这是一则新闻。但是，在拥挤吵闹的游行队伍中，我无法搜集更多信息。那人给了我他所属社团的地址，邀请我参加筹备一个月后的清教徒登陆纪念日。令人奇怪的是，集会从早上5点半开始。"穿得暖和点，戴上耳塞。"他建议说，抬了抬高帽，继续游行。

中间的几周让我有时间研究这个神秘的俱乐部和它的节日。两者的历史都要追溯到1769年，普利茅斯的七个人成立了私人俱乐部，避免"跟城里的酒馆客人们混在一起带来的麻烦和不利条件"。他们选择的年会日期是12月22日，那是第一批英国移民抵达普利茅斯的周年纪念日。

为了纪念1769年的场景，俱乐部成员鸣响了礼炮，升起一面装饰着"1620年旧殖民地"纹章的丝绸旗帜，然后，离开此地，去"饱餐一顿"：蛤蜊、牡蛎、鳕鱼、鳗鱼、鹿肉、煮玉米豆子，印第安布丁、蔓越橘馅饼和苹果派。选择的食物尽管很丰盛，但反映了早期移民的饮食。他们"穿着最朴素的衣服……模仿我们的祖先"。接下来的那些年，该传统一再重复，成为大家知道的祖先纪念日（19世纪前，"朝圣者"这个名称没有用在五月花号的乘客身上）。

"早上好!"有人在普利茅斯主街上的旧殖民地俱乐部大楼的休息室跟我打招呼。那是早上5点15分，俱乐部已经挤满了穿无尾晚礼服的

———————————

① 纪念清教徒在美洲登陆的节日。

人。由于人们正式的服装，还有俱乐部那势利的起源，我期待看到脾气暴躁的五月花号船员后裔在《扬基快艇》（*Yankee Clipper*）杂志版面上那精美的房间里用骨瓷杯喝茶的样子。恰恰相反，这幢白色墙板的建筑内部地板是倾斜的，墙纸上有水渍，家具很简单。俱乐部会长们的肖像斜斜地挂着。墙上、书架上和玻璃橱里塞满了先前的成员捐赠或丢弃的布满灰尘的物件：烟斗、烟草盒、象牙。

"我们是男人的俱乐部；我们的妻子不在这里督促我们举止文雅，或者打扫卫生，"一位成员说，他带我看了一间古老的棋牌室，里面有落地式烟灰缸，墙上挂着俱乐部唯一的游戏——"贝斯蒂亚"泛黄的规则。"除了这里，它在所有地方都绝迹了，"我的向导说，"我认为恰如其分。"

假如说俱乐部倒退了，那么它将不再是几个世纪前的贵族派系。成员必须是普利茅斯或附近的达克斯伯里（Duxbury）的诚实市民，只要有一名成员把黑方块扔进俱乐部古老的木头投票箱，他就可能被拒绝进入。但是，我碰到的很多人有爱尔兰、意大利、葡萄牙的姓氏，包括俱乐部最受尊敬的成员彼得·戈梅斯（Peter Gomes）牧师，他是一位棕色皮肤的灰白头发老人，戴着角质圆框眼镜，拄着一根手杖。他是在剑桥（Cambridge①）的哈佛纪念教堂（Harvard Memorial Church②）布道的著名神职人员，即便在早上 5 点半，他的声音也很洪亮。

"在这个时间聚集，带着古老活动的气息，"他说，"这是场有趣的玩耍，使我们余生可以因为在寒冷和黑暗中早起而夸口。"

戈梅斯的血统混合了非洲裔美国人和来自大西洋岛屿佛得角（Cape Verde）的葡萄牙人。这使他成为非常不同寻常的纪念五月花号抵达的

---

① 美国马萨诸塞州波士顿市紧邻的一个市，与波士顿市区隔查尔斯河相对，属于波士顿都市区。这里是两所世界著名大学，哈佛大学和麻省理工学院的所在地。

② 坐落于哈佛大学校园内，建于 1932 年，是为纪念第一次世界大战中阵亡的哈佛毕业生而建。

司仪神父。正如马尔科姆·艾克斯（Malcolm X①）所说："我们没有在普利茅斯岩登陆；那块岩石在我们身上登陆。"但是，戈梅斯在那块著名的石头边长大，他看待朝圣者的方式很不同。

"我一直很喜欢他们，尽管不一定是他们的后代，"他说，"他们充满冒险精神，有一点天真，并不完全成功——不像波士顿的清教徒。他们尽了自己最大的努力，但并不是真正能干的人。然而，美国人仍然选择纪念他们。"

这是一个有趣的看法，我想听他讲下去。但是，时间差不多到了早上六点，祖先纪念日仪式快开始了。有人喊道："朝圣者们，我们走，"所有人戴上高帽、领带，穿上外套。外面天色尚黑，是今年最漫长的夜晚的末尾。"天气温暖。"有人宣布说：然而他的呼吸在寒冷的空气中凝成雾。

按照新英格兰12月下旬的标准，天气确实很温暖：气温只在零下一点点，没有风，也不下雪。总共大约一百个人在举着旗帜的人后面排成数行，有一个小乐队，领头的是俱乐部最老的成员——一位拄着拐杖、披着斗篷的99岁驼背老人。在"向前行进！"的命令声中，他们沿着主街往前走，然后顺着小路前往科尔山顶。四个人推着我在感恩节游行中看见过的有轮子的小礼炮。

俱乐部主席吟诵了1769年发表的宣言节选，唤起对普利茅斯祖先们的记忆，但删掉了他们最初对祖国表达忠诚的词句。然后，炮手们的领袖喊道："装好火药！戳火药！点燃大炮导火线！开炮！"

震耳欲聋的爆炸声咆哮着越过第一批移民航行进入的海湾，接着是一团云雾般的浓烟。大炮响了第二次、第三次，俱乐部成员挥舞着高帽，喊道："万岁，万岁，好极了！"

---

① 伊斯兰教教士、美国黑人民权运动领导人物之一，与马丁·路德·金并称为美国历史上最著名的两位黑人领导人。

某种程度上，这是在表达一种痛苦的消除。别人告诉我，这门大炮有时会失灵；在 7 月 4 日的游行中，它过早走火了，弄伤了一名炮手的手，推弹杆飞到了节日游行者的头顶。所幸，这次爆炸没有伤人，尽管它毫无疑问吵醒了这座山方圆一英里之内的睡觉的人。

"他们不会忘记朝圣者，那是肯定的，"戈梅斯牧师说着俏皮话，拉着他的怀表的表链。时间是早上 6 点 16 分，阳光正好开始给海港镶上粉红色的边。人们重新开始行进，经过朝圣者们埋骨的石棺，走上普利茅斯最古老的以朝圣者出发的荷兰小镇命名的莱登街，然后回到主街，经过肖恩·奥图尔酒吧、迪马尔齐奥保险公司和曼谷泰国餐馆。

我们走了不到半英里，就回头朝俱乐部走去，"我们的工作完成了，"戈梅斯说，"我喜欢旧殖民地俱乐部的地方是它不紧不慢。假如你想做出功绩，可以参加吉瓦尼斯俱乐部（Kiwanis①）。我们在人生的其他方面是那样做的。而这里没有任何要求，只有这场每年举办的庆典。"

像俱乐部的创始人一样，这些人又离开去"饱餐一顿"了——尽管不像 1769 年那样大吃大喝一整天。在吃过一顿香肠、鸡蛋、煎培根和火腿的早餐后，他们各自分散回家或去工作，一天过完后，再回来吃一顿传统的煮玉米豆子。

在 17 世纪，煮玉米豆子（succotash）——它的名字起源于一个阿尔冈昆语的词语，也许意思是"混合的"——指的是豆子、玉米和肉做的浓汤。作为印第安人的主要日常食物，早期移民并不喜欢煮玉米豆子。"肉汤，"1643 年，威廉·伍德（William Wood）这样称呼它，"用鱼、禽和野味在一起煮得浓稠，有些还是生的，其余的由于煮得过头变成了讨厌的糊状混合物。"

接下去的几个世纪，"煮玉米豆子"变成了各种美洲菜的笼统标签，

---

① 1915 年在美国成立的一个实业家社交团体。"吉瓦尼斯"一词来源于美国密歇根州底特律的一个印第安部落的方言，意思是"我们建设一个更好的世界"。

但在普利茅斯，人们还是以土著人和殖民地的传统方式来做这道菜。"古老的食谱上说，在一个锅里煮腌过的牛肉，另一个锅里煮禽肉，"辛西娅·赛克斯（Cynthia Sykes）说，她在旧殖民地俱乐部地下室的厨房里搅拌黄褐色的汤，"我照着做了，但没有做其他部分，上面说把锅子拿到外面，挂在扫帚上放凉。"

她把牛肉和鸡肉，还有鹿肉混在一起，煮了四个小时，然后用汁水混合菜豆、萝卜和玉米粥或者去壳的玉米。"我把这种棕色的糊糊倒进碗里，肉放在旁边，"她说，"这是传统的方式。没有放盐或香料。"

煮玉米豆子最初只是祖先纪念日的一道汤，但是，它现在变成了主菜，而接下去则是苹果派。"在古老的日子里，人们从早到晚干体力活，他们能吃完十道菜而不噎死，"辛西娅说，"不是现在这些人。"

下午七点，她摇了摇牛铃，在楼上喝酒的男人们蹬蹬地走下楼梯，像一群饥饿的学龄前男孩。他们在小木桌旁坐下，没等有人起来做饭前祷告，就开始大口吃起篮子里的面包。"这是一个没有神的地方，"戈梅斯牧师发着牢骚，我跟他合用一个桌子，"是祷告抵达不到的地方。"

然后，人们传递着一盘盘肉，用叉子把肉放进辛西娅分配好的一碗糊糊中。结果并不特别令人胃口大开：基本上是大块煮好的肉漂浮在一碗棕色的汤里。但是，尝起来比看上去好多了。腌过的牛肉提供了盐，豆子、萝卜和玉米熬成了暖胃的粥。"我年轻的时候，城里的每个人都在祖先纪念日吃这个，"戈梅斯说，"这是在圣诞节前清理冰箱的一种办法。"

普利茅斯岩是他童年另一样固定不变，也是他认为有教育意义的东西。"在这里长大，我们能令人满意地区别象征和现实，"他说，"普利茅斯岩跟许多偶像一样，它不是因为巨大和令人印象深刻而显得重要，而是因为它代表的东西使它显得重要。"

戈梅斯停下来给碗里加了一些肉，我问了他在普利茅斯问过别人的问题。假如不是出于当地人的骄傲，为什么人们会把朝圣者提升到偶像的地位，而忽略所有在他们之前来美洲的人？

戈梅斯告诉我，几年前，他在电视中露面，跟弗吉尼亚伯克利（Berkeley）种植园的主人辩论。在普利茅斯之前，弗吉尼亚人看到的不仅有詹姆斯敦：档案显示，1619 年在附近的伯克利登陆殖民者们，把他们抵达的日期指定为每年的感恩日。

"那人起劲地反对美国北方人，"戈梅斯回忆道，"所以，我认为最好的答复是宽宏大量。我说，'当然，从弗吉尼亚来的先生非常正确。但是，没关系。美国人爱我们。'"

我不知道自己是否领会了他的论据。"所以，你是说我们应该尊重神话，而不是事实？"我问。

"确实如此，"牧师仁慈地笑着，我猜他对困惑的教区居民也是如此，"神话比历史更重要。历史是随意的，一些事实的集合。但神话是我们选择、创造，并使其不朽的。"

他用勺子舀起自己的最后一口煮玉米豆子。"这里的故事也许并不正确，但是，它超越了真相。它就像宗教——超越事实。神话胜过事实，现在，过去，将来，永远如此。"

甜点上来了，还有更多红酒。人们站起来发表醉醺醺的祝酒词，或者简单地喊道，"我们是第一桌！"经过漫长的一天，我累了，于是在演讲、打牌和抽雪茄开始前离开。我向海港走去，一边消化自己跟戈梅斯的对话，还有煮玉米豆子。12 月份，海滨空寂而黑暗，除了泛光灯照亮了普利茅斯岩，硬币撒在它周围的沙子里。

戈梅斯清楚地表达了我在整个旅程中探索、却不断抵抗的主题——现在，我在普利茅斯岩旁边冷得发抖——这个主题似乎无法逃避。我穿越了早期美洲来追溯一些事实，揭示隐藏的或被遗忘的"真相"，推翻了关于这个国家建立的幻想。但是，最终的结果几乎没有不同。神话依然完好无损，就像我面前坑里的那块花岗岩一样根深蒂固。

也许，我的研究方向全错了。我不应该梳理历史文本，像调查记者所做的那样，我应该研究古希腊经典、人类学，或者基本的心理学。神话不仅吸引了现代美国人，它也占据了我所追踪的很久以前的欧洲人的心灵。

通往神州的捷径、黄金国、诺伦贝加，以及哥伦布的人间天堂——这些是我嗤之以鼻的中世纪迷信想象。但是，它们驱使欧洲人来到美洲各地，结果出人意料，粉碎了人们的幻想。甚至，寻找能够治愈梅毒的树木的巴塞洛缪·戈斯诺尔德，也有助于推进一系列相关的事件——导致斯匡托被绑架，斯匡托帮助了朝圣者，并使他们成功地在海岸定居下来。差不多四个世纪之后，我站着的地方就是这片海岸。神话并不仅仅胜过事实，它们帮助创造事实。

美国的现代地图认可了古代的海市蜃楼。并非岛屿的罗得岛（Rhode Island），其名字的由来是因为在地理上跟布洛克岛混淆了，而乔瓦尼·达·维拉扎诺认为它很像希腊的罗德岛。"加利福尼亚"被认为来源于高大、黝黑的亚马逊人的女王卡拉菲亚（Calafia），16世纪的西班牙人把如今金州（Golden State①）的居民称作亚马逊人。南、北美洲的名字来自亚美利哥·韦斯普奇，他写下了关于从未见过的土地的幻想。现在，这些名字都固定下来了，将来很可能依旧如此。

作为一名以事实为依据的记者，我忠实地记录了穿越美国的一路上听到的杂乱传说。但是，我无法领会为什么这些神话依然长存。人们需要它们。在圣奥古斯丁，我怀疑很多跟我一起参观"不老泉"的游客是否真的相信庞塞·德·莱昂找到了长生不老药，或是他们从塑料杯里喝

---

① 加利福尼亚州的别名，来源于淘金热。

的硫磺水能使时光倒流。但是，这是无害的虚构，所以，为什么要用事实来毁掉乐趣？

跟其他所有人一样，我微笑着一饮而尽，甚至微微希望那样难喝的矿物水会有些好处，就像鳕鱼肝油或维生素 C 那样。无论如何，不老泉是西班牙征服者的故事中带来希望和重生的罕见篇章，有一点喜剧性，而不只有征服与残酷。参观者们更喜欢不老泉，而不是附近展览的印第安人在接触欧洲人后被消灭的冷酷现实，这难道如此令人惊讶吗？

在圣奥古斯丁和佛罗里达的历史节日里，游客们避开我的西班牙征服者盔甲，我感觉到了另外一些东西：美国人热衷于购买历史，而不是学习历史。他们在普利茅斯也这样做，像杂货商品清单一样列出历史遗迹：普利茅斯岩、五月花号、朝圣者博物馆、普利茅斯种植园。

往事是可以消费的，但这需要服从国人对熟悉的产品的偏好。在美国，历史是一道朴实无华的菜。第一道菜包括 1492 年的一群意大利人，但是，没有西班牙香料、法国酱汁，或者太多印第安人玉米。在火鸡和南瓜派之前，如果没有过于能填饱肚子或精致的食物，那就只是奶奶们过去做饭的方式。

我有自己暖胃的食物，只要季节允许，我就会大快朵颐。在这场追踪 16 世纪之旅的漫长几天后，我打开汽车旅馆的电视机看棒球赛；或者，看了会儿报纸上的比分，昏昏欲睡。除了类固醇和其他丑闻，棒球对我来说从未改变、不容挑战，是我童年记忆的快乐源泉。它是一种令人安慰的摇篮曲，就像我在小学里学到的关于美国历史的文字——噢，朝圣者美丽的脚……人类大事件的进程中……我们的祖辈来到这片大陆……

一天晚上，我在读有关棒球的消息时悟到，我对这项运动的怀旧和所追寻的历史之间的联系。斯蒂芬·杰伊·古尔德（Stephen Jay Gould）

在散文《库珀斯敦的创始神话》中，思考了为什么阿布纳·道布尔迪（Abner Doubleday）因为在 1839 年的某一天"发明"棒球而受到赞颂。道布尔迪从未宣称自己做了这些，那个在他死后说他发明了这种运动的人，后来被认为因精神错乱而犯罪。无论如何，有清楚的证据表明，我们的"国家娱乐方式"演变了几十年，它起源于名字有趣的英国运动，比如圆场棒球（rounders）和斯托普球（stool ball）。然而，年轻的阿布纳、未来的南北战争将军在纽约郊区的奶牛牧场上，创造了一种全新的美国运动的浪漫传奇如此具有说服力，因此，淳朴的库珀斯敦成为了棒球的代表人物的故乡。

古尔德认为这是"对本土创造神话的心灵需要"。人类无论是思考自身的习俗还是种群的起源，都渴望确定"一个清楚的起点"，而不愿意接受大部分开端是渐进和复杂的。"创始神话，"他总结道，"确定了英雄和圣地，而进化的故事中没有明显、特别的东西可以作为敬畏、崇拜或爱国主义的象征。"

美国的诞生也跟棒球一样。欧洲人建立的这个国家是缓慢而复杂的：错误的开始和变化的原始泥淖，经过一代又一代人，进化为英国殖民地和美利坚合众国。新生的美国一旦站稳脚跟，回头去寻找自己的起源时，就把英雄和圣地定位在马萨诸塞州那到处是石头的海岸。1620年的朝圣者前辈移民成为了 1776 年开国元勋们的祖辈。库珀斯敦有道布尔迪的奶牛牧场，普利茅斯有神圣的岩石。

这是我最终结束这场旅程的地方。离开祖先纪念日晚餐后的散步途中，我发现自己被希腊式外屋里的灯光吸引。12 月的深夜，普利茅斯岩被带着海草和泡沫的冰冷潮水冲刷着，看上去比我先前来的时候更悲惨。但这是我第一次带着勉强的尊重看待这块饱经风霜的石头。你可以用三十对牛拖走它，把它分成两半，从上面凿下石片，或者把它埋在沙子里，就像印第安人抗议者曾经做的那样。但是，你不能把它从美国的记忆中抹去。

我把手伸进口袋找笔。我的手指冻僵了，摸索着，掷出硬币，看着硬币滑下岩石，掉进如霜般的海浪。我站了一会儿，思考着命运，以及朝圣者的足迹，我的脚因寒冷而麻木，然后，我转身往家的方向走去。

致 谢

像这本书里的探险家一样，假如没有我在旅途中遇到的向导、翻译和中间人，我肯定会迷路。除了文中和来源说明中提到的人，我还要感谢阿尔巴·莫凯特·布朗（Alba Moquete Brown）在圣多明各的帮助，以及两位慷慨、有趣的南方人：亚拉巴马州柴尔德斯堡的比利·阿特金森（Billy Atkinson）和德鲁·安娜·奥弗比（Dru Anna Overbay），她引导我穿越田纳西州东部的默伦琴人（Melungeon）地区。我很遗憾没能把我们的探险写进这本书里。我已经在文中向考尔德伦公司的蒂莫西·伯克（Timothy Burke）表示了敬意，他在我研究德·索托的所有方面提供了巨大的帮助。他的团体网站是一个罕见和丰富多彩的关于西班牙征服者的信息宝库，从服装到饮食再到犬类，无所不包。你可以在http：//mywebpages.comcast.net/calderon 上找到这些。

我写这本书的大部分时间是在拉德克利夫学院（Radcliffe Institute）作为研究员进修期间，那是我待过的最令人兴奋的地方。我深深地感谢学院当时的院长德鲁·吉尔平·福斯特（Drew Gilpin Faust）；感谢朱迪思·维希尼亚克（Judith Vichniac）和拉德克利夫学院其他的教职员工；感谢我的研究员同事们，他们用研究和陪伴给我带来欢乐和灵感。在哈佛的时候，我也有幸成为吉尔·莱波雷手下（Jill Lepore）最老的学生，是她让我进入无与伦比的历史写作研讨班。此后，她以友谊、学识和编辑的文笔使我变得丰富起来。

我在约翰·卡特·布朗图书馆（John Carter Brown Library）担任一学期的闲职时完成了本书，那里是布朗大学（Brown University）关于美洲早期历史无与伦比的档案处。感谢图书馆的馆员、研究员和主任特德·威德默（Ted Widmer），他是美国历史学家群星中的波希米亚明星。这本书里的大部分图片来自图书馆的独特馆藏。我也很感谢我很久以前在布朗大学的教授菲利普·贝内迪克特（Philip Benedict），他教过我四分之一世纪以前的早期欧洲历史，也从日内瓦的宗教改革历史研究所的新职位再次指导我。

还在一团混沌时就读过这本书的人还包括我的母亲埃莉诺·霍维茨（Elinor Horwitz）和哥哥乔希·霍维茨（Josh Horwitz）；宾夕法尼亚州云杉溪（Spruce Creek）的教师和剥浣熊皮的人玛丽亚·沃利（Maria Wherley）；还有帮助我翻译和在威得恩潜水的维多利亚·斯普罗（Victoria Sprow）。同时，为他们的友谊、编辑方面的建议和标题决策，我要感谢我的作家朋友们——乔尔·阿肯巴克（Joel Achenbach）、杰克·希特（Jack Hitt）、迈克尔·刘易斯（Michael Lewis）、比尔·鲍尔斯（Bill Powers）、马莎·谢里尔（Martha Sherrill）。

我再次无限感激极好的代理人克里斯·达尔（Kris Dahl）和出版人约翰·斯特林（John Sterling），两位发起了这次漫长而陌生的旅行，以他们独特的耐心、乐观和积极的督促把它带上岸。感谢亨利·霍尔特出版社（Henry Holt）的编辑、设计师和助手们，也感谢约兰达·贝纳尔（Jolanta Benal）不辞辛劳地再次审稿和进行事实核查。

最后，永远带着爱和崇拜感谢我的妻子杰拉尔丁（Geraldine），她是这次写作尝试和我生活中每一次努力的普利茅斯岩。

图书在版编目(CIP)数据

险路漫漫:早期美洲征服史:维京人,西班牙冒险
家,与失落殖民者的奇闻逸事/(美)托尼·霍维茨
(Tony Horwitz)著;巢骏至,丁宇岚译. —上海:上
海人民出版社,2020
书名原文:A Voyage Long And Strange:On the
Trail of Vikings,Conquistadors,Lost Colonists,
and Other Adventurers in Early America
ISBN 978 - 7 - 208 - 16737 - 7

Ⅰ. ①险⋯   Ⅱ. ①托⋯ ②巢⋯ ③丁⋯   Ⅲ. ①美洲-
历史-通俗读物   Ⅳ. ①K700.9

中国版本图书馆 CIP 数据核字(2020)第 221169 号

责任编辑   李　莹　郭敬文
装帧设计   谢定莹

险路漫漫:早期美洲征服史

——维京人,西班牙冒险家,与失落殖民者的奇闻逸事

[美]托尼·霍维茨 著

巢骏至　丁宇岚 译

出　　版	上海人&出版社	
	(200001　上海福建中路 193 号)	
发　　行	上海人民出版社发行中心	
印　　刷	上海商务联西印刷有限公司	
开　　本	635×965　1/16	
印　　张	30	
插　　页	4	
字　　数	380,000	
版　　次	2020 年 12 月第 1 版	
印　　次	2020 年 12 月第 1 次印刷	

ISBN 978 - 7 - 208 - 16737 - 7/K · 3004
定　　价   98.00 元